経営組織要論

岸川善光［編著］
Kishikawa Zenko

朴 慶心［著］
Park Kyeong Sim

同文舘出版

◆ はじめに ◆

　近年，企業を取り巻く環境は，高度情報社会の進展，地球環境問題の深刻化，グローバル化の進展など，歴史上でも稀な激変期に遭遇している。環境の激変に伴って，ビジネスもマネジメントも激変していることはいうまでもない。本書は，このような環境の激変に対応するために企画された「経営学要論シリーズ」の第4巻として刊行される。

　本書は，大学（経営学部，商学部，経済学部等）における「経営組織論」，大学院やビジネススクールにおける「経営組織特論」等の教科書・参考書として活用されることを意図している。また，経営組織の設計などに従事する実務家が，自らの実務を体系的に整理する際の参考書として活用されることも十分に考慮されている。

　本書は，3つの特徴をもっている。特徴の第一は，経営組織論に関連する内外の先行研究をほぼ網羅して，論点のもれを極力防止したことである。そして，体系的な総論（第1章～第3章）に基づいて，経営組織論の各論（第4章～第9章）として，重要なテーマ（経営組織の基本形態，経営組織の動態化，組織における人間行動，組織文化，組織変革，組織間関係）を6つ選定した。すなわち，ミクロ組織論（組織行動論），マクロ組織論（組織構造，組織文化，組織変革），メタマクロ組織論（組織間関係），の主要課題をバランスよく取り上げた。第10章は，まだ独立した章のテーマにはなりにくいものの，それに次ぐ重要なテーマを6つ選択し，経営組織論の今日的課題としてまとめた。

　これらの総論，各論について，「要論シリーズ」の基本コンセプトに基づいて，各章10枚，合計100枚の図表を用いて，視覚イメージを重視しつつ，文章による説明と併せて理解できるように，立体的な記述スタイルを採用した。記述内容は「要論」の特性上，基本項目に絞り込んだため，応用項目・発展項目についてさらに研究したい読者は，巻末の詳細な参考文献を参照して頂きたい。

　特徴の第二は，経営組織論における「理論と実践の融合」を目指したことである。理論については，国内外の先端的な研究成果を選択しつつ，「一定の法則性」の導出を常に目指して体系的に記述した。例えば，経営組織論の各学派が追求する組織目的について，合理性（古典的組織論）⇒人間性（新古典的組織論）⇒システム性（近代的組織論）⇒条件適応性（適応的組織論）⇒戦略性

（戦略的組織論）⇒社会性（社会的組織論）という「一定の法則性」は，読者の皆さん全員に納得して頂けると思われる。理論面では，常に原典に立ち戻り，出所のページを明示するなど，厳密さを可能な限り追求した。実践については，経営組織に関する現実的な動向について言及した。また，「理論と実践の融合」を目指して，各論（第4章～第9章）では，事例やトピックを意識して織り込んだ。理論がどのように実践に応用されるのか，逆に，実践から理論がどのように産出されるのか，「理論と実践の融合」の瞬間をあるいは体感できるかも知れない。これらは類書と比較して明確な特徴といえるであろう。

　特徴の第三は，従来の経営組織論のアプローチに加えて，学際的アプローチを多用したことである。経営管理論，経営戦略論など隣接する学問領域はもちろんのこと，マクロ（経済）－セミマクロ（産業）－ミクロ（企業）の適合を考慮して，産業組織論や経済の動向にも必要に応じて言及した。そのため，従来の経営組織論の論点に加えて，「戦略的社会性」「ネットワークのネットワーク」「関係のマネジメント」などの概念を，新たな論点として積極的に組み込んだ。

　これらの3つの特徴は，実は編著者のキャリアに起因する。編著者は日本総合研究所などのシンクタンクにおいて，四半世紀にわたって，経営コンサルタントとして，数多くのクライアントに対して，経営コンサルティングに従事してきた。経営組織に関するテーマはもちろんのこと，隣接する経営管理や経営戦略に関するテーマについても数多く経験してきた。

　その後，横浜市立大学など大学・大学院に移籍後は，多くの学生・院生と共に生きた経営組織論を探究してきた。まさに，「理論と実践の融合」を目指したキャリアを積んできたといえよう。

　今回も，同文舘出版の市川良之取締役をはじめとする編集スタッフにいろいろとお世話になった。「最初の読者」でもあるプロの編集スタッフのコメントは，執筆者にとって刺激になり，極めて有益であった。記して格段の謝意を表したい。

2015年6月

岸　川　善　光

【第1章】経営組織の意義　　　　　　　1

1．協働システムの必要性 …………………………………………… 2
　① 制約の克服　2
　② 組織の時代　3
　③ 協働システム　4

2．経営組織の概念 …………………………………………………… 5
　① 組織概念の変遷　5
　② バーナード革命　7
　③ 誘因と貢献　9

3．組織の3要素 ……………………………………………………… 11
　① 共通目的　12
　② 協働意欲　13
　③ コミュニケーション　14

4．市場と組織 ………………………………………………………… 15
　① 市場と組織との関連性　15
　② 取引コスト　16
　③ 組織の生産性　18

5．環境－経営戦略－組織の適合 …………………………………… 20
　① 環境の変化　20
　② 適合パラダイム　22
　③ コンティンジェンシー理論　24

【第2章】経営組織論の生成と発展　　29

1．古典的組織論 ………………………………………………… 30
　① 古典的組織論の概要　　30
　② 古典組織論の特性　　36

2．新古典的組織論 ……………………………………………… 37
　① 新古典的組織論の概要　　37
　② 新古典的組織論の特性　　43

3．近代的組織論 ………………………………………………… 44
　① 近代的組織論の概要　　44
　② 近代的組織論の特性　　48

4．適応的組織論 ………………………………………………… 49
　① 適応的組織論の概要　　49
　② 適応的組織論の特性　　52

5．戦略的組織論 ………………………………………………… 52
　① 戦略的組織論の概要　　53
　② 戦略的組織論の特性　　58

6．社会的組織論 ………………………………………………… 58
　① 社会的組織論の概要　　58
　② 社会的組織論の特性　　62

【第3章】経営組織の体系　　65

1．経営組織の構成要素 ………………………………………… 66
　① ミクロ組織論（組織行動論）　　66

② マクロ組織論（組織論）　68

　③ 多様な組織の捉え方　69

２．経営組織の階層 ………………………………………………………… 71

　① 経営管理者の階層　71

　② 経営管理者の階層による職能の相違　72

　③ 経営管理者の階層によるスキルの相違　73

３．組織における意思決定 ………………………………………………… 74

　① 意思決定のプロセス　74

　② 意思決定の種類　76

　③ 意思決定の特性　78

４．組織における分業システム …………………………………………… 79

　① 分業システムの意義　79

　② 水平的分業と垂直的分業　81

　③ 分業と調整・統合　82

５．経営組織論の位置づけ ………………………………………………… 83

　① 経営学における経営組織論の位置づけ　83

　② 経営組織論と経営管理論との関連性　85

　③ 経営組織論と経営戦略論との関連性　86

【第4章】経営組織の基本形態　89

１．組織構造の概念と組織デザイン ……………………………………… 90

　① 組織構造の概念　90

　② 組織デザインと設計原則　92

　③ 組織形態の発展段階モデル　94

2．経営組織の基本概念 ………………………………………… 96
　① ラインとスタッフ　96
　② 集権と分権　97
　③ 経営組織の発展段階モデル　99

3．ライン組織 …………………………………………………… 100
　① ライン組織の概念　100
　② ライン組織の特性　101
　③ ライン組織の問題点・課題　102

4．職能別組織（機能的組織）………………………………… 104
　① 職能別組織（機能的組織）の概念　104
　② 職能別組織（機能的組織）の特性　105
　③ 職能別組織（機能的組織）の問題点・課題　106

5．事業部制組織 ………………………………………………… 108
　① 事業部制組織の概念　108
　② 事業部制組織の特性　110
　③ 事業部制組織の問題点・課題　112

【第5章】経営組織の動態化　　115

1．プロジェクト組織 …………………………………………… 116
　① プロジェクト組織の概念　116
　② プロジェクト組織の特性　118
　③ プロジェクト組織の問題点・課題　119

2．マトリックス組織 …………………………………………… 121
　① マトリックス組織の概念　121

②　マトリックス組織の特性　121

③　マトリックス組織の問題点・課題　123

3．カンパニー制　125

①　カンパニー制の概念　125

②　カンパニー制の特性　127

③　カンパニー制の問題点・課題　128

4．分社化　130

①　分社化の概念　130

②　分社化の特性　132

③　分社化の問題点・課題　133

5．ネットワーク型組織　134

①　ネットワーク型組織の概念　134

②　ネットワーク型組織の特性　136

③　ネットワーク型組織の問題点・課題　138

【第6章】組織における人間行動　141

1．パーソナリティ　142

①　パーソナリティの概念　142

②　パーソナリティの特性　144

③　パーソナリティの発達とキャリア形成　146

2．モティベーション　148

①　モティベーションの概念　148

②　モティベーションの内容理論　150

③　モティベーションのプロセス理論　152

3．学 習 …………………………………………………………… 154
① 学習の概念　154
② 学習する組織とアンラーニング　156
③ 学習する組織の構築　158

4．コミュニケーション ……………………………………………… 159
① コミュニケーションの概念　159
② コミュニケーションの方向性　161
③ コミュニケーション・ネットワーク　162

5．リーダーシップ ………………………………………………… 164
① リーダーシップの概念　164
② リーダーシップ・スタイル　166
③ 変革型リーダーシップ　168

【第7章】組織文化　171

1．組織文化の意義 ………………………………………………… 172
① 組織文化の概念　172
② 組織文化の特性　174
③ 組織文化のレベル　175

2．組織文化の形成 ………………………………………………… 177
① 創業者の価値観による組織文化の形成　177
② 成長期における組織文化の形成プロセス　179
③ 組織文化の類型　180

3．組織文化の機能と逆機能 ……………………………………… 182
① 組織文化の機能　182

② 組織文化の逆機能　184
　　③ 組織文化の源泉としての経営理念　185
４．組織文化の変革 …………………………………………………… 186
　　① 組織文化の変革メカニズム　186
　　② ビジョナリー・リーダーの役割　189
　　③ 変革型リーダーと企業文化の変革　190
５．組織シンボリズム ………………………………………………… 191
　　① 組織シンボリズムの概念　192
　　② 機能主義的組織シンボリズム論　194
　　③ 解釈主義的組織シンボリズム論　196

【第8章】組織変革　199

１．組織変革の意義 …………………………………………………… 200
　　① 組織変革の概念　200
　　② 組織変革の類型　201
　　③ 組織変革の阻害要因　204
２．組織における構造変革 …………………………………………… 206
　　① 組織の成長プロセス　206
　　② 組織活性化とイノベーション　207
　　③ 近視眼的変革　209
３．組織学習の意義 …………………………………………………… 210
　　① 組織学習の概念　210
　　② 組織学習サイクル　212
　　③ 知識創造　214

4．戦略的組織変革 …………………………………………………… 216
- ① 戦略的組織変革の概念　216
- ② 戦略的組織変革の阻害要因　217
- ③ 変革型リーダーシップ　218

5．組織開発の意義 …………………………………………………… 219
- ① 組織開発の概念　219
- ② 組織開発の必要性　221
- ③ 組織開発の手法　221

【第9章】組織間関係　　225

1．組織間関係の意義 ………………………………………………… 226
- ① 組織間関係論の生成と発展　226
- ② 組織間関係論と経営組織論の関連性　228
- ③ 組織間関係論と経営戦略論の関連性　228

2．組織間関係の理論的枠組み ……………………………………… 232
- ① 組織間関係の視座（パースペクティブ）　232
- ② 組織間関係論の主要な研究課題　237
- ③ 組織間関係論の方法的特質　239

3．組織間関係と経営戦略 …………………………………………… 241
- ① ビジネス・システムの概要　241
- ② 経済性の概念とビジネス・システム　242
- ③ 供給連鎖　245

4．組織間関係の革新（イノベーション） ………………………… 247
- ① 垂直的統合と水平的統合　247

② 垂直的統合から水平的統合へ　249

③ 企業間関係の革新　250

5．ネットワーク社会における組織間関係　251

① 企業系列　251

② プラットフォーム・ビジネス　253

③ 関係のマネジメント　256

【第10章】経営組織論の今日的課題　259

1．コーポレート・ガバナンス　260

① 現　状　260

② 今後の課題　263

2．企業倫理　265

① 現　状　265

② 今後の課題　266

3．M&A　268

① 現　状　268

② 今後の課題　270

4．多国籍企業の組織構造　271

① 現　状　271

② 今後の課題　273

5．NPO　275

① 現　状　275

② 今後の課題　276

6．バーチャル・コーポレーション　278

①　現　状　278
②　今後の課題　279

参考文献 ……………………………………………………………285
索　　引 ……………………………………………………………311

◆ 図表目次 ◆

図表1-1　組織の提供物と対価
図表1-2　協働システムの構造と環境
図表1-3　企業と利害関係者との関係
図表1-4　組織の3要素
図表1-5　組織論的管理論の一体系
図表1-6　組織の3要素と管理の機能
図表1-7　組織失敗の枠組み
図表1-8　環境要因
図表1-9　コンティンジェンシー理論の固有変数と鍵概念
図表1-10　技術尺度の両端において類似する組織特性

図表2-1　経営組織論の生成・発展過程
図表2-2　職能別職長組織
図表2-3　満足要因と不満要因
図表2-4　マズローの欲求5段階説
図表2-5　成長ベクトル
図表2-6　多角化のタイプ
図表2-7　価値連鎖の基本形
図表2-8　環境問題に対する企業の姿勢の変化
図表2-9　「経営経済性」と「経営公共性」
図表2-10　経営戦略の体系と社会戦略

図表3-1　組織行動論の学際的アプローチ
図表3-2　多様な組織観と人間観
図表3-3　経営管理者の階層
図表3-4　経営管理者の階層による職能の相違
図表3-5　経営管理者の階層によるスキルの相違
図表3-6　意思決定のプロセス
図表3-7　意思決定の種類
図表3-8　組織の発展
図表3-9　経営学の関連領域と隣接科学
図表3-10　7Sモデル

図表4－1	組織デザイン変数間の適合関係
図表4－2	組織形態の発展段階モデル
図表4－3	集権と分権
図表4－4	経営組織の発展段階モデル
図表4－5	ライン組織
図表4－6	ライン・アンド・スタッフ組織
図表4－7	職能別組織（機能別組織）
図表4－8	ファヨールの「架け橋」
図表4－9	製品別事業部制組織
図表4－10	5つの組織形態とその特徴

図表5－1	組織構造におけるプロジェクト・マネジャーの位置
図表5－2	システム確定段階におけるシステム・エンジニアリングの流れ（NASAの例）
図表5－3	マトリックス組織の二重権限構造
図表5－4	マトリックス組織における権限の移動
図表5－5	ソニーのカンパニー制（第1次：1994年4月）
図表5－6	カンパニー制における集権と分権
図表5－7	松下電器産業の社内分社制（1997年4月）
図表5－8	三層構造によるマネジメント
図表5－9	ネットワークシステムの基本構造
図表5－10	ネットワーク化した組織内部の構造

図表6－1	パーソナリティに影響する2つの要因
図表6－2	6つのパーソナリティ特性と職業
図表6－3	個人の視点（内的キャリア）と組織の視点（外的キャリア）
図表6－4	動機づけのプロセス
図表6－5	組織論的期待モデル
図表6－6	アンラーニングとリラーニング
図表6－7	コミュニケーションのプロセス
図表6－8	コミュニケーションのネットワーク
図表6－9	2つのリーダーシップ研究の相違
図表6－10	マネジリアル・グリッド

| 図表7－1 | 文化概念に関する分析レベル |
| 図表7－2 | 文化のレベルとその相互作用 |

図表7－3	ビジョナリー・カンパニーの基本理念	
図表7－4	ディール＝ケネディによる組織文化の分類	
図表7－5	組織文化の機能	
図表7－6	組織文化の意義	
図表7－7	成長段階別の文化の機能および変革メカニズム	
図表7－8	成功要因としての企業文化とリーダーシップ行動：主要な次元	
図表7－9	社会学の認識論的パラダイム	
図表7－10	シンボルと機能の分析枠組み	

図表8－1	企業における大規模変革を促す経済的・社会的な力	
図表8－2	組織変革のタイプ	
図表8－3	大規模な変革を推進するための8段階のプロセス	
図表8－4	組織成長の5局面	
図表8－5	漸進的変革と不連続的変革	
図表8－6	サクセス・シンドローム（成功の罠）	
図表8－7	組織学習サイクル	
図表8－8	SECIモデル	
図表8－9	変革型リーダーシップの特性	
図表8－10	組織開発の手法	

図表9－1	経営戦略の構成要素	
図表9－2	組織間システム	
図表9－3	組織間関係論のパースペクティブ	
図表9－4	組織間関係論の方法的特質	
図表9－5	経済性の概念のシフト	
図表9－6	供給連鎖	
図表9－7	SCM（サプライチェーン・マネジメント）の発展段階	
図表9－8	垂直統合型バリュー・チェーンと水平統合型バリュー・チェーン	
図表9－9	トヨタのネットワーク構造	
図表9－10	新しい産業組織の概念図	

図表10－1	内部統制システムの概念図	
図表10－2	株式会社における機関設計	
図表10－3	経営における人間性・社会性に関する主要項目	
図表10－4	M＆Aのプロセス	

図表10-5 　参入戦略
図表10-6 　バートレット＝ゴシャールの組織モデル
図表10-7 　NPO法で認定されている17の事業分野
図表10-8 　経済社会セクターの3類型
図表10-9 　ヒエラルキー企業とバーチャル・コーポレーションの異同点
図表10-10　インターネット・イントラネット・エクストラネット

第1章 経営組織の意義

本章では，経営組織の意義について考察する。現代は，「組織の時代」といわれ，企業など様々な組織によって社会活動が営まれている。

第一に，協働システムの必要性について考察する。まず，制約の克服と協働との関連を理解する。次いで，各種協働システムの提供物と対価について理解を深める。さらに，協働システムの定義，構造，サブシステムとしての公式組織との関係について言及する。

第二に，経営組織の概念について考察する。まず，6つの組織論の学派に区分して，組織概念の変遷について理解する。次いで，バーナード革命を取り上げ，組織概念の抜本的革新に言及する。さらに，誘因と貢献の均衡，すなわち組織均衡について理解を深める。

第三に，組織の3要素について考察する。組織の3要素とは，組織の成立条件として，バーナードが『経営者の役割』で提示した①共通目的，②協働意欲，③コミュニケーション，の3つの概念のことである。それぞれの概念の定義，位置づけなどについて理解を深める。

第四に，市場と組織について考察する。まず，市場と組織の関連性に関して理解を深める。次に，ウィリアムソンが提唱した取引コストの概念を考察する。さらに，組織の生産性という観点から市場と組織について検討する。

第五に，環境―経営戦略―組織の適合について考察する。まず，7つの環境要因の変化および環境変化に対する対応について理解する。次いで，適合パラダイムに言及する。さらに，コンティンジェンシー理論について理解を深める。

1 協働システムの必要性

❶ 制約の克服

　バーナード（Barnard, C.I.）[1938]によれば，組織とは，「2人またはそれ以上の人々の意識的に調整された活動や諸力のシステムである[1]」。この場合，組織は，極めて抽象的な概念であり，より包括的な協働システムにおけるサブシステムとして位置づけられている。

　すなわち，バーナード[1938]の組織は，単なる分業システムとしての職能構造ではなく，仕事を通じた人間の組織である。それは，個性のある存在である人間が，個人の力では成し得ない目的を達成するために，その限界・制約を克服するための人間の協働システムを意味する。

　人間は，物的，生物的，社会的諸力の統合物として，これらの諸力に規定され，制約されている。ちなみに，この物的，生物的，社会的という概念も，バーナード[1938]によって規定された概念である。抽象的すぎるので，少し具体的にみてみよう。例えば，物的にかなり大きな人間は，重力という物理的作用に制約される。また，鳥のように，生物的に翼をもたないので空を飛ぶことができない。したがって，火事のときに高い建物の窓から飛び降りるという選択は利口ではない。また，社会的にも様々なタブーや慣習などがあり，物的，生物的，社会的要因の統合物としての人間には，できないこと，してはいけないことなど多くの制約がある[2]。

　現実に，個人としての人間には，多くの場合，様々な局面において能力の限界がある。このような支障や障害を，（個人）目的達成上の制約（constraint）という。この制約を克服するための基本的な代替案として，①目的の変更，②制約克服のための手段・方法の創出，の2つがあげられる。例をあげてみてみよう。目的地へ行く一本道の上に，1人では動かせないほどの大きな石があって，そのままでは通れない。このような状況の中で可能なことは，①目的地へ

行くことを断念して新しい目的地を設定する（目的の変更）か，②障害となっている石を除去する（制約克服の手段・方法の創出）か，のいずれかである[3]。

この制約克服の手段・方法の創出の内，協働（cooperation）がもっとも有効な方法とされているのである。協働もまた，物的，生物的，社会的な要素の統合物である。協働に影響を与える環境も，物的，生物的，社会的な諸力，素材，要素からなる。協働は，環境にあるそれらを利用して成立するとともに，それらによって制約されている[4]。このように，個人には，目的があり，また制約がある。すなわち，その目的を達成し，物的，生物的，社会的な制約を克服するために協働が生ずるといえよう。

❷ 組織の時代

現代は「組織の時代」といわれる。現実に，企業・行政体・病院・学校・宗教団体など，様々な組織によって社会活動が営まれている。図表1-1に示されるように[5]，これらの組織が存続し発展するためには，何らかの価値を提供し，その対価を受け取るという行為が不可欠である。まず，組織が何を提供し，何を対価として受け取っているかについてみてみよう。これは各種組織の「組織目的」を考察することでもある。

図表1-1　組織の提供物と対価

組　　織	提　供　物	対　　価
企　　業	財およびサービス	利　　益
行政体	公共サービス	税　　収
病　　院	医療サービス	医療収入
学　　校	教育サービス	授 業 料
宗教団体	心のサービス	お 供 え

（出所）　岸川善光［2002］29頁。

上述した企業・行政体・病院・学校・宗教団体などの組織は，すべて人為的なものであるので，これらの組織の存続・発展を図るには，組織を主体的に運営する機能，すなわち経営管理（management）の機能が必要不可欠である。そういう意味で，「組織の時代」は「経営管理（マネジメント）の時代」でもある。

　現代の社会を構成する組織の中でも，企業は消費者ニーズの充足に必要な財またはサービスを生産し，供給するという経済的機能を担っており，人間の社会行動全般に多大な影響力を有している。したがって，本書では，企業を組織の対象領域の中心において考察することにする。

❸ 協働システム

　近代的組織論を確立したバーナード［1938］は，経営体一般を指す概念として，協働システム（cooperative system）という独自の概念を提示した。すなわち，バーナード［1938］は，「協働システムとは，少なくとも1つの明確な目的のために，2人以上の人々が協働することによって，特殊の体系的関係にある物的，生物的，個人的，社会的構成要素の複合体である」と定義した[6]。

　協働システムは，具体的な協働情況を包括的にとらえるための概念的工夫で

図表1-2　協働システムの構造と環境

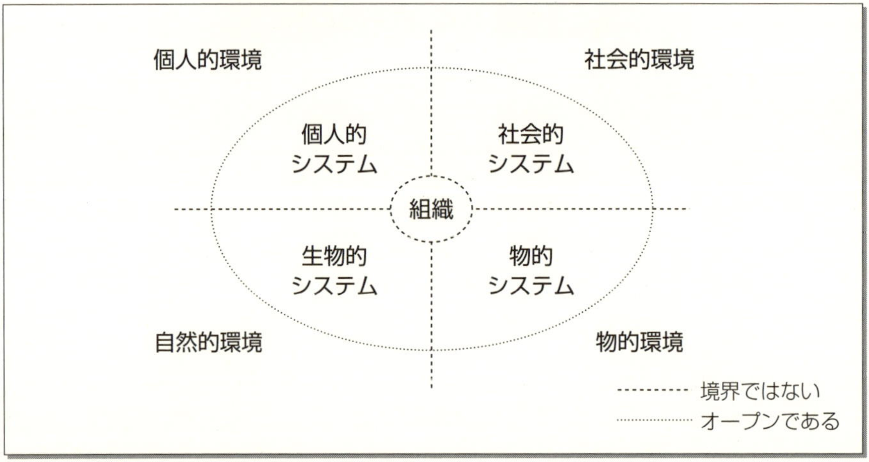

```
個人的環境                    社会的環境

        個人的        社会的
        システム      システム
              組織
        生物的        物的
        システム      システム

自然的環境                    物的環境

                    ------- 境界ではない
                    ――――― オープンである
```

（出所）　庭本佳和［2006］7頁。

あり，個人がその能力の限界を克服するために形成する協働を1つのシステムとみなすと，その協働システムには，物的システム，社会的システム，人的システム，公式組織というサブシステムがある[7]。

庭本佳和［2006］は，図表1-2に示されるように[8]，協働システムの構造と環境として，物的，生物的，社会的，個人的要素が，組織を中心にしてそれぞれサブシステムとして統合された全体システムから成り立つ，と述べている。

協働システムの均衡を維持して，その存続をはかる経営管理（マネジメント）の作用は，モノでもカネでもなく，まさに，ヒトの活動を通じてのみ遂行される。つまり，モノやカネが動くのではなく，それらを動かすのは人間の意思決定であり，人間の活動である。物的，生物的，社会的な構成要素の統合物としての協働システムにおいて，意識的で主体的な経営管理の作用を担当する役割を与えられるのが，「人々の活動のシステム」としての公式組織である[9]。

2 経営組織の概念

❶ 組織概念の変遷

組織の概念を考える場合，組織論の各学派について理解する必要がある。各学派については，第2章で詳しく考察するので，本節では，①古典的組織論，②新古典的組織論，③近代的組織論，④適応的組織論，⑤戦略的組織論，⑥社会的組織論，の6つに分けて，組織の概念の変遷について概観する[10]。組織の概念については，時代によって，また経営組織論の各学派によって，その認識が大きく異なる。

〈古典的組織論〉

古典的組織論の組織観は，「組織は，経営目的を達成するための手段であり，合理的な職能構造である」という認識を基本とするので，仕事の分化と分担を合理的な方法によって行い，その結果編成される分業システムとしての職能構造を組織とみた。古典的組織論は，組織構造，管理過程など，様々な視点から

組織における合理性を追求した。

〈新古典的組織論〉

　新古典的組織論の組織観は，集団論的組織論ともいわれるように，「組織とは，人間の集団である」と認識した。新古典的組織論は，古典的組織論をテーゼ（正）とした場合，アンチテーゼ（反）に該当する。すなわち，古典的組織論によって，仕事の仕組みは合理化され，組織の水準は飛躍的に向上した。反面，合理化された仕事の仕組みによって人間性が抑圧されるなど，様々な歪みが生じた。新古典的組織論は，モティベーション，学習，コミュニケーション，リーダーシップなど，様々な視点から組織における人間性を追求した。

〈近代的組織論〉

　組織は，古典的組織論で強調された仕事のための合理的機構としての側面と，新古典的組織論で強調された仕事を行う人間主体としての側面をもつ複雑な統一体である。したがって，合理性の追求をテーゼ（正），人間性の追求をアンチテーゼ（反）とすれば，ジンテーゼ（合）としての統合理論が要請されることは，ごく自然の成り行きといえる。近代的組織論は，統合理論として，意思決定のプロセス，意思決定の種類，意思決定の技法など，様々な観点から組織におけるシステム性を追求した。

〈適応的組織論〉

　適応的組織論は，環境とは何か，環境をいかに認識し，いかに対応するか，ということに焦点をあわせた経営組織論である。一般的に，どの研究分野においても，理論が洗練化され精緻化されるにしたがって，一般性や普遍性よりも，条件性や相対性が強調される傾向がある。組織論にもこのことがあてはまる。適応的組織論は，あらゆる状況に普遍的に妥当する唯一最善の組織のあり方を否定し，状況が異なれば有効な組織のあり方も異なるという前提のもとで，特定の状況ごとに有効な組織のあり方を実証的に追求する「中範囲理論」としての特性を有する。適応的組織論は，環境と組織，技術と組織，環境−経営戦略−組織の適合など，様々な観点から組織における条件適応性を追求した。

〈戦略的組織論〉

　上述した適応的組織論は，環境（条件）の存在を明示的に研究テーマとして

取り込むことによって，組織論の領域を拡大した。戦略的組織論は，この環境という概念を不確実性や他組織に限定せず，広く企業活動を促進しあるいは制約する外的要因と解釈し，外的要因とのかかわりの中で，企業の将来の発展の方向性を構築することを重視する。戦略的組織論は，経営戦略−組織，戦略的意思決定など，様々な観点から組織における戦略性を追求した。

〈社会的組織論〉

社会的組織論は，従来の組織論の枠組みを拡大して，「企業と社会」がどのようなかかわり方をするか，社会的ニーズをどのように取り込むかなど，「企業⇒社会」という観点に加えて，「社会⇒企業」という観点から組織をとらえる組織論である。社会的組織論は，地球環境問題，企業倫理，企業の社会的責任など，様々な観点から組織における社会性を追求している。

❷ バーナード革命

上述したように，古典的組織論は，仕事の分化と統合を合理的な方法によって行い，その結果編成される分業システムとしての職能構造を組織とみた。そこでは，組織構造，管理過程などが主な研究テーマであった。

新古典的組織論は，集団的組織論ともいわれるように，人間の集団に焦点をあて，モティベーション，学習，コミュニケーション，リーダーシップなどが主な研究テーマであった。

組織は，古典的組織論で強調された仕事のための合理的機構としての側面と，新古典的組織論で強調された仕事を行う人間主体としての側面をもつ複雑な統一体である。

近代的組織論は，組織を意思決定のシステムとみなし，統合理論としてシステム性を追求した。近代的組織論は，長い間組織論の主流を占めてきた。今日でも，組織を意思決定のシステムとみなす組織観は，いささかも色あせてはいない。その近代的組織論の始祖とされているのがバーナードである。

バーナードは，第2章の学説史において考察するように，主著『経営者の役割』（*The Functions of the Executive*, 1938）は，彼の経営者としての体験と思索を凝縮したもので，経営管理論および経営組織論において，「バーナード革命」

といわれるほど多大なインパクトを与えた。バーナード理論は，従来の古典的組織論，新古典的組織論と比較すると，組織のメカニズムを解明する理論として決定的に優れていた。特に，①組織観，②人間観，③「有効性」と「能率」の区分の3点は，従来の組織論では存在しなかった画期的なものであるといえよう。

まず，バーナードの組織観についてみてみよう。バーナードは，組織を理論的に説明するために，先述したように「協働システム」という概念を導入した。バーナードのいう組織（公式組織）は極めて抽象化されているが，協働システムのサブシステムの1つとして位置づけられている。すなわち，「組織とは，2人またはそれ以上の人々の意識的に調整された活動や諸力のシステム」と定義された。バーナードの組織の定義の特徴は，主体的な人間観を前提として，組織の本質を人間の協働システムと認識しており，上述した古典的組織論，新古典的組織論の組織観とは大きく異なっている。

次に，バーナードの人間観について考察する。バーナードの人間観は，古典的組織論の人間観である「経済人」仮説，新古典的組織論の人間観である「社会人」仮説とは大きく異なる。バーナードによれば，人間は物的，生物的，社会的な存在であり，各種の制約から逃れられない存在である。一方，その合理性には制約があるものの，自由意思をもち，様々な動機に基づいて自己の行動を選択する主体的な存在でもある。また，人間には，非人格的・機能的側面（組織人格）と，人格的・個人的側面（個人人格）とが存在しており，個人はこの両人格の人的統一体として存在していると述べている[11]。バーナードの人間観は，かなり難解ではあるが，従来の「経済人」仮説，「社会人」仮説を統合したいわば「全人」仮説といえよう。

さらに，「有効性」と「能率」との区分についてみてみよう。バーナードは，組織の目的の達成度のことを「有効性」と定義し，個人の動機の満足度のことを「能率」と定義した。「能率」という呼称の是非はともかくとして，バーナードの「有効性」と「能率」という新たな概念は，組織の目的と個人の動機は，対立し得るものであると同時に，一方で，統合し得るものであることを提示したかったからである[12]。すなわち，合理性の追求によって得られる「有効性」と人間性の追求によって規定される「能率」を踏まえた統合理論としての特性

がここでもみられる。

このように，近代的組織論の始祖バーナードの理論の特徴は，古典的組織論による合理性の追求をテーゼ(正)，新古典的組織論による人間性の追求をアンチテーゼ(反)とすれば，システム性の追求をジンテーゼ(合)とする統合理論として明確に位置づけることができよう。バーナード革命といわれる所以である。

❸ 誘因と貢献

経営組織の概念を考察する上で，サイモン［1947］およびマーチ＝サイモン［1958］が提唱した誘因（inducements, incentives）と貢献（contributions）に関するいわゆる「組織均衡」の概念は，個人と組織をつなぐ重要な鍵概念（キーコンセプト）である。「組織均衡」とは，組織が組織構成員に提供する「誘因」と，組織構成員が組織に対する「貢献」との均衡のことである。

組織の成立・存続・発展のためには，組織が組織構成員に提供する「誘因」の質量が，組織構成員が組織に対する「貢献」の質量を，効用関数において上回らなければならない。すなわち，誘因≧貢献のときに組織は成立・存続・発展することができる。「組織均衡」の概念は，①内的均衡，②外的均衡，の2つに大別することができる。

まず，内的均衡からみてみよう。個人は自分の組織における活動が，自らの個人的な目標に直接的・間接的に貢献するときに，組織に参加する。その貢献は，組織のための目標の集合が，その個人にとって個人的な価値を含んでいる場合に，直接的なものになる。貢献はまた，個人が組織に自らの活動を提供しようとする見返りに，組織がその人に対して報酬・金銭的なものを提供する場合，間接的なものになる[13]。すなわち，各人は組織に参加することによって，自己の理想の実現を図り，高い地位や権限への欲求を満たすのである。

バーナード［1938］は，組織を構成するものは，人々の用役，行為，行動，影響力であり，それが組織の実体である。したがって，協働システムに対して努力を貢献しようとする人々の意欲が不可欠である。しかし，協働意欲が生ずるのは，はじめに協働に伴う犠牲（貢献）との関係において誘因を考え，他の機会によって実際に得られる純満足と比較したうえで，協働する誘因がプラス

になるためであると述べている[14]。このように，組織のエネルギーを形成する個人的努力の貢献は，誘因によって人々が提供するものである。

次に，組織と環境との外的均衡についてみてみよう。企業を例にとると，図表1-3に示されるように[15]，企業には，①株主，②従業員，③消費者，④取引業者，⑤金融機関，⑥政府，⑦地域住民など，様々な利害関係者（stake-holder：ステークホルダー）が存在する。

企業と利害関係者（ステークホルダー）との間には，法律，契約，規則，商慣習などに基づく相互関係が成立しており，これらの相互関係がすなわち利害の源泉（誘因と貢献）になる。図表1-3に示されるように，細線は企業が利害関係者に提供する「誘因」を，太線は利害関係者が企業に対する「貢献」を示している。上の内的均衡でみたように，外的均衡においても，企業が利害関係者に提供する「誘因」の質量が，利害関係者が企業に対する「貢献」の質量を，効用関数において上回らなければ，企業の存続・発展は望めない。すなわち，効用関数上，誘因≧貢献のときに企業は存続・発展することができる。

理論的に整理してみよう。各利害関係者（組織への参加者）は，誘因≧貢献

図表1-3　企業と利害関係者との関係

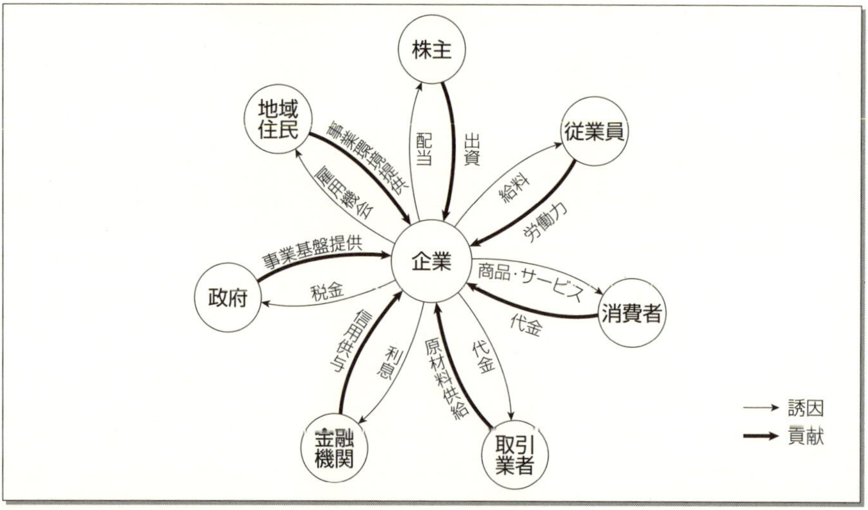

(出所)　岸川善光［1999］16頁。

の場合に組織に参加する。誘因≧貢献でない場合，組織の参加者はいなくなるので組織は消滅せざるをえない。ところで，組織の参加者の貢献が，組織が組織の参加者に提供する誘因をつくりだす源泉である。したがって，組織参加者の貢献の質量が十分で，かつ組織参加者の貢献を引き出す質量の誘因を提供している限りにおいてのみ組織は存続し続けるであろう。

3 組織の3要素

　上で，誘因と貢献との均衡，すなわち「組織均衡」の概念について考察した。そして，組織の成立・存続・発展のためには，組織が組織構成員に提供する「誘因」の質量が，組織構成員が組織に対する「貢献」の質量を，効用関数において上回らなければならない。すなわち，誘因≧貢献のときに組織は成立・存続・発展することができると述べた。

　さらに，バーナード［1938］によれば，図表1-4に示されるように[16]，すべての組織において，組織成立の基本的要素として，①共通目的（a common purpose），②協働意欲（willingness to cooperate）[17]，③コミュニケーション（commu-

図表1-4　組織の3要素

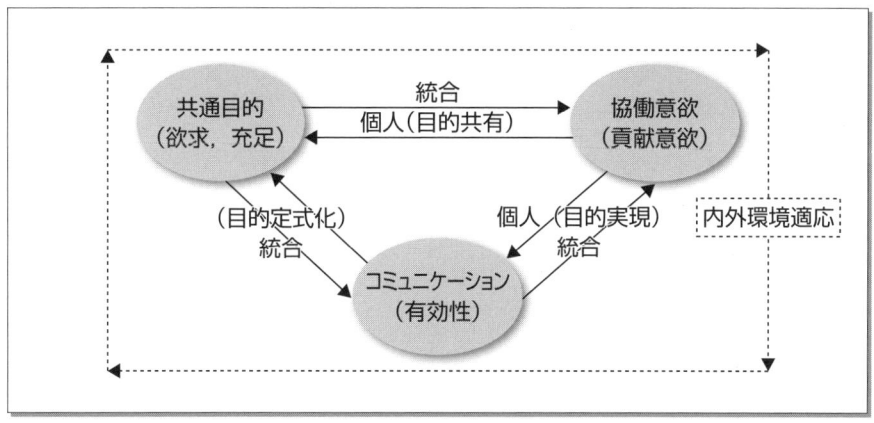

（出所）　筆者作成。

nication），の3つの要素が不可欠であるとされる。この組織の3要素は，相互に密接な関連性を有している。

❶ 共通目的

　組織構成員の努力が相互に調整され，全体として統合されるためには，共通目的が明確に組織構成員間に理解されていなければならない。

　目的なしには協働は生まれない。協働システムやそのサブシステムである組織が目的を持つということは自明であり，システム，調整，協働という言葉のなかにすでに含意されている。組織とは，「2人またはそれ以上の人々の意識的に調整された活動や諸力のシステムである」が，調整する統合原理が組織の共通目的なのである[18]。

　組織目的は，単に理解されるだけでなく，各個人に容認されねばならない。個人が組織に参加するのは，個人の動機を満たすことがその目的である。協働意欲をもって組織に貢献するためには，組織目的が明確化され，その目的が組織構成員に容認されなければ，協働行為を維持することはできない。

　人間の組織は，それぞれの個人が役割を分担することにより，また，個人と個人との結合体を形成したことによって発生した。人間の群から共同体へと転化したことは，原始社会における人間の知恵が，人間集団における協働（cooperation）を無意識的に行わせたことによるものである。個人は，単独で生存することの困難性を認識すると，群による生存の容易性へと必然的に移行した。すなわち，個人が組織の形成へと移行したのは，明らかな共通目的によるものである。それがいかなる共通目的であったとしても，組織化は進められたのである[19]。

　古典的組織論では，組織の要素として，合理的な分業システムが取り上げられ，職務の分化と統合によって，組織の構造を設計するという方法をとった。これに対して，近代的組織論では，共通目的が組織の基本的な要素として取り上げられ，組織目的の設定，目的の分割や変更など，目的に関する要素が，組織構造のうえで一貫して，基本的な重要性をもつ要素となる。組織目的は，抽象的，一般的な目的ではなく，内部の環境に適応して具体化され，特殊化した組織目的を指している。例えば，特定の事業目的，生産目的や販売目的などが，

ここでいう組織目的である。

　内外の環境の変化に適応して組織が存続するためには，組織目的は常に適応的に革新されねばならない。組織の内外の環境の分析によって，組織目的をいかに各部門の下位目的に分割していくか，また環境変化に適応していかに組織目的を変えていくかが，経営組織の構造を形成する出発点をなしている[20]。

❷ 協働意欲

　組織構成員が自発的に組織目的を受け入れて，その目的を達成するためには，協働意欲が不可欠である。

　協働意欲とは，個人の努力を組織目的に貢献する意欲であり，人格的行動の自由の放棄，人格的行為の非人格的化を意味している。例えば，銀行に入ってきた顧客に，にこやかに対応した女子従業員は，お金を預かるという銀行の目的のために，個人的努力を払っているのであり，いつもすましこんでいるという人格的行動の自由を放棄して，銀行に協働意欲を提供しているのである[21]。

　個人的意欲という要因を，うまく表現している用語は多い。忠誠心，団結心，団体精神，組織力などがその主なものである。これらの用語は，漠然とはしているが，一般的に，大義への結びつきの強さに関連し，個人的貢献の有効性，能力あるいは価値とは異なったものを示している。例えば，忠誠心は，組織構成員の地位，階層，名声，報酬，能力のどれにも必ずしも関連しないとみなされている。しかし，組織の本質的条件の1つと漠然と認識されている。

　協働意欲は，個人の努力を組織目的に貢献しようとする意欲をさしている。組織構成員の協働意欲は，個人によって際限のないほど大きな格差がある。また，個人の協働意欲の強度は，コンスタントではなく，常に変動する。さらに，組織構成員の協働意欲は，誘因と貢献のバランスによって大きく変動する。具体的には，誘因と貢献のバランスがマイナスの場合，個人の協働意欲はゼロポイントに達し，さらに組織目的に対して，消極側にたつことになる[22]。

　ところで，図表1-5に示されるように[23]，組織の3要素の中の協働意欲は，経営管理（マネジメント）のサイドからみると，モティベーションの問題になる。モティベーションについては，第6章において詳しく考察する。

図表1-5　組織論的管理論の一体系

組織論的 ──────────────────────── 管理論

成立	存続	管理要素
共通の目的 ──────── 有効性 ────────		意思決定
コミュニケーション ──── 〔組織構造の形成〕────		コミュニケーション
協働意欲（意欲）────── 能率 ──────		モティベーション
〔組織〕────────── 〔制度〕──────		リーダーシップ

（出所）　飯野春樹編［1979］35頁。

❸ コミュニケーション

　コミュニケーションとは，共通目的と協働意欲とを結合し統合するものである。コミュニケーションがなければ，共通目的の形成も，協働意欲の顕在化もできない。つまり，コミュニケーションの能力が不十分であれば，必要な情報が手に入らず，合理的な意思決定を行うことができない。コミュニケーション技術は，まさに，あらゆる組織にとって重要な要素である。

　バーナード［1938］は，組織の構造，広さ，範囲は，ほとんどコミュニケーション能力に依存するから，組織理論をつきつめていくと，コミュニケーションが中心的位置を占めるという[24]。

　バーナードは，組織の目的の達成度のことを「有効性」と定義し，個人の動機の満足度のことを「能率」と定義し，この有効性と能率の維持が組織の存続の基準であると述べた。共通の目的が適切に設定され，達成されなければ（有効性），個人の協働意欲を持続するに足る純満足の配分ができないので（能率），組織は存続しえない。

　バーナード［1938］は，図表1-6に示されるように[25]，組織の存続という長期的視点から，共通の目的と協働意欲をみるとともに，有効性と能率を達成する

第1章 経営組織の意義

図表1-6 組織の3要素と管理の機能

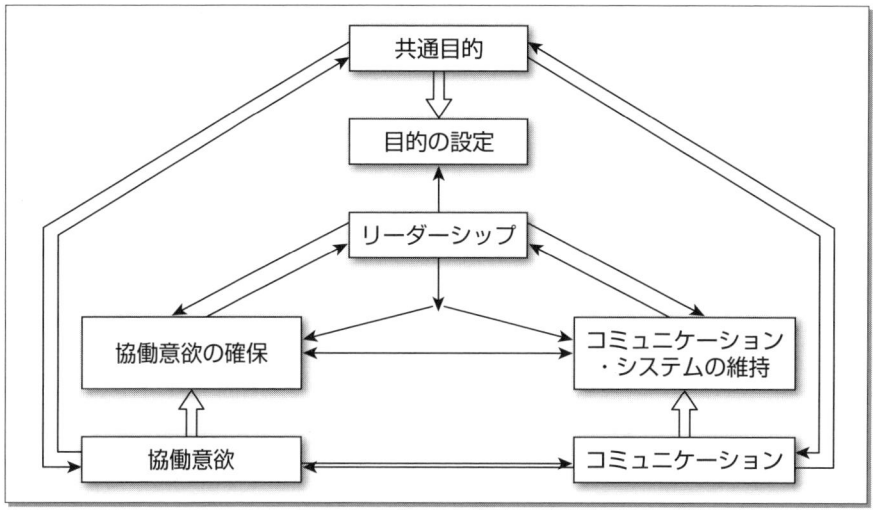

(出所) 飯野春樹編［1979］182頁。

基礎的な枠組みとして，コミュニケーション・システムを捉えている。長期的存続を目指す複合的な組織では，特に，なすべき職務が規定されるとともに，誰が誰に命令するか，誰が誰に報告するか，というコミュニケーション・システムが必要不可欠であると述べている。

4 市場と組織

❶ 市場と組織との関連性

　イギリスの産業革命の開始時期に，経済学の祖アダム・スミス（Smith, A.）［1776/1950］は『諸国民の富』を刊行した。当時の企業は，大半が個人企業に近い規模であった。企業者・消費者などの行動は，価格という「見えざる手」により，ほとんど市場メカニズムの使用コストなしに，市場において調整できると思われていた。スミスは，『諸国民の富』の中で，有名な分業論を展開し

15

たが，これは第3章の第4節（組織における分業システム）において考察する。この時代は，市場と組織との関連性でいえば，市場優位の時代であった。

その後，200年以上が経過し，市場と組織との関連性は大きく変化した。ウィリアムソン（Williamson, O.E.）[1975] は，商品・サービスの取引を行う機関として，市場と組織の2つをあげ，両者は代替的な関係にあるとした[26]。ある取引が市場価格に基づいて行われるか，組織内部の計画と調整を通じて行われるかは，市場と組織のどちらが経営資源を配分する上で効率的であるかによって決まるというのがその根拠である。

市場と組織が，同じような機能を果たしうる代替的なものであるという視点は，ノーベル経済学賞受賞者コース（Coase, R.）[1937/1988] の古典的な論文にまでさかのぼることができる[27]。市場と組織の関係は，もともと微妙なものがある。一方では，組織は市場を活動の場としており，他方では，市場と組織は資源配分を行うための代替的な手段という関係にあるからである。

そして，組織内の資源配分のほうが効率的である領域では，市場がその機能を停止して，組織に代替されていくというプロセスが観察される。例えば，取引の内容が複雑でリスクが大きく，資源配分をする上で非効率性が発生しやすい領域や，取引の関係者が比較的少なく，取引条件をめぐって当事者間の駆け引きが行われるような領域では，組織が市場よりも優位にたつケースが多い。

その原因の1つとして，取引環境が複雑化に伴って不確実性が増大しており，その結果，情報コストを含む「取引コスト」が急騰することがあげられる。

❷ 取引コスト

取引コストは，財（有形財）やサービス（無形財）の移転（取引）が行われるときに発生する。すなわち，財（有形財）やサービス（無形財）の移転（取引）のプロセスにおいて，取引相手を見つけるための探索コスト，様々な情報の探索・処理のための情報コスト，契約成立までの交渉や契約締結に関わる契約コスト，在庫に関わる在庫管理コストなど，財やサービスの移転（取引）のプロセスにおいて発生するコストを総称して取引コスト（transaction cost）という。

取引コストの概念は，伝統的な経済理論ではほとんど無視されてきた。しか

し，取引を経済分析の基礎単位として，社会経済における資源配分活動に貢献する機関として，①市場，②企業，③企業の混合である企業集団，系列，合併事業などの「中間組織」を，並行的な経済システムとみなし，いずれの経済システムが経営資源の効率的な配分において有効かを分析しようとした。取引コストは，経済システムの運営コストであるので，市場，企業，中間組織のいずれが効率的であるか，取引コストを分析ツールとして実証的に分析しようというのである。

このような動きが，コース［1937/1988］を源流として，アロー（Arrow, K.）［1974］，ウィリアムソン［1975］などの研究者によって花開いた取引コスト・アプローチである。ちなみに，取引コスト・アプローチの先駆者であるコース［1937/1988］とウィリアムソン［1975］は，受賞年度は異なるものの，ともにノーベル経済学賞を受賞した。もはや，取引コストの概念は，経済学や経営学における辺境の概念ではなくなったといえよう。

取引コストについてもう少し具体的にみてみよう。ウィリアムソン［1975］は，サイモン［1947］の意思決定の概念の中から，意思決定に要するコストという視点を，市場と組織の経済活動の分析に適用した。また，ウィリアムソン［1975］は，コモンズ（Commons, J.R.）［1951］の「取引」という用語を援用し，その「取引」を経済分析の基礎単位として，市場と組織の経済活動を分析した。

ウィリアムソンの先駆者であるコモンズ［1951］は，大規模組織である株式会社の利点は，市場取引を組織内に取り込み，経営管理的に調整するゴーイング・コンサーン（継続企業体）としての特質にあると主張した。

同じくウィリアムソンのもう1人の先駆者であるコース［1937/1988］は，経済活動は，組織にみられる長期的雇用契約のほうが経済活動を調整するコストが少なくてすむ。具体的には，市場メカニズムを使用することにより，取引コストが上昇する場合，市場に代わり組織の中で長期継続的な契約関係を用いる方が効率的となる，それゆえ，組織を用い経済活動を調整する誘因が，企業組織を生成させると述べた。すなわち，組織を利用することによって，不確実性によって生ずる市場の取引コストを減らすことができる[28]。

さて，ウィリアムソンの取引コスト・アプローチは，図表1-7に示されるよ

図表1-7　組織失敗の枠組み

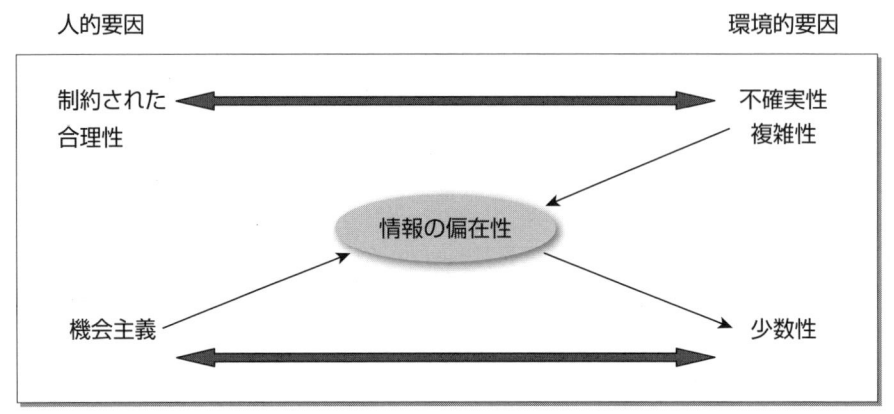

人的要因　　　　　　　　　　　　　　　　　　　　　環境的要因

制約された合理性　⟷　　　　　　　　　　　不確実性
　　　　　　　　　　　　　　　　　　　　　複雑性

　　　　　　　　　情報の偏在性

機会主義　⟷　　　　　　　　　　　　　　　少数性

（出所）　Williamson, O.E. [1975] 訳書65頁。

うに[29]，「組織失敗の枠組み」と呼ばれるアプローチによって明確に理解することができる。すなわち，市場の経済活動が取引コストの上昇のために組織内に取り込まれる「市場⇒組織」の内部化の側面だけでなく，組織に内部化された経済活動が組織の大規模化や官僚制化に伴って，組織的調整（経営管理的調整）による取引コストが上昇し，「組織⇒市場」という外部化の可能性を併せて示している。現実に近年では，企業間関係，企業集団，戦略的提携，分社化，アウトソーシングなどによる「組織⇒市場」の外部化の事例が増大しつつある。

　ウィリアムソンのノーベル経済学賞受賞の大きな理由は，この「組織失敗の枠組み」を用いて，市場と組織の経済活動を，取引コストの比較によって分析しようとする試みにある。すなわち，市場も組織もともに失敗する要因をもっており，「市場⇒組織」の内部化も，「組織⇒市場」の外部化も，それぞれ可能性があることを示しているのである。

❸ 組織の生産性

　チャンドラー（Chandler, A.D.Jr）[1977] は，すべての調整を市場メカニズムに依存するよりも，企業組織による経営管理的な調整を行うことによって生産性が向上し，低コスト・高利益を実現できるようになったので，企業組織は

経済社会で大きな位置づけを占めるようになった，と述べている[30]。

　企業の経営管理者による経営管理的な調整は，市場や製品に関する情報コストを中心とする「取引コスト」を低減し，しかも，より素早く顧客のニーズに対する製品差別化や市場サービスをも可能にしたのである。また原材料から最終製品までの業務プロセスを計画し，さらに，その業務プロセスを効率化することによって，いわゆる規模の経済，速度の経済を実現できるようになった[31]。

　企業は，資本主義市場の中で，常に厳しい競争にさらされている。企業の最大の課題は，競争に勝ち残ることであろう。それゆえ，市場の中で，競争優位に立つために，企業は技術革新（イノベーション）を推し進め，獲得した新しい技術をビジネスに結び付けていけるように，たえず努力を繰り返している。

　しかし，重要なことは，新しい技術だけでは，市場で競争優位に立ち続けることはできない。すなわち，企業の成長過程で組織革新が必要となり，それなしには，規模拡大も競争優位も形成できなくなる。

　チャンドラー［1977］は，大規模組織化していく近代的産業企業と，その階層制管理組織の成立を，経営史的アプローチによって分析した。チャンドラー［1977］の「目に見える手」とは，近代企業の組織内における計画と統制の機能を表しており，アダム・スミス［1776/1950］の「見えざる手」と対極にある用語である。スミス［1776/1950］は，市場メカニズムによる調整を分析したのに対して，チャンドラー［1977］は，組織内の組織的調整（経営管理的調整）を分析したのである[32]。

　経済の多くの部門において，経営管理（マネジメント）という「目に見える手」が，かつてアダム・スミスが市場を支配する「見えざる手」と呼んだものにとって代わった。市場は依然として，財貨とサービスに対する需要の発生源ではあるが，しかし，今や近代企業は，生産と流通の過程を通じて，財貨の流れを調整したり，また，将来の生産と流通のための資源と人員を配分するという機能を，市場に代わって引き継ぐに至った[33]。

　それゆえに，近代企業は，持続的に成長することが可能な，極めて強力な制度となった。チャンドラー［1977］は，このような組織の生産性が高く，専門的な俸給経営者によって支配される企業を「経営者企業」と名づけ，このよう

な企業によって支配される体制を「経営者資本主義」と規定した[34]。

5 環境－経営戦略－組織の適合

❶ 環境の変化

　企業は，環境の中で生産活動を営む組織体であるので，企業の存続・発展を実現するためには，環境にうまく対応することが必要不可欠である。ここで環境とは，「企業の経営活動に対して，その活動を制約したり促進したりする外的要因のこと」である。一般に，企業と環境は相互に影響しあう関係にある。すなわち，企業はあたかも「生き物」のように，環境の変化に対応することによってのみ，その存続・発展が可能になる。

　企業の環境は，図表1-8に示されるように[35]，①経済環境，②政治環境，③社会環境，④自然環境，⑤市場環境，⑥競争環境，⑦技術環境，の7つの環境要因があげられる。ちなみに，環境の変化とは，これらの環境要因が変化する

図表1-8　環境要因

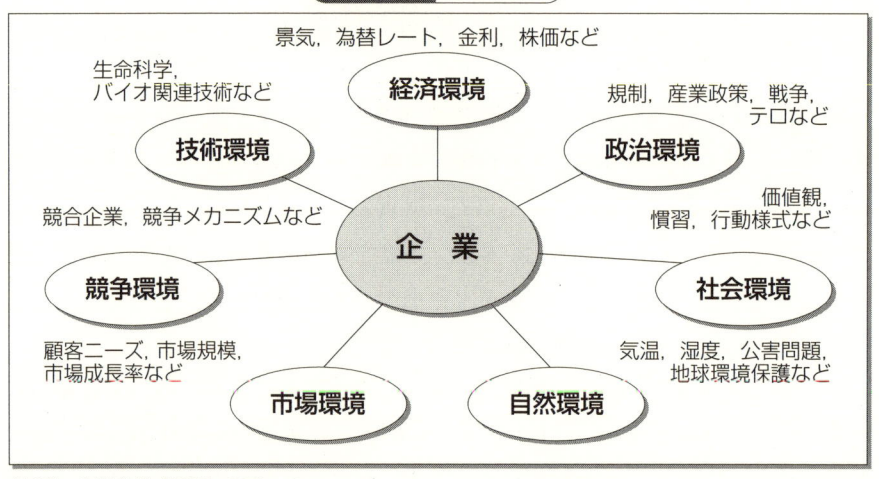

- 経済環境：景気，為替レート，金利，株価など
- 政治環境：規制，産業政策，戦争，テロなど
- 社会環境：価値観，慣習，行動様式など
- 自然環境：気温，湿度，公害問題，地球環境保護など
- 市場環境：顧客ニーズ，市場規模，市場成長率など
- 競争環境：競合企業，競争メカニズムなど
- 技術環境：生命科学，バイオ関連技術など

（出所）岸川善光［2006］3頁。

ことであり，企業の経営活動に対する制約および促進の様態が変わることに他ならない。

① **経済環境**

　企業は，営利原則に基づいて行動する生産経済体であるので，経済環境が企業の経営活動にとって重要であることはいうまでもない。経済環境を構成する経済主体としては，消費者，原材料供給企業，競合企業，金融機関などがあげられる。具体的には，経済環境の要因のなかで，近年，為替レートの変動，金利の変動が経営活動に対して大きな影響を及ぼしている。

② **政治環境**

　政治環境とは，主として立法府および行政府が企業の経営活動に対して及ぼす影響のことである。具体的には，各種の立法や産業政策などによって，主として企業の制度面に影響を及ぼす外的要因のことである。現実に，特定の産業に属する企業では，規制緩和の動向が経営活動に多大な影響を与えている。

③ **社会環境**

　社会環境とは，少子・高齢化などの人口動態，長年人々によって共有されている価値観・規範・慣習・行動様式の変化などが企業の経営活動に対して及ぼす影響のことである。例えば，顧客の価値観・規範・慣習・行動様式の変化は，現実に企業の商品開発や流通チャネルの開発などに対して大きな影響を及ぼしている。

④ **自然環境**

　自然環境とは，気温・湿度・日射量・緯度・経度などの気候地理的要因，公害問題，地球環境問題などが，企業の経営活動に及ぼす影響のことである。自然環境は，食品産業など一部産業だけではなく，多くの産業に影響を及ぼしている。

⑤ **市場環境**

　市場環境とは，顧客ニーズの変化，市場規模の変化，市場成長率の変化など，市場の変化が企業の経営活動に対して及ぼす影響のことである。市場は需要と供給が交差する場であり，企業にとって顧客の集合体でもある。顧客ニーズの変化，市場規模の変化，市場成長率の変化などの市場環境の変化は，ダイレク

トに企業の経営活動を制約したり促進したりするので，経営戦略について考察する場合，極めて重要な環境要因であるといえよう。

⑥ 競争環境

競争環境とは，競合企業，競争メカニズム，新規参入の可能性などが，企業の経営活動に対して及ぼす影響のことであり，企業レベルの極めてミクロ的な環境要因である。競争環境の変化も，市場環境の変化と同様に，ダイレクトに企業の経営活動を制約したり促進したりする。

⑦ 技術環境

技術環境とは，科学技術の進歩が企業の経営活動に対して及ぼす影響のことである。具体的には，生命科学，バイオ関連技術，先端情報技術などの科学技術の進歩が，新製品，新事業，新素材，新生産方式などの開発に及ぼす影響のことである。研究開発（R＆D）の制約要因または促進要因になることが多い。

先述したように，環境の変化を認識し，環境変化への対応策を策定することは極めて重要である。ところで，この環境の変化に対応するパターンとして，環境適応と環境創造の2つがあげられる[36]。環境適応とは，環境の変化を受けて，企業がその行動を事後的に変えることである。環境創造とは，企業が環境そのものを主体的に事前に創造することである。環境適応も，環境創造も，環境の変化に対応する有効なパターンであるものの，企業と環境との相互作用に基づく新たな関係づくりこそが，今後の環境対応の鍵概念となるであろう。

❷ 適合パラダイム

環境－経営戦略－組織の関係は，それぞれが企業にとって重要な構成要素であると同時に，それら構成要素間の「適合（fit）」が，企業の存続・発展にとって不可欠の課題である。適合パラダイムとは，環境，経営戦略，組織の構成要素を一度バラバラに分解し，次に，各構成要素の適合（fit）やバランスを構築するという考え方のことである。

奥村昭博［1989］によれば[37]，適合パラダイムには，①どの時点における適合を適合というのか，②静的な適合概念では，常に変化している環境に対応できないのではないか，③全く予測できないような事態に，適合パラダイムは対

応できるのか，など多くの欠点が指摘されている。

　しかし，適合パラダイムには，環境－経営戦略－組織の構成要素間のバランスなど，多くの利点や効果があることも事実である。岸川善光［2006］は，環境－経営戦略－組織の適合性について，適合（fit）の重要性を強調しつつも，「不均衡（アンバランス）こそが，存続・発展のバネになるのではないか」と弁証法的に述べている[38]。

　経営戦略と組織の適合性についてみてみよう。経営戦略論の生成期，さらに，分析型経営戦略論の時代において，経営戦略と組織との関係は，二分法的に明確に区分されてきた。「組織は戦略に従う」という有名なチャンドラーの命題も，「戦略は組織によって規定される」というアンゾフの命題も，共に経営戦略と組織との二分法を採用している。この二分法による適合（fit）の概念は，極めて分かり易い。

　ところが，プロセス型経営戦略論の時代に広く広まった，経営戦略と組織との相互浸透モデルにおける経営戦略と組織との関係は，上述した二分法ではなく，相互依存的・相互補完的な関係であり，経営戦略と組織との区分は極めて曖昧であるという立場にたっている。

　例えば，ピーターズ＝ウォーターマン（Peters, T.J.＝Waterman, R.H.）［1982］は，第３章で考察するように，経営戦略と組織との相互浸透モデルの典型である７Ｓモデルを提唱している[39]。ピーターズ＝ウォーターマン［1982］は，組織の概念をチャンドラーの組織構造よりも広くとらえており，組織の構成要素として，①戦略，②組織構造，③システム，④人材，⑤スキル，⑥行動様式，⑦共通の価値観，の７つの要素をあげている。ちなみに，７つの要素の頭文字がすべてＳから始まるので７Ｓモデルといわれる。

　７Ｓモデルによれば，経営戦略と組織だけでなく，７つの要素が相互に錯綜しながら浸透している。この７Ｓモデルは，「経営戦略と組織との関係は，二分法的ではなく，相互依存的・相互補完的な関係である」ことを提唱した先駆的な研究として位置づけることができる。

　マイルズ＝スノー（Miles, R.E.＝ Snow, C.C.）［1978］も，経営戦略と組織の相互浸透モデルの論者としてあげることができる。マイルズ＝スノーは，企業の

環境適応のパターンを経営戦略と組織の2つの軸でとらえ，①防衛型，②先取り型，③分析型，④反応型，の4つに分類した[40]。この環境適応パターンのことを戦略タイプとも呼んでいる。

マイルズ＝スノー［1978］の分類を用いて，経営戦略と組織との関係をみてみよう。例えば，環境の変化を先取りして経営戦略を策定する場合と，環境変化に受身で反応するための経営戦略を策定する場合では，結果として経営戦略と組織との適合が得られたとしても，そのプロセスは大きく異なる。少なくとも，チャンドラーの命題のように，「組織は戦略に従う」といった単純な一方向のプロセスではあり得ない。すなわち，経営戦略と組織との関係は双方向的で相互依存的であるといえよう。

上で，経営戦略と組織との相互浸透モデルについて，ピーターズ＝ウォーターマン［1982］，マイルズ＝スノー［1978］の考え方を概観した。この経営戦略と組織との相互浸透モデルにおいて，適合（fit）とは何を指すのか，チャンドラーやアンゾフの二分法による適合（fit）と比較すると，はるかに捉え方が複雑になるであろう。

❸ コンティンジェンシー理論

上述したように，適合という概念は，理論的にも実務的にも相当の困難性を有する。しかし，社会科学・自然科学を問わず，一般的にどの研究分野においても，理論がより洗練化され精緻化されるにしたがって，一般性や普遍性より

図表1-9　コンティンジェンシー理論の固有変数と鍵概念

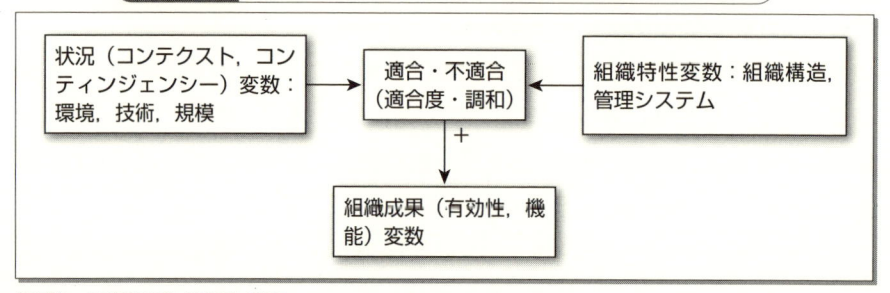

| 状況（コンテクスト，コンティンジェンシー）変数：環境，技術，規模 | → | 適合・不適合（適合度・調和） | ← | 組織特性変数：組織構造，管理システム |

↓ +

組織成果（有効性，機能）変数

（出所）　加護野忠男［1980］25頁。

も，条件適応性や相対性が強調される傾向がある。経営組織論にもこのことはあてはまる。したがって，企業と環境との適合は，理論的にも現実的にも極めて重要な課題である。

　図表1-9に示されるように[41]，コンティンジェンシー理論は，この適合に真正面からチャレンジした理論であるといえよう。なお，加護野忠男［1980］は，コンティンジェンシー理論の鍵概念として，「適合（fit）」あるいは「調和（congruence, consonance）」の2つを併行してあげている。

　第2章において，条件適応性を追求した適応的組織論について考察するので，ここでは，①バーンズ＝ストーカー（Burns, T.＝ Stalker, G.M.），②ウッドワード（Woodward, J.），③ローレンス＝ローシュ（Lawrence, P.R.＝ Lorsch, J.W.），の所説について，環境－経営戦略－組織の関連性に絞って概観する。

〈バーンズ＝ストーカー〉[42]

　バーンズ＝ストーカー［1968］は，伝統的産業からエレクトロニクス分野に進出したスコットランドの企業20社の事例研究を行った。事例研究の目的は，環境（特に，技術と市場）の変化とそれに対応するための企業の管理システムとの関係を明らかにすることである。バーンズ＝ストーカー［1968］は，この事例研究を通じて，「機械的システム」と「有機的システム」という概念を開発した。

　「機械的システム」の主な特性は，①職務の専門化，②権限・責任の明確な規定，③組織の階層化，④テクニカル・スキルの重視，⑤上司および組織に対する忠誠心などであり，「機械的システム」は，第2章で考察するウェーバー（Weber, M.）の官僚制組織モデルに極めて近似しているといえよう。

　他方，「有機的システム」の主な特性としては，①職務の融通化，②相互作用による調整，③ネットワーク型の構造，④環境対応のためのスキル，⑤組織の成長に対する貢献，などがあげられる。事例研究の結果，「機械的システム」は安定的な環境条件に適しており，「有機的システム」は環境の不確実性が高まったときに有効性を発揮することが判明した。

〈ウッドワード〉[43]

　ウッドワード［1965］［1970］は，サウス・エセックス研究の主導者として知られている。ウッドワードの関心は，組織と技術との関係を明らかにすること

図表1-10　技術尺度の両端において類似する構造特性

構造特性	単品・小バッチ	大バッチ・大量	装置
第一線監督者の統制範囲（平均）	23	48	13
熟練労働者の割合	高い	低い	高い
組織体制	有機的	機械的	有機的
専門スタッフ	少ない（経験・コツ）	多い	少ない（科学的知識）
生産統制	少ない	精密	少ない
コミュニケーション	口頭	文書	口頭

(出所) Woodward, J. [1965] に基づいて作成。

であった。ここでいう技術とは，生産技術のことであり，製造方法と製造プロセスを含んでいる。

　ウッドワードは，図表1-10に示されるように，技術を，1）単品・小バッチ（例えば，注文服，電子工学設備），2）大バッチ・大量（例えば，自動車，鉄鋼），3）装置（例えば，石油，化学）の3つに分類し，それらの技術と組織構造の関係を調査した結果，次のことを発見した。

① 技術と組織構造の関係は，技術が複雑になる（単品・小バッチから装置へ移行すること）につれて，責任権限の階層，経営管理者の統制範囲，管理監督者比率，スタッフ比率のいずれも増大する。
② しかし，技術尺度の両極端（単品・小バッチと装置のこと）では，バーンズ＝ストーカーのいう「有機的システム」が支配的である。
③ 中間領域（大バッチ・大量）では，「機械的システム」が支配的である。
④ 業績の高い企業ほど，技術カテゴリーの中間値または平均値に近い。これは技術と業績との相関を適切に設定できることを示唆している。

　サウス・エセックス研究の結果，「技術が組織構造を規定する」という命題を生み出した。これは具体的には，採用する生産技術の複雑性が異なれば，それに応じて有効な組織化の方法も異なるということに他ならない。

〈ローレンス＝ローシュ〉[44]

第1章　経営組織の意義

　ローレンス＝ローシュ［1967］は，組織の分化と統合のパターンと環境との関係に着目した。彼らがいう分化とは，「異なる職能部門の管理者の認知的・感情的志向の相違」であり，分化の程度は，①目標志向性，②時間志向性，③対人志向性，④構造の公式性という4つの次元で把握される。統合とは，「部門間の協力状態の質」であり，統合の程度は，①統合のパターン，②統合の手段，③コンフリクト解消の型，という3つの次元で把握される。

　他方，環境の不確実性は，①情報の不確実性，②因果関係の不確実性，③フィードバックの時間幅，で定義される。

　実証研究の結果，組織 − 環境関係の仮説として，①環境が安定するほど組織の構造は安定する。②組織の構成員は，環境に適応する目標を発展させる。③組織の業績は，環境の要求する分化と統合を同時に達成することと関係がある。という3点を指摘した。具体的には，安定した環境に対応している組織は，分化と統合を達成するために官僚制構造をとり，不安定な環境に適合的に対応している組織は，有機的形態を採用することによって，分化と統合の同時極大化を図っていたのである。

1）Barnard, C.I.［1938］訳書76頁。ただし，体系をシステムに変更した。
2）飯野春樹編［1979］23頁を援用した。
3）森本三男［2003］2-3頁。一本道の上の大きな石の話は，本来，バーナード自身の説明例であるが，森本三男の説明のほうが分かり易いので，森本三男［2003］を援用した。
4）飯野春樹編［1979］24-25頁。
5）岸川善光［2002］29頁。
6）Barnard, C.I.［1938］訳書67頁。
7）飯野春樹編［1979］30頁。
8）庭本佳和［2006］7頁。
9）飯野春樹編［1979］30-31頁。
10）組織目的の追求に関して，北野利信編［1977］の概念区分（合理性の追求，人間性の追求，システム性の追求，条件性の追求，適応性の追求，協調性の追求，生産性の追求）の一部を援用した。ただし，弁証法による「一定の法則性」の導出は筆者が行った。
11）Barnard, C.I［1938］訳書90-92頁。
12）岸川善光［2007b］48-49頁。
13）Simon, H.A.［1947］訳書（第4版）221頁を筆者が一部修正。
14）Barnard, C.I［1938］訳書87-89頁。
15）岸川善光［1999］16頁。

16) Barnard, C.I.［1938］訳書（第7章公式組織の理論）に基づいて筆者作成。
17) Barnard, C.I［1938］pp.82-91.原書では，willingness to cooperateとwillingness to serveを互換的に用いているが，本書では，willingness to cooperateに統一する。
18) 飯野春樹編［1979］58頁を援用した。
19) 鈴木喬［1987］48-49頁を援用した。
20) 占部都美＝小松陽一［1971］57-59頁を援用した。
21) 飯野春樹［1979］57頁を援用した。ただし，本書では，協働意思，意志を協働意欲と統一して表記する。
22) 占部都美＝小松陽一［1971］59-60頁。
23) 飯野春樹編［1979］35頁。
24) 同上書59頁。
25) 同上書182頁。
26) Williamson, O.E.［1975］は，市場（market）と階層組織（hierarchies）を，取引を行う機関として代替的な用具とした。例えば，訳書16頁を参照のこと。
27) Coase, R.［1937/1988］は，Coase, R.［1988］の第2章に再録されている。資源配分の2つのルートとして，価格メカニズムによる資源配分，企業による資源配分の2つをあげた。
28) 取引コスト・アプローチについて，代表的なCoase, R.［1937/1988］，Commoms, J.R.［1951］，Williamson, O.E.［1975］については，角野信夫［2001］107-109頁を参照した。
29) Williamson, O.E.［1975］訳書65頁。
30) Chandler, A.D.Jr.［1977］は，例えば訳書4頁において，市場メカニズムの「見えざる手」と企業の経営管理者の「目に見える手」を対比している。
31) 岸川善光編［2009b］29頁。
32) 稲村毅＝百田義治編［2005］48-49頁。
33) Chandler, A.D.Jr.［1977］訳書4頁。
34) 稲村毅＝百田義治編［2005］51頁。
35) 岸川善光［2006］3頁。
36) 同上書6-8頁。
37) 奥村昭博［1989］179頁。
38) 岸川善光［2006］244-245頁。
39) Peters, T.J.＝Waterman, R.H.［1982］訳書51頁。
40) Miles, R.E.＝Snow, C.C.［1978］訳書37-126頁。ただし，用語を筆者が一部修正。
41) 加護野忠男［1980］25頁。
42) バーンズ＝ストーカーについては，Burns, T.＝Stalker, G.M.［1968］の他に，高柳暁＝飯野春樹編［1991］など，条件適応理論に関する学説史を参照した。
43) ウッドワードについては，Woodward, J.［1965］，Woodward, J.［1970］の他に，北野利信編［1977］，車戸實編［1987］などの学説史を参照した。
44) ローレンス＝ローシュについては，Lawrence, P.R.＝Lorsch, J.W.［1967］の他に，車戸實編［1987］，宮田矢八郎［2001］などの学説史を参照した。

第2章 経営組織論の生成と発展

　本章では，経営組織論の生成・発展過程を下記の6つに分類し，経営組織論の生成・発展に関する「一定の法則性」を導き出す。
1．古典的組織論……合理性の追求
2．新古典的組織論……人間性の追求
3．近代的組織論……システム性の追求
4．適応的組織論……条件適応性の追求
5．戦略的組織論……戦略性の追求
6．社会的組織論……社会性の追求

　第一に，古典的組織論について考察する。古典的組織論は，経営組織に関する経験，知識，技法を体系化し，経営組織における合理性を追求したことを理解する。

　第二に，新古典的組織論について考察する。新古典的組織論は，古典的組織論のアンチテーゼとして，学際的な行動科学に基づいて，経営組織における人間性を追求したことについて理解を深める。

　第三に，近代的組織論について考察する。近代的組織論は，古典的組織論と新古典的組織論のジンテーゼとして，組織を「意思決定のシステム」とみなし，経営組織におけるシステム性の追求を主眼としたことを理解する。

　第四に，適応的組織論について考察する。適応的組織論は，条件が異なれば，有効な組織のあり方も異なるという，経営組織における条件適応性を追求したことについて理解を深める。

　第五に，戦略的組織論について考察する。戦略的組織論は，環境(条件)を取り込み，経営組織における戦略性を追求したことを理解する。

　第六に，社会的組織論について考察する。社会的組織論は，「企業と社会」の関わり方の内，「企業⇒社会」だけでなく，「社会⇒企業」という観点から社会性を追求していることを理解する。

本章では，図表2-1に示されるように[1)]，経営組織論の生成・発展過程を，古典的組織論，新古典的組織論，近代的組織論，適応的組織論，戦略的組織論，社会的組織論の6つに分類し，経営組織論の生成・発展に関する「一定の法則性」を導き出す。

図表2-1　経営組織論の生成・発展過程

段階	特性	時期	理論
1	合理性	1900～	古典的組織論
2	人間性	1920～	新古典的組織論
3	システム性	1940～	近代的組織論
4	条件適応性	1960～	適応的組織論
5	戦略性	1980～	戦略的組織論
6	社会性	2000～	社会的組織論

（出所）　筆者作成。

1　古典的組織論

❶　古典的組織論の概要

　経営組織論の出発点をどこに求めるかについて，研究者によって様々な見解があるものの，本書では，①テイラー（Taylor, F.W.），②ファヨール（Fayol, H.），③ウェーバー（Weber, M.），の3人の学説を，経営組織論の出発点，すなわち古典的組織論の典型として取り上げる。

　古典的組織論が生まれる前にも，エジプトのピラミッド建設にみられるように，組織そのものは古代から存在した。しかし，経営組織に焦点を絞れば，組織設計・組織運営は，企業家の経験と主観に依存した因習的な方法や成行管理

(drifting management) によって遂行されてきた。古典的組織論によって，経営組織に関する合理性が追求され，組織の構造や管理過程が考察の対象となった。

〈テイラー〉[2]

　テイラーは，「能率の父」「経営管理の父」，あるいは「経営学の父」などといわれている。また，創成期のコンサルタント・エンジニア（能率技師＝現在の経営コンサルタント）としても名高い。

　テイラーの学説を考えるとき，能率増進運動（efficiency movement）との関連を理解しておく必要がある。能率増進運動とは，19世紀末葉から米国産業界に広まった生産現場の能率向上を目指す一連の動きをいう。

　米国の産業革命は，英国の産業革命に遅れること約１世紀，19世紀中葉から鉄道網の拡大に伴って急速に進展した。当時の米国では，各産業分野において機械生産による大量生産体制が確立されつつあった。特に生産現場の能率向上を課題として，1880年に「米国機械技師協会（ASME）」が発足し，能率増進運動の推進母体となった。

　テイラーは，1901年以降は科学的管理の研究と普及に専念した。経営管理論・組織論の古典となった『差別出来高給制』（*A Piece Rate System*, 1895），『工場管理』（*Shop Management*, 1903），『科学的管理の原理』（*The Principles of Scientific Management*, 1911）の３冊の業績がある。

　テイラーが1903年に上梓した『工場管理』は，作業の管理に科学的な方法を導入した労作として知られている。テイラーは当時，労働者の組織的怠業とその対抗策として経営者が強行する賃率引下げの悪循環は，仕事の結果を客観的に測定できる尺度が欠如していることに起因すると診断した。この診断を踏まえて，仕事の結果を測定する尺度のことをテイラーは課業（task）と呼んだ。

　課業とは，「達成すべき公平な一日の仕事量」を意味する。この課業を確立するため，テイラーは，次の４つの課業管理の原則を提示した。

① 日々の高い課業：労働者は簡単には達成できないような課業を，毎日明確に示されなければならない。
② 標準的条件：課業の遂行にあたり，課業を確実に遂行し得るような標準的

図表2-2　職能別職長組織

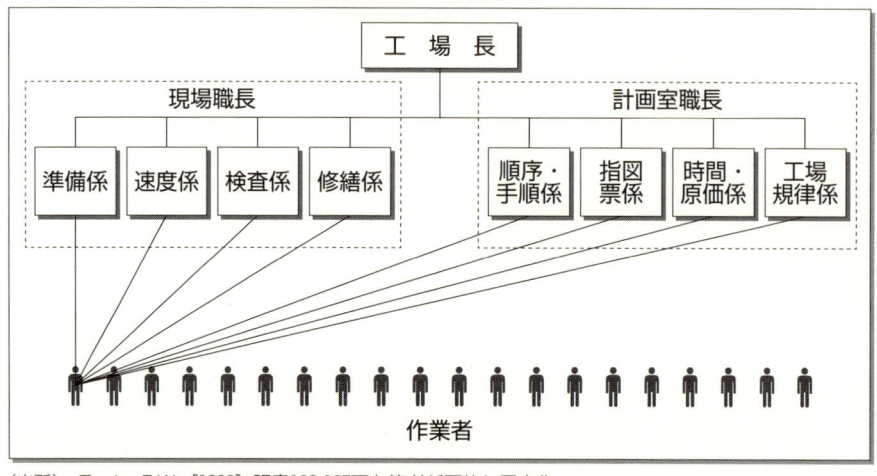

```
                          工　場　長
          ┌──────────────┴──────────────┐
        現場職長                      計画室職長
   ┌────┬────┬────┬────┐     ┌────┬────┬────┬────┐
  準備係 速度係 検査係 修繕係   順序・ 指図  時間・ 工場
                              手順係 票係  原価係 規律係

                          作業者
```

（出所）　Taylor,F.W.［1903］訳書122-125頁を筆者が要約し図表化。

な諸条件と用具が与えられなければならない。

③　成功に対する高い支払：労働者が課業を達成した場合には、高い賃金が保証されなければならない。

④　失敗の場合の損失：労働者が課業を達成できなかった場合には、労働者の損失としてのペナルティが課せられなければならない。

さらに、課業は一流の工員でなければ達成できない程度に難しいものにすべきであると述べている。

テイラーは、上述した課業管理の原則を具現化するための施策として、職能別職長組織の採用を提唱した。テイラーの職能別職長組織とは、図表2-2に示されるように[3]、計画職能を担当する職長として、①順序・手順係、②指図票係、③時間・原価係、④工場規律係の4つに分け、現場監督職能を担当する職長として、①準備係、②速度係、③検査係、④修繕係の4つに分けた組織のことである。

計画職能を担当する4人の職長は、労働者の課業を設定し、さらに課業を達成するための手順、方法、用具、時間、原価、賃率などを事前に指図票等の書面で労働者に指示した。その課業を具体的に決定するために、工場内の労働者

の作業を分析し作業要素に分解した。さらに，それらの要素作業を成し遂げるのに必要な時間を分析した。前者を作業研究といい，後者を時間研究という。

作業研究および時間研究は，現在でもIE（industrial engineering）の基本として，各産業分野に広く普及している。課業管理の第一原則である日々の高い課業および第二原則である標準的諸条件の2つがここで具体化される。

テイラーは，課業を客観的に設定することにより，労働者の組織的怠業などの問題を解決し，労働者には高い賃金を，経営者には低い労務費を両立しようとした。これを「高賃金・低労務費」の原則という。

さらに，テイラーは1911年に『科学的管理の原理』を発表した。ここでは，『工場管理』で展開した課業管理をより一般化して科学的管理と呼んだ。

そして，1912年に創立された「テイラー協会」を通じて，科学的管理は急速に普及した。テイラーの科学的管理に対して，様々な問題が指摘されているが，今日のわが国において，科学的管理の影響は多大なものがある。差別出来高給制度は，今日ではテイラーが提唱した形態とはやや異なるものの，目標設定時のインセンティブとして多用されている。職能別職長組織も，ライン・アンド・スタッフ組織として発展し，現代の組織の基本形態の1つとして存在する。

〈ファヨール〉[4]

ファヨールは，上述したテイラーと並び称される古典的管理論・組織論の研究者である。フランスのコマントリ・フールシャンボール鉱山会社に入社後，技師，鉱業所長等を経て，1888年に社長に就任し，1918年にその地位を退くまでの30年間，経営者として経営の采配をふるった。また，1916年に経営者としての経験を踏まえて，主著『産業ならびに一般の管理』（*Administration Industrielle et Générale*, 1916）を刊行した。晩年は「管理学研究センター」を設立し，経営管理論・組織論の研究と普及に注力した。

ファヨールは，『産業ならびに一般の管理』において，事業内容の複雑性や事業規模の大小にかかわりなく，必ず遂行しなければならない機能を経営の本質的機能と規定し，次の6つをあげている。

① 技術活動：生産，製造，加工

②　商業活動：購買，販売，交換
③　財務活動：資本の調達，運用
④　保全活動：財産と従業員の保護
⑤　会計活動：財産目録，貸借対照表，原価，統計
⑥　管理活動：予測，組織，命令，調整，統制。

　これら6つの機能を事業目的に向かって統合する機能が経営であり，管理機能は，経営の6つの本質的機能の1つとして位置づけられている。このようにファヨールの管理論では，経営機能と管理機能が明確に区別されていることに特徴がある。

　ファヨールは，管理機能を，①予測，②組織，③命令，④調整，⑤統制，の5つの要素に分割した。組織は，ファヨールにおいて管理の手段として位置づけられている。この5つの要素が管理過程として管理過程学派に引き継がれた。

　さらに，ファヨールは，管理の一般原則として，①分業，②権限・責任，③規律，④命令の一元化，⑤指揮の統一，⑥個人的利益の全体的利益への従属，⑦従業員の報酬，⑧集権化，⑨階層組織，⑩秩序，⑪公正，⑫従業員の安定，⑬創意，⑭従業員の団結，の14項目にわたる管理原則を提示した。

　ファヨールは，管理過程を重視する管理過程学派の元祖として位置づけられている。管理過程学派は，正統派，伝統派，古典派など様々な名称がつけられており，今も経営管理論では主流の1つをなしている。

〈ウェーバー〉 5)

　ウェーバーは，組織の目的達成を効果的に実現する合理的な組織構造として，官僚制組織を提唱した。経営組織における構造的問題を体系的に検討した記念碑的な労作である。彼の官僚制組織に関する主張は，1920年に刊行された『プロテスタンティズムの倫理と資本主義の精神』（*Die Protestantische Ethik Und Der Geist Des Kapitalismus*, 1920），1922年に刊行された『支配の社会学』（*Soziologie der Herrschaft*, 1922）などで提示されている。

　ウェーバーによれば，「官僚制組織とは，所与の目的を達成するための合理的システムのこと」を指す。ウェーバーの官僚制理論は，古典的組織論のなか

でも極めて中心的な存在である。官僚制組織の原型は，一元的な権限の階層的秩序に基づいて，上司が職位の権限を行使して部下の行動をコントロールし，それによって彼らの活動の調整をはかる機能的連関の，重層的な階層的連鎖が，トップから底辺にまで貫徹する中央集権的な管理組織に他ならない。

ウェーバーによって，官僚制組織の概念が「合法的支配の下における機能的で合理的な組織のパターン」としてとらえられることになった。ウェーバーは，人間社会の秩序形態と支配形態を歴史的に比較・検討するために，次の3つの支配形態の純粋型を提示した。

① カリスマ的支配：この支配形態は，指導者の持つ個人的な属性に基礎を置くものである。すなわち，指導者の天賦の資質（カリスマ），とくに呪術的能力・啓示や英雄性・精神や弁舌の力などの超自然的，超人間的な情緒的帰依に基づく支配を意味する。一個人の特徴ないし属性が基礎に置かれ，その個人の閃きになどにより命令が出される。

② 伝統的支配：この支配形態は，先例と慣例に基づき存在する秩序と支配力の神聖性という信仰に基づくものである。つまり，指導者は継承した身分に基づく権限を有している。

③ 合法的支配：形式的に正しい手続きで定められた規則による支配形態である。すなわち，権限の行使が一定の規則と手続きのシステムに基づいて行われる。この規則や手続きのシステムがいわゆる「組織」であり，それらの典型的なものが「官僚制組織」である。

ウェーバー［1922］の官僚制組織の特質は，次の4つに集約される。

① 権限のヒエラルキー：組織目的の遂行に必要な職務が体系的に確立され，その遂行に必要な権限（命令権限と強制手段）が規則によって与えられている。さらに，法の支配を前提とはしているものの，権限のヒエラルキーによる支配・服従は妥当性を有する。

② 規則の体系化：組織目的の遂行に必要なすべての職務について，一連の規則と手続きが存在し，発生しそうなすべての事態に対する対策が，理論的にも実務的にも網羅されている。具体的には，業務分掌規定や職務権限規定などを指す。

③　文書主義：職務はすべて文書を手段として遂行される。この文書主義は，非人格化とか非情性と呼ばれることもある。すなわち，私情によって職務の遂行が左右されることのないように，すべての職務は原則として文書によって処理される。

④　専門化：組織構成員は，専門知識や能力に基づいて選抜される。具体的には，門閥や出自などには一切関係なく，専門知識と能力があれば採用され昇進する。

　ウェーバーによって，最も合理的な組織として提唱された官僚制組織ではあるものの，今日では，非能率，形式主義，顧客軽視，事なかれ主義，画一主義など，ありとあらゆる罵詈雑言が浴びせられており，多くの弊害が指摘されている。官僚制組織の弊害の主な原因として，①機械モデルに起因する弊害，②クローズド・システムに起因する弊害，の２つがあげられる。

　まず，機械モデルによる弊害について考察する。官僚制組織の組織観は，機械モデルを採用していることに尽きるといえよう。ここで機械モデルとは，組織構成員を機械の歯車とみる見方のことである。すなわち，機械モデルによれば，組織構成員は一定の刺激に対して一定の反応を示すロボット，人形，機械の歯車と同じようなものである。機械モデルをあまりにも重視した結果，文書主義，非人格化，非情性などの官僚制組織の特質が裏目に出て，非能率，型式主義，顧客軽視，事なかれ主義，画一主義などの弊害の原因となっている。

　次に，クローズド・システムによる弊害について考察する。官僚制組織では，上でみたように組織目的の遂行に必要な職務があらかじめ網羅されている。このことは，組織をオープン・システムではなく，クローズド・システムとみていることに他ならない。組織をオープン・システムと認識すれば，環境が変化しているのに，職務内容をあらかじめ規定するという発想にはならないであろう。組織をクローズド・システムと認識していることが，先例踏襲，法規万能などにつながり，官僚制組織の弊害の原因になっている。

❷ 古典組織論の特性

　古典的組織論の特徴を整理するために，上述した古典的組織論の概要からキ

ーワードを抽出してみよう。①テイラー（課業，標準化，職能別職長組織，作業研究，時間研究，差別出来高給制度），②ファヨール（経営機能と管理機能，管理過程，管理原則），③ウェーバー（官僚制，支配，権限，規則，専門化）などのキーワードを抽出すると，19世紀末葉から20世紀の初頭における経営組織上の問題解決を実現するために，経営組織に関する経験，知識，技法を体系化する際，「合理性の追求」を強く意識していることが分かる。

すなわち，古典的組織論は，主として仕事の仕組みとしての組織の構造や管理過程に焦点をあて，「合理性の追求」を目指したことに最大の特徴がある。

2 新古典的組織論

❶ 新古典的組織論の概要

古典的組織論による合理性の追求によって，組織設計・組織運営の水準は飛躍的に向上した。一方，合理化された仕事の仕組みによって人間性が抑圧されるなど様々な歪みが発生した。これを受けて，①メイヨー＝レスリスバーガー（Mayo, G.E.＝ Roethlisberger, F.J.），②リッカート（Likert, R.），③マグレガー（McGregor, D.），④ハーズバーグ（Herzberg, F.），⑤マズロー（Maslow, A.H.）などの新古典的組織論が台頭した。新古典的組織論は，人間の集団，特に人間行動に焦点をあてることによって，新しい経営組織のあり方を提唱することになった。

〈メイヨー＝レスリスバーガー〉[6]

メイヨーとレスリスバーガーによる新しい経営組織論は，有名なホーソン実験（Hawthorne Research）から生まれた。ホーソン実験とは，米国の大手電話機製造会社，ウェスタン・エレクトリック社のホーソン工場において，ハーバード大学大学院教授であったメイヨーとレスリスバーガーを中心とする一連の実験（臨床的アプローチ）のことである。この実験は1927年から1932年にわた

って行われ，ロックフェラー財団が財政的に支援した。

　ホーソン工場では，メイヨーらの指導を受ける以前に，作業環境と作業能率の相関を調べる実験を始めていた。具体的には，照明と作業能率との相関関係を調査する照明実験が2年半にわたって行われた。実験の結果，照明度に関係なく作業能率の向上がみられた。次いで，リレー（継電器）組立実験が行われた。この実験の目的は，作業能率と労働条件（賃金制度，休憩時間，軽食サービスなど）との相関を明らかにすることであった。

　メイヨーらは，リレー（継電器）組立実験のデータを分析した結果，作業者の態度や感情の重要性に着目した。このホーソン実験によって，従来，主として追求された「能率の論理」ではなく，「感情の論理」の重要性や，インフォーマル組織の重要性が強調された。インフォーマル組織とは，仲間意識によって自然発生的に，無意識的に，非論理的に，下から発生する組織のことである。

　これは人間観の転換でもあった。すなわち，従来の合理的な「経済人」という人間観から，集団における人間関係および心理的満足を重視する「社会人」としての側面が重視されるようになったのである。

〈リッカート〉[7]

　新古典的組織論の重要なテーマの1つにリーダーシップ論がある。リーダーシップとは，集団の目的達成を促進することを目的として，組織構成員の行動に影響を与えるリーダーの能力のことである。この領域で顕著な業績をあげた研究者としてリッカートがあげられる。

　リッカートは，ミシガン大学社会システム研究所の所長として，同研究所の実証的調査研究を指導するかたわら，統計調査的方法や集団実験的方法を駆使して，独自のリーダーシップ論を展開した。彼の所論は，『経営の行動科学』（*New Patterns of Management*, 1961），『組織の行動科学』（*The Human Organization*, 1967）の2冊の主著で知ることができる。

　リッカートは，多くの実証的調査研究を通じて，仕事，給与，待遇などの満足度と生産性の高低とは直接に結びつかず，むしろ生産性の高低は管理システムの形態と相関があることを立証した。ちなみに，リッカートは管理システム

の形態を,①リーダーシップ,②動機づけ,③コミュニケーション,④相互作用の影響力,⑤意思決定の過程,⑥目標の設定,⑦統制,の7つの変数によって測定し,下記の4つに分類した。

① システム1：独善的権威主義システム
② システム2：温情的権威主義システム
③ システム3：相談システム
④ システム4：参加的システム

　リッカートはこの分類で,業績の低い組織をシステム1とし,最も望ましい管理システムをシステム4と定義した。そして,システム4の参加的システムには,次の3つの原則が必要不可欠であると述べている。

① 支持的原則：上司は部下が部分の経歴,価値,欲求,期待などに関連して,組織のあらゆる相互関係,人間関係の中で自分が支持されているという実感をもたせるようなリーダーシップをとらねばならない。
② 集団的意思決定の原則：高い業績を上げるためには,全体と個,さらに集団間のコミュニケーションと相互作用が不可欠であり,高い業績を上げようという雰囲気を醸成し,迅速な意思決定と実施が重要である。
③ 高い業績目標の原則：組織構成員は,雇用,昇進など多様な欲求をもっている。これらの欲求は経済的に成功しなければ満たすことができない。経済的成功は高い業績目標をもってはじめて実現できる。

　リッカートは,上で述べた集団的意思決定の原則を実現するために,重層集団型組織モデルを提唱した。その際,各集団を連結する要になる人を「連結ピン」(linking pin) と呼び重視した。

〈マグレガー〉[8]

　マグレガーは,ハーバード大学で博士号（心理学）を取得し,MIT経営学部教授,スローンスクール教授として活躍した。主著は『新版・企業の人間的側面』(*The Human Side of Enterprise*, 1960) である。

　マグレガーはこの著書において,X理論－Y理論と呼ばれる所論を展開した。X理論というのは,伝統的な古典的管理論・組織論が前提としている人間観を

さす。他方，Y理論はX理論と対極にある人間観をいう。

　マグレガーによれば，X理論では，人間の性質や行動について，次のような人間仮説をもっているという。
① 　人間は，生来仕事が嫌いである。
② 　大抵の人間は，強制されたり，統制されたり，命令されたり，処罰すると脅されたりしなければ，企業目標の達成に向けて十分な力を出さない。
③ 　普通の人間は，命令されることが好きで，責任を回避したがり，あまり野心をもたず，安全であることを選ぶ。

　それに対して，マグレガーがX理論と対極にあるとしたY理論の人間仮説は次のとおりである。
① 　仕事で心身を使うのは人間の本性であり，これは遊びや休憩のときと同様である。普通の人間は生来仕事が嫌いではない。
② 　外から統制したり，脅したりすることだけが，企業目標達成に向けて努力させる手段ではない。人は自分で進んで身を委ねた目標のためには，自分にムチうって働くものである。
③ 　献身的に目標達成に尽くすかどうかは，それを達成して得る報酬次第である。
⑤ 　普通の人間は，条件次第では責任を引き受けるばかりか，自ら進んで責任をとろうとする。
⑥ 　企業内の問題を解決しようと比較的高度の想像力を駆使し，創意工夫をこらす能力は，大抵の人に備わっている。
⑦ 　現代の企業においては，日常，従業員の知的能力はほんの一部しか生かされていない。

　マグレガーのX理論－Y理論に基づいた管理論・組織論は，目標による管理（management by objectives）やスキャンロン・プランによる経営参加制度などがあげられる。目標による管理は，今日のわが国の企業で広く普及している。

〈ハーズバーグ〉[9]

　新古典的組織論の重要なテーマの1つに動機づけ（モティベーション）の問

題がある。ここで動機づけとは，組織構成員の仕事に対する意欲を高めることである。すなわち，自ら積極的にしかも責任をもって仕事をする意欲を起こさせることをいう。この領域で顕著な業績をあげた研究者としてハーズバーグがあげられる。ハーズバーグの所論は，その主著『仕事と人間性』（*Work and the Nature of Man*, 1966）で知ることができる。

ハーズバーグは，図表2-3に示されるように[10]，1950年代に米国のピッツバーグで，約200人の会計士と技術者を対象として，職務に関する満足要因と不満要因に関する実証研究を行った。この実証研究の結果，職務の満足要因となるのは，①仕事の達成感，②業績の承認，③仕事そのもの，④責任の度合，⑤昇進などであり，逆に，不満要因となるのは，①会社の経営方針，②監督方式，③給与水準などであることが判明した。彼は，職務の満足要因を「動機づけ要

図表2-3　満足要因と不満要因

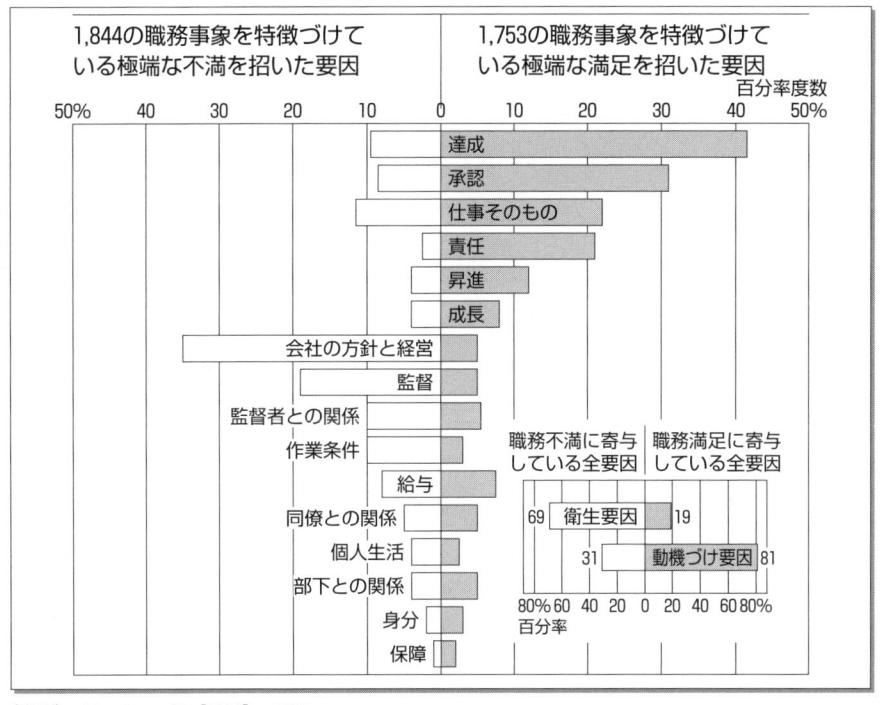

(出所)　Herzberg,F. [1987] p.112.

因」と呼び，不満要因を「衛生要因」と呼んだ。

　これだけであれば，ハーズバーグの主張は単なる調査研究の域を出ない。ハーズバークの功績は，上述した「動機づけ要因」と「衛生要因」が全く異なる種類のものであることを発見したことである。ハーズバーグによれば，仕事の内容のみが仕事への動機づけを誘発することから，これを「動機づけ要因」と呼んだ。仕事の環境は，せいぜい不満の発生を防止するという予防衛生的な役割しかもたないので「衛生要因」と名付けた。

　それまでの常識としては，満足と不満は同一次元での充足と欠如にあると思われていたので，「動機づけ要因」と「衛生要因」が全く別ものであるという発見は大きな衝撃を与えた。

〈マズロー〉[11]

　新古典的組織論の最後に，人間関係と動機づけとの関係について1つの手がかりを示したマズローの欲求5段階説について考察する。マズローの所論は，その主著である『人間性の心理学』（*Motivation and Personality*, 1954/1970）で知ることができる。

　マズローの欲求5段階説とは，図表2-4に示されるように[12]，人間の欲求の階層を5つに分類したものである。彼の分類では，欲求の階層は低次のものか

図表2-4　マズローの欲求5段階説

⑤ 自己実現欲求
④ 自尊欲求
③ 社会的欲求
② 安全欲求
① 生理的欲求

高次 ↑ 欲求レベル ↓ 低次

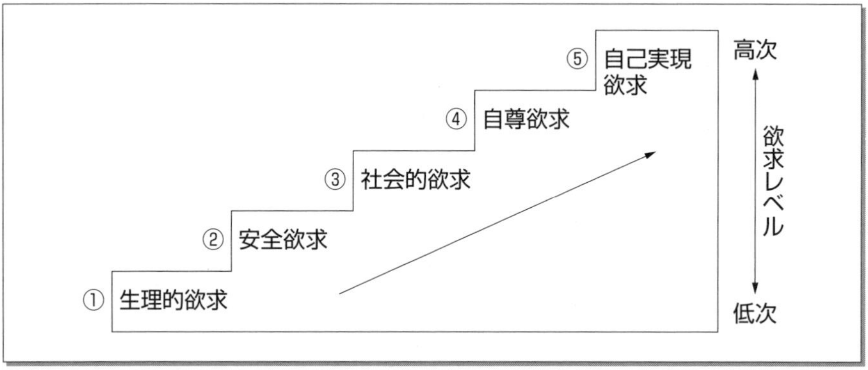

（出所）　Maslow, A.H. [1970] 訳書56-72頁に基づいて筆者が図表化。

ら高次のものへと，次の5つによって構成される。
① 生理的欲求（physiological needs）：食欲，性欲など人間の生存にかかわる本能的な欲求。
② 安全欲求（safety needs）：不安や危険を回避したいという欲求。
③ 社会的欲求（social needs）：何らかの集団に所属し，他人と愛情を交換しあいたいという所属と愛の欲求。
④ 自尊欲求（esteem needs）：自尊心を満足させたいという欲求。
⑤ 自己実現欲求（self-actualization needs）：自分がもっている潜在的な能力を実現したいという欲求。

マズローは，5段階の欲求の内，①～③を「欠乏欲求」，④～⑤を「成長欲求」と名づけている。そしてこの両者の間には質的な違いがあるという。すなわち，欠乏欲求は他から与えられるものによって欲求の充足が行われるが，成長欲求は自己の内側から湧き上がってくるものによって充足される。また，①～②を低次欲求，③～⑤を高次欲求と分類した。

❷ 新古典的組織論の特性

以上，新古典的組織論として，①メイヨー＝レスリスバーガー，②リッカート，③マグレガー，④ハーズバーグ，⑤マズロー，の所論について概観した。

新古典的組織論は，心理学，社会心理学を基礎とした学際的な行動科学に基づいて，人間行動の研究，「人間性の追求」を重視した学派として位置づけることができる。

古典的組織論は，「合理性の追求」を第一義として，業務遂行の機構と，その機構を作動させる管理過程を中心に考察したが，新古典的組織論では，「合理性の追求」の反動もあり，業務を遂行する人間主体の側面が重要な研究対象となった。

新古典的組織論は，人間の行動を理解し，組織の目的に結びつけるための条件設定を重視したため，人間関係，動機づけ，リーダーシップ，訓練，コミュニケーションなどについて，管理者に対して実践上役立つ多くの提言を行っている。今も多くの企業で，職務充実，職務拡大，目標管理，自主管理，小集団

活動,QCサークルなど新古典的組織論に基づく多くの施策が広く普及している。

新古典的組織論は,経営組織論の一分野として組織行動論とも呼ばれている。組織行動論の対象は,経営組織論の対象である個人－集団－組織の内,個人と集団を対象とするので,ミクロ組織論とも呼ばれる。「組織における人間行動」あるいは「組織の中の人間行動」を研究領域とする組織行動論・ミクロ組織論については,第6章において詳しく考察する。

3 近代的組織論

❶ 近代的組織論の概要

現実の企業は,古典的組織論で強調された仕事のための合理的機構としての側面と,新古典的組織論で強調された仕事を行う人間主体としての側面をもつ複雑な統一体である。

したがって,合理性の追求をテーゼ（正）,人間性の追求をアンチテーゼ（反）,システム性の追求をジンテーゼ（合）として,統合理論が要請されることはごく自然の成り行きといえる。近代的組織論は,上述した古典的組織論と新古典的組織論の統合理論として,近代的な経営組織論への道を切り開いた。

近代的組織論は,組織を「意思決定(decision making)のシステム」とみなす理論である。ここでは,①バーナード(Barnard, C.I.),②サイモン(Simon, H. A.),③サイアート＝マーチ(Cyert, R.M.＝March, J.G.),の学説について概観する。

〈バーナード〉[13]

バーナードは,1909年にアメリカ電信電話会社（AT＆T）に入社し,1927年から20年間,AT＆Tの関連会社の1つであるニュージャージー・ベル電話会社の社長の職にあった。

バーナードの主著『経営者の役割』（The Functions of the Executive, 1938）は,経営者としての体験と思索を凝縮したもので,経営管理論および経営組織論の

第2章　経営組織論の生成と発展

発展に「バーナード革命」といわれるほど多大なインパクトを与えた。

バーナードの理論は，従来の理論と比較すると，組織のメカニズムを解明する理論として決定的に優れていた。『経営者の役割』は極めて難解ではあるものの，組織の理論とそれに基づく経営者の役割が明らかにされている。

バーナード理論の長所の中でも，①組織観，②人間観，③「有効性」と「能率」の区分の3点は，それまでの理論では存在しなかった画期的なものであるといえよう。

バーナードは組織を理論的に説明するために，「協働システム（cooperative system）」という概念を導入した。バーナードのいう組織（公式組織）は極めて抽象化されており，「組織とは，2人またはそれ以上の人々の意識的に調整された活動や諸力のシステムである」と定義された。

そして，この公式組織には，次の3つの基本的要素が不可欠とされた。

① 共通目的（a common purpose）：組織構成員の努力が自発的に相互に調整され，全体として統合されるためには，共通目的が明確に組織構成員に理解されていなければならない。

② 協働意欲（willingness to co-operate）：組織構成員が自発的に組織目的を受け入れて，その目的を達成するためには，協働意欲が不可欠である。

③ コミュニケーション（communication）：コミュニケーションとは，共通目的と協働意欲を結合し統合するものである。組織構成員に組織目的の内容を正しく伝達することによって，すべての組織構成員にその内容を支持してもらわなければならない。

この3つの基本的要素をもつ最小規模のものを「単位組織」と呼ぶ。組織が成長するには，そこに第二の組織が加えられなければならないので，その結果，組織は必然的に2つの組織の複合体，すなわち「複合組織」にならざるを得ない。このようにバーナードの組織観は，システム論的組織観の性格を色濃くもっている。

バーナードの人間観は，古典的組織論の人間観である「経済人」仮説，新古典的組織論の人間観である「社会人」仮説とは大きく異なる。バーナードによれば，人間は物的，生物的，社会的な存在であり，各種の制約から逃れられな

い存在である。一方，その合理性には制約があるものの，自由意思をもち，様々な動機に基づいて自己の行動を選択する主体的な存在でもある。

バーナードは，組織の目的の達成度のことを「有効性」と定義し，個人の動機の満足度のことを「能率」と定義した。「能率」という呼称の是非はともかくとして，バーナードの「有効性」と「能率」という新たな概念は，組織の目的と個人の動機は，対立し得るものであると同時に統合し得るものであることを提示したかったからである。すなわち，合理性の追求によって得られる「有効性」と，人間性の追求によって規定される「能率」を踏まえた統合理論としての特性がここでもみられる。

〈サイモン〉 14)

サイモンの研究分野は，経営組織論にとどまらず，経営管理論，心理学，コンピュータ科学など広範囲にわたっている。1978年には，組織内部の意思決定過程に関する先駆的研究によってノーベル経済学賞を受賞した。サイモンの主著は，『経営行動』（*Administrative Behavior*, 1947/1976），『新版システムの科学』（*The Science of the Artificial*, 1969/1981），『意思決定の科学』（*The New Science of Management Decision*, Revised ed., 1977）の3冊，さらにマーチとの共著『オーガニゼーションズ』（*Organizations*, 1958）である。

サイモンは『経営行動』において，組織における人間行動の分析を踏まえて経営行動を分析するという分析手法を採用した。サイモンの分析の基本的な特質は，人間行動が行為そのものとしてではなく，行為に先立ってなされる選択すなわち意思決定の過程として把握されている点にある。このように，サイモンの管理論・組織論は，管理と組織が意思決定の観点から一貫して分析されていることに最大の特徴がある。

サイモンの理論は，管理論・組織論において，多くの論点を提示しているが，その中から，①意思決定プロセス，②意思決定の前提，③人間観，④組織均衡，の4点について概観する。

第一に，先述したように，意思決定とは，行動に先立って，いくつかある代替案の中から一つを選択する一連のプロセスのことである。

サイモンの意思決定プロセスは，①情報活動，②設計活動，③選択活動，④検討活動，の4つのプロセスによって構成される。

　第二に，意思決定の前提は，上でみた意思決定プロセスのいわば出発点である。サイモンは，意思決定の前提を，価値前提と事実前提に分解した。価値前提とは目的を意味し，事実前提とは手段を意味する。

　また，サイモンのいう「客観的合理性」を満たすためには，①すべての可能な代替的行動の列挙，②これらの代替的行動の結果の予測，③価値体系に基づく行動の結果の評価，の3点が不可欠である。しかし，現実にはこの3点を満たすことはできない。つまり，「制約された合理性」というサイモンの命題はここから生まれた。

　第三に，サイモンは，上でみたように「制約された合理性」しか達成し得ない現実の人間を「経営人（管理人）」と呼び，古典的組織論において客観的合理性を達成し得るとした「経済人」と区別した。サイモンはこの「経営人（管理人）」を前提として意思決定システムの議論を展開したのである。

　第四に，サイモン理論において，組織均衡の概念は，個人と組織をつなぐ重要な鍵概念である。組織均衡とは，組織が組織構成員に提供する「誘因」と，組織構成員の組織に対する「貢献」との均衡のことである。組織の存続・発展のためには，組織が組織構成員に提供する「誘因」の質量が，組織構成員の組織に対する「貢献」の質量を，効用関数において上回らなければならない。

　組織には様々な組織構成員が存在する。どの組織構成員も個人の目的を達成するために組織に参加する。したがって，組織目的は個人目的が直接的あるいは間接的に反映されるはずである。

　サイモンが組織における人間行動の分析を踏まえて，経営行動を分析するという分析手法を採用した理由がここにある。

〈サイアート＝マーチ〉[15]

　サイアート＝マーチの『企業の行動理論』（*A Behavioral Theory of the Firm*, 1963）は，企業理論と組織論の統合の試みとして高く評価されている。また，『企業の行動理論』は，バーナード＝サイモン理論の継承・展開としても高く評価

されている。サイアートとマーチは，上述したサイモンと同様に，カーネギー・メロン大学に所属したので，カーネギー学派と呼ばれることがある。

サイアート＝マーチ［1963］は，組織における意思決定プロセスを解明するために，次の4つの下位概念を展開した。

① 組織目的の理論：組織目的はいかに形成され，時の経過によってどのように変化し，組織はそれに対してどのように注意を払うか。
② 組織期待の理論：組織は，情報や代替案をいつ，どのように探索し，いかに処理するか。
③ 組織選択の理論：利用可能な代替案をいかにしてランクづけ，その中から1つを選択するか。
④ 組織統制の理論：経営幹部の選択と現場の選択の相違は何か。

また，これらの下位概念を展開する過程で，サイアート＝マーチ［1963］は，企業の意思決定論の中核概念として，次の4つの概念が開発された。

① コンフリクトの準解決：コンフリクトは，目的ごとの局部的な合理性の追求，受容可能な意思決定水準の採用などによって解決される。
② 不確実性の回避：短期的な意思決定を行い，不確実性の高い遠い将来の出来事を正確に予想することを回避する。
③ 問題解決策の探索：問題解決策を探索する際，単純な方法を採用し，それがうまくいかない場合に，より複雑な方法を採用する。
④ 組織の学習：組織は経験によって学習し，適応行動をとる。

サイアート＝マーチ［1963］は，従来の企業理論にみられる企業者個人の意思決定ではなく，組織の意思決定として分析することによって，現実の企業の行動を記述した。分析に際しては，コンピュータによるシミュレーション・モデルが用いられた。当時この分野で，現実のデータを用いてモデル（理論）の有効性を検証する方法論を開発したことは特質に値する。

❷ 近代的組織論の特性

近代的組織論は，一時期，経営組織論の主流を占めた。現代においても，組織を「意思決定のシステム」とみなし，システム性を追求することの意義はい

ささかも薄れていない。

　近代的組織論は，行動科学的フレームワークを用いる点では，新古典的組織論と共通している。しかし，中心的な認識対象は，作業でも人間集団でもなく，組織の意思決定である。組織が行動するのは擬制に過ぎないので，現実には，組織行動は「組織の中の人間行動」なのである。近代的組織論のアプローチは，技術論ではなくて，組織の本質や性格に関して記述的分析を行うことに特徴がある。

　組織を「意思決定のシステム」とみなし，「システム性の追求」によって，①意思決定のプロセス，②意思決定の種類，③意思決定の技法など，意思決定に関する分野における知識の一般化・体系化が進展した。

4　適応的組織論

❶ 適応的組織論の概要

　経営組織論の発展の経緯は，図式的かつ弁証法的にいえば，古典的組織論（合理性の追求）をテーゼ，新古典的組織論（人間性の追求）をアンチテーゼ，近代的組織論（システム性の追求）をジンテーゼとして位置づけることができる。

　一般的にどの研究分野においても，理論がより洗練化され精緻化されるにしたがって，一般性や普遍性よりも，条件適応性や相対性が強調される傾向がある。経営組織論にもこのことはあてはまる。

　今日の経営組織論において，企業と環境との関係は，理論的にも現実的にも極めて重要な課題である。ここでは，①バーンズ＝ストーカー（Burns, T.＝Stalker, G.M.），②ウッドワード（Woodward, J.），③ローレンス＝ローシュ（Lawrence, P.R.＝Lorsch, J.W.），の所論について概観する。

〈バーンズ＝ストーカー〉[16]

　バーンズ＝ストーカー［1968］は，伝統的産業からエレクトロニクス分野に

進出したスコットランドの企業20社の事例研究を行った。事例研究の目的は，環境（特に，技術と市場）の変化とそれに対応するための企業の管理システムとの関係を明らかにすることである。事例研究の成果は，主著 The Management of Innovation, 2nd ed. [1968] によって知ることができる。

バーンズ＝ストーカー[1968]は，この事例研究を通じて，「機械的システム」と「有機的システム」という概念を開発した。

「機械的システム」の主な特性は，①職務の専門化，②権限・責任の明確な規定，③組織の階層化，④テクニカル・スキルの重視，⑤上司および組織に対する忠誠心などであり，「機械的システム」は，先述したウェーバー（Weber, M.）の官僚制組織モデルに極めて近似しているといえよう。

他方，「有機的システム」の主な特性としては，①職務の融通化，②相互作用による調整，③ネットワーク型の構造，④環境対応のためのスキル，⑤組織の成長に対する貢献，などがあげられる。

事例研究の結果，「機械的システム」は安定的な環境条件に適しており，「有機的システム」は環境の不確実性が高まったときに有効性を発揮することが判明した。問題は，環境の不確実性が高まったときに，「機械的システム」を「有機的システム」に適切に移行させることができるかということである。事例研究では，組織内の権力闘争など様々な要因によって逆機能が発生するので，「機械的システム」から「有機的システム」への移行は困難であることが述べられている。

〈ウッドワード〉[17]

ウッドワードは，女性として歴代2人目のロンドン大学教授に就任した。主著として，『新しい企業組織』（Industrial Organization : Theory and Practice, 1965）と『技術と組織行動』（Industrial Organization : Behavior, 1970）の2冊がある。

ウッドワードは，サウス・エセックス研究（英国製造業200社の実証研究：1953-1963）の主導者として知られている。ウッドワードの関心は，組織と技術との関係を明らかにすることであった。ここでいう技術とは，生産技術のこ

とであり，製造方法と製造プロセスを含んでいる。

ウッドワードは，技術を，1）単品・小バッチ（例えば，注文服，電子工学設備），2）大バッチ・大量（例えば，自動車，鉄鋼），3）装置（例えば，石油，化学）の3つに分類し，それらの技術と組織構造の関係を調査した結果，次のことを発見した。

① 技術と組織構造の関係は，技術が複雑になる（単品・小バッチから装置へ移行すること）につれて，責任権限の階層，経営管理者の統制範囲，管理監督者比率，スタッフ比率のいずれも増大する。
② しかし，技術尺度の両極端（単品・小バッチと装置のこと）では，バーンズ＝ストーカーのいう「有機的システム」が支配的である。
③ 中間領域（大バッチ・大量）では，「機械的システム」が支配的である。
④ 業績の高い企業ほど，技術カテゴリーの中間値または平均値に近い。これは技術と業績との適切な相関を設定できることを示唆している。

サウス・エセックス研究の結果，「技術が組織構造を規定する」という命題を生み出した。これは具体的には，採用する生産技術の複雑性が異なれば，それに応じて有効な組織化の方法も異なるということに他ならない。

〈ローレンス＝ローシュ〉[18]

ローレンスとローシュは，共にハーバード大学経営大学院の教授で，条件適応理論（コンティンジェンシー・セオリー）の概念を提唱した。彼らの主著は『組織の条件適応理論』（*Organization and Environment : Managing Differentiation and Integuration*, 1967）である。

ローレンス＝ローシュ［1967］は，組織を「環境に対して計画的に対処できるように，個々のメンバーが様々な活動を調整し合っている状態」と定義した。この定義は，組織はオープン・システムであり，メンバーの活動は相互に関連し合っているという彼らの認識に基づいている。

その上で，ローレンス＝ローシュ［1967］は，組織の分化と統合のパターンと環境との関係に着目した。彼らがいう分化とは，「異なる職能部門の管理者の認知的・感情的志向の相違」であり，分化の程度は，①目標志向性，②時間

志向性，③対人志向性，④構造の公式性という4つの次元で把握される。統合とは，「部門間の協力状態の質」であり，統合の程度は，①統合のパターン，②統合の手段，③コンフリクト解消の型，という3つの次元で把握される。

他方，環境の不確実性は，①情報の不確実性，②因果関係の不確実性，③フィードバックの時間幅，で定義される。

実証研究の結果，組織－環境関係の仮説として，①環境が安定するほど組織の構造は安定する。②組織の構成員は，環境に適応する目標を発展させる。③組織の業績は，環境の要求する分化と統合を同時に達成することと関係がある。という3点を指摘した。

具体的には，安定した環境に対応している組織は，分化と統合を達成するために官僚制構造をとり，不安定な環境に適合的に対応している組織は，有機的形態を採用することによって，分化と統合の同時極大化を図っていたのである。

❷ 適応的組織論の特性

上述したように，適応的組織論は，①環境とは何か，②環境をいかに認識し，いかに対応するか，ということに焦点をあわせた理論である。そこでは，「条件適応性の追求」が最も重要な課題となる。

適応的組織論では，不確実性など企業の内外を問わず与件とされている何物かを環境という。例えば，経営組織論の1つの分野として台頭しつつある「組織間関係論」では，企業を取り巻く他組織を主たる環境要因としている。なお，組織間関係については，第9章において詳しく考察する。

適応的組織論では，あらゆる条件に普遍的に妥当する唯一最善の管理の方法や組織の存在を否定し，条件が異なれば有効な管理の方法や組織化の方法も異なるという前提のもとで，特定の条件ごとに，有効な管理の方法，有効な組織化の方法を，実証的に追求することに最大の特徴がある。

5 戦略的組織論

第2章　経営組織論の生成と発展

❶ 戦略的組織論の概要

上でみたように、適応的組織論は、環境（条件）というものの存在を明示的に研究テーマとして取り込むことによって、経営組織論の領域を拡大した。この環境という概念を不確実性や他組織に限定せず、広く企業活動を促進しあるいは制約する外的要因と解釈し、外的要因とのかかわりの中で企業の将来の発展の方向を構築することを重視するのが戦略的組織論である。

ここでは、①チャンドラー（Chandler, A.D.Jr.）、②アンゾフ（Ansoff, H.I.）、③ポーター（Porter, M.E.）の3人の所論について概観する。

〈チャンドラー〉[19]

チャンドラーは、名門デュポン一族の1人であり、ハーバード大学の大学院教授として活躍した。米国経営史学会の第一人者としても有名である。チャンドラーの主著は、『組織は戦略に従う』（*Strategy and Structure*, 1962）である。他にも、『経営者の時代』（*The Visible Hand*, 1977）など多くの著作がある。チャンドラーは、環境の変化に創造的に対応した企業の経営戦略と組織構造との関係を、比較研究を通じて実証的に研究した。

『経営戦略と組織』は、大企業4社の事例（デュポン、GM、スタンダード・オイル、シアーズ・ローバック）を中心として、職能部門制組織から「近代的分権制」組織としての事業部制組織への移行過程をまとめたものである。そこでは、デュポンの製品多角化による事業部制組織の成立、GMの市場細分化による複数事業部制組織の導入と総合本社の創設、スタンダード・オイルの地域別事業部制の導入、シアーズ・ローバックの地域別事業部制の失敗について、克明な比較研究がなされている。

チャンドラーは、この4社の比較分析に基づいて「組織構造は戦略に従う（structure follows strategy）」という有名な命題を提唱した。この命題は、具体的には、企業は環境変化に対応するために新しい成長戦略（量的拡大、地理的分散、垂直的統合、多角化など）を採用する際、成長戦略の違いによって必要とされる組織構造が異なるという比較分析がその裏づけとなっている。

〈アンゾフ〉[20]

　アンゾフは，ランド・コーポレーション，ロッキード・エレクトロニクス副社長を経て，1963年にカーネギー・メロン大学の教授に就任した。その後，バンダービルド大学経営大学院教授として独自の経営計画論を展開するかたわら，シェル石油，GE，IBMなど多くの企業で経営コンサルティングにも従事した。アンゾフの主著は，『企業戦略論』(Corporate Strategy, 1965) と『最新・戦略経営』(The New Corporate Strategy, 1988) の2冊である。

　アンゾフ［1965］は，意思決定の種類を，①戦略的意思決定（製品・市場の選択，多角化戦略，成長戦略など，企業と環境との関係にかかわる意思決定），②管理的意思決定（組織機構，業務プロセス，資源調達など，経営諸資源の組織化に関する意思決定），③業務的意思決定（マーケティング，財務など各機能別の業務活動目標，予算など，経営諸資源の変換プロセスの効率化に関する意思決定）の3つに分類した[21]。

　これらの意思決定の中で，アンゾフは，戦略的意思決定の中でも，特に製品・市場戦略を重視した。製品・市場戦略では，どの製品分野，どの市場分野に進出するかの決定は極めて重要であるからである。

　アンゾフは，図表2-5に示されるように[22]，製品と市場をそれぞれ現有分野と新規分野に分け，その組合せによって，①市場浸透戦略 (market penetration strategy)，②市場開発戦略 (market development strategy)，③製品開発戦略

図表2-5　成長ベクトル

市場 ＼ 製品	現	新
現	市場浸透	製品開発
新	市場開発	多角化

(出所)　Ansoff.H.I.［1965］訳書137頁。

(product development strategy), ④多角化戦略 (diversification strategy), の４つの製品・市場分野に区分している。アンゾフはこれを成長ベクトルと呼んだ。成長ベクトルは，現在の製品・市場分野との関連において，企業がどの方向に進むかを決定するツールである。

　チャンドラーやアンゾフの頃から，多角化はいつも製品・市場戦略ひいては経営戦略の中心的な課題であった。しかしながら，多角化によって成長の機会を見出すことは現実にはなかなか困難であり，共通の経営資源（共通経営要素）をもたない分野に進出するのでリスクも大きい。換言すれば，共通の経営資源（共通経営要素）を有機的に結合することによって生まれる効果が得られにくいからである。ちなみに，共通の経営資源（共通経営要素）を有機的に結合することによって生まれる効果のことをシナジー（synergy）という。シナジーとは，いわば相乗効果のことである[23]。

　多角化の動機は企業ごとに異なるものの，一般的に，①製品のライフサイクル，②利益の安定，③余剰資源の活用，の３つに集約することができる[24]。

　アンゾフ［1965］は，多角化のタイプとして，図表2-6に示されるように[25]，

図表2-6　多角化のタイプ

顧客＼製品	新製品　技術関連あり	新製品　技術関連なし
同じタイプ	水平型多角化	水平型多角化
従来と全く同じ顧客	垂直型多角化	垂直型多角化
類似タイプ（新しい使命・需要）	(1)* 集中型多角化	(2)* 集中型多角化
新しいタイプ（新しい使命・需要）	(3)* 集中型多角化	集成型多角化

*(1) マーケティングと技術が関連しているもの
*(2) マーケティングが関連しているもの
*(3) 技術が関連しているもの
(出所)　Ansoff,H.I.［1965］訳書165頁。

①水平型多角化，②垂直型多角化，③集中型多角化，④集成（コングロマリット）型多角化，の4つに分類している。

〈ポーター〉26)

　ポーターは，1969年にプリンストン大学工学部を卒業後，ハーバード大学大学院に入学し，1973年に博士号を取得した。1982年には，ハーバード大学経営大学院の教授に弱冠34歳の若さで就任した。競争戦略論の世界的権威として知られており，「現代の孫子」とでもいうべき存在である。

　ポーターの主著は，『競争の戦略』（*Competitive Strategy*, 1980）および『競争優位の戦略』（*Competitive Advantage*, 1985）の2冊である。

　『競争の戦略』は，競争戦略論の金字塔といわれている。ポーター[1980]によれば，業界の魅力度と業界内の競争の地位が収益性を規定する。ポーターは，特定の事業分野における業界の収益性を規定する要因として，①新規参入

図表2-7　価値連鎖の基本形

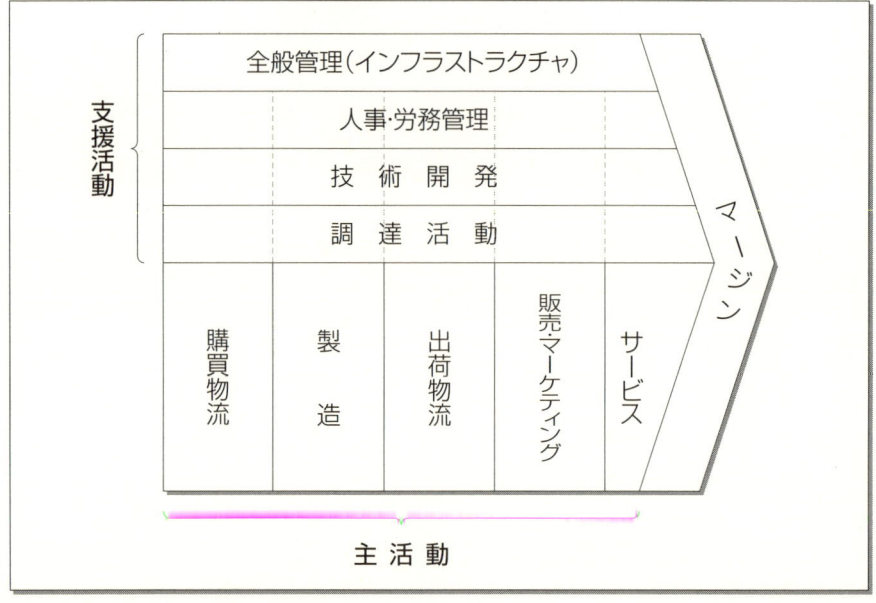

支援活動	全般管理（インフラストラクチャ）					マージン
	人事・労務管理					
	技術開発					
	調達活動					
	購買物流	製造	出荷物流	販売・マーケティング	サービス	
	主活動					

（出所）Porter, M.E. [1985] 訳書49頁。

の脅威，②代替製品・サービスの脅威，③買い手の交渉力，④売り手の交渉力，⑤業者間の敵対関係，の5つをあげた。

また，ポーター［1980］は，競争優位のタイプおよび顧客ターゲットの範囲という2つの概念を組合せて，次の3つの競争の基本戦略を提示した[27]。

① コスト・リーダーシップ戦略（cost leadership strategy）：同一製品・サービスを，競合企業と比較して低コストで生産し，コスト面で優位性を確保する。
② 差別化戦略（differentiation strategy）：自社の製品・サービスに何らかの独自性を出し，顧客の「ニーズの束」に対して競合企業との差をつけることによって，相対的かつ持続的な優位性を保つ。
③ 集中戦略（focus strategy）：市場を細分化して，特定のセグメントに対して経営資源を集中する。

さらに，『競争優位の戦略』では，競争優位を診断し，強化するための基本的なフレームワーク（分析枠組み）として，「価値連鎖（value chain）」という新たな概念が提示された。

価値連鎖は，企業のすべての活動およびその相互関係を体系的に検討するためのフレームワークである。価値連鎖は，図表2-7に示されるように[28]，主活動と支援活動の2つによって構成される。なお，ここでいう価値とは，「顧客が企業の提供するものに進んで支払ってくれる金額のこと」である。

価値連鎖の主活動として，①購買物流（原材料仕入れ・品質検査など），②製造（組立・テストなど），③出荷物流（受注処理・出荷など），④販売・マーケティング（広告宣伝・販売促進など），⑤サービス（修理など）の5つがあげられる。

また，価値連鎖の支援活動として，①全社活動（企業全体の経営管理），②人事・労務管理（募集・賃金管理など），③技術開発（オートメーション・機器設計など），④調達活動（原材料・エネルギーなど）の4つがあげられる。

価値連鎖は，経営組織論の観点からみると，あくまで単一組織（単一企業）内の基本的なフレームワーク（分析枠組み）にすぎない。ポーターは，その後，企業間システム，組織間関係を分析できるフレームワーク（分析枠組み）として，価値システムという企業間システム概念を追加した。

❷ 戦略的組織論の特性

上述したように、戦略的組織論は、環境という概念を不確実性や他組織に限定せず、広く企業活動を促進しあるいは制約する外的要因と解釈し、外的要因とのかかわりの中で、企業の将来の発展の方向を構築することを重視している。戦略とは「環境適応のパターン（企業と環境とのかかわり方）」なのである。

したがって、戦略的組織論の中核は、経営戦略と組織の関係性に関する議論である。戦略的組織論では、チャンドラー、アンゾフ、ポーターのいずれにおいても、「戦略性の追求」が主眼になっていることはいうまでもない。

6 社会的組織論

❶ 社会的組織論の概要

社会的組織論は、従来の経営組織論の枠組みを拡大して、「企業と社会」がどのようなかかわり方をするか、社会的ニーズをどのように取り込むかなど、いわゆる「社会性」を追求する経営組織論である。社会的組織論について考察する場合、様々な観点があるものの、ここでは、①地球環境問題、②企業倫理、③マクロとミクロの両立、の3点を取り上げ、社会的組織論が「時代の要請」となりつつある現状について考察する。

〈地球環境問題〉

わが国では、旧環境庁以来、地球環境問題として、①地球温暖化、②オゾン層の破壊、③酸性雨、④海洋汚染、⑤生物多様性の減少、⑥森林の減少、⑦砂漠化、⑧有害廃棄物の越境移動、などが取り上げられてきた。

アーサー・D・リトル社環境ビジネスプラクティス[1997]によれば、このような地球環境問題に対する企業の取組み姿勢は、図表2-8に示されるように[29]、①反発、②受動的対応、③能動的対応、④差別化、と徐々に変化しつつある。

図表2-8 環境問題に対する企業の姿勢の変化

反発	受動的対応	能動的対応	差別化
(Reactive)	(Responsive)	(Proactive)	(Competitive)
30年以上前	5〜25年前	日本の現状	米国の現状

(出所) アーサー・D・リトル社［1997］29頁。

　現実に，環境ビジネスの市場規模は，急速に拡大している。地球環境問題は，近年，企業経営に多大のインパクトを与えるようになりつつある。

　例えば，自動車業界における燃料電池車の開発競争は，第一義的には，環境負荷の軽減を目的にしているが，燃料電池車の開発を製品開発戦略さらには経営戦略の観点から捉えると，自動車業界における当該企業の生存を賭けた新たな戦略分野として位置づけることができる。もしも「トップランナー方式」が普及すると，燃料電池車の開発は，まさに企業の生死を賭けた経営戦略になる。

　このように，従来の戦略分野とは次元を異にする環境経営戦略は，今後ますます重要性を増すことは間違いない。

〈企業倫理〉

　近年，不正や不法などの企業犯罪をはじめとする企業不祥事が，一流企業を含めて多発している。経営者に直接起因するこのような企業不祥事の原因を調査すると，企業倫理（business ethics）に関するものが多い。

　鈴木辰治＝角野信夫編［2000］が指摘するように，企業倫理は，「企業と社会」とのかかわり方が，企業からの観点ではなく，社会からの観点にあり，従来の

観点とは全く異なる。すなわち,「企業⇒社会」というアプローチではなく,「社会⇒企業」というアプローチが企業倫理ということになる[30]。

日本における企業倫理の研究は,主としてドイツの「道徳規準論」や米国における「社会的責任論」で展開された理論を中心として行われてきた。わが国の企業倫理の研究は,雪印乳業・雪印食品,三菱自動車,浅田農産などの企業不祥事を契機として,最近とみに盛んになってきたが,その研究は日本独自のものというよりは,主として米国の「企業の社会的責任」に関する研究を基礎として行われている[31]。

水谷雅一［1995］は,図表2-9に示されるように[32],今後の企業倫理のもつ基本的視点を,①「効率性原理」「競争性原理」,②「人間性原理」「社会性原理」の2つに求め,その対話的かつコミュニケーション的な均衡を図ることが企業倫理の実践であると述べた。

従来,図表2-9に示される「効率性原理」と「人間性原理」の相反性と均衡化は,主として企業内部の経営のあり方として捉えられてきた。他方,近年では,主として企業外部における「競争性原理」と「社会性原理」の相反性とその克服が重要な課題となりつつある。企業倫理を取り上げざるを得ない社会的

図表2-9　「経営経済性」と「経営公共性」

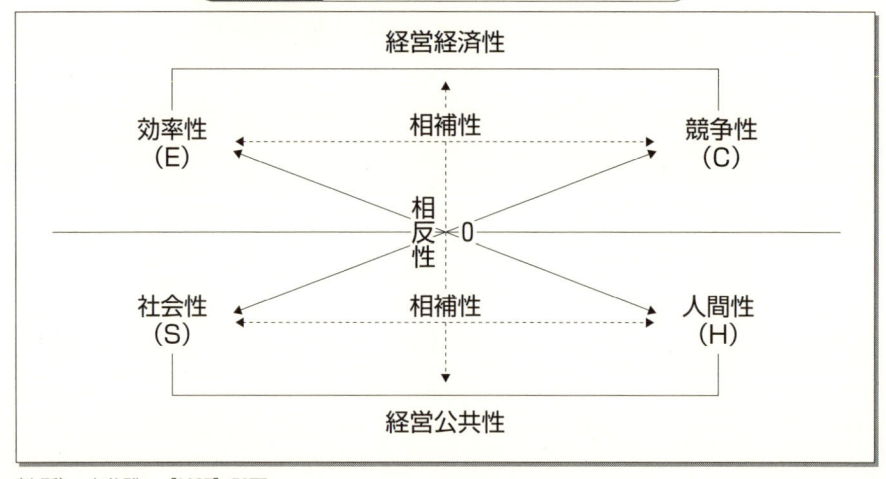

```
                    経営経済性
                  ┌─────────┐
          効率性      相補性      競争性
          (E) ←┄┄┄┄┄┄┄┄┄┄┄→ (C)
               ╲     ↑     ╱
                ╲   相    ╱
                 ╲  反 0 ╱
                 ╱  性   ╲
                ╱    ↓    ╲
          社会性      相補性      人間性
          (S) ←┄┄┄┄┄┄┄┄┄┄┄→ (H)
                  └─────────┘
                    経営公共性
```

（出所）　水谷雅一［1995］52頁。

背景として，①企業不信の高まり，②成熟化社会の進展，③グローバル化の進展，④市場経済体制の普遍化，⑤地球環境問題の深刻化，などがあげられる。

〈マクロとミクロの両立〉

　上述した地球環境問題や企業倫理にみられるように，「企業と社会」との関係性が重要な論点になりつつある。すなわち，「企業⇒社会」という観点に加えて，「社会⇒企業」という観点から経営組織を認識すると，必然的に経営組織論の対象領域が拡大する。従来の経営組織論では，主として「企業⇒社会」という観点から，市場性，営利性，効率性などを重視してきたが，さらに「社会⇒企業」という観点を加えると，社会性，倫理性，人間性，コンプライアンス（法令遵守），価値観，ビジョナリーなどを重視した経営組織が求められる。

　森本三男［1994］は，図表2-10に示されるように[33)]，かなり早い時期から社会戦略を経営戦略の体系に組み込んでいる。社会戦略の狙いは，企業市民（corporate citizenship）の概念で議論されているように，本来の企業活動に加えて，社会をよりよいものにするために，応分の社会貢献を果たすことである。

　社会戦略においては，その軸足が「顧客満足」から「社会満足」に変わる。

図表2-10　経営戦略の体系と社会戦略

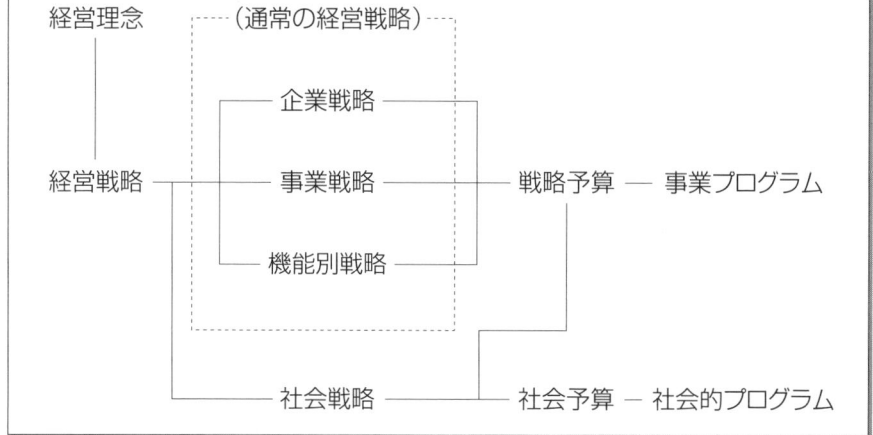

```
経営理念 ─┬─ ┄┄(通常の経営戦略)┄┄
          │   ┌─ 企業戦略 ─┐
経営戦略 ─┼─ ├─ 事業戦略 ─┼─ 戦略予算 ── 事業プログラム
          │   └─ 機能別戦略 ─┘
          └─ 社会戦略 ──────── 社会予算 ── 社会的プログラム
```

（出所）　森本三男［1994］330頁。

「戦略的社会性」を基盤として，企業倫理をもちつつ，「社徳」の高い企業活動を目指す社会戦略であれば，それはほぼ例外なく利益に還元されることが，多くの事例によって実証されている。企業活動は，つまるところ，「世のため人のため」になる存在でなければならない。

❷ 社会的組織論の特性

「企業と社会」との関係は，システム論的にいえば，サブシステムと全体システムとの関係にある。サブシステムである企業（ミクロ）の存続・発展が全体システムである社会（マクロ）の存続・発展の原動力になるという側面を否定することはできない。逆に，企業（ミクロ）の存続・発展が全体システムである社会（マクロ）の存続・発展の疎外要因になることも多い。

この「マクロとミクロのジレンマ」に関する問題は，①「マクロの合理・ミクロの不合理」，②「ミクロの合理・マクロの不合理」といわれる現象によって多くの研究者が注目してきた問題である。「マクロとミクロのジレンマ」を克服し，「マクロとミクロの両立」を図らない限り，マクロもミクロもその存在自体危うくなる。

「マクロとミクロの両立」を図るためには，マクロ＝ミクロ思考が不可欠である。「マクロとミクロの両立」は，具体的には，社会性と市場性の両立である。

2000年代以降，「戦略的社会性」という観点が実践的にも理論的にも「時代の要請」として取り入れられ始めた。この背景には，社会貢献，社会満足，企業倫理，社徳など，社会的組織論が追求する社会性あるいは「戦略的社会性」の追求が，実は「市場性」「営利性」の追求と矛盾しないという現実がある。今後，経営組織の社会化はますます進展するものと思われる。

---

1) 岸川善光 [2007b] 29-74頁を参考にして，筆者が図表化した。なお，時代区分は大体の目安である。
2) テイラーについては，Taylor, F.W. [1895]，Taylor, F.W. [1903]，Taylor, F.W. [1911] の他に，Merrill, H.F. [1966]，北野利信編 [1977]，車戸實編 [1987]，Wren, D.A. [1994]，Crainers, S. [2000]，宮田矢八郎 [2001] などの学説史を参照した。
3) Taylor, F.W. [1903] 訳書122-125頁を要約し，図表化した。
4) ファヨールについては，Fayol, H. [1916] の他に，Merrill, H.F. [1966]，北野利信編

| 第2章 経営組織論の生成と発展

[1977]，車戸實編 [1987]，Wren, D.A. [1994]，Crainers, S. [2000]，宮田矢八郎 [2001] などの学説史を参照した。
5) ウェーバーについては，Weber, M. [1920]，Weber, M. [1922] の他に，Wren, D.A. [1994]，宮田矢八郎 [2001]，福永文美夫 [2007] などの学説史を参照した。
6) メイヨー＝レスリスバーガーについては，Mayo, E. [1933]，Roethlisberger, F.J. [1952] の他にMerrill, H.F. [1966]，北野利信編 [1977]，車戸實編 [1987]，Crainers, S. [2000]，宮田矢八郎 [2001] などの学説史を参照した。
7) リッカートについては，Likert, R. [1961]，Likert, R. [1967] の他に，北野利信編 [1977]，車戸實編 [1987] などの学説史を参照した。
8) マグレガーについては，McGregor, D. [1960] の他に，車戸實編 [1987]，宮田矢八郎 [2001] などの学説史を参照した。
9) ハーズバーグについては，Herzberg, F. [1966]，Herzberg, F. [1977]，Herzberg, F. [1987] の他に，北野利信編 [1977]，宮田矢八郎 [2001] などの学説史を参照した。
10) Herzberb, F. [1987] p.112.
11) マズローについては，Maslow, A.H. [1954/1970]，Maslow, A.H. [1965] の他に，宮田矢八郎 [2001] などの学説史を参照した。
12) Maslow, A.H. [1970] 訳書56-72頁を図表化した．
13) バーナードについては，Barnard, C.I. [1938] の他に，北野利信編 [1977]，車戸實編 [1987]，Wren, D.A. [1994]，Crainers, S. [2000]，宮田矢八郎 [2001]，福永文美夫 [2007] などの学説史を参照した。
14) サイモンについては，Simon, H.A. [1947/1976/1997]，Simon, H.A. [1969/1981]，Simon, H.A. [1977] の他に，北野利信編 [1977]，車戸實編 [1987]，宮田矢八郎 [2001] などの学説史を参照した。
15) サイアート＝マーチについては，Cyert, R.M.＝March, J.G. [1963] の他に，北野利信編 [1977]，車戸實編 [1987]，宮田矢八郎 [2001] などの学説史を参照した。
16) バーンズ＝ストーカーについては，Burns, T.＝Stalker, G.M. [1968] の他に，高柳暁＝飯野春樹編 [1991] など，条件適応理論に関する学説史を参照した。
17) ウッドワードについては，Woodward, J. [1965]，Woodward, J. [1970] の他に，北野利信編 [1977]，車戸實編 [1987] などの学説史を参照した。
18) ローレンス＝ローシュについては，Lawrence, P.R.＝Lorsch, J.W. [1967] の他に，車戸實編 [1987]，宮田矢八郎 [2001] などの学説史を参照した。
19) チャンドラーについては，Chandler, A.D.Jr. [1962]，Chandler, A.D.Jr. [1977] の他に，北野利信編 [1977]，車戸實編 [1987]，Crainers, S. [2000]，宮田矢八郎 [2001] などの学説史を参照した。
20) アンゾフについては，Ansoff, H.I. [1965]，Ansoff, H.I. [1979]，Ansoff, H.I. [1988] の他に，北野利信編 [1977]，車戸實編 [1987]，Crainers, S. [2000]，宮田矢八郎 [2001] などの学説史を参照した。
21) Ansoff, H.I. [1965] 訳書6頁，またはAnsoff, H.I. [1988] 訳書4-8頁。
22) 同上書137頁。
23) 同上書100頁。
24) 詳しくは，岸川善光 [2006] 117-119頁を参照されたい。
25) Ansoff, H.I. [1965] 訳書115頁。

26）ポーターについては，Porter, M.E.［1980］，Porter, M.E.［1985］Porter, M.E.［1998a］，Porter, M.E.［1998b］の他に，車戸實編［1987］，Crainers, S.［2000］，宮田矢八郎［2001］などの学説史を参照した。
27）Porter, M.E.［1980］訳書18, 61頁。
28）Porter, M.E.［1985］訳書49頁。
29）アーサー・D・リトル社環境ビジネス・プラクティス［1997］29頁。
30）鈴木辰治＝角野信夫編［2000］1頁。
31）同上書8頁。
32）水谷雅一［1995］52頁。
33）森本三男［1994］330頁。

第3章 経営組織の体系

　本章では，総論のまとめとして，経営組織について体系的に理解するために，下記の5つの観点を設定し，各々の観点から経営組織の全体像について俯瞰する。

　第一に，経営組織の構成要素について考察する。まず，経営組織論の内，個人・集団レベルを研究対象とするミクロ組織論について理解する。次いで，組織レベルを研究対象とするマクロ組織論について言及する。さらに，少し視点を変えて，多様な組織観について理解を深める。

　第二に，経営組織の階層について考察する。まず，経営組織における階層（トップ，ミドル，ロワー）の分類を行う。次いで，3つの階層による職能の違いに言及する。さらに，階層によるスキルの違いについて理解を深める。

　第三に，組織における意思決定について考察する。まず，意思決定の意義について理解する。次いで，サイモンの意思決定プロセスについて理解を深める。さらに，意思決定の種類について言及する。

　第四に，組織における分業システムについて考察する。まず，スミスを発端とする分業システムの意義について理解する。次いで，分業の種類として，水平的分業と垂直的分業に言及する。さらに，経営組織の発展と分権化について理解を深める。

　第五に，経営組織論の位置づけについて考察する。まず，経営組織論と隣接科学の関連性について理解する。次いで，経営組織論（構造の視点）と経営管理論（機能・行動の視点）の関連性に言及する。さらに，経営組織論と経営戦略論の関連性について理解を深める。

1 経営組織の構成要素

　経営組織の構成要素を考察する「切り口」は，研究者の数だけ存在するといっても過言ではない。本節では，経営組織論の対象領域である「個人－集団－組織」の分類に準拠して，個人－集団レベルを対象領域とするミクロ組織論（組織行動論）と，組織レベルを対象領域とするマクロ組織論（組織論）に区分して考察する。さらに，多様な組織観と人間観についても考察する。

❶ ミクロ組織論（組織行動論）

　経営組織論は，上述したように，個人－集団レベルを対象領域とするミクロ組織論（組織行動論）と，組織レベルを対象領域とするマクロ組織論（組織論）に分類される。まず，ミクロ組織論（組織行動論）の研究者が，対象領域と研究テーマをどのように認識しているか，3人の研究者の所説をみてみよう。

　林伸二［2000］は，対象領域とテーマを次のように示している[1]。なお，リーダーシップについては，別途上梓するとして取り扱っていない。

- 個人…自己，パーソナリティ，職務態度，モティベーション
- 集団…コミュニケーション，対人関係，相互信頼関係，交渉，集団行動，集団思考
- 組織…組織の動態（意思決定），組織，組織文化，組織の魅力

　上田泰［2003］は，対象領域とテーマを次のように示している[2]。

- 個人…パーソナリティ，態度，知覚，学習と記憶，モティベーション，意思決定
- 集団…集団力学，コミュニケーション，リーダーシップ，集団意思決定，役割行動，ストレス，コンフリクト
- 組織…組織構造，組織文化，組織変革

　二村敏子［2004］は，対象領域とテーマを次のように示している[3]。

- 個人…パーソナリティ，態度，モティベーションなど

・集団…コミュニケーション，リーダーシップ，学習（ラーニング）など
・組織…組織構造，組織文化，組織変革など

3人の所説の共通項を整理すると，ミクロ組織論（組織行動論）の研究者が，対象領域と研究テーマをどのように認識しているかが浮かび上がる[4]。

・個人…パーソナリティ，態度，モティベーション，学習（個人）など。
・集団…コミュニケーション，リーダーシップ，学習（組織）など。
・組織…組織構造，組織文化，組織変革など。

ちなみに，本書では，ミクロ組織論（組織行動論）として，第6章（組織における人間行動）において，パーソナリティ，モティベーション，学習，コミュニケーション，リーダーシップ，の5つのテーマを取り上げて考察する。

また，マクロ組織論（組織論）として，第4章および第5章において組織構造，第7章において組織文化，第8章において組織変革，第9章においてマクロ組織論の拡大領域である組織間関係について考察する。

ミクロ組織論は，組織行動論といわれるように，組織における人間行動を研究領域としている。すなわち，組織における人間行動を総合的に理解しようと

図表3-1　組織行動論の学際的アプローチ

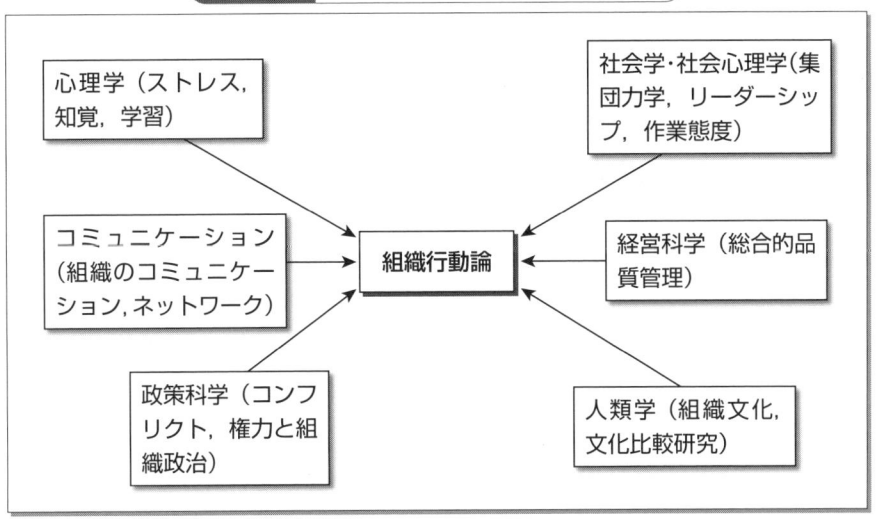

```
心理学（ストレス，         社会学・社会心理学（集
知覚，学習）               団力学，リーダーシッ
                          プ，作業態度）

コミュニケーション                    経営科学（総合的品
（組織のコミュニケー    →組織行動論←   質管理）
ション，ネットワーク）

政策科学（コンフ          人類学（組織文化，
リクト，権力と組          文化比較研究）
織政治）
```

(出所)　Greenberg, J.=Baron, R.A. [2000], p.12

する学問である。

　組織行動論は，①学際的アプローチ（interdisciplinary approach），②オープンシステム・アプローチ（open system approach），③条件適合的アプローチ（contingency approach）という特徴をもっている。その中で，学際的アプローチについてみてみよう。組織行動論のテーマは，図表3-1に示されるように[5]，心理学，社会心理学，社会学，コミュニケーション論，経営科学，人類学，政策科学など，多くの学問領域にまたがり，多くの学問領域の研究成果が活用される。組織行動論は，学際的アプローチの典型といわれる所以である。

❷ マクロ組織論（組織論）

　マクロ組織論（組織論）は，大半の研究者が合意しているテーマとして，先述した組織構造，組織文化，組織変革などによって構成される。

　本書では，第4章および第5章において組織構造，第7章において組織文化，第8章において組織変革，第9章においてマクロ組織論の拡大領域である組織間関係について考察するとすでに述べた。本書は，要論という特性上，重要なテーマが漏れてはいけないし，筆者の教育研究上の関心によって，先端的なテーマにのみ偏重するわけにもいかない。

　まず，組織構造からみてみよう。岸田民樹［1999］によれば[6]，組織は，組織構造と組織過程からなる。構造は過程を生じさせる手段であり，階層および職能における位置関係である。過程は構造を推進する現実の動きであり，階層間，職能間に生じる情報および資源の流れである。意思決定，リーダーシップ，コントロール，統合・調整，コミュニケーション，コンフリクト解決，業務評価・報酬システムがここに含まれる。

　組織構造は，専門化，標準化，公式化，集権化，形態の5つの次元から構成される。第一に，専門化，標準化，公式化は相互に関連が深く，まとめて活動の構造化（従業員の活動に対する公式の規制の程度）と呼ばれる。アストン研究にみられるように，組織の規模（従業員数）と活動の構造化との相関は極めて高いとされている。第二に，形態は，組織の役割構造のあり方を示すものである。組織形態を区別する基本的な指標は，専門化に基づく職能分化（ヨコの

分化）と，階層分化（タテの分化）である。第三に，集権化とは，決定権限をもつ階層レベルが上位にある程度のことである。

　組織文化は，従来，組織論の主流とは決していえなかった。しかし，組織文化の革新によって鮮やかな経営革新を実現した企業が現れるなど，組織文化の重要性が認識されるにつれ，理論面での充実も目覚ましい。本書では，第7章において，組織文化の意義を問い直し，組織文化のマネジメントが極めて重要であることを認識する。組織文化の形成，組織文化の機能と逆機能など，現実的な関心をもつことも大事な課題である。

　組織文化において，喫緊の課題は，何といっても組織文化の革新であろう。組織文化を革新するためには，組織文化をどのように把握するか，組織文化の推進者としてどのような変革型リーダーが必要かなど，体系的な考察が欠かせない。さらに，組織文化の新たな潮流として，組織シンボリズムに関する研究が必要不可欠である。

　組織変革は，変化が常態である今日，理論的にも実践的にも避けては通れない重要な課題である。組織変革には，多くの疎外要因がある。それらの疎外要因を克服しつつ，組織の成長に合わせた組織変革が必要である。

　組織変革には，現実的には，組織学習，戦略的組織変革，組織開発などの各種の施策が欠かせない。本書では，これらの現実的な課題についても，第8章において詳しく考察する。

　マクロ組織論の拡大領域として，近年，理論的にも実践的にも重要性を増しているのが組織間関係である。組織間関係は，企業ネットワークの増大をその背景としている。情報および資源を単独で保有することはほとんど不可能になりつつある現在，組織間関係に関する議論は，経営戦略の面でも，イノベーションの面でも，ビジネス・システムの面でも，必要不可欠である。本書では，第9章において詳しく考察する。

❸ 多様な組織の捉え方

　上で，オーソドックスなミクロ組織論（組織行動論）とマクロ組織論（組織論）という観点から経営組織の構成要素について考察した。この他にも，多様

図表3-2　多様な組織観と人間観

No.	組織観	基本的視点	人間観
1	ハコ（組織図）	組織図に表されるような，命令・指示，報告のフォーマルな経路；組織図のなかのハコとハコとの間のつながり具合に注目する。	秩序を尊び，曖昧性を好まない人間
2	インフォーマルなネットワーク	公式の組織図とは，両立するが別個のインフォーマルなネットワーク；ハコが組織の骨格ならば，こちらは神経系。	ヒトとのつながりを自らつくり出していくネットワーカー
3	協働の体系	共通の目的に向かって，コミュニケーションをとりながら，意志をもって主体的選択により協働する人々のシステム。	目的に対して自分の限界を知り，他の人々と協働する人間
4	多元的重複集団	連結ピンで幾重にも重層的に連なった諸集団；どんな大きな組織も集団から成り立つことに注目する。	組織に所属する前に集団に所属し，他の集団と連結を取りつける連結ピン（特に，管理職）
5	情報処理システム	環境は，不確実性の源泉で，それに対処していくための情報処理システムとしての組織。	自らも情報処理者として振る舞う人間
6	知識創造の母体	ひとりでおこなっているときには，暗黙のままでよい知識を他の人々に伝わる形で転換する場としての組織；日本の組織の研究から生まれた組織観。	知識を扱うという意味で，ナレッジ・エンジニア
7	資源の束	ヒト，モノ，カネ，情報などの資源の束がそこに存在し，その組み合わせ，活用のいかんによって，組織のダイナミズムや，組織のコンピタンスが生まれる；組織間関係の問題も照射する。	資源の束の構成要素のうちの，能動的要因としてのヒト
8	生涯発達の場	ヒトの成長や発達が学校にいる間で完結しないとすれば，学校以外の組織も，ヒトが生涯にわたってキャリアを歩みながら発達していくための舞台を提供する。	20代，30代，40代，50代，60代，いくつになっても発達課題をもつ個人
9	政治システム	目的の設定や目的に至る手段の選択において，支配的連合体を中心に政治的な駆け引きの過程が生じる場；一見ダーティだが，組織変革やイノベーションが生じるときには，見逃せない側面。	相手に影響力を振るうために，結託したり，駆け引きしたりする人間
10	センス・メイキングとしての組織化	かっちりとした形として組織を連想するのではなく，不断の組織化の過程として捉える。構成員の相互接触やそれを通じての世界の見方の共有化，意味づけに注目。進化論的な見方でもある。	皆とともにやっていることを意味づける「地図」を見出そうとする意味探索人。

（出所）　金井壽宏 [1999] 14-15頁を筆者が一部修正。

な組織観および人間観が存在する。金井壽宏［1999］は，図表3-2に示されるように[7]，①ハコとしての組織，②インフォーマルなネットワークとしての組織，③協働の体系としての組織，④多元的重複集団としての組織，⑤情報処理システムとしての組織，⑥知識創造の母体としての組織，⑦資源の束としての組織，⑧ヒトが生涯発達する活動の舞台としての組織，⑨政治システムとしての組織，⑩センス・メイキングとしての組織，の10の組織観および人間観を提示している。濃淡はあるものの，興味深い所説である。

2 経営組織の階層

❶ 経営管理者の階層

　経営組織について体系的に考察する第二の観点として，経営組織の階層があげられる。これは経営組織の階層分化に着目し，経営管理者の階層と階層別の職能との関連性について考察するものである。

　経営管理者の階層は，通常，図表3-3に示されるように[8]，次の３つの階層

図表3-3　経営管理者の階層

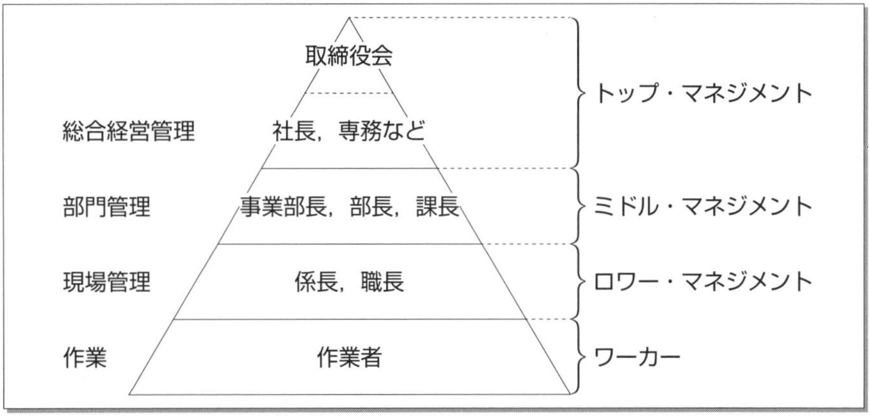

階層	役職	区分
総合経営管理	取締役会／社長，専務など	トップ・マネジメント
部門管理	事業部長，部長，課長	ミドル・マネジメント
現場管理	係長，職長	ロワー・マネジメント
作業	作業者	ワーカー

（出所）　岸川善光［1999］80頁。

に区分される。
① トップ・マネジメント（top management）
② ミドル・マネジメント（middle management）
③ ロワー・マネジメント（lower management）

　トップ・マネジメントは，代表取締役社長をはじめとする最高経営管理者のことをいう。この最高経営管理者のことを単に経営者ということがある。

　ミドル・マネジメントは，事業部長，部長，課長などの中間経営管理者を指す。この中間経営管理者のことを単に管理者ということがある。

　ロワー・マネジメントは，係長，職長など下級経営管理者のことである。この下級経営管理者は，通常，監督者といわれることが多い。現実に，この下級経営管理者は，大半の企業において管理職ではない場合が多い。

❷ 経営管理者の階層による職能の相違

　次に，上で述べた経営管理者の3つの階層と，彼らが果たすべき職能との関連性についてみてみよう。

　トップ・マネジメントの職能は総合経営管理である。経営管理の対象領域は全社に及び，期間的には中長期的な課題を取り扱うことが多い。内容的には，環境変化に対応（適応，創造）するための経営戦略の策定や経営計画の策定が

図表3-4　経営管理者の階層による職能の相違

	対象領域	期間	内容	技法
トップ・マネジメント	全社的	長期的	戦略的	計数的
ミドル・マネジメント	↕	↕	↕	↕
ロワー・マネジメント	現場的	短期的	業務的	直接的

（出所）　岸川善光［1999］81頁。

主な職能になる。

　ミドル・マネジメントの職能は部門管理である。各部門の活動を計画・統制し，総合経営管理との整合性を保持することが重要な役割となる。ロワー・マネジメントの職能は現場管理であり，日常的な現場の作業を直接的に指示監督する。

　経営管理者の階層による職能は，図表3-4に示されるように[9]，①対象領域，②期間，③内容，④技法の4つの観点から整理すると，3つの階層による職能の相違が明確に存在する。

❸ 経営管理者の階層によるスキルの相違

　上で，経営管理者の階層によって職能が異なることを確認した。果たすべき職能が異なれば，経営管理者の階層ごとに必要とされるスキル（技能）は，当然ながら異なることはいうまでもない。

　カッツ（Katz, R.L.）[1955] やテリー＝フランクリン（Terry, G.R.＝Franclin, S.G.）[1982] は，経営管理者に共通して必要なスキルとして，①コンセプチュアル・スキル（conceptual skill），②ヒューマン・スキル（human skill），③テクニカル・スキル（technical skill），の3つをあげている[10]。

① 　コンセプチュアル・スキルとは，構想化技能のことで，組織における個別の活動（機能）の相互関係を理解して，企業活動を全体的視点から包括的にとらえる総合化の能力のことである。例えば，経営ビジョンや事業コンセプトの策定に必要なスキルがコンセプチュアル・スキルの典型例である。

② 　ヒューマン・スキルとは，対人技能のことで，他人の心情を理解し，共感を持ち，他人の権利を尊重する能力のことである。これは顧客との折衝や部下の指導などあらゆる人間関係において必要とされるスキルである。

　　特に，ミドル・マネジメントは，現場からのアイディアをトップ・マネジメントに提案し，新製品や新規事業開発を行う組織変革の担い手であるため，ヒューマン・スキルの習得は非常に重要な意義を持っている。

③ 　テクニカル・スキルとは，技術的技能のことで，職務の遂行過程で必要な手法，装置，技術などを適切に利用する能力のことである。

　ところで，図表3-5に示されるように[11]。①コンセプチュアル・スキル，②

図表3-5　経営管理者の階層によるスキルの相違

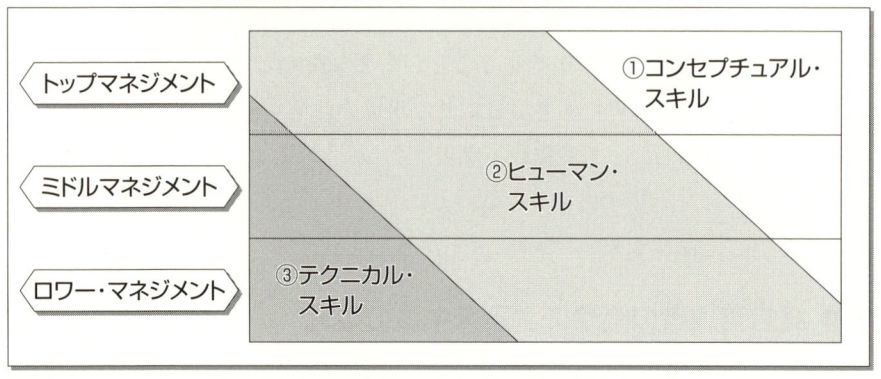

- トップマネジメント
- ミドルマネジメント
- ロワー・マネジメント

①コンセプチュアル・スキル
②ヒューマン・スキル
③テクニカル・スキル

（出所）　Katz, R.L.［1955］pp.33-42.およびTerry, G.R.＝Franklin, S.G.［1982］p.7

ヒューマン・スキル，③テクニカル・スキルの3つのスキルは，すべての経営管理者にとって不可欠ではあるものの，経営管理者の階層によってその重要度が異なる。

すなわち，ヒューマン・スキルは，経営管理者のすべての階層において必要とされる。しかし，コンセプチュアル・スキルはトップ・マネジメントに，テクニカル・スキルはロワー・マネジメントにより多く必要とされるのである

3 組織における意思決定

❶ 意思決定のプロセス

従来，経営者の職能を意思決定とみる見方は多い。例えば，ノーベル経済学賞受賞者サイモン（Simon, H.I.）は，意思決定（decision making）をマネジメントの中核概念として位置づけた。ここで意思決定とは，「行動に先立って，いくつかある代替案（alternatives）の中から1つを選択する一連のプロセス」のことである。

サイモン［1977］によれば，意思決定のプロセスは，図表3-6に示されるよ

図表3-6　意思決定のプロセス

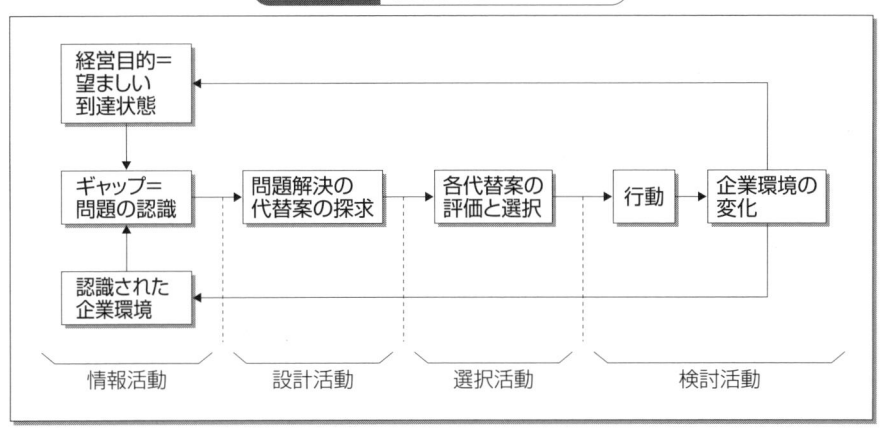

```
経営目的＝望ましい到達状態
       ↓
ギャップ＝問題の認識 → 問題解決の代替案の探求 → 各代替案の評価と選択 → 行動 → 企業環境の変化
       ↑
認識された企業環境

[情報活動]  [設計活動]  [選択活動]  [検討活動]
```

(出所)　Simon,H.I.［1977］訳書55-56頁に基づいて筆者が作成。

うに[12]，①情報活動，②設計活動，③選択活動，④検討活動，の4つの活動によって構成される。

　サイモンに従って，意思決定プロセスを構成する4つの活動について，その内容をみてみよう。

① 　情報活動：意思決定の対象となる問題を明確にする活動である。いわば問題を発見する活動といえよう。問題を発見しようとする場合，現状を肯定すると問題が見えなくなる。問題とは「望ましい状態と現実の環境認識のギャップ」のことであるので，問題を発見するには，一方で望ましい状態を想定し，他方で現実の環境を認識するという情報活動が欠かせない。

② 　設計活動：問題を解決するために，実行可能と考えられる複数の代替的な問題解決策を探索する活動である。代替的な問題解決策には，通常，2つの種類の問題解決策が含まれる。1つは日常反復的（ルーチン）な問題に対する解決策で，もう1つは新規の問題に対する解決策である。前者に対する問題解決策は，あらかじめ複数の代替案が準備されていることが多いが，後者に対する問題解決策の策定には，より創造的で革新的な取り組みを必要とする。

③ 　選択活動：実行可能と思われる複数の代替的な問題解決策の中から，最適と思われる案を選択する活動である。選択活動で最も重要なことは，複数の

代替的な問題解決策を実行に移した場合のそれぞれの効果を客観的に予測することである。効果を客観的に予測するには，経済性，技術性などを測定・評価するための評価基準をあらかじめ設定しておかなければならない。この評価基準の選択次第で，選択活動の良否が規定されることが多いので，評価基準の選択には十分に留意すべきである。

④　検討活動：最適な問題解決策を実行に移した結果について，様々な観点から批判的に検討する活動である。もしも望ましい成果が得られないと判断されたならば，ただちに第一段階の情報活動に戻り，再び意思決定のプロセスが繰り返される。

以上で，サイモンの意思決定プロセスに準拠しつつ，意思決定プロセスを構成する4つの活動，すなわち意思決定の基本形態について概観した。しかしながら，現実の企業における意思決定プロセスはもっと複雑で，多くの要素が錯綜していることが多く，上でみたような直線的で連続的な意思決定プロセスを踏むことは，極めてまれな現象であることを付け加えておきたい。

❷ 意思決定の種類

企業では，経営活動において実に多種多様な意思決定が行われている。一口に意思決定といっても，組織の階層によって，部門によって，取り扱う製品によって，対象とする市場によって，その内容は大きく異なっているのが現状である。したがって，意思決定の種類を分類する観点も多種多様である。

アンゾフ［1965］は，上で述べた多種多様な企業の意思決定を，経営資源の変換プロセスに対する意思決定の関与の違いによって，①戦略的意思決定，②管理的意思決定，③業務的意思決定，の3つに分類している[13]。まず，それぞれの内容についてみてみよう。

① 戦略的意思決定：主として企業と企業外部（環境）との関係にかかわる意思決定で，その中心は製品・市場の選択に関するものである。それに付随して，目標，多角化戦略，成長戦略などが決定される。

② 管理的意思決定：経営諸資源の組織化に関する意思決定で，その中心は組織機構，業務プロセス，資源調達などに関するものである。

図表3-7　意思決定の種類

	戦略的意思決定	管理的意思決定	業務的意思決定
問題	企業の投資利益率を最適化するような製品・市場ミックスの選択	最適の業績をあげるために企業諸資源を組織化すること	潜在的投資利益率の最適な実現
問題の性質	製品・市場の機会に諸資源を配分すること	諸資源の組織，調達および開発	主要職能領域への予算を通じた資源の配分 資源の利用と変換の日程計画化，監視とコントロール
主たる決定事項	各種の目的および目標 多角化戦略 拡大化戦略 管理戦略 財務戦略 成長方法 成長のタイミング	組織機構：情報，権限，責任の関係の構造化 資源変換の構造化：仕事の流れ，流通システム，諸施設の立地 資源の調達と開発：資金，施設および設備，人材，原材料	業務上の諸目的および目標 価格設定および生産量 業務活動の諸水準：生産の日程計画，在庫水準など マーケティングの方針と戦略 研究開発の方針と戦略 コントロール
主たる特徴	集権的意思決定 部分的無知 非反覆的意思決定 自己再生的ではない意思決定	戦略と業務活動との矛盾対立，個人目的と組織目的との矛盾対立 経済的変数と社会的諸変数との強い結合戦略的あるいは業務的諸問題に端を発する意思決定	分権的意思決定 リスクおよび不確実性 反覆的意思決定 意思決定の多量性 複雑性に起因する最適化の犠牲 自己再生的意思決定

（出所）　Ansoff,H.I.［1988］訳書10頁。

③　業務的意思決定：経営諸資源の変換プロセスの効率化に関する意思決定で，その中心はマーケティング，財務などの各機能別の業務活動目標や予算などである。

アンゾフ［1965］は，3つに分類された意思決定の種類の中で，戦略的意思決定を重視した。実際の企業行動における革新的側面と戦略的意思決定の関連性に着目したからである。戦略的意思決定の中でも，特に製品・市場戦略を重視した。そこで開発された成長ベクトルという概念は今も広く普及している。

図表3-7は，アンゾフ［1965］が3つに分類した意思決定のそれぞれについて，①問題，②問題の性質，③主たる決定事項，④主たる特徴，の4つの観点からさらに詳しく検討したものである[14]。

ところで，3つに分類された意思決定は，それぞれ固有の問題領域および特徴があるものの，それぞれに相互依存関係，相互補完関係がある。例えば，戦略的意思決定は，上でみたように主として企業と企業外部（環境）との関係にかかわる意思決定で，その中心は製品・市場の選択に関するものである。戦略的意思決定が効果的なものであるためには，併せて，製品・市場戦略を実行するための組織機構，業務プロセス，資源調達など管理的意思決定の裏付けを必要とする。さらに，経営諸資源の変換プロセスの効率化に関する意思決定を中心とする業務的意思決定の裏付けも欠かせない。

❸ 意思決定の特性

意思決定は，取り扱う問題の構造によって，①定型的意思決定（programmed decision），②非定型的意思決定（non-programmed decision），の2つに分けられる。

定型的意思決定は，常時反復して発生するような問題を対象とする意思決定であるので，問題の構造はすでに明確になっており，問題解決のルールと問題解決策があらかじめ準備されていることが多い。

これに対して，非定型的意思決定は，新たにその都度発生する問題を対象とする意思決定のことである。したがって，意思決定の対象である問題自体が新しく，問題の構造や意思決定のルールはまだ定まっていない。例えば，新産業分野への進出，新事業の創出，戦略的業務提携の締結，非採算分野からの撤退などを対象とする意思決定が非定型的意思決定の例である。非定型的意思決定を行う場合，情報が少なく，参考にすべき事例にも限度があり，しかも1回限りということが多い。

このように，定型的意思決定と非定型的意思決定は性格が大きく異なるので，定型的意思決定と非定型的意思決定を行う際には，それぞれ異なった意思決定の技法が用いられる。

意思決定の基準は，最適化基準と満足化基準に大別することができる。サイモンによれば，第2章で述べたように，制約された合理性しか得られないので，満足化基準による意思決定がなされる。

また，意思決定を行うためには，①目標，②代替的選択肢の集合，③各代替的選択肢の期待される結果の集合，④各結果がもたらす効用の集合，⑤意思決定ルール，という5つの意思決定前提（decision premises）が必要となる。

サイモンの意思決定論では，各々の階層において日常的に発生する課題について，制約された合理性に基づいて，次の意思決定がなされる。

① 意思決定ルールとして，最適化基準ではなく満足化基準が採用される。
② 満足化基準に依拠すれば，もし探索された最初の選択肢が満足水準を超えれば，その時点で代替的選択肢の探索が停止され，最初の選択肢が選択される。したがって，最適の選択を行ったことには必ずしもならない。
③ 代替案を探索し，その結果を予測することは，時間とコストがかかるため，組織や個人は，限られた情報処理能力を効率的に活用する。そこで，行動プログラムのレパートリーを形成し，反復的な意思決定状況では，それらを代替的選択肢として利用する。

このように，サイモンの意思決定論では，意思決定において満足化基準が適用される。つまり，現実の意思決定は，選択の結果について一定の受容可能な希求水準を満たす満足化水準に従って行わざるをえないのである。

4 組織における分業システム

❶ 分業システムの意義

今日における組織の分業システムは，組織活動を支える基盤になっている。

その意義を最初に提唱した研究者は，イギリスの経済学の祖スミス（Smith, A.）［1776/1950］である。スミス［1776/1950］は，『諸国民の富』において，冒頭の第1章（分業について），第2章（分業をひきおこす原理について），第3章（分業は市場の広さによって制限されるということ），の3つの章を分業にあて，分業によって作業の専門化と単純化を実現することが可能になり，飛躍的な生産量を達成できると述べている。

分業の具体例として，有名なピン製造の事例が活き活きと描かれている。つまり，1人の職人は1日1本のピンをつくることもできないが，10人で分業すると1日48,000本，1人あたり4,800本のピンを製造できるというのである。労働者の作業を分割することによって，組織内の専門化や作業効率が向上し，それが国全体に拡がっていくことにより，その国の国民全体が豊かになるというロジックが『諸国民の富』の基盤の1つになっている。

スミス［1776/1950］は，①分業は，技巧の改善・移動時間の節約・機械の使用を通じて生産力を増進させる，②分業は，人間特有の交換性向によって発生し，その範囲は市場の広さによって決定づけられる，と述べ，組織における分業システムの重要性と課題を指摘している[15]。

次に，第2章で考察した古典的管理論・組織論の始祖の1人であるファヨール［1916］の分業についてみてみよう。ファヨール［1916］は，すでに考察したように，14の管理原則の第1原則として「分業の原則」をあげ，労働者が同じ仕事を行うことによって，熟練，自信，正確さが増すと述べている。これは，分業によって反復性が生まれ，特定の業務を繰り返して経験するようになるためである。熟練，自信，正確さが増すという指摘は，現象面の指摘であり，本質は効率性の向上にあることはいうまでもない。

近代的組織論の始祖であるバーナード［1938］も，組織における分業の特徴として，個人や集団の行動が意識的に調整されている点を強調している。バーナード［1938］は，分業と表裏一体の関係にある調整の重要性を指摘しており，彼の組織の定義，すなわち，「組織とは，2人またはそれ以上の人々の意識的に調整された活動や諸力のシステムである」を補完している。

上でみたように，経済学の始祖スミス［1776/1950］，古典的管理論・組織論

の始祖の1人であるファヨール［1916］，近代的組織論の始祖バーナード［1938］と，それぞれの分野（経済学，経営管理論，経営組織論）において超一流の研究者は，いずれも組織における分業を極めて重要な課題として取り上げている。しかし，分業システムには，仕事の反復性による人間性の疎外，調整コストの増大など，多くの課題もある。この課題の解決が実は組織の役割の1つである。

❷ 水平的分業と垂直的分業

　組織における分業の形態を分類する場合，様々な分類基準があるものの，ここでは，水平的分業と垂直的分業に大別して考察する。

　組織が単位組織から複合組織へと発展する際，図表3-8に示されるように[16]，水平的な分化（分業）と垂直的な分化（分業）がみられる。

　水平的な分化とは，職能の分化（分業）のことである。機能別分業という研究者も多い[17]。職能の分化（分業）は，組織規模の拡大・発展に伴って必然的に促進される。岸川善光［1999］によれば[18]，職能分化はさらに，①業務プロセス的分化，②要素的分化，③サイクル的分化，の3つに細分化される。それぞれについてみてみよう。

図表3-8　組織の発展

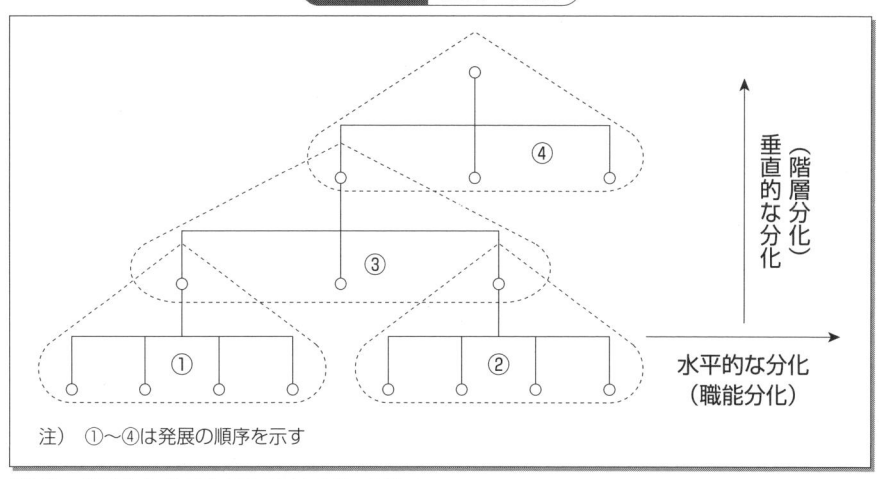

（縦軸）垂直的な分化（階層分化）
（横軸）水平的な分化（職能分化）

注）　①〜④は発展の順序を示す

（出所）　岸川善光［1999］125頁を筆者が一部修正。

① 業務プロセス的分化：経営資源の調達からはじまって顧客満足の充足に至る業務プロセスには，研究開発（Ｒ＆Ｄ），調達，生産，マーケティング，ロジスティクスなど様々な機能を必要とする。これらの機能が部門や職位に配分され職能になるので職能の分化（分業）になる。
② 要素的分化：経営活動の基盤となる経営資源（ヒト，モノ，カネ，情報）に則して，人的資源管理，設備管理，財務管理，情報管理など様々な機能を必要とする。これらの機能が部門や職位に配分され職能になるので職能の分化（分業）になる。
③ サイクル的分化：マネジメント・サイクル（Plan-Do-See）に則して，計画，執行，統制の各サイクルにおいて，様々な機能を必要とする。これらの機能が部門や職位に配分され職能になるので職能の分化（分業）になる。

次に，垂直的分化について考察する。垂直的分業とは，経営管理上の階層上の分化である。垂直的分化は，業務の拡大と複雑化に伴って，作業職能から分化した管理職能自体にさらに分化が生じ，経営管理の階層を多層化することによって発生する。

❸ 分業と調整・統合

バーナード［1938］の指摘を待つまでもなく，組織もシステムである以上，いったん分割したら統合しなければ，システムはバラバラになって崩壊する。分業システムには，調整・統合の仕組みが必要不可欠である。

沼上幹［2004］は，調整・統合の基本的な仕掛けとして，①標準化，②ヒエラルキー（階層制），③環境マネジメント，④スラック資源の活用，⑤水平関係の設定，の５つをあげている[19]。それぞれについて簡潔にみてみよう。
① 標準化：標準化とは，各作業のアウトプットが相互に統合可能になるように，事前に手順やスペック，使用機械などを決めておくことである。すなわち，標準化とは，事前の調整・統合の手段である。
② ヒエラルキー（階層制）：ヒエラルキーは，事後的な調整・統合の手段である。上で述べた標準化と相まって官僚制組織ができあがる。官僚制組織は，現在では多くの弊害が指摘されているが，分業システムの基本の１つである

とはいうまでもない。
③ 環境マネジメント：適切な環境部分を選択し，環境に対して積極的に働き掛けることによって，組織が自ら調整しなければならい負担を負わないようにする努力とその手段のことである。いわば，調整・統合の放棄・省略を目指す仕掛けである。
④ スラック資源の活用：例えば，工程間在庫を許容するなどのスラック資源をもつことによって，調整そのものに余裕をもたせる方法である。
⑤ 水平関係の設定：ブランド・マネジャーやマトリックス組織など，組織横断型（水平型）の調整・統合の手段を設定することである。ブランド・マネジャーやマトリックス組織は，もともと調整・統合のための組織ではあるものの，「二人上司（ツーボス）」などの弊害を内包している。

上で，調整・統合の基本的な仕掛けについて概観した。分業システムのもつ長所を最大限に発揮するためには，この調整・統合の基本的な仕掛けを組合せて，さらに洗練化を図るなどの努力が欠かせない。

5 経営組織論の位置づけ

経営組織を体系的に考察する第五の観点として，経営組織論の位置づけについて考察する。具体的には，①経営学における経営組織論の位置づけ，②経営組織論と経営戦略論の関連性，③経営組織論と経営管理論の関連性，の3点について概観する。

❶ 経営学における経営組織論の位置づけ

わが国における経営学は，図表3-9に示されるように[20]，経営戦略論，経営管理論，経営組織論，マーケティング論，経営情報論，財務管理論，人事・労務管理論（人的資源管理論）などのいくつかの学問領域を束ねた応用学問分野であるため，非常に広範な領域が包含されている。

この経営学の中で，経営組織論は，経営学や経営管理論の中核的基礎理論と

図表3-9　経営学の関連領域と隣接科学

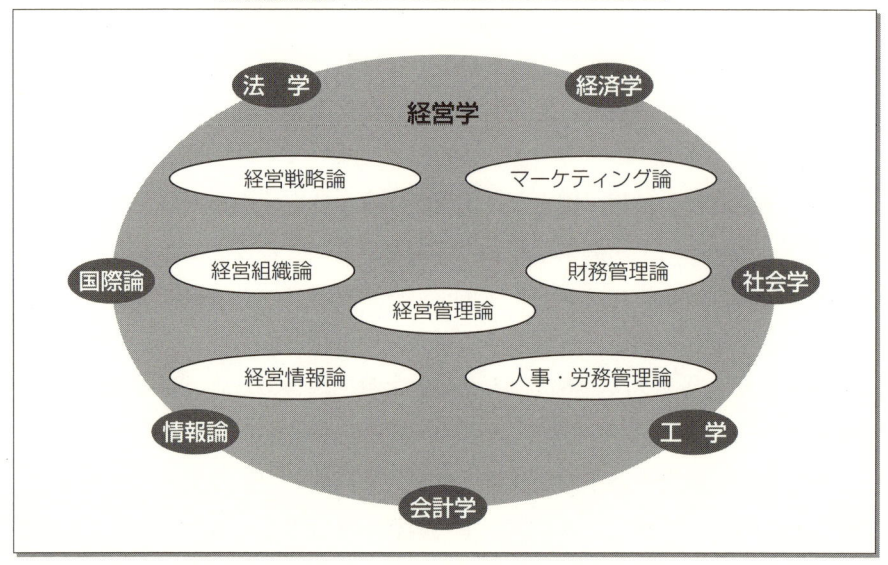

円の中（経営学）：経営戦略論、マーケティング論、経営組織論、財務管理論、経営管理論、経営情報論、人事・労務管理論

円の外（隣接科学）：法学、経済学、社会学、工学、会計学、情報論、国際論

(出所)　岸川善光［2002］16-19頁に基づいて筆者が2枚の図表を1枚に合成した。

しての役割をもっており，米国のビジネススクールでは，マネジメント科目の中心科目の1つとして位置づけられている。

　また，経営学には，図表3-9に示されるように，①経済学，②社会学，③工学，④会計学，⑤情報論，⑥法学，⑦国際論，の7つの隣接科学がある。経営学とこれらの隣接科学との関係性についてみてみよう。

① 　経営学と経済学：経営学の研究対象である企業活動は，マクロ的な経済の動向，セミマクロ的な産業の動向などに大きな影響を受ける。したがって，マクロ的な経済に関する経済学およびセミマクロ的な産業に関する産業組織論など，経済学・産業組織論の知識が必要不可欠である。

② 　経営学と社会学：社会学は，社会の諸現象を観察・認識し，諸現象の因果関係を発見・検証し，一般的な法則性を見出すことを目的としている社会科学の1分野である。この社会学から経営組織論をはじめとして経営学に応用できる事柄は多い。

③ 　経営学と工学：テイラーの科学的管理法以来，経営学と工学との関係性に

は長い歴史がある。近年，ICTの進展など経営組織と情報通信工学との関係性が注目を浴びている。ビジネス・モデルなど新たな経営組織論の領域に関して考察する場合，情報通信工学など工学の知識は必要不可欠である。

④ 経営学と会計学：会計学は，企業の経営成績（損益計算書）と財政状態（貸借対照表）に関して，体系的な知識を蓄積している。例えば，経営戦略を策定する場合，企業活動を計数的な把握することは必須事項であり，そうした意味からも経営学と会計学は極めて深い関係性を有している。

⑤ 経営学と情報論：情報システムや情報ネットワークの進展に伴って，経営情報論という学問分野がすでに確立しており，企業活動と情報との関連性に関して学際的なアプローチが採用されている。組織を情報処理システムとみる見方があるように，情報論の知識は欠かせない。

⑥ 経営学と法学：企業は真空に存在しているのではなく，民法，商法などの法律に準拠しつつ企業活動を行っている。民法，商法などに留まらず，ビジネス・モデル特許など極めて経営に密着した分野が台頭しており，経営学と法学との関係性は従来にも増して密接なものになりつつある。

⑦ 経営学と国際論：今後のわが国の企業活動は，東アジアにその重点をシフトすることが確実視されており，東アジアの歴史，文化，言語に関する理解が欠かせない。したがって，アジア論をはじめとした国際関係論の知識が経営組織論にも必要不可欠なものとなりつつある。

❷ 経営組織論と経営管理論との関連性

経営組織論と経営管理論の研究対象は，企業に代表される組織である。経営組織論は，その構造に主眼を置いている一方で，経営管理論は，その活動（機能）に主眼を置いている。しかし，本来，組織における構造と組織における活動（機能）は表裏一体の関係であるため，厳密な「二分法」はなじみにくい。このように，経営組織論と経営管理論はその研究対象からみて，極めて密接な関連性を有している[21]。

特に，バーナードやサイモンにみられるように，組織を「意思決定のシステム」とみなすと，「管理論的組織論」とか「組織論的管理論」という呼称があ

るように，経営組織論と意思決定を中核概念とする経営管理論との境界は極めて曖昧なものになる。ただ，経営管理の対象が組織であるので，経営組織論は，経営管理論の中核的基礎理論としての役割をもつことは間違いない。

❸ 経営組織論と経営戦略論との関連性

近年，経営組織論と経営戦略論の境界も極めて曖昧になりつつある。1970年代の分析型経営戦略論の時代において，経営戦略と組織の関連性は，二分法的に明確に区分されていた。「組織は戦略に従う」という有名なチャンドラーの命題も，「戦略は組織によって規定される」というアンゾフの命題も，共に経営戦略と組織との二分法を採用している。

ところが，経営戦略と組織との相互浸透モデルが台頭するにつれ，経営戦略と組織との区分は，極めて曖昧になりつつある。相互浸透モデルとは，経営戦略と組織との関係が上述した二分法ではなく，相互依存的・相互補完的な関係と捉え，経営戦略と組織との関係は，極めて曖昧であるという立場にたった組織モデルのことである。

相互浸透モデルの事例を具体的にみてみよう。ピーターズ＝ウォーターマン［1982］は，図表3-10に示されるように[22]，7Sモデルを提唱している。ピーターズ＝ウォーターマン［1982］は，組織の概念をチャンドラーの組織構造よりも広く捉えており，組織の構成要素として，①戦略（Strategy），②組織構造（Structure），③システム（Systems），④人材（Staff），⑤スキル（Skills），⑥行動様式（Style），⑦共通の価値観（Shared Value），の7つのSをあげている。

図表3-10で明らかなように，経営戦略と組織だけでなく，7つの要素が相互に錯綜しながら浸透している。この7Sモデルは，「経営戦略と組織との関係は，二分法的ではなく，相互依存的・相互補完的な関係である」ことを提唱した先駆的な研究として位置付けることができる。

マイルズ＝スノー（Miles, R.E.＝Snow, C.C.）［1978］も，経営戦略と組織の相互浸透モデルの研究者としてあげることができる。マイルズ＝スノーは，企業の環境適応のパターンを，経営戦略と組織の2つの軸で捉え，①防衛型，②先取り型，③分析型，④反応型，の4つに分類した[23]。この環境適応パターンの

第3章 経営組織の体系

図表3-10　7Sモデル

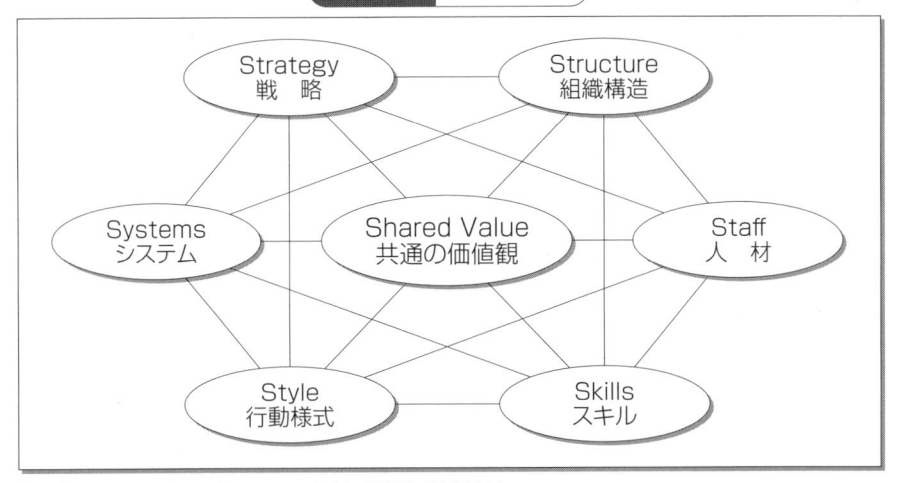

```
        Strategy              Structure
         戦　略                 組織構造

Systems          Shared Value           Staff
システム           共通の価値観            人　材

        Style                 Skills
        行動様式                スキル
```

（出所）　Peters,T.J.＝Waterman,R.H.［1982］訳書51頁。

ことを戦略タイプとも呼んでいる。

　マイルズ＝スノーの分類を用いて，経営戦略と組織との関係をみてみよう。例えば，環境の変化を先取りして経営戦略を策定する場合と，環境変化に受身で反応するための経営戦略を策定する場合では，結果として経営戦略と組織との適合が得られたとしても，そのプロセスは大きく異なる。少なくとも，チャンドラーの命題のように，「組織は戦略に従う」といった単純な一方向のプロセスではあり得ない。すなわち，経営戦略と組織との関係は双方向的で相互依存的であるといえよう。

　ミンツバーク［1978］は，パターンとしての経営戦略に着目した。パターンという概念は，前もって意図するか否かに関わりなく，意思決定や行為のプロセスにおいて観察される一定の整合性を重視する概念である。このパターンは，企業と環境との相互作用，企業内部のダイナミックな相互作用のプロセスを通じて創発的（emergent）に形成される。

　1）林伸二［2000］に基づいて，筆者が研究テーマを抽出した。
　2）上田泰［2003］に基づいて，筆者が研究テーマを抽出した。

3）二村敏子［2004］に基づいて，筆者が研究テーマを抽出した。
4）学習については，林伸二［2000］，上田泰［2003］，二村敏子［2004］の3人の所説が明示的でないので，筆者が追加した。
5）Greenberg, J.=Baron, R.A.［2000］p.12.
6）岸田民樹［1999］592頁。（神戸大学大学院経営学研究室編［1999］，所収）
7）金井壽宏［1999］14-15頁。
8）岸川善光［1999］80頁。
9）同上書81頁。
10）Katz, R.L.［1955］pp.33-42. および，Terry, G.R.=Franclin, S.G.［1982］p.7.
11）同上。
12）Simon, H.A.［1977］訳書55-56頁に基づいて筆者作成。
13）Ansoff, H.A.［1965］訳書6頁，または，Ansoff, H.A.［1988］訳書4-8頁。
14）Ansoff, H.A.［1965］訳書12頁，または，Ansoff, H.A.［1988］訳書12頁。
15）Smith, A.［1776/1950］訳書67-92頁。
16）岸川善光［1999］125頁を筆者が一部修正。
17）例えば，沼上幹［2004］46頁，岸田民樹編［2005］269頁など，職能分化を機能別分業と述べている。
18）岸川善光［1999］125-126頁。
19）沼上幹［2004］87-88頁。5つの基本的な仕掛けについては，沼上幹［2004］を援用した。
20）岸川善光［2002］16-19頁に基づいて，筆者が2枚の図表を1枚に合成した。
21）岸川善光［1999］94頁。
22）Peters, T.J.=Waterman, R.H.［1982］訳書51頁。
23）Miles, R.E.=Snow, C.C.［1978］訳書37-126頁。

第4章 経営組織の基本形態

本章では，経営組織の基本形態について考察する。はじめに，組織構造，組織デザインに関する基本概念について考察し，次いで，経営組織の基本形態として，ライン組織，職能別組織（機能別組織），事業部制組織を取り上げて考察する。

第一に，組織構造の概念と組織デザインについて考察する。まず，組織構造について理解する。次に，組織デザインと設計原則について言及する。さらに，組織形態の発展段階モデルについて理解を深める。

第二に，経営組織の基本概念について考察する。まず，ラインとスタッフについて理解する。次いで，集権と分権について理解を深める。さらに，ガルブレイス＝ネサンソンの経営組織の発展段階モデルを取り上げて，経営組織の基本形態について動態的に理解する。

第三に，ライン組織について考察する。まず，ライン組織の概念について理解する。次に，ライン組織の特性に焦点を当て，利点・欠点を中心として理解を深める。さらに，ライン組織の問題点・課題について考察する。

第四に，職能別組織（機能別組織）について考察する。まず，職能別組織（機能別組織）の概念について理解する。次に，職能別組織（機能別組織）の特性に焦点を当て，利点・欠点を中心に理解を深める。さらに，職能別組織（機能別組織）の問題点・課題について理解する。

第五に，事業部制組織について考察する。まず，事業部制組織の概念について理解する。次に，事業部制組織の特性に焦点を当て，利点・欠点に関して理解を深める。さらに，事業部制組織の問題点・課題について考察する。

1 組織構造の概念と組織デザイン

❶ 組織構造の概念

　組織構造（organization structure）とは，組織構成員の諸活動に整合性を与える連結様式である[1]。具体的には，分業システムと各活動に時間的・空間的な整合性を与えるためのコミュニケーション・システムが合成されたものである。組織構造は，まず，類型（form, type, pattern）として把握され，次いで，各種組織構造の次元（dimension）を用いて分析されるようになった。

　類型としての組織構造を組織形態（organizational form）という。組織形態は，組織構造の静態的・形式的・解剖学的な表現であり，組織図（organization chart）として示される。

　上述した組織構造の次元とは，組織構造の特質を表す要因のことである。各種の次元の組合せによって組織構造を分析し，その成果を活用してより効果的な組織構造のデザインに寄与することを目的としている。

　組織構造に関する体系的な研究は，アストン研究が端緒とされている[2]。すなわち，アストン研究は，1961年に，イギリスのアストン大学の前身であるバーミンガム工科大学において，ラプトン（Lupton, T.），ピュー（Pugh, D.S.），ヒクソン（Hickson, D.J）らが参加して行われた「組織の比較研究」に端を発している。その後，チャイルド（Child, J.），フィージー（Pheysey, D.）によって，「組織構造」に加えて，「組織過程」などの新たな研究が引き継がれた。

　アストン研究では，多変量因子分析によって，①専門化（組織の活動が特殊化された役割に分割される程度），②標準化（標準的なルールおよび手続きによって作業が処理される程度），③公式化（命令や指示，手続きなどが文書化される程度），④形態特性（組織の役割構造のあり方），⑤集権化（決定を行うための権限が，管理階層のトップに配置されている程度），の5つの構造次元が摘出された。

アストン研究では，組織構造の分析の際に，組織構造とコンテクスト，組織行動と組織構造，組織の国際比較などが行われた。アストン研究の大きな特色は，明確な概念枠組みと研究戦略に基づいて，概念の操作化，データ収集，分析が行われ，広範な組織比較に関する実証研究が行われたことにある。

上述したアストン研究による計量的分析によって，組織構造に関して理論上多面的な進展を遂げる一方で，組織構造と並ぶ重要な研究課題である組織過程（organization process）に関する研究も同時並行的に進展した。

組織過程とは，①意思決定，②リーダーシップ，③コントロール，④統合・調整，⑤コミュニケーション，⑥コンフリクトの解決，⑦業績評価・報酬システム，⑧部門間パワー，などを指す。組織過程は，組織デザインを推進する上で，重要な機能を持っている[3]。

組織構造に関するアストン研究を契機として，組織の形態特性に関する規模について計量的分析が行われたことによって，経営組織論の分野に新たな示唆を与えたといえよう。

アストン研究の他にも，組織構造に関する研究をいくつかみてみよう。マーチ＝サイモン（March, J.G. ＝ Simon, H.A.）［1958］は，組織構造とは，組織における行動パターンの諸局面において，比較的安定的で緩慢にしか変化しない局面のみによって構成されている，と述べている[4]。ちなみに，この安定的で緩慢にしか変化しないというフレーズは，多くの研究者に引き継がれている。

ダフト（Daft, R.L.）［2001］は，組織構造を規定する3つの重要な構成要素について次のように述べている[5]。

① 組織構造は，階層構造の階層数やマネジャーおよび監督者のスパン・オブ・コントロール（Span of Control）など，公式の職制関係を決める。

② 組織構造は，人々を事業部門としてくくり，事業部門を全体の組織へとまとめる。

③ 組織構造には，各事業部門間の有効なコミュニケーションを図り，調整し，活力を確実に統合するためのシステム設計が含まれる。

ダフト［2001］が指摘する組織構造の3つの要素は，組織の垂直方向の関係と水平方向の関係の双方に関わることになる。しかし，垂直方向の関係は，主

として統制のために設計され，水平方向の関係は，調整や協力など通常は統制を減らすことを目的として設計される。

ところで，組織構造は，決して固定されるものではなく，組織目的の変更によって，また環境の変化に伴って変革されなければならない。さらに，組織構造として規定され，それによって関係づけられたそれぞれの職位に配置する人材が得られるかどうかによっても，組織構造は変更を余儀なくされることがある[6]。組織変革については，第8章において独立した章として詳しく考察する。

❷ 組織デザインと設計原則

組織が，目標設定，階層構造管理，ルールによって諸活動を効率的に調整し得るか否かは，その組織内で例外事項がどの程度の頻度で発生するか，また，組織の階層構造がどれだけそれらの例外事項を解決し得る能力を備えているかにかかっている[7]。すなわち，組織デザインは，環境要因を考慮に入れながら，適切な技術およびそれに見合う社会システムを，組織の全体構造との関連で選択しようとするものであり，環境適応の観点から，環境要因，戦略，組織構造，組織過程の多元的な適合（一貫性）を重視している[8]。

ロビンス（Robbins, S.P.）［2005］によれば，組織構造を設計するときに考慮すべき要素として，①職務専門化，②部門化，③指揮命令系統，④管理範囲，⑤集権化，⑥分権化，⑦公式化，の7つの要素を提示した。これらの7つの要素は，組織構造の設計における重要な問題に対する答えを提供している[9]。

ガルブレイス＝ネサンソン（Galbraith, J.R.＝Nathanson, D.A.）［1978］によって提示された組織デザインの諸変数では，図表4-1に示されるように，①組織構造（分業，部門化，形態，パワーの分布），②報酬システム（給与，昇進，リーダーのスタイル，職務設計），③人間（採用・選抜，異動・昇進，訓練・能力開発），④情報および意思決定プロセス（計画と統制，予算，統合メカニズム，業績尺度），⑤課業特性（不確実性，多様性，相互依存性），の5つの変数が提示されている[10]。

次に，組織設計原則についてみてみよう。組織構造の設計原則としての「組織原則」は，主として，管理過程論によって提唱されてきた。合理的な職能構

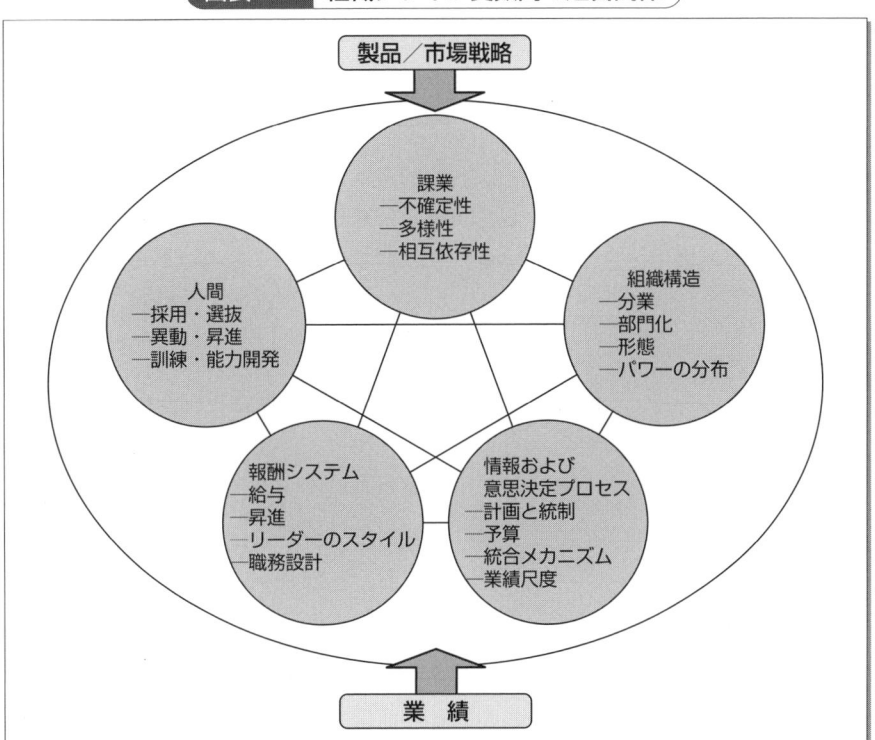

図表4-1　組織デザイン変数間の適合関係

製品／市場戦略

- 課業
  - 不確定性
  - 多様性
  - 相互依存性
- 人間
  - 採用・選抜
  - 異動・昇進
  - 訓練・能力開発
- 組織構造
  - 分業
  - 部門化
  - 形態
  - パワーの分布
- 報酬システム
  - 給与
  - 昇進
  - リーダーのスタイル
  - 職務設計
- 情報および意思決定プロセス
  - 計画と統制
  - 予算
  - 統合メカニズム
  - 業績尺度

業績

（出所）　Galbraith, J.R＝Nathanson, D.A. [1978] 訳書113頁。

造や職務体系を重視する古典的組織論では，組織設計に関する様々な経験則を提示している。例えば，一般的な組織の設計原理として，「命令一元化」に基づく権限・責任の明確なライン組織と，専門化された職能別組織（機能別組織）の効率化を同時に実現しようとしたのがライン・アンド・スタッフ組織である。

　ここでは，組織構造の設計（デザイン）や再考を行う際の前提として適用される組織設計原則について考察する。一般的に，組織構造を規定する設計原則は，管理過程論が提示した次の4つの「組織原則」に規定されることが多い[11]。

① 専門化の原則（specialization）：目的達成のために遂行すべき職能を，各組織構成員が担当する職務に分割し配分する際，できる限り同じ種類の仕事に分割し，各組織構成員が単一の仕事に従事できるようにすることである。

② 権限・責任一致の原則（parity of authority and responsibility）：権限と責任は，職務を仲介とした対応関係にあるので，各組織構成員は職務を遂行する場合，同じ大きさの権限と責任が与えなければならないという原則である。ここで権限とは，職務を遂行するために各組織構成員に認められた力であり，責任とは，各組織構成員がその上位者に負っている職務遂行上の義務である。
③ 命令一元化の原則（unity of command）：組織構成員はすべて，常に1人の上司からのみ指示・命令を受けるべきである，というものである。命令一元化の原則の主な目的は，職務間の関係を規定し，組織の上下関係の秩序を維持することである[12]。
④ 統制範囲の原則（span of control）：1人の経営管理者が直接統制できる部下の数には限定があるというものである。現実に，すべての経営管理者にとって，時間的，空間的，精神的，生理的な限界を完全に克服することは不可能である。統制範囲が広いと有効性が低下し，管理者は各従業員に対してリーダーシップやサポートが困難になり，コミュニケーションの限界があげられる。

上述したように，組織の構造化を推進する設計原則の基礎には，秩序化と専門化というトレード・オフの関係が存在している。具体的には，命令一元化の原則を追求すると，組織における秩序化が実現できるものの，組織単位（organizational unit）である職位（position）や部門（department）において，専門化を推進することができない。また，専門化の原則を徹底すると，効率的な組織運営が可能になるものの，その逆機能として，指揮命令系統が混乱するため，秩序化を追求することは不可能になる。

❸ 組織形態の発展段階モデル

本項では，組織形態の発展段階モデルについて，時系列的な発展プロセスに沿って考察する。組織形態の基本としては，階層に基づく「命令の一元化」を保持するライン組織と，「専門化の原則」に基づいて技術的な効率性を追求する職能別組織（機能別組織）が代表的である。ガルブレイス＝ネサンソン［1978］は，チャンドラー［1962］以来の3段階モデル（単一職能組織，職能部

門制組織，事業部制組織）を踏まえつつ，組織形態の発展段階を提示している。

図表4-2に示されるように[13]，①ライン組織は，「命令一元化の原則」や「統制範囲の原則」に基づいて，垂直的階層分化によって編成された。ライン組織では，先に述べたように，「命令一元化の原則」が厳密に適用されるので，上位者と下位者の関係は極めて明確である。②職能部門制組織（職能別組織，機能別組織）は，専門化の利点をさらに活かすべく，職能別に部門化された組織であり，専門化の原則を適応した組織である。③ライン組織の「命令一元化」の利点と，ファンクショナル組織の専門化の利点をともに活かしたのが，ライン・アンド・スタッフ組織である。④事業部門を組織単位として編成したライン・アンド・スタッフ組織が事業部制組織である[14]。また，職能部門制組織と事業部制組織などを組み合わせ，柔軟性と効率性を同時に追求する組織デザインがマトリックス組織である。マトリックス組織については，第5章で詳しく考察する。

図表4-2　組織形態の発展段階モデル

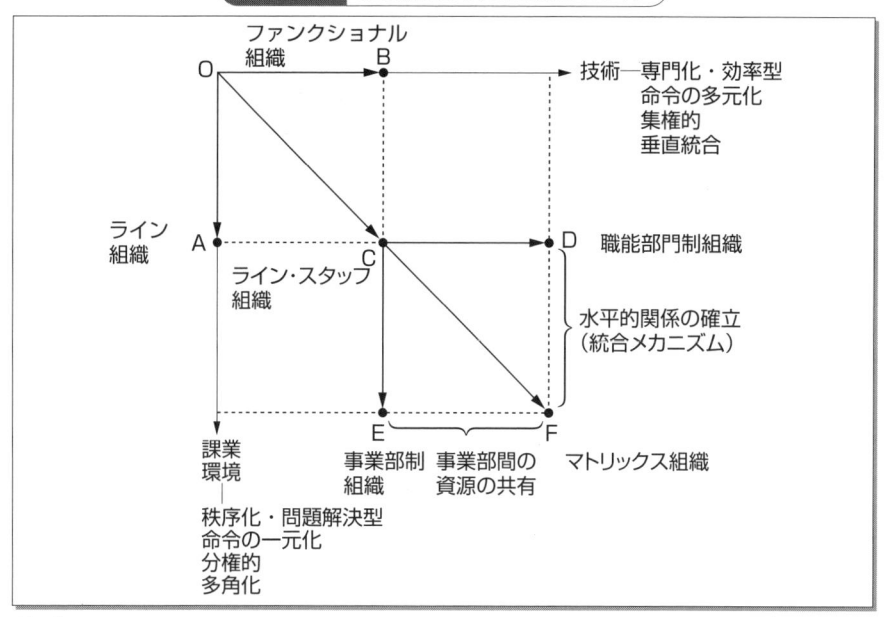

```
                    ファンクショナル
                    組織
         O ─────────── B ──────────── 技術―専門化・効率型
         │╲            │              命令の多元化
         │ ╲           │              集権的
         │  ╲          │              垂直統合
         │   ╲         │
         │    ╲        │
  ライン │     ╲       │
  組織   A ─────C──────D   職能部門制組織
         │  ライン・スタッフ │
         │   組織      │╲      水平関係の確立
         │             │ ╲    （統合メカニズム）
         │             │  ╲
         │             │   ╲
         │             E ───F
         │             事業部制 事業部間の  マトリックス組織
         │             組織    資源の共有
         課業
         環境
         │
         秩序化・問題解決型
         命令の一元化
         分権的
         多角化
```

(出所)　Galbraith,J.R.＝Nathanson,D.A. [1978] 訳書193頁（訳者あとがき），岸田民樹 [2006] 146頁。

ところで、図表4-2のヨコ軸は、専門化・効率化の度合いを示している。これは科学的管理法のテイラーの職能別職長制度に起源をもつ組織形態であり、専門化による水平的分業（職能分化）を中心原理とするものである。タテ軸は、秩序化・問題解決の度合いを示している。単一の指揮命令系統によって結ばれている組織形態であり、「命令一元化」が維持される。このように、ガルブレイス＝ネサンソン［1978］の経営組織の発展段階モデルは、職能および管理階層の分化と自立の進展によって、組織形態が発展することを示している[15]。

2 経営組織の基本概念

❶ ラインとスタッフ

組織構造、組織形態を考えるとき、ラインとスタッフについて正確に理解しておく必要がある。すでに本書においても、定義をせずにラインとスタッフという用語を何度か用いてきたが、一般に、それぞれの用語は、職能と部門の双方を混同して使われることが多い。

ラインとは、ライン職能（line function）とライン部門（line department）を意味する。ライン職能とは、企業目的の達成に直接の責任を負う職能であり、執行機能（executive function）とも呼ばれる[16]。ライン職能は、上司・部下間の指揮命令の関係、すなわちライン権限関係を含意し、管理職能と同義とみなされることがある。他方、ライン職能は、上述したように、企業目的の達成に直接の責任を負う職能であり、業種などによってその構成が異なる。例えば、製造業のライン職能としては、調達・製造・販売・物流などがあげられる。流通業のライン職能としては、仕入・販売・物流などが含まれる。また、金融業のライン職能としては、預金・貸出などがあげられる。ライン部門は、これらのライン職能を遂行する部門のことである。

スタッフとは、スタッフ職能（staff function）とスタッフ部門（staff department）を意味する。スタッフ職能は、上述したライン職能に対応する概念であ

り，ラインが最も有効にその職能を達成できるように，助言やサービスを通じて補佐・支援・促進する職能である[17]。発生的には，職能的進化を通して，ライン職能から生成・分化した職能であるといわれる。補佐・支援・促進するライン職能に応じて，スタッフの種類や類型は多様である。例えば，経営管理全般を担当するライン（経営者，経営職能）を補佐・支援・促進するスタッフは，ゼネラル・スタッフと呼ばれ，さらに計画スタッフと統制スタッフに大別される。会計・品質・法務などの専門的な分野でライン（経営者，経営職能）を補佐・支援・促進するスタッフはスペシャル・スタッフと呼ばれる。

　ライン部門は直接部門，スタッフ部門は間接部門といわれることもある。しかし，直接部門と間接部門の区分は，相対的なものであり，時代によって，業種によってその区分は変動する。例えば，従来，間接部門といわれてきた調達部門や物流部門は，ロジスティクスの重要性が認識されるに伴って，今日では，ほとんどの業種で直接部門として扱われることが多い。

❷ 集権と分権

　組織形態を考察するとき，集権，分権，権限の委譲について理解しておく必要がある。集権（centralization）と分権（decentralization）は，組織における意思決定が行われる階層の高さによって区分される相対的な概念である。

　すなわち，図表4-3に示されるように[18]，集権とは，経営管理に関する権限を経営組織の上位に集中して，経営管理の統一性・整合性を確保することを目

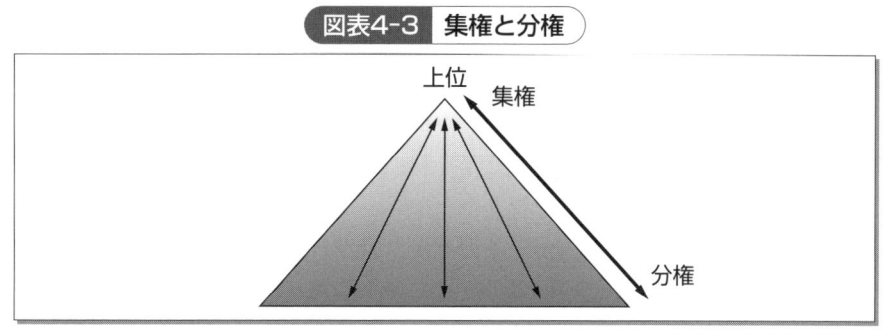

図表4-3　集権と分権

（出所）　岸川善光［2002］155頁。

的としている。集権型組織の典型的な事例としては，1人の経営者に経営管理上のすべての権限を集中したいわゆるワン・マン組織があげられる。

他方，分権は，経営管理の権限を経営組織の下位に分散して，現場に密着した経営活動を目的とする。分権型組織は，現場の状況に即応した弾力的で迅速な意思決定および行動を実現することがその主な目的である。分権化によって，意思決定の権限が下位の階層に委譲されるので，トップ・マネジメントは業務的意思決定から解放され，戦略的意思決定に専念できるようになる。下位の経営管理者にとっても，経営管理者として幅広い経験を積むことができるなどの利点がある。

ところが，現実には，この集権と分権はあくまでも相対的な区分である。例えば，すべての権限をトップに集中すれば，分業は成立しない。逆に，すべての権限を分散すれば，組織は解体する。したがって，集権も分権も，具体的にはどの組織階層に，どのような経営管理上の意思決定の権限を付与するか，という程度の問題に帰着する。

権限の移譲（delegation of authority）とは，経営管理者がその担当する職務の一部を権限とともに部下に付与することである。部下は委譲された職務を自らの判断で遂行することができるものの，委譲した上司に対して，報告義務という責任を負わねばならない。権限を委譲した上司は，委譲した職務に全く関わりを持たなくなるのではなく，委譲した権限を部下が職務遂行上適切に行使しているかどうかを監督するという責任が残る。

権限の委譲によって，経営管理者は日常的な業務的意思決定から解放され，本来期待されている戦略的意思決定に専念でき，部下も従来と比較して幅広い経験を積むことができるなど，権限の移譲には多くの利点がある。

ところで，分権型組織とは，組織の下位階層に権限の移譲がなされた組織のことである。典型的な分権型組織としては，事業部制組織があげられる。日本的な事業部制組織の曖昧さを打破するために，近年では，カンパニー制や分社化など，さらなる分権型組織が次々に考案され試行されている。本章において事業部制組織，第5章においてカンパニー制，分社化について考察する。

第4章　経営組織の基本形態

❸　経営組織の発展段階モデル

　第8章で詳しく考察するが，ある組織を一定の望ましい状況に移行させることを組織変革といい，組織変革のための計画的介入のことを組織開発という。どのような場合に組織変革が必要になるのであろうか。

　チャンドラー［1962］によれば，事業が成長すると，組織プランを作成したり，見直したりすることは避けられない。事業が成長してそれに伴って組織を改編しないと，非効率が生じるだけである。すなわち，地理的市場，職能，製品ラインの拡大によって新たなマネジメント課題が持ち上がっても，それに応

図表4-4　経営組織の発展段階モデル

```
                        単純組織
                           │
                      規模の成長
                           ↓
      無関連事業への多角化  単一職能組織  垂直統合
         ┌────────────────┼────────────────┐
         ↓        関連事業への多角化        ↓
      持株会社      内部成長              集権的
         ↑         ↓                    職能部門制組織
         │  内部成長の強化                  ↑
         │  無関連事業の吸収  事業部制      │ 規模の経済性
         └──────────── 組　織 ────────────┘
                      ↑   関連事業への多角化
                      │
         ┌────────────┼────────────┐
         ↓            ↓            ↓
      世界的                      世界的
      持株会社                    職能部門制組織
         ↑                          ↑
         │ 内部成長の強化             │ 関連事業への多角化
         │ 無関連事業の吸収           │ 規模の経済性
         └──────── 世界的 ──────────┘
                  多国籍企業
```

　　　　　──▶　新しい組織構造をもたらす戦略
　　　　　──▶　合衆国の企業にとって支配的な発展経路

（出所）　Galbraith, J.R＝Nathanson, D.A.［1978］訳書139頁。

えるために新たな組織を設計できなければ、技術、資本、人材などの面で規模の経済は実現できない[19]。組織を設計することは、その組織の顧客や競争相手などの環境や市場に対して組織を適合させることである。

ガルブレイス＝ネサンソン［1978］は、図表4-4に示されるように[20]、経営組織の発展段階を、単純組織から単一職能組織への発展（第一段階）、単一職能組織から集権的職能部門制組織、事業部制組織、持株会社への発展（第二段階）、集権的職能部門制組織、事業部制組織、持株会社から世界的職能別組織、世界的株式会社、世界的多国籍企業への発展（第三段階）、の3つの段階に区分した。

多くの経営組織の発展モデルのレビューに基づいて展開されたガルブレイス＝ネサンソン［1978］の発展モデルは、ある段階から次の段階に発展する組織構造の変化について、新しい経営戦略の採用によって導かれること、そして、質的に異なる組織構造が生み出されることを示している。経営組織の発展は、経営戦略に従って組織構造が変わるとともに、組織構造が戦略を変えることもある。そのため環境−経営戦略−組織の適合を踏まえた組織構造を創出することが組織変革の大きな課題であろう。組織変革や組織開発については、第8章において詳しく考察する。

3 ライン組織

❶ ライン組織の概念

ライン組織は、管理過程論の始祖ファヨール［1916］などによって提唱された組織形態である。ライン組織は、図表4-5に示されるように[21]、トップ・マネジメントから最下層の作業者まで、単一の指揮命令系統と階層化に基づいた垂直分業を中心原理としている。ライン組織では、「命令一元化の原則」が厳密に適用されるので、上位者と下位者の関係は極めて明確である。このことから、ライン組織は別名、直系組織とか軍隊式組織といわれることもある。

ライン組織では、命令系統および権限・責任関係が明確であるため、上位者

図表4-5　ライン組織

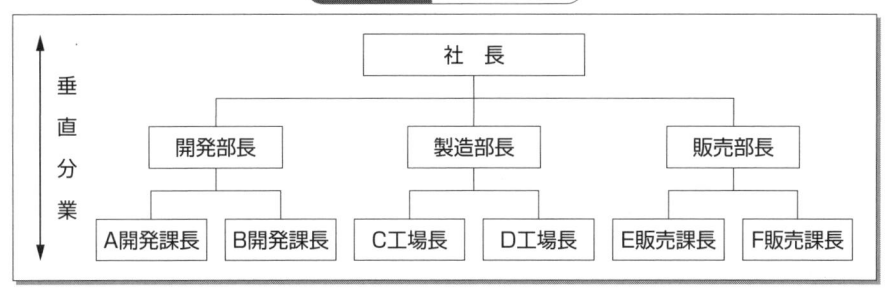

```
              社　長
     ┌─────────┼─────────┐
   開発部長      製造部長      販売部長
   ┌──┴──┐   ┌──┴──┐   ┌──┴──┐
A開発課長 B開発課長 C工場長 D工場長 E販売課長 F販売課長
```

（垂直分業）

（出所）　大月博司＝高橋正泰［2003］30頁。

の意思が末端まで容易に浸透する。したがって，トップ・マネジメントの強力なリーダーシップのもとに，全体統一的な行動を迅速にとることができる。

　しかし，組織規模の拡大に伴って，上位者は多種多様な経験と能力を要求されるようになり，その負担が過重となるため，結果として経営管理が十分に行えなくなる。また，上下関係のみを重視するので，水平的な連携を必要とする職務の遂行に弊害を生じることが多い[22]。

　そこで，権限・責任・義務の分化，つまり，下位組織への権限委譲が行われることになる。一般的に，ライン組織の基本的な職能（機能）としては，生産・販売・財務・調達などがあげられ，企業目的を達成するために必要不可欠な経営活動プロセスを包含している。

❷ ライン組織の特性

　ライン組織は，次の5つの特性を有している。

　第一に，ライン組織では，「命令一元化の原則」によって，指揮命令系統および権限・責任関係は極めて明確である。したがって，このような特性を持つ集団，例えば，軍隊組織や宗教組織などは，組織の形態としてライン組織を採ることが多い。

　第二に，ライン組織は，「命令一元化の原則」に準拠することによって「専門化の原則」が疎かになりやすい。

　第三に，組織構造が単純で管理費用が安く，規律・秩序の維持が容易になる，

という特徴がある。

　第四に，組織の内外で発生する環境変化に対して，迅速な意思決定やリーダーシップの発揮が容易でないこと，すなわち，どんなに有能なリーダーでも，「統制範囲の原則」という制約があるので，単独でメンバーを管理することは容易でない[23]。

　第五に，ライン組織におけるコミュニケーションは，経営活動の遂行に関する包括的な決定・命令（ライン権限）が主体になる。つまり，公式の水平的なコミュニケーション・チャネルが不明確であるため，トラブルが生じやすい。

❸ ライン組織の問題点・課題

　先述したように，ライン組織は，「命令一元化の原則」に準拠することによって「専門化の原則」が疎かになりやすい。他方，後述する職能別組織（機能別組織）は「専門化の原則」に準拠することによって「命令一元化の原則」が疎かになりやすい。組織の規模が拡大し，その活動自体も複雑化すると，組織目的を効果的に達成する組織形態として，ライン組織も職能別組織（機能別組織）も，それだけでは不適切となることが多い。そこで，ライン組織と職能別組織（機能別組織）の欠点を克服し，両者の利点を生かすために考案された組織形態がライン・アンド・スタッフ組織（line and staff organization）である[24]。

　先述したように，スタッフとは，ラインに対応する概念である。ライン職能が企業目的の達成に直接の責任を負う職能であるのに対して，スタッフ職能は，ラインがもっとも効果的にその職能を達成できるように，助言やサービスを通じて，ラインを補佐し支援を担う職能である。スタッフの種類は，ゼネラル・スタッフ，パーソナル・スタッフなど多様である。ラインの長は司令官，スタッフは参謀と位置づけられることが多い。したがって，ライン・アンド・スタッフ組織は，直系参謀組織と邦訳されることもある。

　ライン・アンド・スタッフ組織は，図表4-6に示されるように[25]，組織形態としては，フォーマルな命令権限をもち，企業目的の達成に直接の責任をもつラインと，助言やサービスを通じてトップ・マネジメントやライン管理者を補佐し支援を行うスタッフの混合組織である。

第4章 経営組織の基本形態

図表4-6　ライン・アンド・スタッフ組織

```
                    トップ・マネジメント ←──助言──┐
                            │                    │
                            │         ┌──────────┴─┐
                      助言   │         │ スタッフ部門 │
                   ┌────────┼─────────┴──┬─────────┘
                   ↓        │ (ライン)    ↓  (ライン)
              ┌────────┐ ┌────────┐ ┌────────┐
              │ 開発部長 │ │ 製造部長 │ │ 販売部長 │
              └───┬────┘ └───┬────┘ └───┬────┘
              ┌───┴───┐  ┌───┴───┐  ┌───┴───┐
         ┌────┴┐ ┌───┴┐ ┌┴──┐┌──┴┐ ┌┴───┐┌──┴─┐
         │A開発 ││B開発│ │C工││D工│ │E販売││F販売│
         │課長  ││課長 │ │場長││場長│ │課長 ││課長 │
         └─────┘└────┘ └───┘└───┘ └────┘└────┘
```

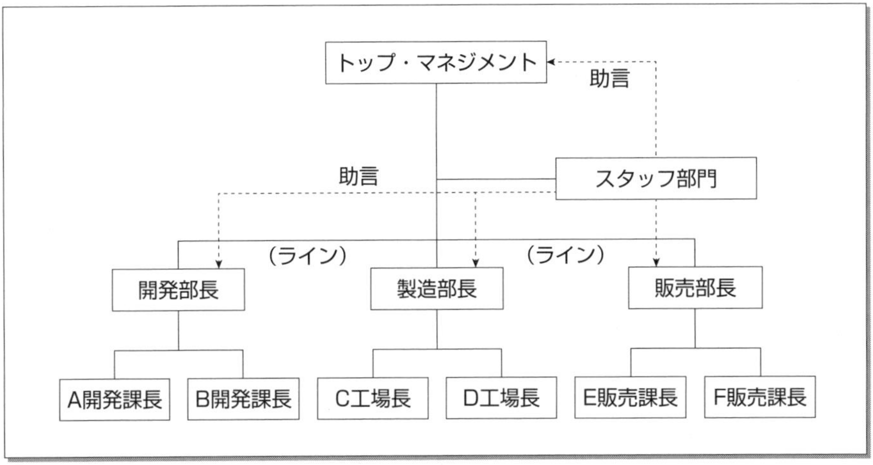

（出所）　佐久間信夫＝坪井順一［2005］33頁に基づいて筆者が一部修正。

　ライン・アンド・スタッフ組織では，通常ラインは，明確に命令系統の上に位置づけられて，フォーマルな命令権限をもつが，スタッフは専門的見地からライン管理者に助言・勧告をなすにとどまり，スタッフの職位は単に専門的な指示権限を持つに過ぎないといわれることが多い。しかし，近年では，ビジョンや経営戦略の策定などスタッフ職能のレベルによって企業行動が大きく左右されるようになりつつあることも事実である。経営大学院（ビジネススクール）でMBA（経営学修士）を取得した多くの若者がスタッフ職能を担うようになりつつあるので，ラインとスタッフの関係は今後相互に洗練化されると思われる。

　ライン・アンド・スタッフ組織は，歴史的にはプロイセンの参謀本部制あるいは幕僚制にその起源があるといわれており，経営組織への導入は，エマーソン（Emerson, H.）によってその導入が提唱されたとされている。GMの製造部門の子会社，デュポン，ペンシルベニア鉄道などが，ライン・アンド・スタッフ組織を初期に取り入れた。ライン・アンド・スタッフ組織が一般化したのは，この組織構造を取り入れると，現場に権限や責任を委譲しやすいからである。例えば，本社から現場（工場，支社など）への指揮命令や情報が十分に届かなければ，現場のマネジャーは自部門の業績に責任を負えないため，実に多くの

事項について本社に判断を仰ぐ必要が生じる[26]。管理者と部下との関係において，直接的な責任のある管理職位と職能上の責任を持つ部門の管理職位の関係をいかに規制・調整するかは，組織デザイン上の重要な課題の一つである。

4 職能別組織（機能的組織）

❶ 職能別組織（機能的組織）の概念

職能別組織（機能別組織）（functional organization）は，科学的管理法を提唱したテイラー［1903］によって考案された職能的職長制度（functional foremanship）を起源としている組織形態である。

職能別組織（機能別組織）は，図表4-7に示されるように[27]，広報，財務，

図表4-7　職能別組織（機能別組織）

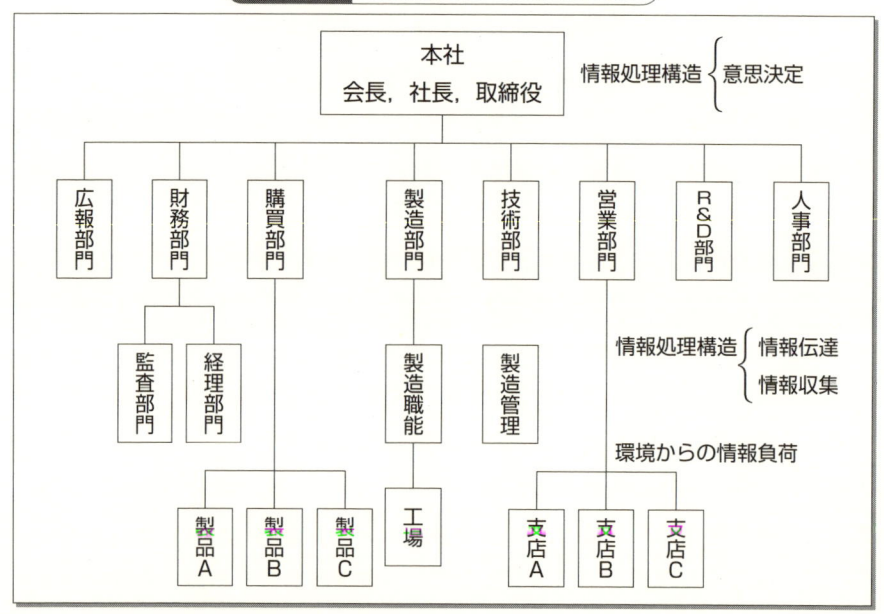

```
                本社
            会長，社長，取締役         情報処理構造 { 意思決定

   ┌──┬──┬──┬──┬──┬──┬──┐
  広報 財務 購買 製造 技術 営業 R&D 人事
  部門 部門 部門 部門 部門 部門 部門 部門
        │    │    │         │
     ┌──┤    │    ├──┐   
     監査 経理 │   製造 製造
     部門 部門 │   職能 管理       情報処理構造 { 情報伝達
              │                                  情報収集
         ┌──┼──┐  │
         製品 製品 製品 工場    環境からの情報負荷
          A    B    C           ┌──┼──┐
                               支店 支店 支店
                                A    B    C
```

（出所）　鵜野好文＝井上正［2006］141-142頁を筆者が一部加筆。

製造，販売，人事など，同種の専門的な知識を必要とする組織部門を職能別に専門化し，各職能部門が自己の職能領域について全面的に責任をもつ組織形態である。組織設計原理の内，「専門化の原則」を軸とした組織構造である。

グロホラ（Grochla, E.）[1977]は，職能別組織（機能別組織）では，指示が集中され，それゆえ，管理関係は通常直系システムによって構成される。つまり，下位の階層での決定権限が比較的少なく，命令権および責任の範囲および情報の伝達が明確に制限される。さらに，職能別に専門化された部門間における指向性の違いが，垂直的，水平的調整および全体のコンセンサスを得ることを妨げている，と指摘している[28]。そして，行動主体の多くを特定の職能へ集中させることは，比較的容易に，標準化・定型化・計画化に対する志向の容易さの裏付けとなる，と述べている。

❷ 職能別組織（機能的組織）の特性

職能別組織（機能別組織）の特性は，主に次の6つにまとめることができる。

第一に，職能ごとに専門化されているため，各部門は専門的な知識や情報の収集および職能的な専門家の養成が容易である。いわゆる専門化の利益が得られる。

第二に，生産や販売を一括して各々の部門で行うので，例えば，1つの工場で各種の製品を生産する場合，機械設備や人員を最大限に利用することが可能になり，共通費の節約によって，規模の経済が得られる。

第三に，各職能部門間の調整は，トップ・マネジメントが行なわなければならないので，中央集権的な管理が行なわれることになる。

第四に，各職能部門内での専門化が進むとセクショナリズムが生じ，職能部門間の調整が困難になる。また，職能別組織（機能別組織）では，事業の業績評価の尺度が得にくいので，このため各製品の損益に対する責任が曖昧になる。

第五に，各職能部門間の調整の必要性が多くなり，そのためトップ・マネジメントの責任は過重となり，調整コストが高くなる。

第六に，職能的な専門家は養成されても，各職能を統合して企業経営を行う全般的な視野を持ったゼネラリストを育成することが難しい[29]。

上述したように，職能別組織（機能別組織）は，各職能部門が自己の職能領域について全面的に責任をもつ組織形態であり，組織設計原理の内，「専門化の原則」を軸とした組織構造であるので，独特の組織特性を有することが分かる。そして，各職能のパフォーマンス（業績）を評価する基準はそれぞれに異なっているため，各部門は，企業全体の目標よりも，自分の部門の目標を優先し，どの部門がどの程度収益に貢献しているのか，あるいは足を引っ張っているのかを評価することが難しいのが現状である。また，各職能部門の人間は，それぞれ特定の仕事を専門的に行っているため，各部門で独自の考え方や行動範囲などの下位文化が形成され，そうした文化の違いが，お互いのコミュニケーションを一層困難にし，コンフリクトを助長してしまうのである[30]。

　つまり，コミュニケーションが制限され，権限が厳密に限定され，しかも，指向性が様々に異なると，一般に硬直性が強まり，フレキシビリティ（適応性・柔軟性）がなくなってくる。組織文化については，第7章で詳しく考察する。

❸ 職能別組織（機能的組織）の問題点・課題

　上述したように，職能別組織（機能別組織）は，専門化に基づいた組織編成を行っているので，ラインの指揮命令系統が錯綜しやすく，「専門化の原則」を追求するあまりに経営全般が見えないという大きな問題がある。つまり，「木を見て森を見ず」になりがちである。

　すなわち，職能別組織（機能的組織）は，典型的な集権型組織で，自主性と自律性を発揮ができにくい組織形態であるので，それを克服するために，先述したライン・アンド・スタッフ組織を採用する企業が多かった。これらを踏まえて，この節では，職能別組織（機能別組織）の問題点・課題について考察する。

　職能別組織（機能的組織）は，トップ・マネジメントが各職能部門（人事，総務，経理，購買，生産，販売など）を統括し，意思決定の権限が集中している集権的な組織形態のことである[31]。つまり，職能別組織（機能別組織）は，トップ・マネジメントのすぐ下位に，職能別に分割された部門が配置されている組織形態である。

　単純な職能別組織（機能的組織）は，製品数が少なく，しかも変化の少ない

第4章 経営組織の基本形態

市場を対象とする中小規模企業において可能な形態であり，また，そのような企業に適した組織である。しかし，企業規模が拡大し，製造品目が多様化し，市場が活気付くにつれ，外部的な関連要素に左右される複雑さが，職能別ライン・アンド・スタッフ組織への移行を必然的なものとした。

すなわち，職能別ライン・アンド・スタッフ組織においては，調整能力がより一層高まり，かつ意思決定の質もより改善されるが，多角化・多様化の程度が臨界点に発したとき，職能別スタッフないしはスペシャリスの潜在的知識が多様な製品の異質性のゆえに，その限界に達し，そのために職能別専門化の利点が失われる[32]。

もう一つは，「統制範囲の原則」に関する問題点・課題である。すでに述べたように，この原則は，部下の統制効率と組織全体の意思決定効率の両面にまたがる原則である。分業ないし課業の専門化を通じて組織は，タテ割りに構成され，「命令一元化」を保持するため，組織は階層化され，階層ごとに権限が付与されていく。このようにして構成される階層組織において，情報伝達の効率性を高めるには，いわゆるヨコのつながりが重要であると主張したのが，管理過程論の始祖ファヨールである[33]。

図表4-8に示されるように[34]，このヨコの連絡をファヨールは，階層組織における「架け橋」と呼び，階層組織の原則として強調する。ところが，統制効率の視点から部下の人数に制限が設けられるため，この原則に従う組織がその規模を拡大しようとするとき，階層数を増加させざるをえなくなる[35]。

この場合，職能別に特化した管理者や，同じように，最高経営者にも調整業

図表4-8　ファヨールの「架け橋」

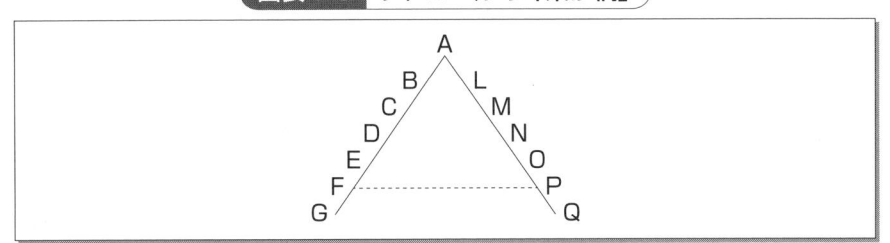

(出所) Fayol, H. [1916/1979] 訳書57頁。

務で負担をかける危険性を発生することになる。経営者の負担は，さらに，長期的，中期的，短期的な問題を含んだ決定が大幅に集中されると大きくなる[36]。

現在でも，外部の環境が安定している場合や，単一製品の生産にのみを行う場合，比較的企業規模が小さい場合は職能別組織（機能別組織）を採用する場合もある。しかし，近年では，外部環境の複雑化や企業規模の拡大化などによって，採用する企業は減少傾向にある。こうした状況を打破するには，後述する事業部制組織などの新たな組織のデザインが必要になる。

5 事業部制組織

❶ 事業部制組織の概念

上で，基本的な組織形態として，①ライン組織，②ライン・アンド・スタッ

図表4-9　製品別事業部制組織

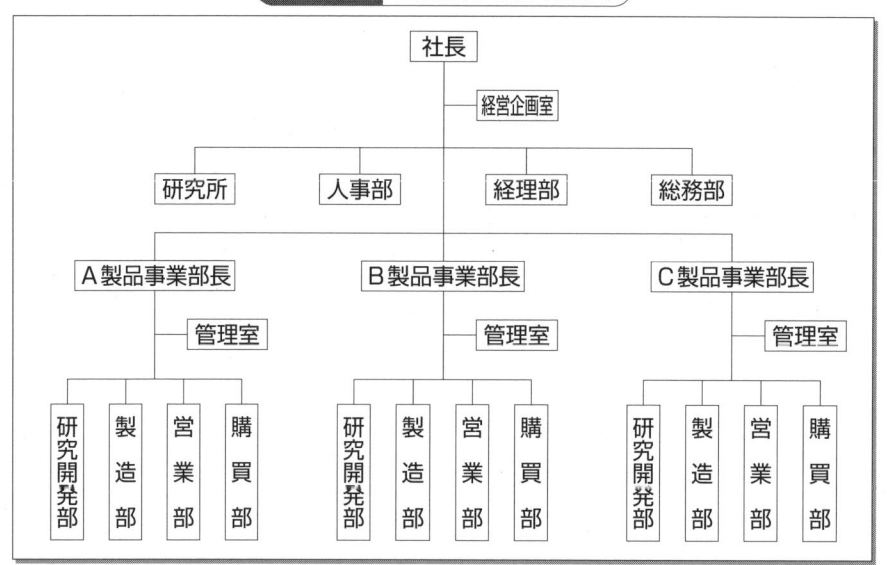

(出所)　岸川善光 [1999] 133頁。

プ組織，③職能別組織（機能別組織），の3つについて考察した。これらはいずれも，権限・責任という観点からみると，権限をトップ・マネジメントに集中した集権型組織である。

これから考察する事業部制組織は，例えば，日米のエレクトロニクス企業の雄である松下電器産業（現：Panasonic），GEについてみてみると，1930年代に，ほぼ同じ頃，松下電器，GEともに事業部制組織が導入されている。日米のエレクトロニクス産業で，なぜ，事業部制組織が同じ頃導入されたのか，それは，製品の多様性，市場の多様性，地域の多様性に対して，従来のライン組織や職能別組織（機能別組織）では対応できなかったのである。そこで生まれたのが，事業部制組織であるといえよう。

事業部制組織（divisional organization）は，上述したように，分権型組織の典型である。すなわち，特定の事業を組織単位として，事業ごとに利益責任を持たせた組織のことである[37]。

事業部制組織は，特定の事業を組織単位とするので，特定の事業単位として，図表4-9に示されるように[38]，製品，市場，地域のいずれを機軸にするかによって，①製品別事業部，②市場別事業部，③地域別事業部の3つに分類することができる。

事業部制組織は，前述した職能別組織（機能別組織）とは逆に，プロフィット・センター（利益責任単位）として運営され，分権化が行われることの結果として，トップ・マネジメントの負担の過大を解消し，調整・統制を容易にし，重要な意思決定に力を集中できること，企業の多角化，新製品の開発，将来の幹部の養成が容易になるなど多くの利点がある[39]。

しかし，事業部制組織は，部門間における経営資源の重複や二重投資が生じる危険性を包含している。また，事業部制組織では，事業部ごとに利益責任が課せられるため，短期的な意思決定が行われやすく，長期的な視野でのマネジメントが困難になる。わが国では，1933年に松下電器産業（現：Panasonic）が初めて事業部制組織を導入して以来，多くの企業が次々と事業部制を導入し，現在では，分権的組織の典型であると一般的に認識されている[40]。

しかし，日本の事業部制組織は，米国のデュポンやGMの事業部制と比較す

ると，やや集権的で職能別組織（機能別組織）の側面が強く，「規模の経済」を得られやすいように，関連多角化戦略を踏襲しているという点で，米国の事業部制組織とは一線を画しているといえよう。

ここで，事業部制組織の発祥にまで遡ってみよう。事業部制組織は，1920年代のデュポンにまで遡ることができる。火薬メーカーであったデュポンは余剰人員・設備を利用し，化学製品分野に進出するために，事業部制組織を導入したことで知られている。また，GMも持株会社から事業部制組織へと移行した。GMの場合，キャデラック，シボレーなど，車種ごとの事業部制をとり，すべての顧客の「財布」にあう「フルライン戦略」の基盤となった。このことによって，ライバルであったフォードに大きく差をつけた。まさに組織戦略の勝利であったといえよう。

❷ 事業部制組織の特性

上述したように，事業部制組織は，トップ・マネジメント，本社スタッフ部門，各事業部という3要素によって構成される。各事業部は，生産・営業・研究開発などの組織単位によって構成される。つまり，事業部制組織では，生産から販売に至る一連のバリュー・チェーンに関して責任が課せられるため，各事業部において自律性・自主性が向上するとともに，経営感覚が養われるという特徴を持つ。

事業部制組織の特性として，主に，以下の3つがあげられる[41]。

第一に，事業部制組織は，事業ごとに利益責任を持たせた組織であるので，事業部がそのまま独立採算単位，利益責任単位（プロフィット・センター）になる。このことは，事業部長はトップ・マネジメントに対して直接に利益責任を負うということを意味する。

第二に，経営者の育成が容易になる。事業部はいわば「企業内企業」のような位置付けになるので，事業部長は事業部の経営管理について大幅な自由裁量権が与えられる。

第三に，事業部組織では，上でみた利益責任を負うことに関連して，事業部で必要とする経営資源の蓄積・配分の責任も負うことになる。もしも既存の経

第4章 経営組織の基本形態

図表4-10 5つの組織形態とその特徴

特徴＼タイプ	単純組織 (S)	職能部門制組織 (F)	持株会社 (H)	事業部制組織 (M)	世界的多国籍企業 (G)
戦略	単一製品	単一製品と垂直統合	無関連事業の吸収	関連のある製品ラインへの多角化，内部成長	多国籍への多製品
単位間および市場の関連性	→□→	(職能フロー→市場)	(複数事業→市場，市場)	(複数事業↔市場，市場)	(複数事業↔市場，市場，市場)
組織構造	単純な職能制	集権的職能制	製品事業部についての利益センター，小規模な本社	分権的な製品（地域）事業部の利益センター	世界的な製品（地域）事業部の分権的利益センター
研究開発（R&D）	制度化されていないランダムな探索	製品・プロセスの改良について制度化	新製品・製品改良への探索が制度化，事業部に分権化	左に同じ。ただし集権的指針	左に同じ。ただし専門的知識のまわりに集権化・分権化
業績測定	人格的接触，主観的	生産性，コストについて非人格的評価，なお主観的	投資収益，利益性に基づく非人格的評価	左に同じ。ただし全体に対する貢献の主観的評価	非人格的，製品別，国別の投資収益，利潤などの多様な目標
報酬	忠誠心に基づく，非体系的，温情主義的	生産性，生産量という成果との結びつき	投資収益，収益性に基づく，定式的ボーナス，株式報酬	利潤に基づくボーナス，左より主観的。現金報酬	多様な目標に基づくボーナス，より裁量的，現金報酬
キャリア	単一職能のスペシャリスト	職能スペシャリスト，若干のゼネラリスト的傾向，職能間の移動	職能間のキャリア，ただし事業部内	職能間，事業部間，および本社―事業部間の異動	事業部間，子会社間，子会社／本社間の異動
リーダーのスタイルと統制	トップが業務決定，戦略決定を人格的に統制	トップが戦略決定，計画および手続きを通じて業務決定を一部委譲	事業部内の戦略的・業務的決定を殆んど委譲，結果，経営者の選抜，資金割当による間接的統制	結果による間接的統制を通じて業務を委譲，既存の事業内で戦略の一部を委譲	計画，結果に基づく間接的統制を通じて業務を委譲。ある国，および既存の事業内で戦略の一部を委譲，ある種の政治的譲歩
戦略的選択	所有者の要求vs.企業の要求	統合の程度，市場占有率，製品ラインの広さ	多角化の程度，事業のタイプ，吸収目標，事業への参入と退出	事業ごとの資源配分，事業への参入・退出，成長率	事業・国による資源配分，事業・国への参入・退出，所有権および国家の介入の程度

（出所）Galbraith, J.R.＝Nathanson, D.A.［1978］訳書142頁を筆者が一部修正。

営資源だけで事業部の利益責任を果たせないような場合，一部トップ・マネジメントの支援を受けつつも，事業単位の提携やＭ＆Ａなどによって，迅速に経営資源の蓄積・配分を行うなど，経営資源の蓄積・配分のスピードが早くなることが期待される。

　そして，分権化が進んだ事業部制組織では，継続的に好業績をあげているインベストメント・センターを分社化し，その株式を公開することによって「創業者利得」を享受することも可能となる。要するに，分権化が進んだ事業部では，各事業部の独立性が高まることによって，本社としてはあたかも信託銀行のように金融面から事業部をコントロールするようになる。その最も進化した形態が「純枠持株会社」である[42]。

❸ 事業部制組織の問題点・課題

　事業部制組織は，前述したように，分権型組織に特有の様々な特性を有している組織形態の一つである。

　岸川善光［1999］は，事業部制組織の問題点・課題について，①経営資源の重複，②意思決定の近視眼化，③全社的意思決定との非整合性，の３つを提示している[43]。その主な要点をまとめてみると，経営資源の蓄積・配分における迅速さの利点が，往々にして経営資源の重複になることや，事業部中心の短期的な意思決定が多くなることがあげられる。具体的には，関連する事業部間にまたがるような新しい製品開発が疎かになったり，自己の事業部で取り扱っている製品のライフサイクルに対する判断が甘くなったりする。また，事業部制組織は分権型組織の典型であるので，すべての機能が事業部に委ねられることになる。現実に，「課あって部なし，部あって事業部なし，事業部あって本社なし」という揶揄さえみられることがある。

　事業部制組織に限らず，どの組織形態でも，どの国にも，どの業種にも，どの組織規模にも，すべてに適合するほど普遍性を有しているわけではない。図表4-10に示されるように[44]，それぞれの組織形態には，それぞれ明確な特徴がある。

　図表4-10のガルブレイス＝ネサンソン［1978］の５つの組織形態とその特徴

は，図表4-4のガルブレイス＝ネサンソン［1978］の経営組織の発展段階モデルと対応している。例えば，事業部制組織の問題点・課題を検討する場合，経営組織の発展段階や組織形態ごとの特徴を正確に理解し，利点・欠点をしっかりと見極めることが必要不可欠である。ワン・ベスト・ウェイの組織など，この世にはあり得ないのである。

---

1) 森本三男［2006］50頁。
2) アストン研究については，岸田民樹［1999］8頁（神戸大学大学院経営学研究科［1999］，所収），森本三男［2006］50-51頁などの先行研究を参照した。
3) Hickson, D.J.＝Pheysey, D.［1969］pp.378-397. なお，Hickson, D.J.＝Pheysey, D.［1969］は，アストン研究をバーミンガム工科大学の時代から主導したラプトン（Lapton, T.），ピュー（Pugh, D.S.）がアストン大学を去った後，アストン・マネジメントセンターが設立され，「組織過程」など新たな研究に着手したアストン研究の後継者である。
4) March, J.G.＝Simon, H.A.［1958］訳書259頁。
5) Daft, R.L.［2001］訳書54頁。
6) 飯野春樹編［1979］126頁。
7) Galbraith, J.R.［1973］訳書24頁。
8) 岸田民樹編［2005］121頁。
9) Robbins, S.P.［2005］訳書285頁。
10) Galbraith, J.R.＝Nathanson, D.A.［1978］訳書113頁（訳者あとがき），岸田民樹［2006］146頁。
11) 岸川善光［1999］126-127頁。
12) Robbins, S.P.［2005］訳書286-291頁を参照した。
13) Galbraith, J.R.＝Nathanson, D.A.［1978］訳書139頁。
14) 岸田民樹＝田中政光［2009］214-215頁。
15) 岸田民樹編［2005］28頁。
16) ラインについては，神戸大学大学院経営学研究室編［1999］の該当箇所を援用した。
17) スタッフについては，神戸大学大学院経営学研究室編［1999］の該当箇所を援用した。
18) 岸川善光［2002］155頁。
19) Chandler, A.D.Jr.［1962］訳書16,20頁。
20) Galbraith, J.R.＝Nathanson, D.A.［1978］訳書127, 139-140頁。
21) 大月博司＝高橋正泰［2003］30頁。
22) 岸川善光［1999］127-128頁。
23) 山倉健嗣＝岸田民樹＝田中政光［2001］36頁，小河光生［2001］261頁。
24) 岸川善光［1999］129頁。
25) 佐久間信夫＝坪井順一編［2005］33頁に基づいて筆者が一部修正。
26) Chandler, A.D.Jr.［1962］訳書364-365頁。
27) 鵜野正文＝井上正［2006］141-142頁。
28) Grochla, E.［1977］訳書198頁。

29) 岸田民樹編 [2005] 297頁および松本芳男 [2006] 124頁を参照した。
30) 松本芳男 [2006] 123頁。
31) 百瀬恵夫＝梶原豊編 [2002] 74頁。
32) Grochla, E. [1977] 訳書207頁。
33) 塩次喜代明＝高橋信夫＝小林敏男 [1999] 68-69頁。
34) Fayol, H. [1916/1979] 訳書79頁。
35) 塩次喜代明＝高橋信夫＝小林敏男 [1999] 70頁。
36) Grochla, E. [1977] 訳書206頁。
37) 岸川善光 [1999] 131頁。
38) 同上書133頁。
39) 小河光生 [2001] 271頁。
40) 山倉健嗣＝岸田民樹＝田中政光 [2001] 37頁。
41) 岸川善光 [1999] 131-134頁。
42) 塩次喜代明＝高橋信夫＝小林敏男 [1999] 73-74頁。
43) 岸川善光 [1999] 134頁。
44) Galbraith, J.R.＝Nathanson, D.A. [1978] 訳書142頁を筆者が一部修正。

第5章 経営組織の動態化

　本章では，経営組織の動態化について考察する。主に，経営環境の不確実性に対応する動態的な組織構造として，①プロジェクト組織，②マトリックス組織，③カンパニー制，④分社化，⑤ネットワーク型組織，の5つを取り上げ，概念，特性，問題点・課題について検討する。

　第一に，プロジェクト組織について考察する。まず，プロジェクト組織の概念について理解する。次に，プロジェクト組織の特性について理解を深める。さらに，プロジェクト組織の問題点・課題について言及する。

　第二に，マトリックス組織について考察する。まず，マトリックス組織の概念について理解する。次に，マトリックス組織の特性に焦点を当て，利点・欠点を中心に事例を交えながら理解を深める。さらに，マトリックス組織の問題点・課題について言及する。

　第三に，カンパニー制について考察する。まず，カンパニー制の概念について理解する。次いで，その特性に関して理解を深める。さらに，カンパニー制の問題点・課題に言及する。

　第四に，分社化について考察する。まず，分社化の概念について理解する。次いで，その特性に関して理解を深める。さらに，分社化の問題点・課題に言及する。

　第五に，ネットワーク型組織について考察する。まず，ネットワーク型組織の概念について理解する。次に，ネットワーク型組織の特性に焦点を当て，利点・欠点について理解を深める。さらに，ネットワーク型組織の問題点・課題に言及する。

本章では，経営環境の変化に柔軟に適応するための動態的な組織構造として，①プロジェクト組織，②マトリックス組織，③カンパニー制，④分社化，そして，ICTの進展によって発展した⑤ネットワーク型組織を取り上げて考察する。

1 プロジェクト組織

❶ プロジェクト組織の概念

岸川善光［1999］によれば，プロジェクト組織（project organization）とは，特定の課題（プロジェクト）を遂行するために，企業内の各部門から専門家を集めて，一定の期間，臨時に編成される組織のことである。プロジェクト組織には，プロジェクト・チームやタスク・フォース（task force）などいくつかのタイプがある[1]。

プロジェクト組織では，特定のプロジェクトについて，プロジェクト・マネジャーに大きな権限が与えられる。プロジェクト・マネジャーには，洞察力，創造性，判断力，調整力など多くのスキルが要求される。具体的なプロジェクト組織の事例として，新製品開発プロジェクト，工場建設プロジェクト，組織変革プロジェクト，事業提携プロジェクト，情報通信ネットワーク構築プロジェクト，などがあげられる。

プロジェクト組織は，本来，特定部門に所属する専門家が，一定期間所属する部門を離れてプロジェクトに専従するので，利害関係部門の代表者によって構成される委員会組織とはその目的が大きく異なる。

ダフト（Daft, R.L.）［2001］も，上述した岸川善光［1999］と同様に，プロジェクト組織は，ある課題を解決するために，複数の事業部から専門家が選抜されて構成される一時的なグループである。また，プロジェクト・マネジャーは，新製品のデザイン，財務，マーケティングの開発といった，イノベーションや変革プロジェクトを担当する場合もある，と述べている[2]。

第5章 経営組織の動態化

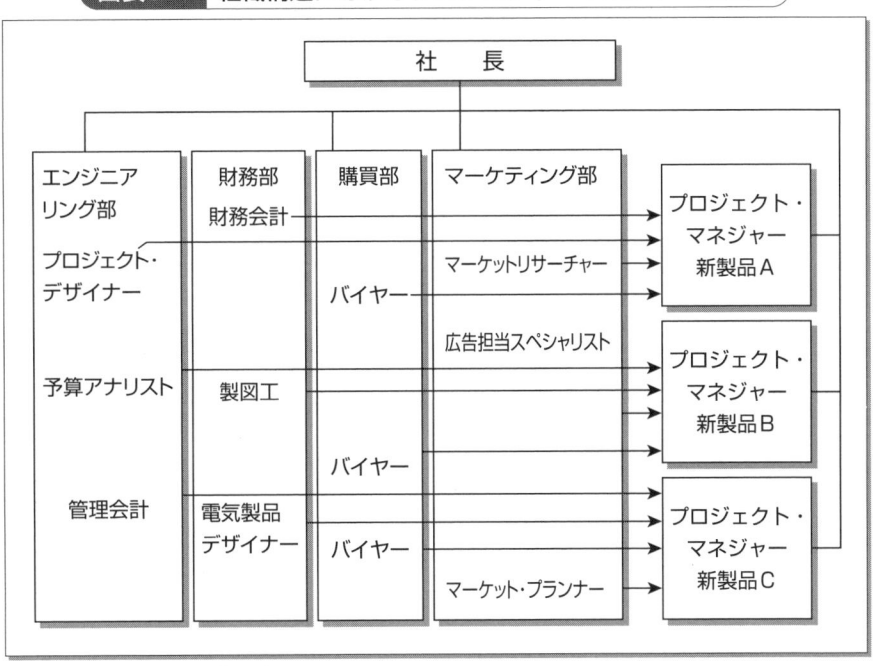

図表5-1 組織構造におけるプロジェクト・マネジャーの位置

```
                           社　　長
    ┌──────┬──────┬──────┬──────────┬──────────┐
  エンジニア  財務部   購買部   マーケティング部   プロジェクト・
  リング部   財務会計                          マネジャー
                                              新製品A
  プロジェクト・        バイヤー  マーケットリサーチャー
  デザイナー
                               広告担当スペシャリスト
                                              プロジェクト・
  予算アナリスト  製図工                        マネジャー
                                              新製品B
                       バイヤー

  管理会計    電気製品                         プロジェクト・
            デザイナー  バイヤー                 マネジャー
                                              新製品C
                              マーケット・プランナー
```

（出所）Daft, R.L. [2001] 訳書63頁。

　図表5-1は，新製品開発を担当するプロジェクト・マネジャーの位置を示した組織図である。図表5-1に示されるように，プロジェクト・マネジャーは，事業部門から切り離されていることを示すために，ヨコに描かれている。矢印は，新製品開発の任務を割り当てられたプロジェクト・メンバーを示し，そのプロジェクト・メンバーに対して，プロジェクト・マネジャーは，給与，雇用，あるいは解雇に関して，公式の権限を持たないことを示している。公式の権限は，各職能部門のマネジャーが持っている[3]。

　近年，経営危機に見舞われているが，このプロジェクト組織を初期に導入して成功した企業がシャープである。シャープは，カシオ計算機との熾烈な電卓競争のなか，世界初の液晶電卓，エルシーメイトEL-805の開発の際に，「S734」というプロジェクト・チーム（シャープでは緊プロと呼んでいた）を結成し，わずか1年の期間でこの開発を成功させた。このプロジェクトでは，社内のあ

117

らゆる部署から必要な人材が組織の枠を超えて招集され，プロジェクト・チームは，社長直轄の組織であり，社内の資材や設備を優先的に利用できるなど大幅な権限委譲がなされた。この組織横断的なチームの結成により，全社的な経営資源の有効活用が可能になり，シャープは画期的な製品やデバイスを次々と生み出すことができた[4]。

このように，プロジェクト組織は，プロジェクトに関して権限・責任を持つプロジェクト・マネジャーを中心として，他の職能（機能）部門のマネジャーとの折衝や計画管理を，効率的かつ効果的に行うことができる点に大きな特徴を持っている[5]。プロジェクト組織は，自律的作業集団としての特徴も包含しているため，各メンバーの創造性をいかにして引き出すかが重要な問題となる。

❷ プロジェクト組織の特性

一般に，プロジェクト組織は，プロジェクト・リーダーの権限の種類と範囲に応じて，以下の3つの特性があげられる[6]。

第一に，プロジェクト調整と呼ばれる「影響―プロジェクト組織」があげられる。ここでは，プロジェクト・リーダーは，組織内でいかなる指示権限も認められない。このプロジェクト・グループは「コンサルタント機能を持つスタッフ」の形態で活動する。プロジェクト責任は，プロジェクト・グループに帰属するのではなく，一つあるいはいくつかのラインの上位者に委ねられる。つまり，プロジェクトを実行するために，プロジェクト・リーダーの職能的な影響可能性を超えて意思決定がなされる。

第二に，「単純なプロジェクト」組織では，プロジェクト・リーダーはプロジェクトの実行のために協働者に対して完全な指示権限をもつ。この指示権限は専門的領域に限定され，それ以外は部門ラインの上位者に従属する。プロジェクト責任に関して，プロジェクト・リーダーはライン組織に組入れられる。

第三に，「マトリックス・プロジェクト」があげられる。プロジェクト・リーダーはその課題・統制に管轄権をもち，他方，ラインのリーダーはプロジェクトの実行に決定的な責任をもつ。

長坂寛［1991］は，プロジェクト組織の共通特性について，①柔軟な組織構

造を持つ目的志向型である，②臨時的かつ部門横断的である，③生物的なダイナミズムを持つ，という3点をあげている。さらに，プロジェクトに関して，社内における専門家を柔軟的かつ有効的に動員することによって，適切な人的資源の配分を行うことが可能になることも特徴の一つである[7]。

❸ プロジェクト組織の問題点・課題

　上述したように，プロジェクト組織は，ある課題を解決するために，一定の期間，臨時に編成される組織であるため，チームとしての権限・責任が明確化されるとともに，自律的な行動と独創的なアイディアが創出されやすくなる。

　しかし，プロジェクト組織における問題点・課題も多数存在する。例えば，プロジェクト・リーダーとライン管理者との間の権限が問題になることが多く，プロジェクト・リーダーとライン管理者との間のコンフリクトが常につきまとう。プロジェクトの特定の課題に対して，プロジェクト・リーダーとライン管理者との間に意思の疎通がない場合，より高い職位の管理職が意見の相違を調停し，問題解決を行わなければならない。

　プロジェクト組織は，プロジェクトの目標達成に向けて，限られた予算の範囲内で，かつ限られたスケジュールの範囲内で，一定の水準以上のアウトプットを効果的に実現することを本来の目的としている。したがって，コスト・リスク，スケジュール・リスク，テクニカル・リスクなど，プロジェクトで発生する各種リスクに日々対応しなければならない。そのために，図表5-2に示されるように[8]，米国のNASA（航空宇宙局）やわが国の新幹線建設プロジェクトなど，国家レベルのプロジェクトで開発されたプロジェクト・マネジメント技法が，多くの企業において導入されている。

　特に，プロジェクト・マネジメントにおいて，WBS（ワーク・ブレークダウン・ストラクチャー），PERT（Program Evaluation & Review Technique）などの技法は，コスト・リスク，スケジュール・リスク，テクニカル・リスクなど，プロジェクトにおけるリスク・マネジメントに必要不可欠であるが，プロジェクト・マネジメントの技法の重要性に気付いていない企業も数多い。

図表5-2 システム確定段階のシステム・エンジリアリングの流れ(NASAの例)

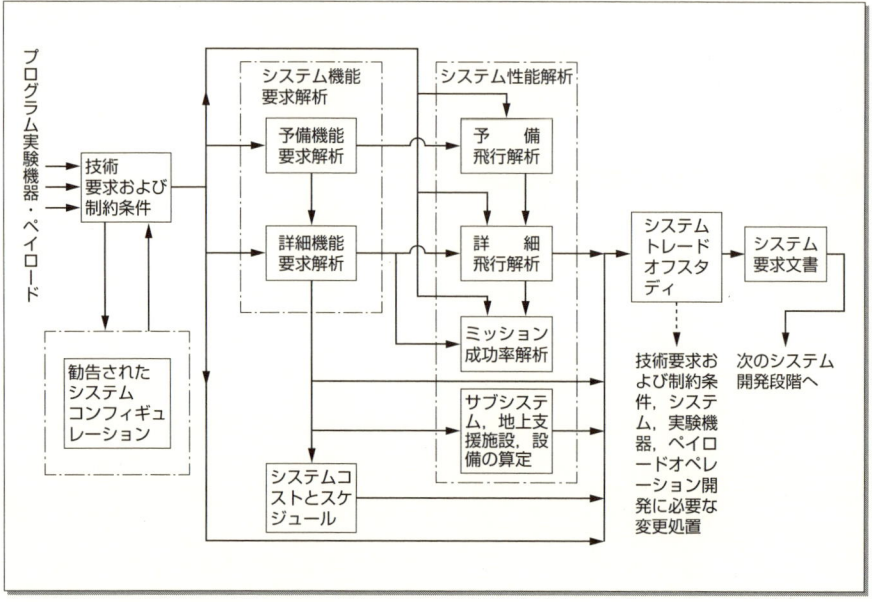

(出所) 須加基嗣＝久保園晃＝山崎俊夫［1979］26頁。

　プロジェクト組織の場合，水平方向のコミュニケーションが不十分な場合や，部門間調整・連携がうまくいかない場合，組織全体の目標を達成することは難しくなる[9]。プロジェクト・マネジャーは，プロジェクトに関するあらゆる活動を統合して一定の予算と進行計画の下に，プロジェクトを完了する管理責任をもつため，失敗に対する責任が重大になるというリスクが存在することも事実である[10]。

　以上のように，プロジェクト組織は，組織構造の設計・変革も重要であるが，複数のプロジェクトを同時遂行している企業にとって，様々な経営資源が過度に必要となるため，多くのコストがかかることや，メンバーの専門的な知識，すなわち，ケイパビリティの有効活用，ノウハウの蓄積，学習など，組織環境に適合する人材を育成することが今後の課題であろう。組織学習については，第6章において考察する。

2 マトリックス組織

❶ マトリックス組織の概念

　マトリックス（matrix）とは，数学でいう行列のことである。すなわち，マトリックス組織（matrix organization）とは，図表5-3に示されるように[11]，行列（横軸と縦軸）に2つの異なる部門をとり，それを井桁状にクロスさせた組織形態のことである。

　マトリックス組織は，通常，職能別組織（機能別組織）とプロジェクト組織を井桁状にクロスさせることが多い。職能別組織（機能別組織）はすでにみたように，職能を専門分化して命令系統を一貫させる縦割り組織であり，一方のプロジェクト組織は，特定の課題を解決するために複数の部門にまたがる横割り組織として編成される[12]。

　このように，マトリックス組織は，縦割り（職能別）と横割り（目的別）という2つの組織設計原則をもつ複合組織であるといえよう。マトリックス組織は，航空宇宙産業，エンジニアリング産業，シンクタンク産業などで多く採用されている[13]。例えば，航空宇宙産業では，マトリックス組織において，横割り（目的別）のプロジェクト・マネジャーは，担当のプロジェクトを決められた予算，スケジュール，品質基準内で達成し，資源の最大限の活用，長期にわたる人材育成，そして技術的水準を高度に保つ役割を担う[14]。

　マトリックス組織は，2つの組織設計原則（専門化・効率化と問題解決型）に同等の重みづけをした組織である。また，2人の上司が業務的意思決定を行うため，構造上の分権化を促進し，水平的なコミュニケーションを可能にした複合組織形態である。また，マトリックス組織は，ツーボス・システム（二人上司）が必然的に存在するので，それに伴うコンフリクトが発生する。

❷ マトリックス組織の特性

図表5-3　マトリックス組織の二重権限構造

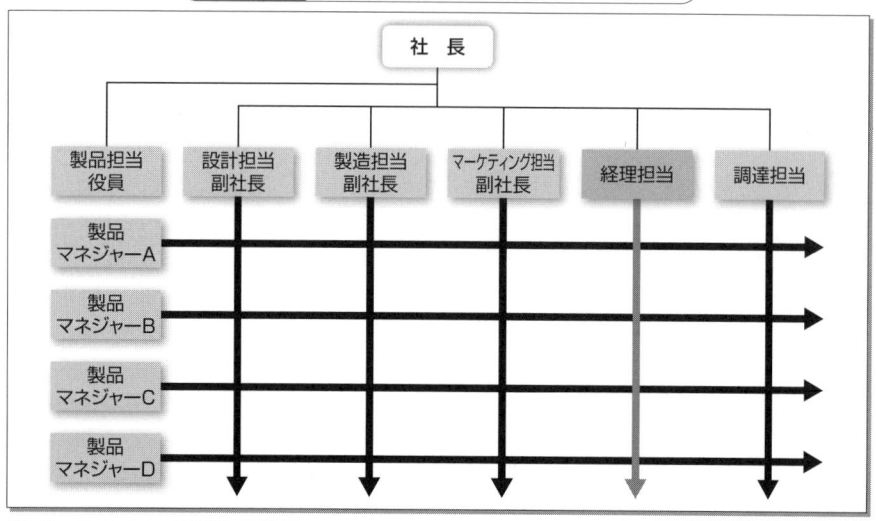

(出所)　Daft, R.L.［2001］訳書77頁。

　マトリックス組織は，環境の変化が大きく，製品と職能（機能）面の目標といった2つの要求に対応する場合，最善の組織形態であるといえよう。上で述べたように，二重の権限構造によって，急速な環境の変化に対応するためのコミュニケーションと調整がとりやすくなり，製品と職能（機能）の担当マネジャー間で同等のバランスをとることができる。また，様々な問題に対する検討を促し，対応しやすくなる[15]。

　ここで，マトリックス組織構造の形態がもつ強みと弱みを詳しくみてみよう。ダフト［2001］は，マトリックス組織の強みと弱みを次のように提示している[16]。マトリックス組織の強みとして，①環境となる顧客から2通りの要求に応えられる，②経営資源を異なる製品間で融通し合うことができる，また，この構造では，組織構成員は，③職能（機能）別のスキルやマネジメントのスキルを習得するチャンスでもある。

　マトリックス組織の弱みとして，①従業員を二重の権限下に置くこととなり，フラストレーションや混乱を引き起こす，②従業員には，優れた対人処理スキルや集中的なトレーニングが必要になる，③マトリックス構造を理解し，上下

関係および同僚との協働関係が重要であり，適応できなければ，組織は上手く作用しない。④パワーバランスを維持するために，かなりの努力が必要である。

上で述べたように，マトリックス組織は，伝統的な垂直方向の階層構造に加えて，水平方向の（横断的な）チームを公式化し，両者が同等になるようにバランスをとる組織構造である。しかし，いずれかに重点が移行することは避けられず，垂直方向と水平方向のバランスを維持することは現実的にはかなり難しい。それは，一方の側の権限がとかく優勢になるからである。

❸ マトリックス組織の問題点・課題

マトリックス組織は，職能部門長と製品・市場マネジャーのバランスを組織構造的に実現しようという意図の下に設計されたものである。マトリックス組織を採用すれば，ほぼ例外なく，製品・市場への適応を優先すべきか，それとも職能部門における資源の蓄積や資源の有効利用を優先すべきか，という問題が職能部門長と製品・市場マネジャーの間の組織内コンフリクトとして表出されるはずである[17]。コンフリクトの表出は，バランスの改革の第一歩である。

伊丹敬之＝加護野忠男［1993］は，マトリックス組織の構造は，①情報の統合のあり方，②思考の範囲を日常の業務管理より広くして戦略的意思決定をさせるようにすること，さらに，③戦略策定の際の組織内のパワー関係を，既存の事業部制のパワー関係に引きずられすぎないようにすることが，一つの目的であることを述べている。その理由は，既存の事業部門のパワー関係は現在の収益の大きいものがパワーをもつため，そのパワー関係を反映した資源配分では適切さを欠くからである[18]。

このように，組織に表出されるコンフリクトを解消できて初めてマトリックス組織は機能する。コンフリクトに対する対応には，一般に，①問題直視（confrontation），②強権（forcing），③妥協（compromise），④問題回避（avoidance）がある。しかし，このようなコンフリクトの問題は，本質的な問題解決にならない。マトリックス組織におけるコンフリクトの調停は，強権をもっているゼネラル・マネジャーの役割が特に重要な課題となるであろう[19]。

ガルブレイス（Galbraith, J.R.）［1973］によれば，マトリックス組織を設定す

る場合に発生する問題の一つは，権限のバランスである。各研究部門，職能部門において，どのレベルに二次元的命令系統を確立するか，組織内で各職位に備わっている権力として，その職位に誰が任命されているのか，その職位はどの程度の情報システムを備えているか，計画，コントロールのプロセスでどの程度の影響，承認権限を持っているか，目標を達成するために必要な予算をどの程度コントロールしているか，そして，公式権限をどの程度与えられているのか，という要素によって決定される[20]。

ガルブレイス［1973］は，図表5-4に示されるように，横断的関係とその他の権力要因の活用の程度によって，ラインのどこに各組織が位置するかが決定されることを示している[21]。図表5-4では，製造企業が製品（プロダクト）と職能別（機能別）組織のどちらに権力の中心を置くか，プロジェクトと職能集団（機能集団）を対比している。すなわち，この図表によって，一つの組織が連結軸のどの位置に属しているかを判断することができる。このような方向づけは，企業戦略，資源の配分方法の計画のみならず，組織設計のための計画の

図表5-4　マトリックス組織における権限の移動

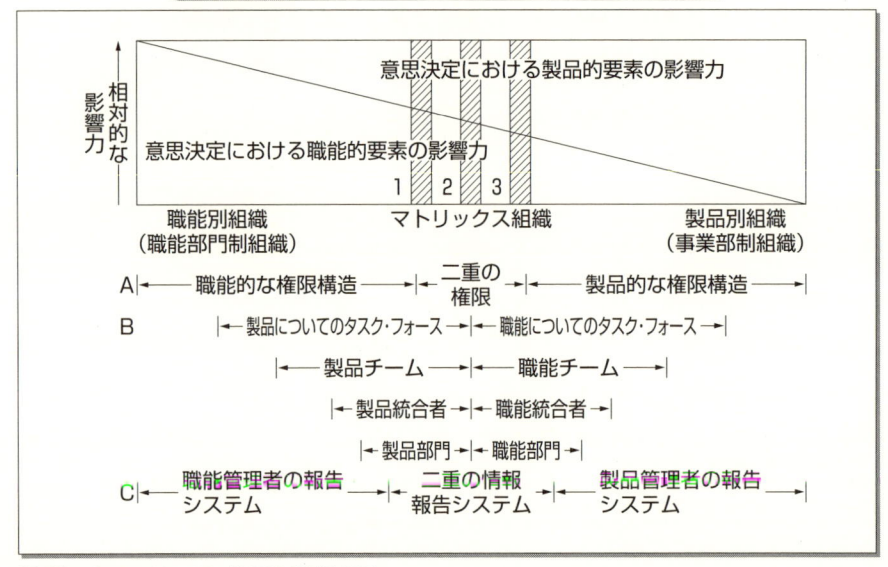

縦軸：相対的な影響力

意思決定における製品的要素の影響力
意思決定における職能的要素の影響力
　1　2　3

職能別組織　　　　マトリックス組織　　　　製品別組織
（職能部門制組織）　　　　　　　　　（事業部制組織）

A ├──職能的な権限構造──┤├─二重の権限─┤├──製品的な権限構造──┤
B 　　├──製品についてのタスク・フォース──┤├──職能についてのタスク・フォース──┤
　　　　├──製品チーム──┤├──職能チーム──┤
　　　　　├─製品統合者─┤├─職能統合者─┤
　　　　　　├─製品部門─┤├─職能部門─┤
C ├──職能管理者の報告システム──┤├─二重の情報報告システム─┤├──製品管理者の報告システム──┤

（出所）　Galbraith, J.R.［1973］訳書188頁。

基盤を提供してくれる。

ところで，組織の位置づけに加えて，組織内の権力構造も適切に変えていく必要がある。すなわち，ゼネラル・マネジャーにとって，組織を取り巻く外部環境の変化を反映させて，組織内部の影響力の配分を変えていくことが重大な任務となる。ゼネラル・マネジャーは，組織構造をデザインする場合，柔軟なシステム的思考を発揮することが不可欠である。

3 カンパニー制

❶ カンパニー制の概念

現代における組織構造の変革として，企業組織の柔軟性と機動性を発揮するために，カンパニー制の導入があげられる。カンパニー制とは，事業部制組織と分社制との中間に位置づけられる分権型の組織形態の1つで，擬似分社化あるいは社内分社化ということができよう。近年，カンパニー制の導入が増加している背景として，従来の事業部制組織が，本来の分権型組織として十分に機能していないことがあげられる[22]。ちなみに，英語ではカンパニー制という用語に直接的に対応する単語は存在しない。

カンパニー制の導入は，①事業における責任の明確化，②個々または各事業部門内の自立性と自発性の発揮，③組織全体のコミュニケーションの削減，④各事業部門が自己完結的であり，戦略的意思決定の権限が付与されている，など大企業病の逆機能を除去する意義をもっている。

沼上幹［2004］によれば，カンパニー制とは，いついかなる時点でカンパニーを切り離して売却してもよいようなところまで組織ユニットの独立性を高め，まさに「一つの独立した会社である」かのように組織を分割して出来上がった組織形態であると述べている[23]。

西澤脩［2000］は，カンパニー制を「分権化された個々の事業をカンパニーと呼び，製品企画から生産，販売に至る一連の機能に関して権限と責任を委譲

し，期間ごとに利益管理を行うシステム」と定義している[24)]。

また，カンパニー制では，分権化を徹底し，市場変化への対応，意思決定の迅速化を図るとともに，利益責任の明確化，さらに社内資本金制度の導入によって，資金責任の明確化にまで踏み込むケースが増えている[25)]。

日本でカンパニー制を初めて導入した企業は，ソニー株式会社（以下，ソニー）である。ソニーは，それまでの事業本部制組織を改め，カンパニー制を1994年４月に導入した。図表5-5に示されるように[26)]，グループカンパニーとして，コンシューマーAVカンパニー，コンポーネントカンパニー，レコーディングメディア＆エナジーカンパニーの３つを設置した。また，ディビジョンカンパニーとして，ブロードキャストカンパニー，システムビジネスカンパニー，インフォコムプロダクトカンパニー，モービルエレクトロニクスカンパニー，セミコンダクターカンパニーの５つを設置した。

ちなみに，ソニーのグループカンパニーとは，一定以上の売上規模をもち，

図表5-5　ソニーのカンパニー制（第１次：1994年４月）

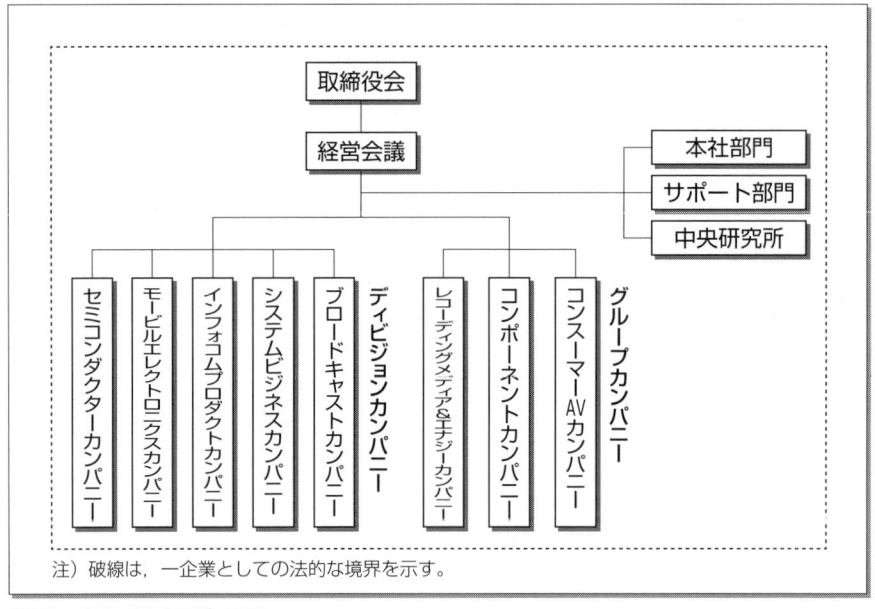

注）破線は，一企業としての法的な境界を示す。

（出所）森本三男［2006］84頁。

かつ事業基盤が確立している事業ユニットであり，ディビジョンカンパニーとは，売上は小さいものの，今後の成長が期待される事業ユニットのことである。

ソニーではその後，1996年4月に第2次カンパニー制へと移行した。具体的には，最大規模であったコンスーマーAVカンパニーをディスプレーカンパニー，ホームAVカンパニー（音響・映像事業），パーソナルAVカンパニーの3つに分割し，インフォメーションテクノロジーカンパニー（通信とコンピュータの融合事業）を追加するなどの変革を実施した。また，商品開発と営業部門を各カンパニーから分離して，本社部門として，一元的に管理することにした。これは，カンパニーの自立性・自律性の縮小であり，本社機能の強化である。

❷ カンパニー制の特性

上で述べたように，カンパニー制は，大企業病の弊害を除去することを目的として，事業部制組織よりも多くの権限が各事業部門に付与されているという特徴を持つため，環境変化に対して極めて柔軟な対応が可能な組織形態である。カンパニー制では，各カンパニーに権限委譲を行うことによって，トップ・マネジメントは戦略策定に専念することが可能になり，各カンパニーの評価もROI（Return on Investment）やキャッシュフローを中心に行なわれる[27]。

カンパニー制の主な特性として，①独立採算制，②経営資源の委譲，③意思決定があげられる。独立採算制（self-supporting accounting system）とは，組織が自主性を持った経営単位となる条件の一つである。具体的には，収支の均衡，利益処分，資本調達に対して自己責任を持つという経営原則であり，財政への依存を脱し，自主性を確保することである[28]。

カンパニー制を初めて採用したソニーに続き，ニコンは1999年10月にカンパニー制を導入し，神戸製鋼所も同年4月に導入した。この2社のカンパニー制の特性をみてみよう。

ニコンは，組織を管理スタッフ部門と事業部門に分け，前者をコーポレート・スタッフ，後者をカンパニーと呼んでいる。損益責任をはっきりさせて，カンパニーごとに資産を配分し，これによってキャッシュフロー管理をカンパニーに義務づけている。また，意思決定機関と執行部門との分離，いわゆる「経営

と執行の分離」も同時に行っている。形態的に極めてオーソドックスなカンパニー制であるといえよう。

　次に，神戸製鋼所のカンパニー制をみてみよう。神戸製鋼所のカンパニー制の特性は，8つの事業ユニットをカンパニーに見立て，それぞれ共通の指標としてROAとキャッシュフローを導入している。取締役会と執行機能としてのカンパニーの意思決定会議を分離している。カンパニーのプレジデントに権限が委譲されているが，採用権限や昇格権限も付与するということは，全社の横並びの人事施策を否定することになる。しかし，神戸製鋼所は，そうしたことも見越した上で人事制度をカンパニーごとに委譲している[29]。

　カンパニー制は，複数の事業を展開する場合のスピードアップと，適正な経営資源の配分を実現する組織のことを指し，権限を委譲して独立採算制を高め，利益責任をもたせているのである。カンパニー制に転換することによって，直面する経営環境に迅速に対応し，企業組織の効率化・柔軟性・機動力の発揮を追求することを目指している。

❸ カンパニー制の問題点・課題

　カンパニー制組織は，個々の事業の独立性を高める上で一定の効果を創出してきた。一方で，ヘッドクオーター（本社）の統制機能の弱体化を招き，事業の「選択と集中」を遅らせた[30]。上で述べたソニー，ニコン，神戸製鋼所の他の企業でも，例えば，武田薬品工業，キヤノン，三菱商事などがカンパニー制を採用している。しかし，カンパニーに対する大幅な分権化の結果，コーポレート本社の機能が低下・喪失する弊害が見られるようになった。

　それは，集権と分権のバランスの問題である。親会社，子会社の概念が消滅し，グループ一体での運営が要求されてくる環境の中で，「本社の役割」が再検討されることになる。まず，集権と分権のバランスをいかにとるかがポイントとなる。現在のように環境変化が激しい時代においては，トップ・マネジメントから事業部門に大幅に権限委譲をしていく必要がある。親会社であればトップ・マネジメントから事業部門へ「分権」していくべきである。こうした権限委譲によって，スピーディな意思決定が容易になる。しかし，権限委譲をす

ればするほど各事業間のシナジー（相乗効果）は薄れていくことが予想され，間接部門がどんどん肥大化して極めて非効率な組織形態になってしまう恐れも出てくる[31]。

さらに，カンパニーに対して，管理・コントロールできる範囲を超えて事業を広げることを許してしまった。この結果，本社には，事業や業界環境に関する知識，事業戦略策定スキル，経営ノウハウが蓄積されなくなり，その結果，カンパニーの活動の妥当性や正当性について，評価・モニタリングをすることができなくなっただけではなく，カンパニーから本社に対する提案の妥当性を適切に評価することもできなくなった[32]。

上述したように，カンパニー制には様々な強みがある反面，弱みも多数出てきた。図表5-6に示されるように，グループ本社と事業部門間の集権と分権のバランスをとること，すなわち，中央集権化による統制やコンフリクトの調整に加えて，柔軟性と機動力を発揮して経営の効率化を目指すことが不可欠である。

図表5-6　カンパニー制における集権と分権

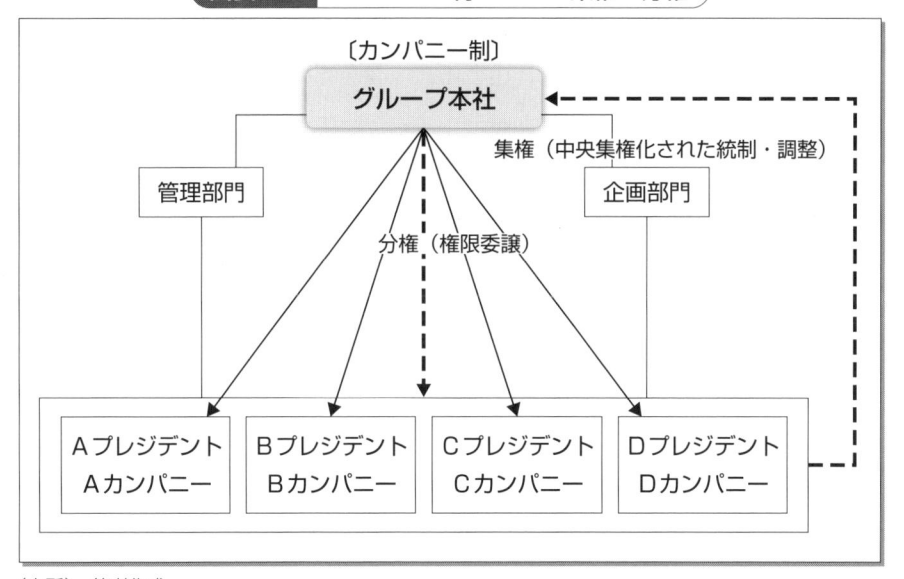

〔カンパニー制〕

グループ本社／管理部門／企画部門／Aプレジデント Aカンパニー／Bプレジデント Bカンパニー／Cプレジデント Cカンパニー／Dプレジデント Dカンパニー

集権（中央集権化された統制・調整）
分権（権限委譲）

（出所）　筆者作成。

4 分社化

❶ 分社化の概念

　1997年，独占禁止法の改正により持株会社が解禁され，2000年には商法改正により会社分割制度が利用可能になった。この会社分割制度の成立によって，分離する事業部門の取引や，原則として従業員の同意なく新会社へ移せるなど，企業の分社化の動きも活発になった。企業は分社化によって，成長部門を独立させて機動性を高め，逆に不採算部門を切り離して他社に売却するなど，市場変化に対応した事業の再編を急速に進めてきた[33]。持株会社の解禁によって分社化は進展し，事業の一部が分社化の対象となる場合には「事業持株会社」，すべての事業が対象となる場合には「純粋持株会社」となった。

　分社化の実施は，新たな傘下企業の設立を伴うため，分社化は親会社および企業グループ全体の組織形態に影響を及ぼす。一方，分社化は親会社が直接行う事業活動へ影響を及ぼすものの，グループ全体から見た場合，分社化は事業活動を変化させない。狭義の分社化の場合，親会社の既存事業が分社化の対象となることが多い[34]。

　西澤脩［2000］によれば，分社化とは，「事業が多角化した際に，工場や各事業部など企業の1部門を子会社・関連会社として独立させ，事業を本社から切り離し別会社を作る方法である」と定義した[35]。

　森本三男［2006］は，日本の分社化の実態は，事業部制の場合と同様に「擬似的分社制」と「真の分社制」があり，法的に別の会社になっていない擬似的分社制を，「社内分社制」と呼んだ。さらに，カンパニー制を一歩進めて，その趣旨を徹底させるために，各カンパニー（事業部）を法的に独立させ，法的分離・実質一体の組織集団を形成すると，いわゆる分社制（subsidiary company system）の段階に進む。単に「分社制」というときには，一定の組織単位を法的に分離するが，経営的には一体として活動する組織を指す[36]。

第5章 経営組織の動態化

　社内分社制を実施している松下電器の例をみてみよう。1997年4月，松下電器産業は，以前から多数の事業部をもち，事業部制組織の代表的事例とされてきたが，多数の事業部を本社が直轄管理することは，管理範囲の原則からみても，当然に難点があった。

　松下電器産業は，4つの社内分社によって構成するシステムが採用されることになった。図表5-7に示されるように，一部の事業部は本社が直轄し，4つの社内分社で全体の生産高の90％程度をカバーしている。各社内分社には（社内）社長が置かれ，事業分野ごとに経営責任を負い，技術や市場の変化に対して，従来の事業部の枠を超えた大型投資や大胆な技術融合ができるようになっている[37]。

　分社制は，分権化を徹底するために，工場や支店，さらに事業部など事業単位の一部を分離独立させて，子会社として経営することである。今まで1つであった会社が，親会社を中心とする企業グループに生まれ変わる。子会社とはいえ独立会社であるので，経営管理に関する自由裁量権が生まれ，自己責任原則が厳密に適用される。持株会社の解禁によって分社化が進展した[38]。

　分社化における組織編成の主要な流れとして，次の3つがあげられる。①企業内部の事業部制ないしカンパニー制（社内分社化）から分社化へ，さらにそれらを統括する持株会社の設立。②会社分割により，企業の本業部門と多角化

図表5-7　松下電器産業の社内分社制（1997年4月）

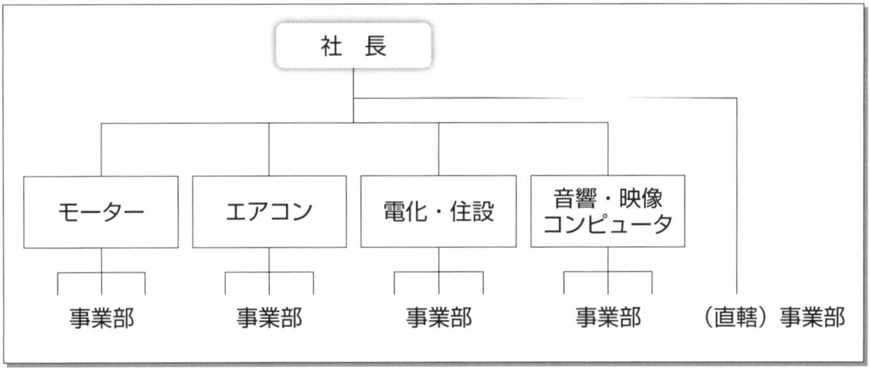

```
                        社　長
    ┌──────────┬──────────┬──────────┬──────────┐
 モーター      エアコン     電化・住設   音響・映像
                                        コンピュータ
    │           │           │           │
  事業部      事業部      事業部      事業部    （直轄）事業部
```

（出所）　森本三男［2006］87頁。

部門ないし不採算部門の分割。③持株会社と株式交換を利用した企業合併や共同持株会社の設立とその後の組織編成のための会社分割利用である[39]。

分社化を推進すると，当事業が多角化・大規模化した際に，事業を本社から切り離すことによって，機動性や柔軟なマネジメントが可能になる。

❷ 分社化の特性

分社化は，より複雑化・多様化する経営環境下において，独創力のある小集団を編成し，革新と創造を主たる目的にしている。ところで，小集団組織構造になれば，雇用を維持したままで分社化，M＆Aが大幅に増加すると，どれが親会社の事業で，どれが子会社の事業であるかという混乱が予想される。ちなみに，連結納税制度が導入されれば，事業が分社化されるかどうかによってグループの利益額は実質的に変わらない[40]。

分社化によって独立的に事業を運営させることは，既存事業の管理の体系から子会社を外すことを意味するが，それによって，既存事業や本社のパワー関係の悪影響や，情報統合のやり過ぎを防ぎ，さらには既存事業の思考の範囲に起因する既存の思考様式からの隔離も意図されている。つまり，本社の介入や既存事業からの汚染を最小限にすることに意義がある[41]。

上で述べたように，分社化は事業領域を拡大する際に，①将来性が定かでない事業を別会社として切り離せば，それだけリスクが減少する，②より柔軟な意思決定ができる，③組織メンバーに対する有効なモティベーションを換起(かんき)することができる[42]。一方，分社化を実現するためには，企業家的能力を有する人材を招集し，革新的かつ創造的な活動を可能にするグループを形成することが不可欠である。企業内における人材の企業家精神（entrepreneurship）の発揮によって，新しい分野の事業機会を発掘し，新たな事業コンセプトの創造と新規事業開発を展開する革新的な戦略的行動が分社化の特性といえよう。

伊藤秀史＝菊谷達弥＝林田修［1997］によれば，「分社化を導入した場合，従業員は，特定の部門に特有な専門知識・技能を習得するインセンティブが与えられる。そして，分社化は，多角化戦略を踏襲する企業組織において有効である」と主張している[43]。

また，伊藤秀史＝林田修［1997］は，分社化の特性として，①新規事業開発のために，子会社・関連会社を設立するケースが多い，②分社化を行っている企業組織ほど，各事業部門への権限委譲が進展している，③分社化を行う企業組織は，積極的な分社化を展開している傾向がある，の3点をあげている[44]。

❸ 分社化の問題点・課題

上で述べたように，分社化には，各事業部において独創的なアイディアの創出，責任の所在の明確化，新たな事業に関して，迅速性・機動性・柔軟性のあるマネジメントが可能であるなど，多くの利点がある。

しかしながら，分社化には，問題点・課題も多数みられる。例えば，経営者による従業員への過剰介入の可能性があげられる。すなわち，分社化の実施によって，人的資源のコントロール権限が親会社の経営者から分社化企業の経営者へ移転され，その結果として，分社化企業の従業員は，複雑なインセンティブ選好をもつようになる。すなわち，複数の事業を有する企業では，従業員は常に他の事業部門に配置転換をされる可能性があるため，現在従事している部門に特有な専門的知識・技能を修得せず，その結果として非効率な状態が生じてしまうことがある。

今後の課題として，①持株会社による総合調整（分社化による利益の実現，シナジー効果），②経営資源の有効活用（経営資源の共有化，無駄な重複の排除），の2つが重要であろう。

小河光生［2001］が指摘するように，①グループ本社，②事業・カンパニー，③SSC（シェアード・サービスセンター）の三層構造のマネジメントの確立が不可欠である。図表5-8に示されるように[45]，グループ本社のミッションは，グループ企業価値の最大化である。そのためには，経営資源の配分，グループ全体のビジョン・戦略の策定が適切でなければならない。事業・カンパニーのレベルのミッションは，顧客価値の最大化を通じた事業価値の最大化である。そのためには，商品開発，サービス開発，マーケティングが適切でなければならない。シェアード・サービスセンターのミッションは，グループ共通機能の強化・効率化である。これらが相まって「全体最適」の実現が可能になる。

図表5-8 三層構造によるマネジメント

	グループ本社	事業・カンパニー	SCC（シェアード・サービスセンター）
ミッション	・グループ企業価値の最大化（経営資源配分，グループ全体のビジョン・戦略策定） ・グループ企業の評価・監査 ・グループ企業支援機能	・顧客価値の最大化を通じた事業価値の最大化 ・上記を目的とした商品，サービス開発，マーケティング	・グループ共通機能の強化，効率化
代表的な業績評価指標	・株主価値＝企業価値向上を測定できる指標 （例：EVA）	・事業価値を測定できる指標 （例：キャッシュフロー，ROE，ROA）	・生産性向上を測定できる指標 （例：内部取引価格による収益性，労働分配率）

（出所）小河光生 [2001] 190頁。

5 ネットワーク型組織

❶ ネットワーク型組織の概念

　ネットワークとは，本来，構成要素間の網状の連結様態をさす抽象概念である。ネットワーク社会といわれる今日では，このネットワークという用語が組織を考察する上で，鍵概念（キーコンセプト）の1つになりつつある。特に，組織の動態化とネットワーク型組織との近接性は高い。
　今日では，単独の経済主体で事業に必要なすべての経営資源や情報を保有することは不可能であり，各企業が相互に資源依存および情報依存を前提として事業を展開せざるをえない。このことが，ネットワーク型組織が増加している背景となっている[46]。

第5章　経営組織の動態化

　鈴木秀一［2001］は，ネットワークとは，「様々な主体が自律性を基礎として自由に他社と交流する諸単位の集合体であり，それぞれの主体の違いが集合体のなかで交じり合うことで常に変動する関係が構築され，それが全体・諸単位相互の性質をも変化させるような組織体である」と定義している[47]。具体的には，企業組織同士の関係，企業組織のなかに所属している人々，あるいは公共団体や非営利組織といったものまで包括される。それは実際の企業組織体は様々な利害関係者（ステークホルダー）によって構成されており，そうした利害関係者が生み出す相互作用や関係性を扱った学術領域が発生するからである。

　ネットワーク型組織について考察する前提として，まず，ネットワークの基本構造と組織間ネットワークの2点について概観する。

　ネットワークの基本構造は，図表5-9に示されるように，①メンバー（ネットワーク形成者，ネットワーク参加者），②リンケージ（強結合，弱結合），③バウンダリー（強バウンダリー，弱バウンダリー），の3つの要素を中心に構成される[48]。

　第一の要素であるメンバーの中でも，ネットワーク形成者は極めて重要である。ここでネットワーク形成者とは，特定の明確な目的をもってネットワーク

図表5-9　ネットワークシステムの基本構造

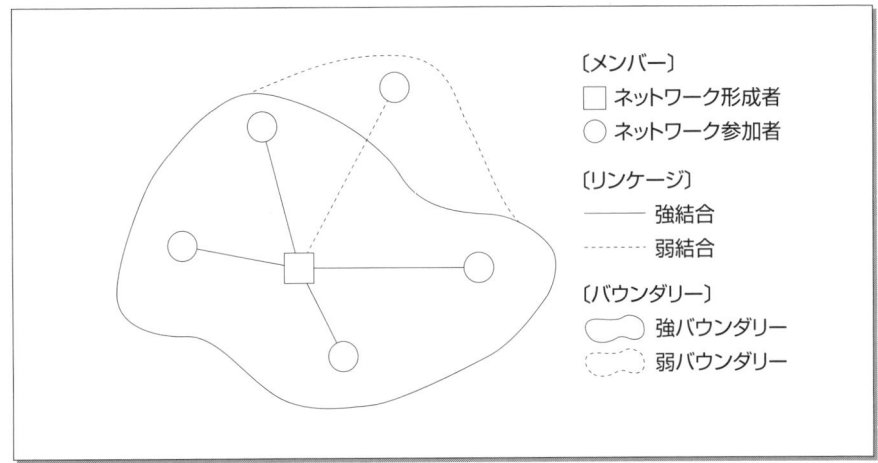

〔メンバー〕
□ ネットワーク形成者
○ ネットワーク参加者

〔リンケージ〕
──── 強結合
------ 弱結合

〔バウンダリー〕
強バウンダリー
弱バウンダリー

（出所）　海老澤栄一［1992］108頁。

を組織する主体のことである。

　第二の要素であるリンケージには，①公式的な結合（契約，取引等）か，非公式的な結合（信頼，自立性，参加など）かという側面と，②資源・情報の「依存度」に着目する側面，の2つの側面がある。

　第三の要素であるバウンダリーは，メンバー間の共通の価値観や行動規範によって，メンバーとリンケージを包み込む境界領域を意味する。ネットワークは「関係性の織物」であり，時間・空間の変化とともに，上で述べた基本構造自体，他組織との関係を深めつつ進化し，組織間ネットワークを形成する。

　組織間ネットワークは，図表5-9のネットワークの基本構造に新たなリンケージが発生し，それに伴ってバウンダリーも拡大する。このリンケージのあり方が，①組織間の資源・情報交換，②組織間のパワー関係，③組織間の調整メカニズム，④組織間の構造，⑤組織間の文化，のあり方に決定的な影響を及ぼす。これらの組織間関係については，第9章において詳しく考察する。

　ネットワーク型組織は，1990年代にマイルズ＝スノー（Miles＝Snow）［1995］によって経営組織論の分野で理論化された。現在では，社会的ネットワークを通じて必要な経営資源や情報にアクセスすることによって，自社の製品・サービスの競争優位を発揮することが一般的になりつつある[49]。

❷ ネットワーク型組織の特性

　ネットワーク型組織は，「自立性」，「関係性」，「動態的変化」という特性がある。従来の経営学あるいは社会学において，ネットワーク組織は，公式組織の裏に存在する人的統合による非公式組織という意味合いが強かった[50]。

　ネットワーク型組織は，緩やかに結合した「ルース・カップリング（loosely coupled system）」と，経営環境の変化に対して柔軟に自己の構造変革を行う「自己組織化（self-organizing）」という2つの性質を持っている[51]。

① 　ルース・カップリング（loosely coupled system）は，環境と組織との緩やかに結合することによって，組織の環境変化に対応し適合する水準が向上する。言い換えれば，組織行動の多様性吸収能力が増大することによって，組織生存可能性も増大していく。

第5章 経営組織の動態化

② 自己組織化は，他律的力によって設計されたり運営されたりすることではなく，自分自身の自立的能力によって自己を創造したり，形成したり，変化させたりすることである。すなわち，新しい自己が形成される自己組織化は，いわば相互独立から相互依存への進化の道でもある。

ネットワーク型組織は，組織のフラット化やオープン・ネットワーク経営，戦略的提携などのテーマと密接な関係性があり，ICTを活用して物理的に離れたメンバーと共通目標を達成するために業務を遂行する特性を持つ。組織内部に見られるネットワーク的な組織は，フラットで柔軟に結合を変える組織形態である[52]。ここでいうフラット化した組織とは，現場を中心に機動的な意思決定を行い，環境変化に対して敏速に対応する組織のことである。

これらの構成要素は，図表5-10に示されるように，ほとんどの場合，ICT（情報通信技術）で連結されている。これらの構成要素の中で「何を選択するか」，通常はコア・コンピタンスだけを選択集中し，残りはアウトソーシングを行う。

山倉健嗣＝岸田民樹＝田中政光［2001］は，ネットワーク組織について，次の4つの特性をあげている[53]。

① 垂直的分散（vertical disintegration）：製品のデザイン，開発，製造，マー

図表5-10　ネットワーク化した組織内部の構造

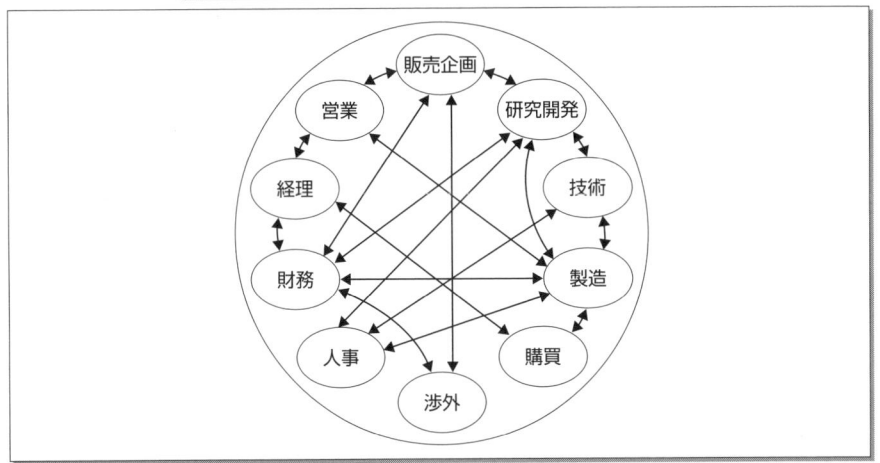

（出所）　Knoke, D. ［2001］ p.207.

ケティング，流通がネットワーク内の独立の組織によって遂行される。
② 調整者（brokers）：いくつかの事業グループをつなぎ，適切に配置する。
③ 市場メカニズムによる連結：主要な職能が計画やコントロールではなく，市場メカニズムによって連結される。進歩状況の報告と直接の監督に代わって，契約と結果による報酬が強調される。
④ 公開情報システム：経験に基づく信頼関係の確立ではなく，広くアクセスできるコンピュータ化された情報システムが利用される。

今井賢一＝金子郁容［1988］によれば，ネットワークの特色はそれが接続する多様なコンテクストの集合であり，市場の状況が変化したときに，その多様なコンテクストの中から状況に最も合致したものを提示できる。また，企業の内部と外部にどのようなコンテクストを持つかを選択するプロセスにおいて，ダイナミックなパターンが企業のアイデンティティとなる。そこから生まれる多重で多様な関係がネットワーク型企業ないしネットワーク型組織の本質的な部分であって，その良質な部分が持続していけば，環境変化にも対応できるであろう[54]。

IBMは大幅なリストラクチャリングを進めて，ネットワーク型組織へ移行しつつある。中央集権型のピラミッド組織に訣別し，製品ごとに独立した会社や組織が自主性に事業を運営し，総合本社が全体を統括する「連邦経営」に移行するという。IBMはコンピュータ業界において小型事業を拡大し，併せて間接部門の人員削減と株価の回復を行おうとする狙いがあった。しかし，連邦経営は資源の重複を意味し，効率化を保証しないし，研究開発は資金の集中によってその効果を発揮する[55]。その意味で，IBMの問題は，ネットワーク型組織に移行しつつ，いかに小型機に資源を集中するかがその本質と思われる。

ネットワーク型組織は，特定の課題達成のプロジェクト的性格と持続的活動体としての組織的特性を兼ね備えているため，集権化と分権化，オープン性とクローズド性の二面性を保有している。

❸ ネットワーク型組織の問題点・課題

上で述べたように，ネットワーク型組織は，構成要素が部分的に独立し，か

つ同時に部分的に依存しているような組織であるので，利害については部分的にコンフリクトが生じ，かつ同時に部分的に協力関係が生じる。したがって，共通に認知されている規範の中での集合的意思決定や集合的活動がネットワーク型組織を維持するうえでの前提となる。ネットワーク型組織では，公式職務構造の他に構成メンバー間の非公式な接続や情報交換コミュニケーションも含まれる[56]。

また，ネットワーク内部における資源の配分や利用方法を巡ってコンフリクトが発生する。特に情報資源の場合，蓄積されている情報にいかに付加価値を高めて活用することができるかは，ひとえに利用者側の能力いかんにかかっているので，たとえ同一の資源を共有していても共用の仕方は自ずから異なってくる。コンフリクトの発生は何らかの方法によって解決しなければならない[57]。

ネットワーク型組織は，現在の組織論の中で最先端の組織の一つといわれており，大きな欠点はないが，バウンダリーレス組織の構築と指揮命令系統の排除だけは，課題としてあげられる。ネットワーク型組織は，ICTネットワークで連結されるとはいえ，どういう連結，例えば，タイトかルースかなど工夫が必要である。

1）岸川善光［1999］137頁。
2）Daft, R.L.［2001］訳書62頁を筆者が一部修正。
3）同上書64頁。
4）松本芳男［2006］133頁。
5）藤田恒夫［1994］122頁。
6）今井一考［1989］78-79頁。
7）長坂寛［1991］41-42頁。
8）須加基嗣＝久保園晃＝山崎敏夫［1979］26頁。
9）Daft, R.L.［2001］訳書65頁を筆者が一部加筆修正。
10）秋山義継［2006］62頁。
11）Daft, R.L.［2001］訳書77頁。
12）岸川善光［1999］138頁。
13）同上書138頁。
14）Galbraith, J.R.［1973］訳書174頁。
15）Daft, R.L.［2001］訳書79頁。
16）同上書80頁を筆者が一部加筆修正。
17）沼上幹［2004］260頁。

18) 伊丹敬之＝加護野忠男［1993］242頁。
19) 沼上幹［2004］261頁。
20) Galbraith, J.R.［1973］訳書174-175頁。
21) 同上書187, 196頁。
22) 岸川善光［1999］138頁。
23) 沼上幹［2004］39,40頁。
24) 西澤脩［2000］16頁。
25) 岸川善光［1999］139頁。
26) 森本三男［2006］84頁。
27) グロービス・マネジメント・インスティテュート編［2002］40頁。
28) 小林末男監修［2006］243頁。
29) 小河光生［2001］22-24頁。
30) 小沼靖［2003］85頁。
31) 小河光生［2001］85頁。
32) 小沼靖［2003］90頁。
33) 松本芳男［2006］129-130頁。
34) 小河光生［2001］130頁。
35) 西澤脩［2000］11-12頁。
36) 森本三男［2006］86頁。
37) 同上書87頁。
38) 岸川善光［1999］139頁。
39) 玉村博巳［2001］1頁。
40) 小河光生［2001］188頁。
41) 伊丹尊之＝加護野忠男［1993］244頁。
42) 大月博司＝高橋正泰編［2003］217頁。
43) 伊藤秀史＝菊谷達弥＝林田修［1997］24-36頁。
44) 伊藤秀史＝林田修［1997］87-117頁。
45) 小河光生［2001］190頁。
46) 岸川善光［1999］133頁。
47) 鈴木秀一［2001］109頁。
48) 海老澤栄一［1992］108頁。
49) 若林直樹［2009］10頁。
50) 鈴木秀一［2001］108頁。
51) 若林直樹［2009］68頁。
52) 海老澤栄一［1992］17, 156頁。
53) 山倉健嗣＝岸田民樹＝田中政光［2001］48頁。
54) 今井賢一＝金子郁容［1988］256頁。
55) 山倉健嗣＝岸田民樹＝田中政光［2001］48-49頁。
56) 海老澤栄一［1992］106頁。
57) 同上書154頁。

第6章 組織における人間行動

　本章では，組織における人間行動について考察する。具体的には，①パーソナリティ，②モティベーション，③学習，④コミュニケーション，⑤リーダーシップ，の5つを取り上げ，それぞれの主要な論点について検討する。

　第一に，パーソナリティについて考察する。まず，パーソナリティの概念について，社会心理学などの観点から理解する。次に，パーソナリティの特性に言及する。さらに，パーソナリティの発達とキャリア形成の関係に焦点をあてて理解を深める。

　第二に，モティベーションについて考察する。まず，モティベーションの概念について理解する。次に，「行動を動機づける特定の要因」の解明を目指す内容理論に言及する。さらに，「モティベーションの心理的メカニズムおよびプロセス」の解明を重視するプロセス理論について理解を深める。

　第三に，学習について考察する。まず，学習の概念について理解する。次に，学習する組織とアンラーニングについて理解を深める。さらに，学習する組織の構築について言及する。

　第四に，コミュニケーションについて考察する。まず，コミュニケーションの概念について理解する。次に，コミュニケーションの方向性に言及する。さらに，コミュニケーション・ネットワークについて理解を深める。

　第五に，リーダーシップについて考察する。まず，リーダーシップの概念について理解する。次に，リーダーシップ・スタイルに言及する。さらに，変革型リーダーシップについて理解を深める。

組織における人間行動は，組織行動論という学問領域に分類され，組織における個人および集団の行動を主な分析対象とする「ミクロ組織論（micro organization theory）」として位置づけられている。本章では，ミクロ組織論（組織行動論）のテーマの中から，パーソナリティ，モティベーション，学習，コミュニケーション，リーダーシップ，の5つのテーマを取り上げて考察する。

1 パーソナリティ

❶ パーソナリティの概念

人間は成長する過程で数々の習慣，すなわち，特定の刺激に対する反応上の特定の形を形成する。こうした習慣という行動の形が，他人に観察されて，そこにパーソナリティが生まれる[1]。

オルポート（Allport, G.W.）［1961］は，パーソナリティ（personality）とは，「個人のうちにあって，その個人に特徴的な行動や思考を決定する心理的・身体的体系の力動的体制である」と定義した[2]。

アージリス（Argyris, C.）［1957］によれば，個人のパーソナリティは，例えば，認知能力，感覚能力など，その人間性を構成する様々な要素からなっている。具体的には，欲求，能力，目標，エネルギー，文化，自我，欲求水準，感情，自信，価値観，偏見，感情移入，自己認識，さらには自分の知らない自分などである。

アージリス［1957］は，組織のなかにおけるパーソナリティの発展に関して，人間のパーソナリティを下記の「未成熟から成熟（maturity）へ」という7つの次元に基づいて，その次元ごとに未成熟から成熟に連続的に発展する過程として捉えている[3]。

① 受動的状態から能動的になっていく傾向。
② 依存状態から比較的独立した状態に発展する傾向。
③ 数少ない仕方でしか行動できない状態から，多様な仕方で行動できるよう

になる傾向。
④ その場限りの浅い興味から，より深い興味をもつようになる傾向。
⑤ 短期的展望から長期的展望へと発展する傾向。
⑥ 家族や社会での従属的な地位から，同僚に対して同等あるいは上位に位置したいという傾向。
⑦ 自己意識が欠如した状況から自己を意識し，自己統制しようとするようになる傾向。

これらの発達傾向は，人間のパーソナリティの基本的性質と考えられる。

次に，パーソナリティを決定する2つの要因についてみてみよう。上田泰［2003］によれば，パーソナリティを決定する要因として，図表6-1に示されるように，①遺伝的要因，②環境的要因，の2つの要因があげられる[4]。

例えば，遺伝的要因によってパーソナリティが決まると考えれば，ある人間のパーソナリティは，母親の胎内で両親から受け続いた遺伝子によってすでに確立していると考えられ，その人間が誕生からどのような文化の中でどのように育てられるかなどは，パーソナリティの確立には本質的に影響を与えないということになる。他方，遺伝的要因が全く関係せず，パーソナリティのすべてが環境的要因によって決まると考えれば，環境次第でどのようなパーソナリティも確立できるということになる。

現在では，パーソナリティの確立には，遺伝的要因と環境的要因の両方とも

図表6-1　パーソナリティに影響する2つの要因

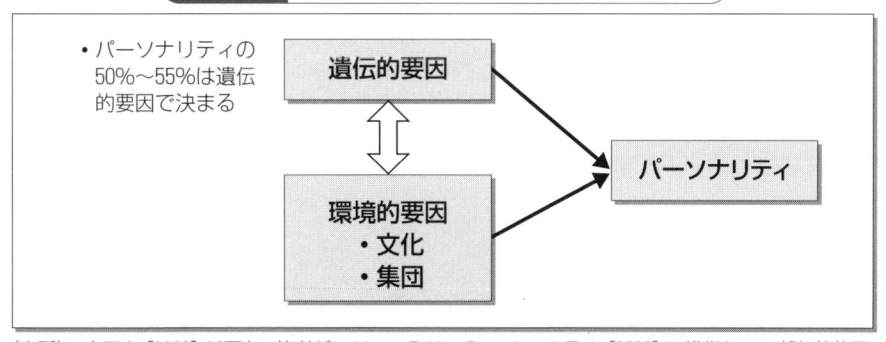

- パーソナリティの50％〜55％は遺伝的要因で決まる

遺伝的要因 ⇅ 環境的要因・文化・集団 → パーソナリティ

（出所）　上田泰［2003］19頁を，筆者がLykken, D.K.＝Bouchard, T.J.［1993］に準拠して一部加筆修正。

作用すると考えるのが一般的である。現実に，パーソナリティの形成に遺伝的要因が作用する度合いはかなり大きい。例えば，双生児に対するある研究によれば，パーソナリティの50％から55％は遺伝的要因で決まることが明らかになっている[5]。環境的要因としては，文化，家族などの集団，そして個々の人間が培う人生経験の影響などがあげられる。人間は成長するにつれて，家族以外にも学校や職場などの集団と関わり合いをもつようになる[6]。

❷ パーソナリティの特性

パーソナリティは，人格，個性，性格などと訳されているが，これは個人にある程度一貫した独自の経験や行動を行わせしめる心理的，生理的な統一パターンのことである。つまり，パーソナリティは，主に遺伝的に形成された気質に基づいて，学習され習慣化した刺激や反応の統合体系である。

林伸二［2000］によれば，パーソナリティは個人の考え方や行動から想定され，個人の行動を予測する上で有力な手掛かりとなる。それは通常，欲求，価値，動機，関心，能力，習慣といった上部構造と，気質（情緒的適応パターン，社会的適応パターン）という基底構造から構成される複雑な構造であり，これらの構成要素をパーソナリティ特性という[7]。

組織行動論において，パーソナリティは，人と組織をマネジメントするための主要な考慮要因の一つとして知られている。職務に適した人材の特性を判断し，職務とのマッチングの精度を向上させるためにパーソナリティ特性の分類が行われてきた。

ホランド（Holland, J.L.）［1985］およびロビンス（Robbins, S.P.）［2005］は，パーソナリティと職務の適合理論として，6つのパーソナリティ・タイプ・モデルを提示した。パーソナリティと職務の適合理論によれば，従業員の仕事に対する満足感と仕事をやめたがる性向は，パーソナリティがその職場環境とどの程度合致しているかによって左右される[8]。

パーソナリティのタイプは，図表6-2に示されるように，①現実的，②研究的，③社会的，④慣習的，⑤企業的，⑥芸術的，の6つがあげられる。ホランド［1985］およびロビンス［2005］は各タイプの人間をバランスよく用いるこ

図表6-2　6つのパーソナリティ特性と職業

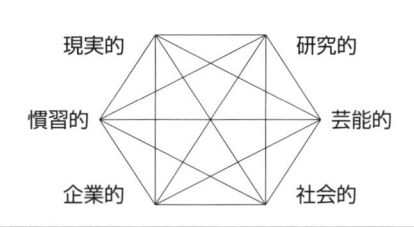

```
        現実的        研究的
   慣習的                 芸能的
        企業的        社会的
```

タイプ	パーソナリティの特性	職業（適正）
現実的 (realistic)	内気，誠実，持続的，安定，順応，実践的	機械工，工員，農業 （技能，強さを要する肉体的活動）
研究的 (investigative)	分析的，オリジナル，好奇心，独立心のある	生物学者，経済学者，数学者 （思考，構造化，理解を伴う活動）
社会的 (social)	社会的，友好的，協力的，共感的	ソーシャルワーカー，教師 （他者を助け，育む活動）
慣習的 (conventional)	規範的，有能，実践的，現実的，硬直的	会計士，企業のマネジャー （規則と秩序があり曖昧でない活動）
企業的 (enterprising)	自信，野心，精力的，傲慢	弁護士，不動産業者，広報担当者 （他者への影響が生じる言語的活動）
芸術的 (artistic)	創造的，無秩序，情動的，理想主義，非実用的	画家，音楽家，小説家，デザイナー （創造的で非システマティックな活動）

（出所）　Holland, J.L.［1985］訳書49，55頁，Robbins, S.P.［2005］訳書59-60頁に基づいて図表化。

とが，組織の有効性の向上に貢献すると強調している。そのために組織は，職務拡大，職務充実などの参加型マネジメントを実践することによって，組織構成員のパーソナリティを発達させることが重要である。

　また，ホランド［1985］は，職場環境もパーソナリティと同様に6つに区分し，人間はパーソナリティと一致するような職場を選択する傾向があり，また，両者の一致度が高いほど満足を覚えることを実証的に明らかにしている。

　ロビンス［2005］は，先述したパーソナリティと職務の適合理論の他にも，①ローカス・オブ・コントロール（行動決定源泉の所在意識），②権威主義，③マキャベリズム，④自己監視性，⑤リスク志向性，という5つのパーソナリ

ティ属性を示し，この5つのパーソナリティ属性は，組織における行動を説明し，予測するのに直接関係がある，と述べている[9]。

① ローカス・オブ・コントロールとは，内的統制型のことである。自己の内部に自分の行動の決定源泉があると意識している。具体的には，仕事に対する満足度が低く，作業環境から孤立し，仕事への関わりが少ない。
② 権威主義は，組織内の人々の間に地位や権力の差があってしかるべきだという考え方である。すなわち，権威主義が極度に強いパーソナリティの持ち主は，知的な面で硬直気味で，他人のことをとやかく批判し，上司には敬意を払うが，部下をこき使って，変革を信用せず，これに対抗する。
③ マキャベリズム的な傾向が強い人は，功利主義で，感情的な距離をあけて，目的のために手段を選ばない人である。
④ 自己監視性が高い人は，外的なシグナルを敏感に察知して，状況が変われば，行動も変えることができる。まるでカメレオンのように，状況に合わせて変わり身が早く，本心を隠すことができる。
⑤ リスク志向性が高い人はリスク志向性の低い人よりも，情報が少ない中で選択の決断をするのが早い。マネジャーはこの情報を利用して，リスク志向性の高い従業員を特別の職務条件に合わせることができる。

しかし，上述したパーソナリティ属性が組織に適用できるか否かは，マネジャーのコントロール次第であるといえよう。

❸ パーソナリティの発達とキャリア形成

先述したように，パーソナリティの発達に大きな影響を与える要因として，①遺伝的要因，②環境的要因，という2つをあげた。特に，環境的要因に関して，アージリス［1957］は，古典的管理システムは，創造的な個人にとって大きな足かせになる。さらに，人間のパーソナリティを職務と無関係にすることは，有機体である人間の自己実現を不可能にすることであると述べている[10]。

ホランド［1985］によれば，職業選択は，パーソナリティの表現であるので，職業の好みや職場から，個人のパーソナリティ・タイプを定義するというやり方は，それらの定義が最も実質的な予測変数であることから，非常に役に立つ

と述べている[11]。

　キャリアに関する理論は，1950年代初期に米国において発表された。その理論は，キャリアの発達や職業選択に関するものであり，当時の米国のキャリア開発運動，職業ガイダンス（vocational guidance），職業カウンセリングの発展に寄与するものであった[12]。

　シャイン（Schein, E.H.）[1978] は，組織は個人の職務遂行に依存し，個人は，仕事およびキャリアの機会を提供する組織に依存する。また，組織は，人間資源を募集し管理し開発したいという欲求を持つと述べている[13]。

　キャリアという概念は，図表6-3に示されるように[14]，職業を追求する個人の「内的キャリア」にとっても，また組織におけるワーキング・ライフの全体にわたって，従業員がたどる適切な発達プロセスを設けようとする組織の「外的キャリア」にとっても，双方に大きな意味がある。

　キャリアの発達とは，生涯を通して，自己のキャリア目標に関係した経験や技能を継続的に獲得していくプロセスであり，組織内キャリア発達とは，組織において，組織との調和を図りながら，自己のキャリア目標に関係した経験や

図表6-3　個人の視点（内的キャリア）と組織の視点（外的キャリア）

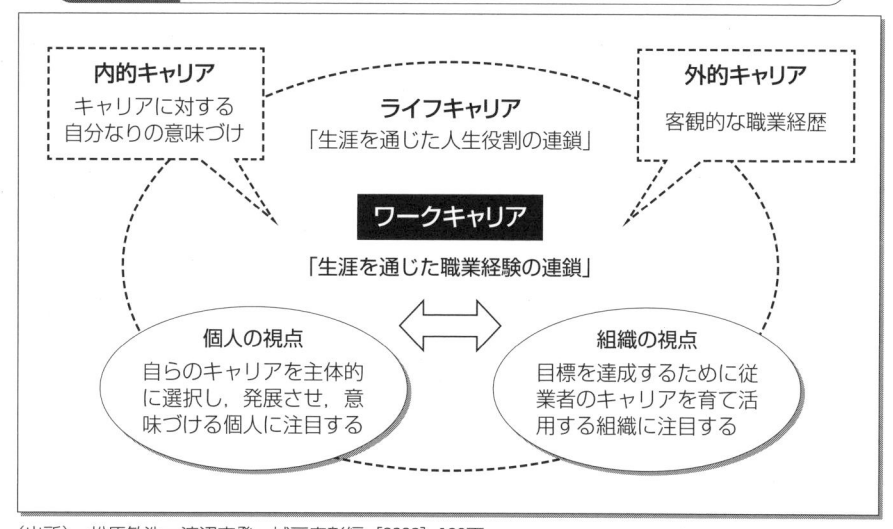

内的キャリア
キャリアに対する自分なりの意味づけ

ライフキャリア
「生涯を通じた人生役割の連鎖」

外的キャリア
客観的な職業経歴

ワークキャリア
「生涯を通じた職業経験の連鎖」

個人の視点
自らのキャリアを主体的に選択し，発展させ，意味づける個人に注目する

組織の視点
目標を達成するために従業者のキャリアを育て活用する組織に注目する

（出所）　松原敏浩＝渡辺直登＝城戸康彰編 [2008] 192頁。

技能を継続的に獲得するプロセスである[15]。

　ホール＝カーン（Hall, D.T.＝Kahn, W.A.）[2002]によれば，キャリアとは，ある人の生涯における仕事関連の諸経験や諸活動と結びついた態度や行動の個人的に知覚された連続である。新しい時代における発達は，①持続的な学習，②自己管理，③関係，④仕事上の課題，を通してもたらされる[16]。キャリア開発の視点は，個人も組織もともに複雑な環境にあり，両者の相互作用は外的諸力によって一部決定されることがある。さらに，その相互作用は，動態的であり個人および組織の双方における要素変化を反映する[17]。

　図表6-3に示されるように，組織におけるキャリアについて考える場合，「個人の視点（内的キャリア）」と「組織の視点（外的キャリア）」があることは多くの研究者によって指摘されている。個人の視点は，職業，組織，職務，自己の発達などの個人活動であり，組織の視点は，新規採用，選別，人的資源の配置，評価，訓練と開発などの組織活動である。したがって，組織におけるキャリア発達は「個人のキャリア・プランニング」の過程と，組織の「キャリア・マネジメント」の過程との相互作用から生じる結果と考えられる[18]。

　図表6-3は，上述した「個人の視点（内的キャリア）」と「組織の視点（外的キャリア）」の二面性を表現したものである。内的キャリアは，人が自分の仕事の経験や役割に対して，どのような意味づけや価値を見出すかを意味しており，「主観的キャリア（subjective career）」とも表現される。一方，外的キャリアは，実際の職務経歴をさし，「客観的キャリア（objective career）」と言われる[19]。多くの企業（組織）主導で行われてきた従業員のキャリア開発は，いまや個人主体のキャリア開発，すなわち個人主導，自己責任型に転換しつつある。

2　モティベーション

❶ モティベーションの概念

　モティベーション理論は，1950年代から研究が盛んになり，キャンベル

(Campbell, J.P.)［1970］を中心とするミネソタ学派によって，内容理論（content theory）とプロセス理論（process theory）の2つに大別されることが一般的である[20]。

内容理論は，個人はどのような要因（報酬，インセンティブなど）によって動機づけられるのか，「行動を動機づける特定の要因」の解明を重視する理論のことで，動機づけ要因の内容を重視する。マズロー［1954］の欲求5段階説，マグレガー［1960］のX理論-Y理論，ハーズバーグ［1966］の動機づけ-衛生理論，マクレランド［1961］の達成動機理論，アルダーファー［1972］のERG理論（存在：existence, 関係：relatedness, 成長：growth），などがこれに該当する。

プロセス理論は，個人が動機づけられる心理的なプロセス，すなわち，「モティベーションの心理的メカニズムおよびプロセス」の解明を重視する理論である。アダムズ［1965］の公平理論，ブルーム［1964］の期待理論，ポーター＝ローラー［1968］の期待理論，などがこれに該当する。

ロビンス［2005］によれば，動機づけとは，何かをしようとする意志であり，その行動ができることが条件づけとなって，何らかの欲求を満たそうとすることである。すなわち，欲求とは，生理的あるいは心理的な欠乏のある状態で，それによって何らかの結果が魅力的にみえてくる[21]。このように，動機づけとは，人間の行動がいかにして始動し，方向づけられ，維持され，停止していくのか，そしてこれらが進行する過程でどのような反応が人間有機体の内部に生起するのか，を説明する概念である。

図表6-4　動機づけのプロセス

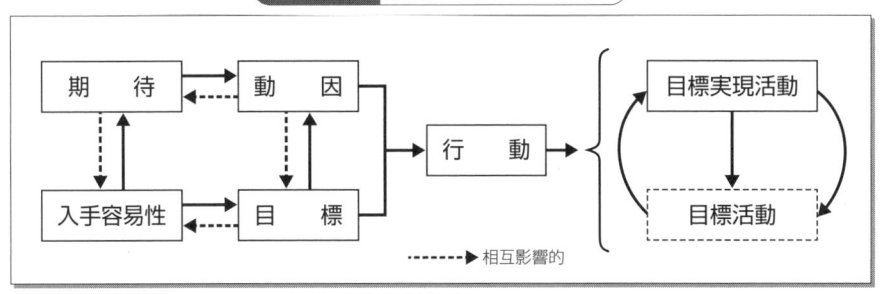

期待 ― 動因 ― 行動 ― 目標実現活動 ― 目標活動
入手容易性 ― 目標
------▶ 相互影響的

（出所）　Harsey,P.＝Blanchard,K.H.［1969］訳書36頁。

ハーシー＝ブランチャード（Harsey, P.＝Blanchard, K.H.）［1969］は，図表6-4に示されるように，動機づけのプロセスを提示した。期待・入手容易性・動因・目標が相互に影響を受けながら，外側の状況に投影された目標に向かう。こうした目標が，当人によって到達可能か，それとも入手不能か，それぞれ観測され，これが期待度に影響する。期待が高ければ，それだけ動因が強まる[22]。

　動機づけは，達成感や帰属感，認められたいという気持ち，自尊心など人間としての基本的な欲求を満足させることになる。すなわち，根源的な欲求が満たされるのは，人間にとってこたえられないものであり，それが大きなエネルギー源になる[23]。

❷ モティベーションの内容理論

　組織における個人の管理を考える際に，個人がどのような欲求を持ち，その欲求の充足と動機づけはどのような関係性があるのかを勘案することは，個人を管理する上で重要な問題である。モティベーションの内容理論としてマズロー［1954］の欲求5段階説が提唱されたことによって，この問題に対する解決策の一部が提示されることになった[24]。

　第2章でも述べたように，マズロー［1954］は，人間の欲求の中で欠乏欲求と成長欲求という分類に加えて，①生理的欲求，②安全欲求，の2つを低次欲求，③社会的欲求，④自尊欲求，⑤自己実現欲求，の3つを高次欲求と分類した。そして，この5つの欲求は，階層関係をなしていると仮定している。

　マズロー［1954］の欲求5段階説では，人間の基本的欲求は，それ自体，相対的優勢さの原理に基づいて，公正なはっきり定まったヒエラルキーとして位置づけられる。こうして，安全欲求は生理的欲求よりも強い。なぜなら，この2つの欲求が阻止された時，安全欲求が有機体を支配するからである。

　社会的欲求，自尊欲求，自己実現欲求の高次欲求は，系統発生的，進化的に後から発達したものである。自己実現欲求は人間だけのものであり，欲求は高次になるほど，より人間に特有なものとなる。また，高次欲求の満足は，低次欲求の満足より自己実現に近く，高次欲求を探究し満たすことは，より大きな，より強い，より真実の個性につながる[25]。

第6章 組織における人間行動

マグレガー（McGregor, D.）[1960]は，人間に対する見方を，X理論とY理論の2つに大別した。X理論は，低次欲求に動機づけられる人間モデルであり，Y理論は，高次欲求に動機づけられる人間モデルである。マグレガー[1960]は，マネジャーの部下に対する様々な対応において，X理論とY理論の人間観によって対応していると結論づけている。

このように，X理論では，部下が低次欲求を追求することを前提として，その態度や行動を不定的に認識するという人間観である。Y理論では，X理論とは反対に，部下が高次欲求を追求することを前提として，その態度や行動を肯定的に認識する人間観である。マグレガー[1960]は，組織内における意思決定への参加，良好な従業員関係や責任ある仕事の存在が，自身の業務に対する意欲を高める要因になると主張している[26]。

これらの高次元的ニーズは，革新的企業経営においてその目標としてあげられることが多い。すなわち，革新的企業経営では，より高次元のニーズを非金銭的方法によって満たそうと意図することが現実にある。以上のことからみればX理論は，低次元的ニーズを含んだモティベーションであり，Y理論は，より総括的，科学的，現実的モティベーション理論であるといえよう[27]。

次に，ハーズバーグ（Herzberg, F.）[1966]の動機づけ−衛生理論（motivation-hygiene factors theory）についてみてみよう。ハーズバーグ[1966]は，人間が仕事に対してモティベーションを向上させる動機づけ要因と，職場環境に関わる衛生要因を大別し，動機づけ−衛生理論を展開した。

ハーズバーグ[1966]によれば，動機づけ−衛生理論は，産業心理学において激しい論争の的となっている理論の一つである。なぜならば，人間の欲求を全く新しい角度から眺めてみようとする試みであるからである。動機づけ−衛生理論は，ハーズバーグ[1966]がピッツバーグの工場で専門職（技術者や会計士）を対象にして行われた「臨界事象法（critical incident）」による調査研究に基づくものである[28]。（第2章の図表2-3を参照されたい）

動機づけ要因（満足要因・職務満足）は，達成，承認，仕事そのもの，責任，昇進，成長がこれに該当する。衛生要因（不満要因・職務不満）は職務に外在する会社の方針と政策，監督，対人関係，作業条件，給与，身分，それに保障

が該当する。職務満足に関連している全要因の81%が動機づけ要因で、従業員の仕事をめぐる不満に関連している全要因の69%が衛生要因であった。

動機づけ要因は、心理的成長に対する人間の欲求を叶える要因であり、中でも達成、承認、仕事そのもの、責任、昇進、成長がそれに該当するという考えである。これらの要因は職務内容、すなわち、仕事そのものに関連している。

ハーズバーグ［1966］は、モティベーションを高めるためには、職場環境のような衛生要因を改善するのではなく、動機づけ要因である仕事そのものを改善する必要性があることを認識し、職務拡大（job enlargement）や職務充実（job enrichment）を提唱した[29]。職務充実は、動機づけ要因の特質として、従業員の態度に、長期的な効果を残すといわれている。職務拡大、職務充実は、米国、日本をはじめとして、世界中の多くの企業で採用されている。

上述したように、マズロー［1954］の欲求5段階説、マグレガー［1960］のX理論とY理論は、それぞれ自己実現や企業における「人間的側面」の重要性を指摘し、それが動機づけになると主張した。ハーズバーグ［1966］の動機づけ－衛生理論は、実証研究の中から生まれてきた動機づけの内容理論である。

❸ モティベーションのプロセス理論

先述したように、プロセス理論は、個人が動機づけられる心理的なプロセス、すなわち、「モティベーションの心理的メカニズムおよびプロセス」の解明を重視する理論である。このような動機づけのプロセス理論として、代表的なものとして、ブルーム（Vroom, V.H.）［1964］の期待理論がある。

期待理論は、組織構成員のモティベーションと、仕事行動のプロセスを体系的にモデル化したものである。ブルーム［1964］による期待理論の定式化は、組織の中の管理者や従業員の期待型モティベーションの定式化としてはおそらく最初のものである。

ブルーム［1964］の期待理論のキーポイントは、①誘意性（valence）、②期待（expectancy）、③力（force）である。まず、誘意性とは、特定の結果への情動志向である。次に、期待は特定の行為が特定の結果を伴う確率についての瞬間の確信であると定義される。力の概念は、人間の行動は方向と大きさを持つ力の

場の結果であると仮定されている[30]。具体的には，ある行動が結果をもたらす期待と誘意性を掛けたもので行動の強さが決まるように定式化されている[31]。

　ブルーム［1964］の期待モデルでは，力が特定の行動変数を規定するだけでなく，その構成変数である誘意性や期待も，それぞれ直接に様々な行動変数を規定すると仮定されている点に特色がある。こうした仮定は，期待理論の最重要な仮定として，それ以降の多くの研究者にも継承されていった。ブルームの期待理論のモデルは，後でポーター＝ローラー（Porter, L.W.＝Lawler, E.E.Ⅲ.）［1968］によって精緻化されている。ポーター＝ローラー［1968］は管理者の職務態度と職務遂行の関係を実証的に研究した[32]。

　ポーター＝ローラー［1968］のモデルは，「報酬と価値」と「知覚される（努力→報酬）確率」である。報酬と価値とは，個人にとっての可能な結果である。報酬と価値の変数は，ブルームの結果の誘意性という概念に相応する。次に，知覚される（努力→報酬）確率とは，一定の報酬額が個人の一定の努力の量に依存する確率に関するものである。「努力」は，一定の状況において個人が費やすエネルギーの量と定義されている[33]。すなわち，努力が遂行に及ぼす効果は，能力と資質が高まるほど，または役割知覚が高まるほど比例的に大きくなるということである。高次欲求に関連した報酬の価値は，報酬への満足が大きいほどより大きくなる[34]。

　坂下昭宣［1985］は，期待理論に依拠した組織行動研究の課題として，①期待型組織行動の分析，②期待型モティベーションの規定要因の分析，の２つの課題をあげている。坂下昭宣［1985］は，ブルーム［1964］，ポーター＝ローラー［1968］などのいわゆる古典的，正統的モデルの課題を踏まえて，図表6-5に示されるように[35]，期待（$E{\rightarrow}P$），期待（$P{\rightarrow}Oi$），報酬誘意性（Vi）という３要因の積和で定義した（ただし，遂行によってもたらされる報酬は，i種類であると仮定)[36]。すなわち，一定レベルの遂行Pを達成しようとする期待型モティベーションをMpとすれば，$Mp=(E{\rightarrow}P)\sum[(P{\rightarrow}Oi)(Vi)]$　である。

　ここで，（$E{\rightarrow}P$）とは，「努力」Eが一定レベルの「遂行」Pをもたらすという組織構成員の期待であり，（$P{\rightarrow}Oi$）とは，そのレベルの遂行Pが第i番目の報酬の誘意性である。次に，遂行は「内的報酬」と「外的報酬」のいずれか，

図表6-5　組織論的期待モデル

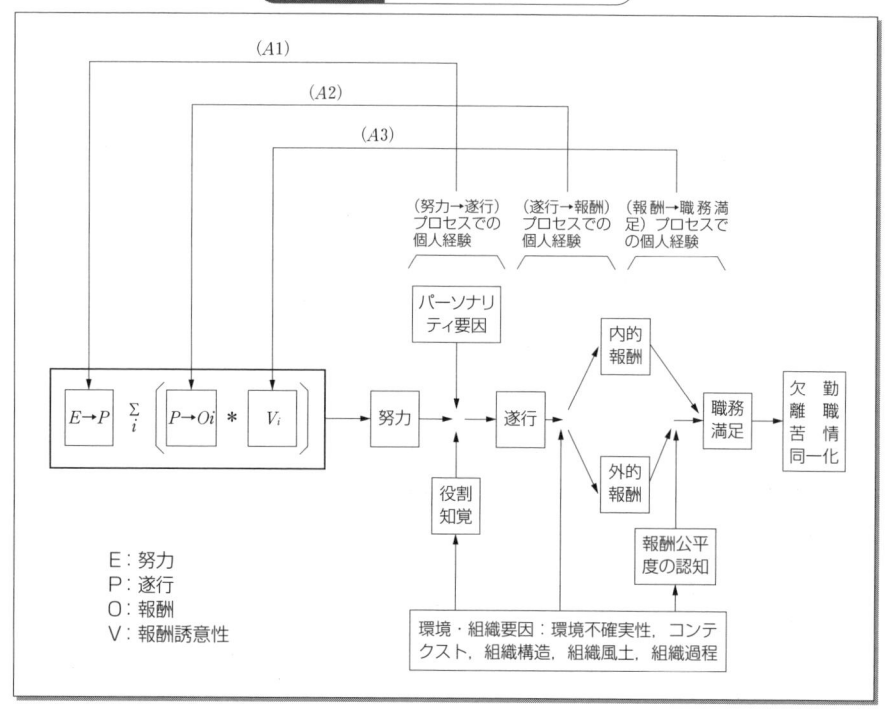

```
                    (A1)
                    (A2)
                    (A3)
```

（努力→遂行）プロセスでの個人経験　（遂行→報酬）プロセスでの個人経験　（報酬→職務満足）プロセスでの個人経験

$\left[E \rightarrow P \right] \sum_i \left(P \rightarrow O_i \right) * V_i$ → 努力 → 遂行

パーソナリティ要因
役割知覚
内的報酬
外的報酬
職務満足
報酬公平度の認知
欠勤　離職　苦情　勤労同一化

環境・組織要因：環境不確実性，コンテクスト，組織構造，組織風土，組織過程

E：努力
P：遂行
O：報酬
V：報酬誘意性

（出所）　坂下昭宣 [1985] 112頁。

またはその両方をもたらすと考えられる。報酬は，「職務満足」S をもたらし，職務満足は，欠勤，離職，苦情，ならびに同一化の原因となるであろう。

3　学　　習

❶　学習の概念

　一般的に，学習（learning）とは，新しい知識や技術を習得することである。しかし，組織行動論の領域においては，学習とは，経験の結果，「主体の行動が永続的に変化する活動あるいはプロセス」を指す概念である。

学習には，学習する主体によって，①個人レベルの学習，②組織レベルの学習，の2つに大別することができる。通常は，学習する主体（行動を変化させる主体）は，基本的に個々の人間であるが，近年では，個人レベルの学習だけでなく，組織レベルの学習に注目が集まっている。組織レベルの学習は，組織学習（organizational learning）や学習する組織（learning organization）の問題として知られている。

ワトキンス＝マーシック（Watkins, K.＝Marsick, V.）［1993］によれば，学習する組織とは，継続的に学習し，組織そのものを変革していく組織である。学習は，個人，チーム，組織あるいは組織が相互作用するコミュニティの中で生まれる。すなわち，学習とは継続的で戦略的に活用されるプロセスであり，しかも仕事に統合されたり，あるいはそれと並行して進展するものである。学習は，知識，信念，行動の変化を生み出すだけでなく，組織のイノベーション能力や成長能力を強化する[37]。

アージリス（Argyris, C.）［1978］は，学習を「単に知識を獲得することにとどまらず，新しい思考や技能，行動のパターンを習得し，組織内外の変化に対応するプロセス」と定義づけ，シングル・ループ学習（single-loop learning）とダブル・ループ学習（double-loop learning）に大別している[38]。

センゲ（Senge, P.M.）［1990］は，組織は個人の学習を通してのみ学び，学習する個人がいなければ，学習する組織などありえないと述べた[39]。また，学習する組織とは，革新的で発展的な思考パターンが育まれる組織，共同して学ぶ方法を絶えず学習し続ける組織のことをいう。

センゲ［1990］は，企業の人々に，継続的な学習活動の方法として，学習する組織をつくるために，①システム思考（system thinking），②自己マスタリー（self mastery），③メンタル・モデル（mental model），④共有ビジョン（shared vision），⑤チーム学習（team learning），の5つの法則を提示した[40]。

① システム思考（system thinking）：ビジネスや組織を1つのシステムとして把握し，全体のパターンを明らかにし，それを有効に変えようとする思考。
② 自己マスタリー（self mastery）：自己を客観的にとらえ，また，自己を磨き，学習に心から取り組むこと。

③ メンタル・モデル（mental model）：自分たちの心に固定化された既存のイメージや概念の問題を把握し，それを変革すること。
④ 共有ビジョン（shared vision）：組織メンバー間における達成すべき将来像を共有すること。
⑤ チーム学習（team learning）：学習する単位が個人ではなく，対話と共同思考によるチームを単位とするものである。このシステム思考は，1つの要素が変化するとき，その影響を受けてすべての要素間の関係が変化する。つまり，常に全体を捉えた考え方をしていなければならない。組織学習と学習する組織としては，本質的な部分で大きな相違がある。学習する組織は，組織学習論をはじめとする様々な理論の応用であるからである[41]。

❷ 学習する組織とアンラーニング

　学習は，組織のなかでより複雑で集合的なレベルへと伝えられていく。すなわち，個人，集団，チーム，より大きなビジネス・ユニットや組織それ自体，顧客と供給業者とのネットワーク，そして，その他の社会集団へと広がっていく。学習する組織における学習とは，極めて社会的なものである。人々は，明確な目的の達成に向かって共に働くときに学習し，個人は，他の人の学習を助ける。集団は相互作用する状況の中で学習し，その結果，互いの洞察を結びつける。しかし，ほとんどの学習する組織は，ある種の変化を追求し，何か新しいものに変わることによってのみ，直面する問題を克服することができる[42]。

　上で述べたように，アージリス［1978］，センゲ［1990］の研究とは別に，この時期の研究で組織学習論の歴史において非常に重要な位置を占める研究者として，ヘッドバーグ（Hedberg, H.）［1981］によるアンラーニング（棄却）の議論がある。アンラーニングとは，組織の価値前提や知識のうち，すでに時代遅れになったり妥当性を欠くようになったものを捨て去り，より妥当性の高い新たなものに置きかえることをいう。

　マーチ＝オルセン（March, J.G. ＝ Olsen, J.P.）［1976，1979］によれば，これまで組織学習に関する認知的及び評価的限界など，組織学習の研究はほとんど行われていなかった。その結果，学習は通常，単純な合理的適応のモデルによっ

第6章 組織における人間行動

て理解されていた，と述べている[43]）。

　組織の目標が組織にとって容易に達成できるものである場合，組織は自らの業績と目標との差を比較して，次回，同様の行動を起こすときはその差をできるだけ小さくしようと考える。そこで達成された業績の高さに応じる形で，現在の目標の水準を上げるという適応行動が発生する。一方，目標の実現が困難で組織に失敗をもたらしてしまった場合には，組織の業績と目標との間には負のギャップが存在することになる[44]）。

　寺本義也［1993］は，組織の高次学習を成功させるためには，高次学習の概念モデルの作成を集中して行い，充分検証し，リスクを最大限に回避しておかなければならない，と述べている[45]）。企業における高次学習とは，「職務設計，組織構造，管理体制などに変化を強要する容易ならざる変化」であり，多方面に変化をもたらすということは，それだけリスクも高くなる。低次学習ではリスクが小さいので，リスク感度の調整といった仕組みを必要とはしない。図表6-6は，組織レベルの高次学習のプロセスモデルである[46]）。この概念モデルでは，

図表6-6　アンラーニングとリラーニング

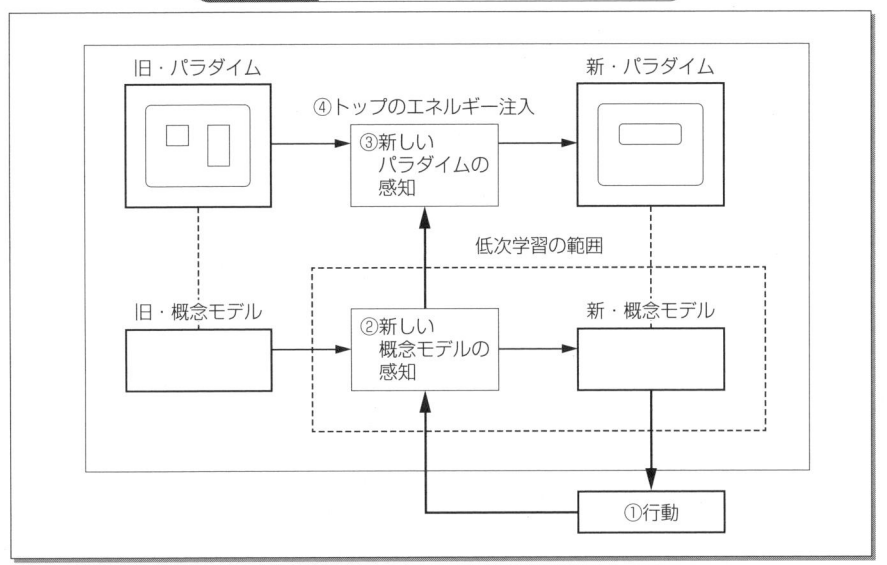

```
┌─────────────────────────────────────────────────┐
│  ┌──旧・パラダイム──┐   ④トップのエネルギー注入   ┌──新・パラダイム──┐  │
│  │                  │       ┌─────────┐        │                  │  │
│  │   □   □          │──→  │ ③新しい  │ ──→   │       ▭          │  │
│  │                  │       │パラダイムの│        │                  │  │
│  │                  │       │  感知    │        │                  │  │
│  └──────────────────┘       └─────────┘        └──────────────────┘  │
│           │            ┌ ─ ─ ─ ─↑─ ─ ─ ─ ─ ┐                         │
│           │            │    低次学習の範囲   │                         │
│  ┌──旧・概念モデル──┐  │   ┌─────────┐    │   ┌──新・概念モデル──┐  │
│  │                  │  │   │ ②新しい  │    │   │                  │  │
│  │                  │──┼→ │概念モデルの│─ ─┼→ │                  │  │
│  │                  │  │   │  感知    │    │   │                  │  │
│  └──────────────────┘  │   └─────────┘    │   └──────────────────┘  │
│                         │         ↑          │             │           │
│                         └ ─ ─ ─ ─┼─ ─ ─ ─ ─ ┘             │           │
│                                   │              ┌─────┐  │           │
│                                   └──────────────│①行動│←─┘           │
│                                                  └─────┘              │
└─────────────────────────────────────────────────┘
```

（出所）　寺本義也［1993］267頁。

①行動をもたらす，②組織は，行動を通じてその前提となる新しい概念モデルを明確に感知する，③新しいパラダイムを感知する，ことになる。

　図表6-6に示される点線の範囲が低次学習である。高次学習ではパラダイムの置き換えが起きる。集団レベルでは，アンラーニングからリラーニングへと徐々にパラダイムの変革が起こるのが特徴である。

　以上のように，組織に直面する様々な問題を克服し，組織の目的達成を実現するためには，アンラーニングを実現することによって，望ましい組織学習が実現できるといえる。

❸ 学習する組織の構築

　学習する組織を創造していく上で明確な処方箋はないが，組織を考える方法に大きな変革が必要とされている。学習する組織を構築するためには，組織内部の変化，仕事の性質の変化，組織構成員の変化，さらに学習変化が必要である。

　ワトキンス＝マーシック［1993］によれば，組織は，変革を実現しなければ生き残っていくことはできない。変革を実現するには，継続的に学習を続け，継続的に改善を繰り返していかなければならない。ワトキンス＝マーシック［1993］は，組織学習の変革をする方向として，次の5つの要素を提示している[47]。

① トータル・クオリティー・プログラム：仕事を観察して過失を少なくし，組織の競争力を高めるためのプログラムである。
② 技術の変化：コンピュータやそれ以外の技術を十分活用するために，新しい思考方法を学習する。
③ サービス志向：顧客ニーズを理解し，それを充足するということを学習する。
④ 高い業績をあげ，自己管理しているチーム：チームがプロジェクトを管理し人々に影響を及ぼすし，効果的に職務を完遂できるようになるためには，どのようにして共同すべきかを学習する。
⑤ 時間の節約：企業が研究開発・生産・サービス提供の時間を短縮するためには，学習サイクルの時間も短縮することが必要である，など。

　クライン＝サンダース（Kline, P.＝Saunders, B.）［1998］によれば，学習は感情

的なプロセスゆえに，学習者を応援するような企業文化が必要となる。すなわち，従業員の一人ひとりが自尊心を継続的に高めていくことができれば，会社内の士気はあがり，それだけ組織に対するコミットメントも深くなる。また，従業員の気持ちが考慮され，話し合われるとき，高いシナジーが生み出される。しかし，人々の才能や直感，アイデアやスキルを無駄にし，抑圧していては，学習する組織は成立しない。グループのメンバー全員が，個人的な成長と組織の使命の両方にコミットするとき，シナジーは自然に生まれてくる[48]。

学習する組織を創造するためには，組織メンバー一人ひとりが，どれだけ早く自分自身の学習プロセスを見直し，新しい可能性にオープンになれるか，また，各メンバーは，新たなシステムが文化の中に受容されたとき，それに反応できる感性を持っていなくてはならない。これらのすべてを素早く成し遂げるとき，学習する組織は形成される[49]。

以上のように，学習する組織を構築するためには，学習する環境の創造，仕事，作業環境，技術，報酬，システム，組織文化，組織構造およびトップ・マネジメントの思考など，多くの課題がある。

4 コミュニケーション

❶ コミュニケーションの概念

人間は，組織の中で様々なコミュニケーションを行っている。個人行動の7割前後は，コミュニケーションに費やされているという調査結果さえある。コミュニケーションとは，一般的に，「情報を創造し，交換し，共有するプロセス」のことである。意思疎通，情報共有など，多くの類似概念が存在する。

グロホラ（Grochla, E.）[1977] は，コミュニケーションとは，行動主体の情報の交換を意味する。すなわち，企業における情報交換の必要性は，相互関係にある決定と実施活動が調整される必要があるところから生まれると述べた[50]。

サイモン（Simon, H.A.）[1997] によれば，コミュニケーションとは，正式に

は組織のあるメンバーから別のメンバーに,決定の諸前提を伝達するあらゆる過程であると定義される。組織におけるコミュニケーションは,二方向の過程（プロセス）である[51]。

すなわち,垂直的（上方的,下方的）コミュニケーションか,水平的コミュニケーションか,によってその性格が大きく異なる。垂直的コミュニケーションは,命令・報告がその典型である。水平的コミュニケーションは,同じ階層にある自他部門のメンバーとの調整がその典型である。

コミュニケーションは,フォーマルかインフォーマルか,によってもその性格が大きく異なる。上述した垂直的コミュニケーションは,概してフォーマル・コミュニケーションと相関関係が高く,水平的コミュニケーションは,インフォーマル・コミュニケーションとの相関関係が高いとされている。

コミュニケーションによって,従業員がなすべきことや現在の自分の業績,また業績が標準以下の場合の改善方法などを明白に示すことにより,動機づけを行う。そして,具体的目標の設定,目標に対する進捗状況のフィードバック,好ましい行動の強調によって,すべての動機を刺激し,コミュニケーションを求める[52]。コミュニケーションの本質は,送り手と受け手の間における長期的,継続的に行われる相互作用的なプロセスである。

コミュニケーション・プロセスは,図表6-7に示されるように,①コミュニケーションの供給源（送り手）,②記号化,③メッセージ,④伝達経路,⑤解

図表6-7　コミュニケーションのプロセス

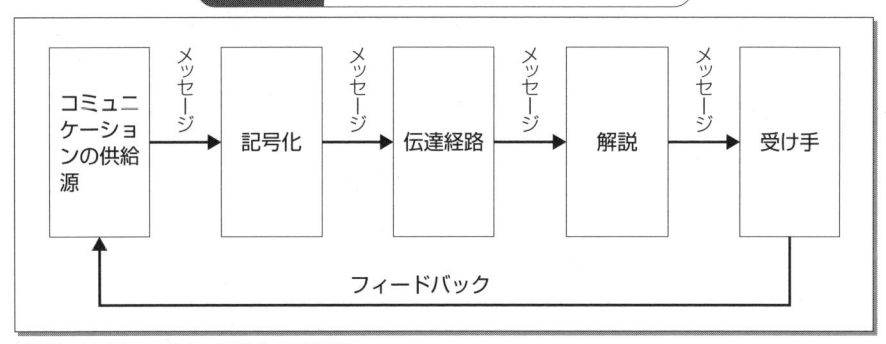

コミュニケーションの供給源 →メッセージ→ 記号化 →メッセージ→ 伝達経路 →メッセージ→ 解説 →メッセージ→ 受け手

フィードバック

（出所）　Robbins, S.P. [2005] 訳書193頁。

読(解説),⑥受け手,⑦フィードバック,の7つの要素によって構成される[53]。

コミュニケーションが行なわれるためには,(伝達されるメッセージとして表現される)目的が必要である。すなわち,メッセージは,供給源(送り手)から受け手へと渡される。メッセージは記号化(記号形式への変換)され,何らかの媒体(伝達経路)を通じて受け手に引き渡され,受け手は送り手の発したメッセージを元の形に解読する。

コミュニケーション・プロセスの最終段階は,フィードバック回路である。フィードバックとは,メッセージがどの程度うまく最初の意図どおり伝達されているかを確認し,情報共有が達成されたかどうかを判断することである。

❷ コミュニケーションの方向性

組織の中で行なわれるコミュニケーションは,その情報が組織階層をどう流れるかによって,①下方的コミュニケーション,②上方的コミュニケーション,③垂直的コミュニケーション,④水平的コミュニケーション,に分けることができる。コミュニケーションの経路には,公式的経路と非公式経路があり,その両者によって組織構成員は意思決定の内容を共有することができる。良好なコミュニケーションを維持するには,文字どおりコミュニケーションの双方向性が不可欠である[54]。

① 下方的コミュニケーション(downward communication):組織階層の上位者から下位者へと情報を伝える。

② 上方的コミュニケーション(upward communication):組織階層の下位者から上位者へと情報を伝える。

③ 垂直的コミュニケーション(vertical communication):下方的・上方的コミュニケーションは,組織の権限階層に沿って行われる。

④ 水平的コミュニケーション(horizontal or lateral communication):組織で同じ階層にある自他部門の人間に対して情報を伝える。

階層的コミュニケーションとは,様々な階層段階における行動主体間のコミュニケーションを指す。コミュニケーションの方向は,2つの異なった形をとる。すなわち,情報が上から下へ伝達されるという形と,情報が下から上へ伝

達されるという形である。垂直的経路は，報告，命令，指示，その他にも，許可，問い合わせ，勧奨，提案などに役立っている。垂直的なコミュニケーションの構造は，全体の組織構造と権限体系との密接な一致から生まれてくるものでなければならない。もしも，上位の行動主体と下位の行動主体との間で一方的にコミュニケーションが行われるならば，そのコミュニケーション過程において，権限規定がコミュニケーションの基礎として作用したことになる[55]。

しかし，階層的な経路は，コミュニケーションの横の流れを欠くために，極めて時間がかかり，トップがコミュニケーションの流れのボトルネックになってしまう。そこで，実際の組織では，階層的な経路の他に，多くのコミュニケーションの経路を通じて，情報は効果的・効率的に処理される[56]。

組織は，効率を重視する垂直方向のコミュニケーションや，統制を重視する伝統的な組織を構築するか，水平方向のコミュニケーションや，調整を重視する学習する組織を構築するかを選択することが一般的である。いかなる組織においても，垂直方向と水平方向の関係性を混在させる必要がある。そこで，上下の命令系統を横断するように，当事者同士が直接コミュニケーションを行う必要が生じる。

❸ コミュニケーション・ネットワーク

コミュニケーション・ネットワークの研究の大半は，研究室の中で作られた集団を対象に行われてきた。コミュニケーション・ネットワークについて実証的研究を行ったのは，リーヴィット（Leavitt, H.J.）[1962] である。コミュニケーション構造は，ある種の課題に従事する集団の遂行行動になんらかの差異をもたらすのかという研究である。

リーヴィット［1962］は，この基本的な問題について，①集団の課題遂行，②社会的過程，③モラール，など「共通の記号問題」の集団による遂行を測定（所要時間，誤答の数，完了までに交換されたメッセージの数など）するために，いくつかの指標をあげている[57]。この実験では，コミュニケーションのチャンネルを変えることによって，様々な相違が見られた。

ローレンス＝ローシュ（Lawrence, P.R.＝Lorsch, J.W.）[1967] は，図表6-8に示

第6章 組織における人間行動

図表6-8　コミュニケーションのネットワーク

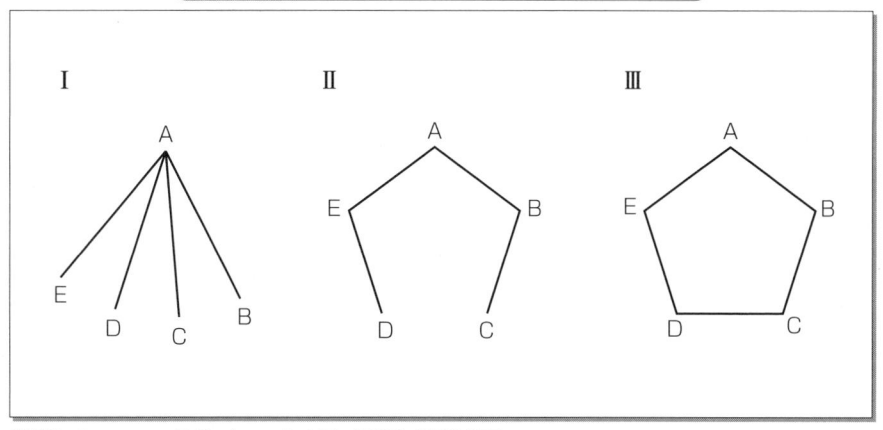

```
   Ⅰ              Ⅱ              Ⅲ
   A              A              A
  /|\|\         /   \          /   \
 E D C B       E     B        E     B
              |     |         |     |
              D     C         D     C
```

（出所）　Lawrence,P.R.＝Lorsch,J.W.［1967］訳書242頁。

されるように，ネットワークⅠがネットワークⅡよりもはるかに効率的であり，また，ネットワークⅡは，ネットワークⅢよりも効率的であることが分かる。言い換えれば，ネットワークⅠでは，グループの各人が，ごくわずかな試みをするだけで問題を解き，そのやり方は，秩序立っており，迅速・明確であり，十分に構造化されている。全体としてネットワークⅢでは，安定した構造を成立させるのが困難で，他のネットワークに比べると一層多くのメッセージを送らねばならず，しかも，それらのメッセージの多くはいかにして課題のための組織化を行うかについての提言であった。

図表6-8のネットワークⅢでは，どのメンバーもリーダーとしての優位性を持つことにはならない。要するに，全員が意思決定に参加し民主的でオープンである。そして，メンバー全員が互いに積極的なコミュニケーションをとることができる。ネットワークⅢが最も頻繁に実践されているのは，問題解決のためのタスクフォースである。しかし，ネットワークⅠのコミュニケーション・ネットワークでは，一人がはっきりとリーダーの立場にいる[58]。

ネットワークⅡは，公式の指揮命令に厳密に則したもので，ネットワークⅠでは，リーダーがグループ全員にとってのコミュニケーションの中心的媒介者となる。

コミュニケーション・ネットワークの中心度の高い位置を占めている人は，情報の確認や周辺的な位置にいる人々に指示を与えるという点で自由度が大きいと同時に，コミュニケーションの相手として誰を選ぶかという点でも選択の自由度は大きい[59]。

5 リーダーシップ

① リーダーシップの概念

　リーダーシップ（leadership）とは，一般に，「組織構成員が組織目標を達成するように方向づける際の影響力ないし影響プロセス」のことである。リーダーシップにおいて，リーダーとフォロワーとの関係性が重要な研究テーマとなる。

　リーダーシップ理論は，先述したモティベーション理論と並んで，組織行動論（ミクロ組織論）における中心的な研究テーマとして位置づけられている。

　リーダーシップの古典的研究として，「ミシガン研究」と「オハイオ研究」がある。本節では，ミシガン研究とオハイオ研究，ブレーク＝ムートン［1978］のマネジリアル・グリッド，変革型リーダーを取り上げて考察する。

　リーダーシップ理論の中で，最も古くから存在したのは特性理論（資質理論）である。特性理論（資質理論）は，歴史上の偉大なリーダーを取り上げて，パーソナリティ特性，身体的特徴などの特性を分析しようとするものである[60]。歴史小説などの読み物としては広く受け入れられているジャンルではあるが，科学的な研究とはなりにくいという限界がある。リーダーシップの研究は，その後，リーダーの特性ではなく，むしろその「行動特性」を抽出する方向に進展した。一連の行動理論（behavioral theory）がそれである。

　三隅二不二編［1994］によれば，リーダーシップとは，特定の集団成員が集団の問題解決ないし目標達成機能と，集団課程維持に関して，他の集団成員たちよりも，これらの集団機能により著しい何らかの継続的な，かつ積極的影響を与えるその集団成員の役割行動である[61]。

第6章　組織における人間行動

　ハーシー＝ブランチャード［1969］は，リーダーシップとは，与えられた状況の中で目標達成に向けて個人または集団の活動に影響を及ぼすプロセスである，と定義している[62]。

　先述したように，オハイオ州立大学の初期の研究では，1940年代にリーダー行動の種々の次元を集約した結果，①構造形成（initiating structure），②人間配慮（consideration），という2つの次元からリーダーの行動を把握できると結論づけている。構造形成とは，リーダー行動の1つのタイプであり，課業を指向することの程度，そして目標達成に向けてフォロアーの仕事活動を指図することの程度のことである。他方，人間配慮は，リーダー行動の1つのタイプであり，相互信頼，尊重などの人間関係の次元のことである。

　オハイオ州立大学の研究では，2つの次元とも高いリーダーのもとで，フォロワーの生産性，満足度が高くなる傾向があることが明らかになった。一方，2つの次元とも高いリーダーのもとで，欠勤率，退職率が高くなることもあり，2つの次元が高いことが常に望ましいとはいえないことも報告されている。

　オハイオ州立大学の研究とほぼ同時期に行われたミシガン大学の研究では，リーダーシップ行動を，①生産志向（production oriented），②従業員志向（em-

図表6-9　2つのリーダーシップ研究の相違

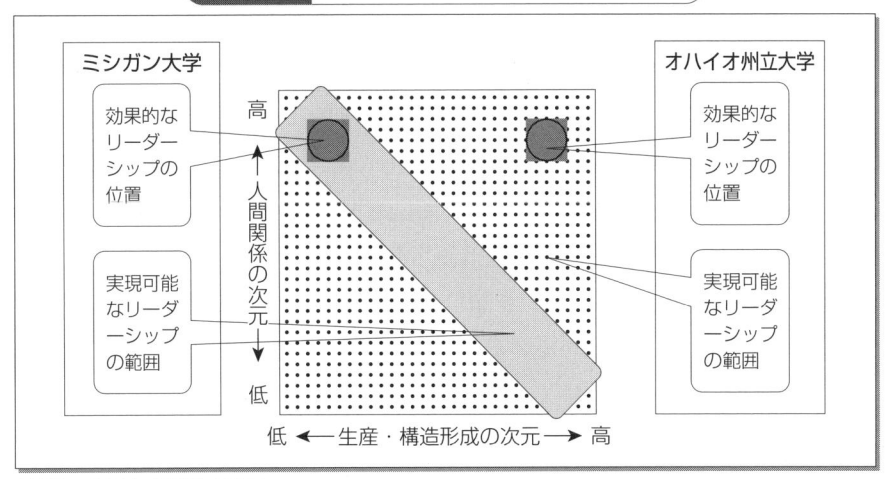

ミシガン大学：効果的なリーダーシップの位置／実現可能なリーダーシップの範囲

オハイオ州立大学：効果的なリーダーシップの位置／実現可能なリーダーシップの範囲

縦軸：人間関係の次元（低←→高）
横軸：生産・構造形成の次元（低←→高）

（出所）　上田泰［2003］229頁。

ployee oriented) という2つの次元で識別した。ミシガン研究では，多様な業種にわたり，従業員志向リーダーシップが生産性と正の相関関係，生産志向リーダーシップが生産性と負の相関関係にあることが明らかになった。

ミシガン大学の研究成果は，リッカート（Likert, R.）[1961]によって集約されている。すなわち，リッカート[1961]は，経営管理システムについて，①システムⅠ（独善的専善型），②システムⅡ（温情的専制型），③システムⅢ（相談型），④システムⅣ（集団参加型），の4つに分類している[63]。高い生産性の組織の管理システムは，わずかの例外を除いて，システムⅣに近い経営管理システムを用いており，低い生産性の組織は，システムⅠに近い経営管理システムを用いることが明らかになっている。

上田泰[2003]は，図表6-9に示されるように，オハイオ研究とミシガン研究を比較し，その異同点を図示している[64]。図表6-9で明らかなように，類似した次元の研究枠組みでありながら，2つの大学の望ましいリーダーシップ像は大きく異なっている。

❷ リーダーシップ・スタイル

ブレーク＝ムートン（Blake, R.R.＝Mouton, J.S.）[1978]は，経営管理者としての行動を，①業績に対する関心，②人間に対する関心，③階層，の3つの共通要素をあげている。

マネジリアル・グリッドは，図表6-10に示されるように[65]，業績に対する関心と人間に対する関心の2つの関心と，その二者間に生ずる相互作用の関係図である。

① 1・1型（無関心型）：業績にも人間にも関心が最低というのが1・1型である。⇒組織の一員として，最低限しなければならないことしかしない。
② 9・1型（権限・服従型）：業績に対する最も高い関心(9)が，人間に対する最低の関心(1)と結びついている。⇒権限・権威を行使し，服従による統制を手段として，業績をあげようとする。
③ 1・9型（カントリー・クラブ型）：業績に対する最低の関心(1)が，人間に対する最大の関心(9)と結びついている。⇒同僚や部下たちの間に友好的。

第6章 組織における人間行動

図表6-10 マネジリアル・グリッド

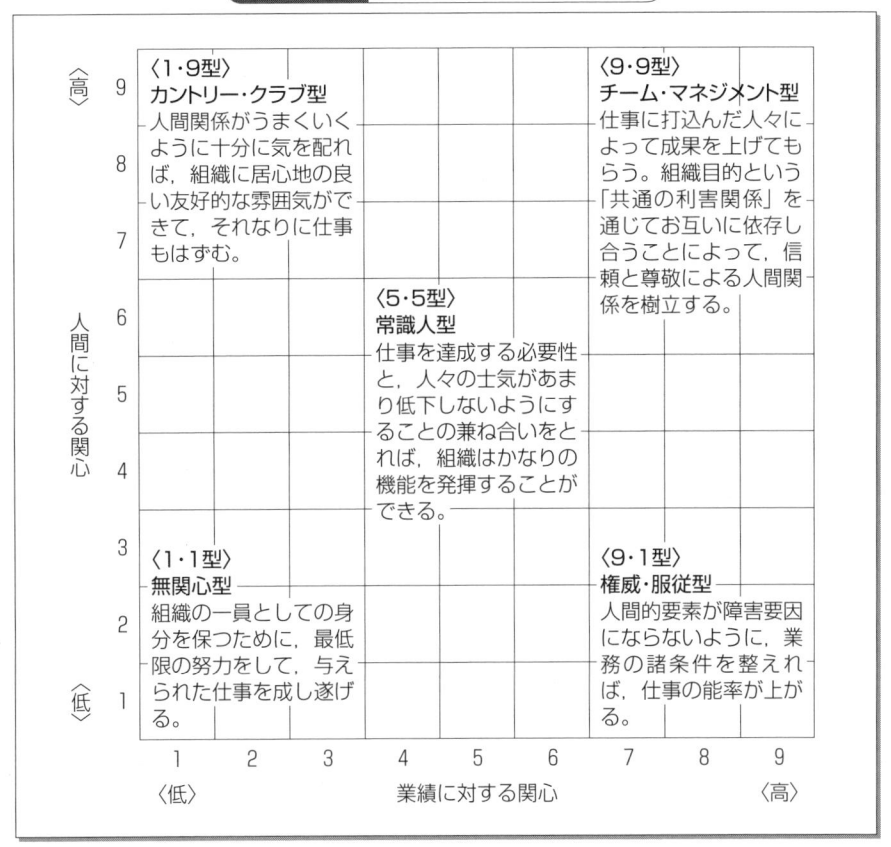

〈1・9型〉 カントリー・クラブ型 人間関係がうまくいくように十分に気を配れば，組織に居心地の良い友好的な雰囲気ができて，それなりに仕事もはずむ。		〈9・9型〉 チーム・マネジメント型 仕事に打込んだ人々によって成果を上げてもらう。組織目的という「共通の利害関係」を通じてお互いに依存し合うことによって，信頼と尊敬による人間関係を樹立する。
	〈5・5型〉 常識人型 仕事を達成する必要性と，人々の士気があまり低下しないようにすることの兼ね合いをとれば，組織はかなりの機能を発揮することができる。	
〈1・1型〉 無関心型 組織の一員としての身分を保つために，最低限の努力をして，与えられた仕事を成し遂げる。		〈9・1型〉 権威・服従型 人間的要素が障害要因にならないように，業務の諸条件を整えれば，仕事の能率が上がる。

縦軸：人間に対する関心（低〜高，1〜9）
横軸：業績に対する関心（低〜高，1〜9）

（出所） Blake,R.R.＝Mouton,J.S.［1978］訳書20頁。

④ 5・5型（常識人または組織人間型）：生産にも人間関係にもまあまあやっていくというのが基本的な考え方である。

⑤ 9・9型（チーム・マネジメント型）：業績と人間に対する最も関心が高く，集団内の人間関係において相互信頼を確立し，目標指向型で参加，フォロワーの葛藤解決を通じて，質，量ともに高い成果の達成に努める。

マネジリアル・グリッドにみられるように，管理者の行動は，その人が所属する組織の影響を受けることが多いといえる。また，マネジリアル・グリッドは，リーダーとして自分の行動の方向，すなわち，業績と人間関係をどう対処

するべきか，組織の目標達成のための方向づけにも活用することができる。

❸ 変革型リーダーシップ

　従来のリーダーシップ論は，上述したように，従業員に対する動機づけ，従業員志向・配慮など，既存の組織目的の達成や一定のルーチン業務におけるリーダーの集団成員に対する影響力に焦点をあててきた。

　これに対して，変革型リーダーシップ（transformational leadership）は，既存の価値観，思考様式，部下の態度などを変えさせることこそが，リーダーシップの重要な機能であり，創造的で知的な刺激を与える存在であること，組織の目標達成に向かって主体的に取り組ませること，などが強調されている[66]。

　変革型リーダーは，①魅力あるビジョンを作り出して，それをフォロワーに伝えることができる。②ビジョンを実現化する戦略を構築し，ビジョンが現実に達成できるという期待をフォロワーに抱かせることができる。③フォロワーとの間に人間的ないし感情的な絆を結んで，組織構成員からより多くの貢献を引き出すことが出来る。④フォロワーにとって理想の役割モデルを演じることができる。このような変革型リーダーは，人間的にはカリスマ性を持ち，将来に対して優れた展望力や洞察力が発揮することができる人物である[67]。

　20世紀最高の経営者といわれているジャック・ウェルチ（GEの会長兼CEO）についてみてみよう。ウェルチがGEでCEOに就任した年に，原子力発電事業の視察のため，カリフォルニア州サンノゼを訪れた。現地の経営幹部は，原子炉新規受注が１年３機は見込まれるというバラ色の計画を語ったが，1981年はペンシルベニア州スリーマイル島で原子炉事故の惨事が起こってから，まだ２年しかたっていなかった。ウェルチは，もう原子炉の受注はないとみて，今後は核燃料の販売と，すでに稼働中の72基の保守サービスのみで事業を展開する方策を指示した。原子力発電事業は，２年の間に1,400万ドルから１億1,600万ドルへと利益を増加させた[68]。現実を直視して内部状況を一変して事業展開をするウェルチこそ，変革型リーダーであったといえよう。

　１）Harsey, P.＝Blanchard, K.H.〔1969〕訳書37頁。

第6章 組織における人間行動

2）Allport, G.W.［1961］訳書28頁。
3）Argyris, C.［1957］訳書88-89, 92頁。
4）上田泰［2003］18-19頁。
5）Lykken, D.K.＝Bouchard, T.J.［1993］pp.649-661.
6）上田泰［2003］20-21頁。
7）林伸二［2000］59頁。
8）Holland, J.L.［1985］訳書49, 55頁，Robbins, S.P.［2005］訳書63-64頁。
9）Robbins, S.P.［2005］訳書61-62頁。
10）Argyris, C.［1957］訳書105頁。
11）Holland, J.L.［1985］訳書50頁を筆者が一部加筆。
12）二村敏子［2004］259頁。
13）Schein, E.H.［1978］訳書1頁。
14）松原敏浩＝渡辺直登＝城戸康彰編［2008］192頁。
15）山本寛［2005］21頁。
16）Hall, D.T.＝Kahn, W.A.［2002］p.24.
17）田尾雅夫［1999］11-12頁。
18）松原敏浩＝渡辺直登＝城戸康彰編［2008］191頁を筆者が一部加筆。
19）同上書192頁。
20）二神恭一編［2006］122頁。
21）Robbins, S.P.［2005］訳書74頁。
22）Harsey, P.＝Blanchard, K.H.［1969］訳書35-36頁。
23）ダイヤモンド・ハーバード・ビジネス・レビュー編集部編［2002a］77頁を一部修正。
24）野中郁次郎［1983］66頁。
25）Maslow, A.H.［1954］訳書145, 149頁。
26）McGregor, D.［1960］訳書38-39, 54-55頁を参照。
27）Argyris, C.［1966］訳書217頁。
28）Herzberg, F.［1976］訳書74, 85頁。
29）同上書86, 88, 153, 183頁。
30）Vroom, V.H.［1964］訳書15-20頁。
31）坂下昭宣［1985］71頁，Vroom, V.H.［1964］31頁の「Vroomの期待モデル」を参照。
32）同上書111-115頁。
33）Porter, L.W.＝Lawler, E.E.Ⅲ［1968］p.19.
34）同上書p.28, pp.39-40.
35）坂下昭宣［1985］112頁。
36）同上書113-114頁。
37）Watkins, K.＝Marsick, V.［1993］訳書32頁。
38）Argyris, C.＝Schön, D.A.［1978］p.18.
39）Senge, P.M.［1990］訳書14頁。
40）同上書15-19頁。
41）安藤史江［2001］24頁。
42）Watkins, K.＝Marsick, V.［1993］訳書33, 35頁。
43）March, J.G.＝Olsen, J.P.［1976, 1979］訳書85頁。

44) 安藤史江 [2001] 17-18頁。
45) 寺本義也 [1993] 266-267頁。
46) 同上書267頁。
47) Watkins, K. = Marsick, V. [1993] 訳書25-26頁。
48) Kline, P. = Saunders, B. [1998] 訳書32, 324-325頁。
49) 同上書50頁。
50) Grochla, E. [1977] 訳書77頁。
51) Simon, H.A. [1997] 訳書326頁。
52) Robbins, S.P. [2005] 訳書193頁。
53) 同上書194-195頁。
54) 岸川善光 [1999] 87頁。
55) Grochla, E. [1977] 訳書89頁。
56) 占部都美 [1981] 213頁。
57) Leavitt, H.J. [1962] pp.90-98.
58) Lawrence, P.R. = Lorsch, J.W. [1967] 訳書242-245頁。
59) Davis, J.H. [1969] 訳書204頁。
60) Fiedler, F.E. [1967] 11-12頁を参照。
61) 三隅二不二編 [1994] 44頁。
62) Harsey, P. = Blanchard, K.H. [1969] 訳書116-117頁。
63) Likert, R. [1961] 訳書12-14頁，Likert, R. [1967] 第7章，第8章を参照。
64) 上田泰 [2003] 228-229頁。
65) Blake, R.R. = Mouton, J.S. [1964] 訳書11頁，Mouton, J.S. = Blake, R.R. [1978] 訳書20頁。
66) 金井壽宏 = 高橋潔 [2004] 199頁。
67) 上田泰 [2003] 243頁。
68) Welch, J. [2001] pp.101-102.

第7章 組織文化

本章では，組織文化について考察する。組織文化論は，企業経営におけるソフトで理念的な側面を対象としており，組織論や経営学において，比較的新しい研究領域である。本章では，5つの観点から組織文化について考察する。

第一に，組織文化の意義について考察する。まず，組織文化の概念をレビューし，その内容を理解する。次に，組織文化の特性について様々な視点から言及する。さらに，組織文化のレベルについて検討する。そして，深層レベルの基本的仮定が組織文化の本質であることを理解する。

第二に，組織文化の形成について考察する。まず，創業者の価値観による組織文化の形成について理解する。次に，成長期における組織文化の形成プロセスに言及する。さらに，組織文化の類型について理解を深める。

第三に，組織文化の機能と逆機能について考察する。まず，組織文化の機能について理解する。次に，組織文化の逆機能に言及する。逆機能の多くは"成功の罠"によって発生する。さらに，組織文化の源泉としての経営理念について理解を深める。

第四に，組織文化の変革について考察する。まず，組織文化の変革メカニズムについて理解する。次に，ビジョナリー・リーダーの役割に言及する。さらに，変革型リーダーと企業文化の変革について理解を深める。

第五に，組織シンボリズムについて考察する。まず，組織シンボリズムの概念について理解する。次いで，「組織文化のマネジメント」を重視する機能主義的組織シンボリズム論について言及する，さらに，解釈主義的組織シンボリズム論について理解を深める。

1 組織文化の意義

❶ 組織文化の概念

　組織文化（organizational culture）の概念は，組織論や経営学の分野において，比較的新しい概念である。当初は，社会学・文化人類学・文化論から組織現象を分析する視角の1つとして借用していたにすぎない。ところが，組織文化が組織目的の実現，組織目標の達成に強い影響力をもつことが検証され，組織文化のあり方，組織文化の変革など，いわゆる「組織文化のマネジメント」が，1980年代以降，重要な経営課題として認識されるようになった。

　組織文化の重要性が喧伝される前から，社風，組織風土，経営風土，企業文化，経営文化など，組織文化の類似概念がすでに数多く存在していた。例えば，組織風土は，組織構成員のモティベーションなどミクロ組織論（組織行動論）における問題を分析する概念であり，組織文化は組織全体の問題を研究対象とするなど，若干の異同点はあるものの，当面それらの異同点には拘らず，必要な場合にのみ異同点に言及する。

　まず，文化の概念について考察する。高橋正泰＝山口善昭＝磯山優＝文智彦［1998］は，文化人類学における文化の定義を中心に，文化に関して次の定義を紹介している[1]。時系列的にみてみよう。

① 文化とは，それぞれの社会成員によって獲得される知識や信念，芸術，道徳，慣例，およびその他一切の能力や習慣を含む1つの混合体である。(Tylor, 1871, p.1.)

② 文化とは，行為や加工品に顕在化する，社会を特徴づける慣習的了解である。(Bedfield, 1941, p.132.)

③ 文化とは，習得された行動と行動の諸結果との綜合体であり，その構成要素がある一つの社会メンバーによって分有され伝達されているものである。(Linton, 1945, p.32.)

第7章　組織文化

④　文化は，産物であり，過程であり，人間の相互作用の形成であり，その結果である。また，文化は人々の進行中の相互作用から常に創造され，再創造される。(Jelinek, et al., 1983, p.331.)
⑤　文化は，明確な生活様式として認識される無数の行動や実践を伴った意味のシステムである。(Gregory, 1983, p.364.)
⑥　文化とは，一定の範囲で共有された神話やシンボルに隠れた中心的価値の集合として定義される。(Broms = Gahmberg, 1983, p.482.)

このように，文化人類学における文化の定義は多様性・多義性を有しているが，これらの文化の概念が，組織論や経営学に積極的に導入された。すなわち，組織文化とは，それを構成する人々の間で共有された価値や信念，あるいは，習慣となった行動が絡みあって醸し出されたシステムである[2]。本章で考察する組織文化の中核的な要素である企業理念・価値観などの無形の経営資源は，価値のある製品・サービスを生み出す人的資源に大きな影響を与えるため，非常に重要な概念であると考えられる。

組織文化は，ハッチ（Hatch, M.J.）[1997]によれば，図表7-1に示されるように[3]，組織レベル（企業，行政体，病院，学校，宗教団体など）の文化であり，上位文化（国の文化，民族の文化，社会文化など）の構成要素であると同時に，いくつかの下位文化（サブ・カルチャー）を有する文化でもある。

図表7-1　文化概念に関する分析レベル

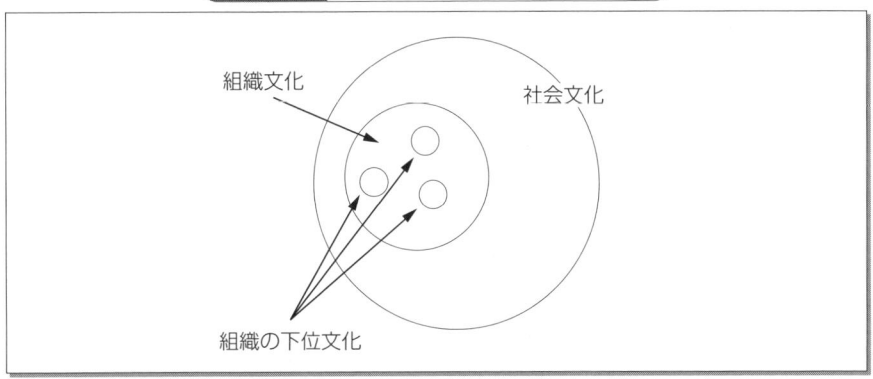

組織文化
社会文化
組織の下位文化

(出所)　Hatch, M.J. [1997] p.227.

組織文化の概念について，さらに，いくつかの先行研究についてみてみよう。ピーターズ＝ウォーターマン（Peters, T.J.＝Waterman, R.H.）［1982］は，1980年代以降，組織文化論の隆盛をもたらした立役者である。彼らは，組織文化を「組織構成員が持つ共通の価値観（shared values）」と位置づけている[4]。また，シャイン（Schein, E.H.）［1985］は，組織文化を「ある特定のグループが外部への適応や内部統合の問題に対処する際に学習したグループ自身によって創られ，発見され，または発展させられた基本的仮定のパターン[5]」と定義しており，組織文化を当該組織にとって価値がある意味体系であると位置づけている。さらに，加護野忠男［1988a］は，組織文化について「組織構成員によって内面化され共有化された価値，規範，信念のセット（集合体）」と定義づけている[6]。

本書では，ピーターズ＝ウォーターマン［1982］，シャイン［1985］，加護野忠男［1988a］らによる先行研究レビューに基づいて，組織文化を「組織構成員によって共有化された基本的仮定，価値観，規範，信念のセット（集合体）である」と定義して議論を進める。

❷ 組織文化の特性

組織文化は，組織構成員の意思決定，物事に対する態度について，非常に大きな影響を及ぼすため，組織構成員に対する関与の度合いをさらに高め，企業目標の達成に貢献する役割をもっている。

ピーターズ＝ウォーターマン［1982］によれば，エクセレント・カンパニーに共通している基本的な特性として，①行動の重視，②顧客との密着，③自主性と企業家精神，④ヒトを通じての生産性向上，⑤価値観に基づく実践，⑥基軸から離れない多角化，⑦単純な組織と小さな本社，⑧激しさと穏やかさを併せ持つ，という8つの基本的特性が見出された[7]。

このような先行研究に影響を受けたオライリー＝チャットマン＝カルドウェル（O'Reilly, C.A.＝Chatman, J.＝Caldwell, D.F.）［1991］は，上述した組織文化の定義の内，行動規範の側面から組織文化の特性について研究し，組織文化の本質を形成する主要特性について，次の7つを提示している[8]。

① 革新およびリスク志向性：従業員がリスクを恐れずに革新的に行動するこ

とが奨励されているか。
② 綿密性：細部に対してどの程度の綿密さと分析力を期待するのか。
③ 結果志向性：結果に到達するプロセスや方法と，結果そのものではどちらをどの程度重視しているのか。
④ 従業員志向性：意思決定の場面で組織内の従業員への影響についてどの程度考慮されているのか。
⑤ チーム志向性：組織内の職務活動がチームを中心としているか，それがどの程度組織構造化されているのか。
⑥ 積極性：従業員はどの程度，積極的で競争的な態度を組織内で保っているのか。
⑦ 安定性：成長より現状維持を好む態度がどの程度組織で好まれるのか。

オライリー＝チャットマン＝カルドウェル［1991］は，これら7つの特性における強弱はあるものの，企業はそれぞれの特性を持ち，それらの特性が結びつくことによって組織文化を形成していると主張している。すなわち，上述した7つの特性を分析することによって，その組織文化の全体像や特徴を概観することが可能になり，企業の事業や業務，企業を取り巻く環境に適応できるか，良い組織文化かどうか，を知ることができるとしている。

❸ 組織文化のレベル

シャイン［1985］は，図表7-2に示されるように[9]，組織文化のレベルについて，①人工物と創造物，②（組織メンバーの日常的な行動を支配する）価値，③（内部統合や外部適合などの問題に対応して学習された学習の結果として習得された）基本的仮定，の3つに分類している。

① 人工物と創造物

これは，組織文化の表層レベルに該当し，組織におけるシンボル，逸話，歴史上の重要な出来事などによって創り出された人工物や物理的・社会的な環境のことを意味する。このレベルでは，物理的空間なり，そのグループの技術的な成果，書かれたり話されたりする言葉，装飾およびメンバーの明白な行動を観察することが可能になる[10]。すなわち，人工物と創造物のレベルを理解する

図表7-2　文化のレベルとその相互作用

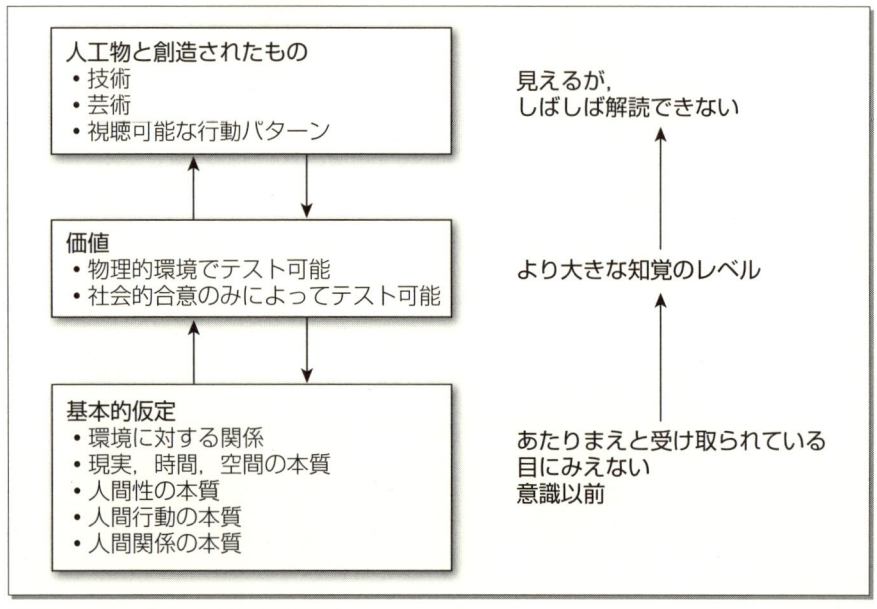

```
┌─────────────────────────────────────────────────────────────┐
│  人工物と創造されたもの                                      │
│   ・技術                          見えるが,                  │
│   ・芸術                          しばしば解読できない       │
│   ・視聴可能な行動パターン                                   │
│              ↕                            ↑                 │
│  価値                                                        │
│   ・物理的環境でテスト可能        より大きな知覚のレベル     │
│   ・社会的合意のみによってテスト可能                         │
│              ↕                            ↑                 │
│  基本的仮定                                                  │
│   ・環境に対する関係              あたりまえと受け取られている│
│   ・現実,時間,空間の本質          目にみえない               │
│   ・人間性の本質                  意識以前                   │
│   ・人間行動の本質                                           │
│   ・人間関係の本質                                           │
└─────────────────────────────────────────────────────────────┘
```

(出所)　Schein, E.H.［1985］訳書19頁。

ためには，組織文化のメンバーの行動を規定する「日常の行動原理」を提供する中心価値を分析することが早道である。

② 価　値

　企業の共有された思考・行動様式の体系が企業文化であるとすれば，その最も根幹をなすのは，その企業がもつ独自の価値である[11]。価値には，事業の生存領域（ドメイン）やミッションを示すような戦略的価値から，事業遂行上の成功要因や日常の行動規範のようなものまで階層をなしている[12]。組織における価値や行動規範は組織文化の中層レベルに該当し，具体的には，トップ・マネジメントによって形式づけられたビジョン・ステートメント，経営理念などが代表的なものとしてあげられる。

　Ｐ＆Ｇやジョンソン・アンド・ジョンソンなどの企業組織では，共有された価値観の一部を，会社の信条や使命を述べた声明書のなかで表明し，管理者全員にその声明書に忠実に従うことを求めており，組織メンバーによる意思決定

の迅速化というメリットを享受することが可能となっている[13]。

この価値について，ピーターズ＝ウォーターマン［1982］は，エクセレント・カンパニーと呼ばれる企業では，明確な組織文化を共有し，価値観の共有によるマネジメントが行われていると強調している[14]。

③ 基本的仮定

基本的仮定は，組織文化の深層レベルに該当し，組織における暗黙の前提や組織内パラダイムを意味するため，対立もなく議論の余地のないものになる傾向がある[15]。しかし，基本的仮定は，人々の行動や思考に対して極めて強い力をもつ。シャイン［1985］によれば，基本的仮定こそが，まさに組織文化の本質であり，組織文化そのものである。基本的仮定は，先述した人工物と創造物のレベル，価値のレベルの双方に対して，根底から影響を及ぼすからである。つまり，基本的仮定とは，実際に組織行動に導き，グループのメンバーに対してどのように知覚し，考え，感じるかを示す暗黙の仮定のことである。

2 組織文化の形成

❶ 創業者の価値観による組織文化の形成

創業期から事業戦略に成功している企業組織では，独特の組織文化が定着しているとともに，組織メンバーが独自の価値観，信念，行動規範を共有している。それらは，「行動重視」「顧客との密着」「価値観に基づく実践」などの組織に共有された思考・行動様式が企業文化（corporate culture）として大きな影響を与えている[16]。

企業文化の形成に影響を及ぼす要因として，価値，英雄，日常のリーダーシップ，組織構造，管理システム，儀式，環境特性，などの要因が多くの研究者によって指摘されてきた。その中でも，創業者やCEOの個性や習慣，価値観，理念が従業員に浸透することによって，組織文化の形成につながると考える研究者は多い。

図表7-3　ビジョナリー・カンパニーの基本理念

3M
- 革新―「新商品のアイデアを殺すなかれ」
- 誠実に徹する。
- 個人の自主性と成長を尊重する。
- 誠実に努力した結果の過ちに寛容になる。
- 質と信頼性の高い製品を提供する。
- 「われわれの本当の事業は，問題を解決することである」。

アメリカン・エキスプレス
- 英雄的な顧客サービスを提供する。
- 信頼性の高いサービスを世界規模で提供する。
- 自主性の発揮を奨励する。

ボーイング
- 航空技術の最先端に位置する。パイオニアになる。
- 大きな課題や冒険に挑む。
- 安全で質の高い製品を提供する。
- 誠実に倫理にかなった事業を行う。
- 「航空学の世界に寝食を忘れて没頭する」

シティコープ
- 規模，提供するサービス，営業地域の拡大を追求する。
- 規模，すばらしさ，革新性，収益力などの面で最先端に位置する。
- 権限を分散して，自主性と起業家精神を発揮させる。
- 能力主義に徹する。
- 積極的になり，自信を持つ。

フォード
- 社員はわれわれの強さの源である。
- 製品は「われわれの努力の最終結果」である（われわれは自動車メーカーである）。
- 利益はわれわれが成功するために必要な手段である。
- 誠実さを基本とする。
 （注―この順序は1980年代のフォードの「使命・価値観・指導原理」による。順序は時代によって異なる）

ゼネラル・エレクトリック
- 技術と革新によって生活の質を向上させる。
- 顧客，従業員，社会，株主に対する責任を，相互に依存させながらバランスを保つ（はっきりとした序列はつけない）。
- 個人に責任と機会を与える。
- 誠実で正直であれ。

（出所）　Collins, J.C.＝Porras, J.I.［1994］訳書112頁。

なぜならば，価値基準などの組織文化が形成される段階では，創業者の行動や姿勢が大きな影響力を持つからである。特に，創業期において，創業者が果たす役割は非常に重要であり，創業者の価値観，信念，行動規範が組織文化の形成に大きく貢献するケースが多い。

　シャイン［1985］は，「リーダーが行う真に重要な唯一の仕事は，文化を創造し，管理することである」と述べている[17]。特定の価値が組織の末端にまで文化として浸透するためには，トップ・マネジメントの言動に一貫性と具現化が必要であるため，組織文化の形成においてリーダーシップは非常に重要であると考えられる。

　コリンズ＝ポラス（Collins, J.C.＝Porras, J.I.）［1994］は，図表7-3に示されるように[18]，『ビジョナリー・カンパニー』の基本理念には，創業者やCEOの価値観，信念，行動規範が色濃く反映していることを提示している。図表7-3に抜粋した6社中，3M，ボーイング，フォード，GEの4社において，基本理念の中に「誠実」が共通して含まれており，『ビジョナリー・カンパニー』のコア（中核理念）になっていることが興味深い。

　ピーターズ＝ウォーターマン［1982］も，『エクセレント・カンパニー』の中で，革新的な仕事を続けている企業には，それを是認する組織文化が存在し，トップ・マネジメントは，「強い組織文化」を創造・維持する役割を担っていると主張している。

　ディール＝ケネディ（Deal, T.E.＝Kennedy, A.A.）［1982］も，『シンボリック・マネジャー』の中で，創業者が「強い組織文化」・「文化的な信念」を形成することによって，組織メンバーの一体感やモティベーションの向上，コミュニケーションの円滑化を始めとした多様な効果をもたらすため，GE，IBM，P＆Gなどのエクセレント・カンパニーを動かす原動力になっている，と述べている[19]。

❷ 成長期における組織文化の形成プロセス

　企業組織が創業期から事業戦略の成功を続けながら成長期に入ると，トップ・マネジメントによるリーダーシップに加えて，パラダイム，価値観，行動規範

などの要素を共有化する経営システムの機能が重要になる[20]。すなわち，創業期に生成された組織文化は，成長期に経営システムのメカニズムが機能することによって，次第に強固なものとなるのである。さらに，進化的な変化をしている時期には，管理者は連続的かつ漸進的な変革を行って，組織文化に絶えず磨きをかけながら，その使命をより良く達成できるように行動する。

　したがって，企業組織を成長段階へと導くには，トップ・マネジメントのリーダーシップのあり方や組織マネジメントのあり方など，組織におけるソフトな側面を変革する必要がある。

　成長期における組織文化の形成プロセスは，第3章で考察したマッキンゼーの7Sモデルを用いることによって，体系的に考察することができる。7Sとは，図表3-10でみたように，①戦略（Strategy），②組織構造（Structure），③システム（Systems），④人材（Staff），⑤スキル（Skills），⑤行動様式（Style），⑦共通の価値観（Shared Value），の7つの組織要素のことである。

　つまり，成長期における組織文化は，戦略，組織構造，システムという仕組みの中で，共通の価値観に基づいて，人材とスキルが育まれることによって形成されていくのである。

　ピーターズ＝ウォーターマン［1982］が提示したエクセレント・カンパニーでは，これら7つの要素が，相互に補完し合いながら，戦略を展開しているため，トップ・マネジメントがより良い組織文化を形成することが重要な課題となってくる。特に，組織文化と成功を結びつけた議論においては，組織にとって普遍的に良い文化が存在することが想定されるので，理想的な文化を創造する管理者のリーダーシップが強調されてきた。

❸ 組織文化の類型

　次に，組織文化の類型について考察する。様々な類型が考えられるが，ここではディール＝ケネディ［1982］の類型についてみてみよう。ディール＝ケネディ［1982］は，企業文化と環境との関係を調査した結果，図表7-4に示されるように[21]，企業活動に伴う「リスクの大きさ」と，行動に対する「フィードバック期間の長さ」という2つの軸によって環境条件を示し，そこでの組織活

第7章 組織文化

図表7-4　ディール＝ケネディによる組織文化の分類

リスクの大きさ	成果のフィードバック期間の長さ	
	短い	長い
大	マッチョ文化 （出版，広告代理店，映画会社など） 個人主義 持続力よりもスピード きびしい内部競争 タフな態度を持つ英雄 ギャンブル性	会社を賭ける文化 （コンピュータ会社，石油会社，投資銀行など） 慎重な気風 集団・会議を通じた分析的決定 情報重視 熟練
小	よく働き／よく遊ぶ文化 （販売会社，小売業者など） 努力に価値を置く 集団一体感 スタミナ	手続文化 （電力会社，ガス会社，銀行，保険会社など） 手続 慣例 技術的な完璧さ

（出所）　Deal,T.E.＝Kennedy,A.A.［1982］訳書149-177頁を要約して筆者作成。

動から形成される組織文化を，①マッチョ文化，②よく働き／よく遊ぶ文化，③会社を賭ける文化，④手続文化，の4つに分類している。

〈マッチョ文化〉

　マッチョ文化とは，高リスクな環境下に直面し，ギャンブル性が高い行動をいとわず，積極的で押し出しの強い人間であることを求めるカルチャーである。それは，警察官や外科医などの職業に典型的に見られる。企業では，建設，化粧品，マネジメント・コンサルティング，ベンチャー・ビジネス，広告，テレビ，映画，出版などの産業に多く見られる。

〈よく働き／よく遊ぶ文化〉

　低リスクでフィードバックの速い環境下では，地道に積み上げる努力が企業の好業績につながるので，よく働き／よく遊ぶという文化が形成されやすい。例えば，不動産，コンピュータ会社，自動車のディーラー，マクドナルドのような大衆消費者向け販売，ゼロックスのような事務機器などがこれに該当する。

よく働き／よく遊ぶ文化では，成果がすぐに判明するので，活動の価値はどのくらいの量をこなしたかという量が重視される。すなわち，従業員には，忍耐や努力の積み上げが求められ，それが組織文化の重要な価値となる。

〈会社を賭ける文化〉

高リスクでフィードバック期間の長い環境下では，高ストレスをものともせず，強くタフな人間を好む高リスク型文化が形成されやすい。ボーイング社やエクソン・モービル社のように，将来に対する投資の重要性に起因して，正確な判断や意思決定における慎重さが必要となり，ヒエラルキーへの服従が重視される。この文化の主要な儀式は会議である。コンピュータ会社，石油会社などに，会社を賭ける文化が形成されやすい。

〈手続文化〉

低リスクでフィードバック期間も長い環境では，仕事の進め方には関心が強いけれども，成果には無関心な傾向が強い手続文化が形成されやすい。銀行，保険会社，プライスウォーターハウスクーパースのような公認会計士事務所，政府部門，規制の強い製薬会社などに見られる文化である。この文化における価値は，決められたことを決められた時間と方法で正確に行うことであり，そのプロセスに焦点が当てられる。

3 組織文化の機能と逆機能

❶ 組織文化の機能

シャイン［1985］によれば，図表7-5に示されるように[22]，組織文化の機能は，①外部適応と存在，②内部統合，の2つに大別される。

① 外部適応と存在の課題：使命と戦略に関する理解，目的・目標に関するコンセンサス，手段（組織構造，作業の分担，報奨制度など）に関するコンセンサス，目標達成基準についてのコンセンサス，修正についてのコンセンサスなど。

第7章 組織文化

図表7-5　組織文化の機能

①外部適応と存在

1　**使命と戦略**　中核をなす使命，第一義的責務，顕在および潜在化している機能の共有された理解を得ること
2　**目的**　中核をなす使命から導き出される目標についてのコンセンサスの構築
3　**手段**　組織構造，作業の分担，報奨制度，権限の仕組みなどの，目標を達成するために使われる手段についてのコンセンサスの構築
4　**測定**　情報や管理システムのような，グループがどのくらいその目標を達成しているかを測定するために使われる基準についてのコンセンサスの構築
5　**修正**　目標が達成されないとき，戦略の適切な補正あるいは修復についてのコンセンサスの構築

(出所)　Schein, E.H.［1985］訳書69頁。

②内部統合

1　**共通言語と概念分類**　もし，メンバーがお互いに意思疎通をしたり，理解したりできなければ，グループは定義により，成立しえない。
2　**グループの境界線およびメンバーの入会，退会の基準**　文化の領域で最も重要なものの一つは，誰がグループの中にいて，誰が外にいるのか，メンバーの資格を決定する基準は何か，ということに関する共有された合意である。
3　**権力と地位**　どの組織も，ついばみ序列やどのように権力を獲得し，維持し，失うかの基準や規則を創り出さなくてはならない。この分野での合意は，メンバーの攻撃的感情の管理を容易にするために必要不可欠である。
4　**親密さ，友情，愛**　どの組織も，同僚関係，男女関係，組織の仕事を管理する過程の率直さや親密さを扱うべき方法，などに関するゲームのルールを作り上げなければならない。
5　**報奨と制裁**　どのグループも何がヒーロー的行為で，何が罪深い行為か，何が財産や地位あるいは権力という形で報償を得るのか，何が報酬の撤回や究極的には追放という形で制裁を受けるかを知る必要がある。
6　**イデオロギーと「宗教」**　どの社会とも同じに，どの組織も，説明や解説のできない出来事に直面するが，メンバーがそれに対応し，説明や管理が不可能なものに取り組む不安を回避することができるための意味づけを与えなければならない。

(出所)　Schein, E.H.［1985］訳書85頁。

② 内部統合の課題：共通言語づくり，グループの境界線とメンバーの入会・退会基準の合意づくり，権力と地位に関する合意づくり，親密さ・友情・愛に関するルールづくり，報奨と制裁のルールづくり，イデオロギーと「宗教」

に関するルールづくりなど。

　上述した外部適応と内部統合によって，①判断基準の設定による意思決定と行動の迅速化，②組織の一体感と組織行動の整合性，③コミュニケーションの円滑化，④やる気や挑戦意欲の向上，⑤企業イメージの醸成，などの効果が得られる[23]。

　このように，組織文化の基本機能は，組織メンバー自らを「意味づける」ことにあり，経営環境や様々な組織規範との相互作用を通じた組織における歴史的積み重ねの結果であると考えられる[24]。

❷ 組織文化の逆機能

　組織文化は，創業期から成長期の一定期間は経営にプラスに働くが，成長期から成熟期に入るとマイナスに働くケースも多い。ドラッカー（Drucker, P. F.）〔1967〕は，「組織は成長すればするほど，特に成功すればするほど，組織に関する関心，努力，能力は組織の中のことで占領され，外の世界における本来の任務と成長を忘れていく」と組織文化の逆機能に対して警鐘をならしている[25]。成功をおさめた企業が成熟すると，従業員は徐々に，それまで受け入れてきた優先順位や意思決定の方法が正しい仕事のやり方だと考えるようになってくる[26]。

　コッター＝ヘスケット〔Kotter, J.P.＝Heskett, J.L.〕〔1992〕は，ディール＝ケネディ〔1982〕による「強い文化」が組織効率を向上するという仮説に疑問を抱き，米国における22の産業に属する大手企業207社の10年間の業績と企業文化の関係性を調査・分析した。この実証研究の結果，強い企業文化と業績の相関性は低いことが立証され，「強い文化」が形成されていれば，それが常に企業経営に対してプラスに働くのではなく，マイナスに働く場合もあると主張した[27]。

　咲川孝〔1998〕もまた，企業組織が長期的な成功を収めることによって「強い文化」が醸成され，さらに成功が持続することによって，組織文化が傲慢さを増し，従業員の内部志向や官僚主義が蔓延することになると主張している[28]。

　つまり，組織文化の内部統合の機能によって，組織メンバーによる新たな発想が限定され，経営環境の変化に適応するための変革の妨げになり，新たな経

営戦略や組織構造に対する機能不全の原因となるのである。

ダンカン（Duncan, R.）［1979］は，組織文化の逆機能として，①組織の硬直化（価値観の均一化），②創造性の欠如，③自社の組織文化への過度の固執，④イノベーションの機能不全，という4点をあげている[29]。

伊丹敬之＝加護野忠男［1989］も，「共通の価値観やパラダイムが組織メンバーに共有されるという組織文化の生成と定着プロセスは，思考様式の均質化をもたらし，企業のビジョンや経営戦略を強く信奉してしまう」と組織文化の逆機能に関する危険性を指摘している[30]。

上で考察したように，大きな成功をおさめた企業ほど，組織文化の逆機能が懸念される。成功体験の共有度が高ければ高いほど，自社が直面する経営環境への関心は低下することが多い。特に，強固な組織文化を有する場合，既存の価値観や思考様式以外の視点をもつことができず，組織メンバーの価値観，信念，行動規範がワンパターン化されてしまい，経営環境とのギャップを創出する原因となり得る。その結果として，新たな挑戦が行われにくくなり，環境変化に対応できないといった「成功の罠」に陥ってしまうことになる[31]。ここであげた組織文化の逆機能である「成功の罠」を取り除く手法の1つとして，第8章で考察する「組織開発」があげられる。

❸ 組織文化の源泉としての経営理念

日本企業の経営理念は，かなりルーズで従業員が各人各様に解釈できるようなものが多い。それは，従業員の進むべき大きな方向を示し，コミットメントを喚起させるための動機づけ，あるいは従業員に環境に関する関連情報についての感度を高めさせたりするような定義の仕方をしているといえよう[32]。

組織文化の源泉である経営理念（価値観，パラダイム，行動規範）が組織メンバーに共有されることによって，図表7-6に示されるように[33]，心理的エネルギーの場としての組織，信条と決定の場としての組織，情報伝達の場としての組織の基盤が出来上がる。すなわち，組織内における独自の価値観である組織文化が形成される。経営理念は抽象的なビジョンであるため，経営環境の状況に合わせて価値観の解釈や意味づけを変えることも非常に重要な課題となる。

図表7-6　組織文化の意義

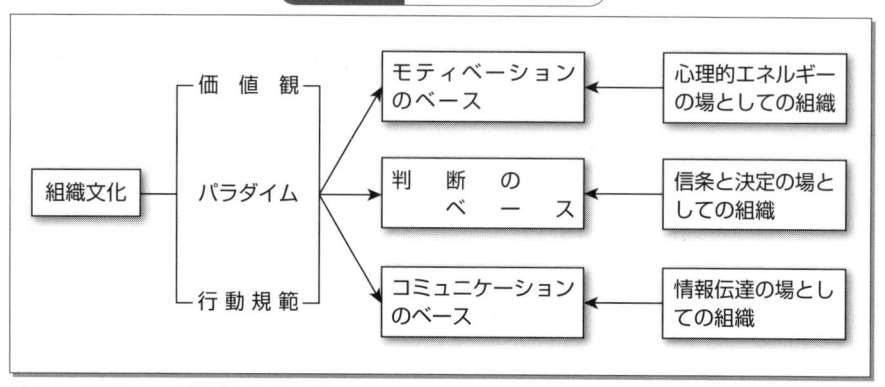

```
                   ┌ 価 値 観 ┐    ┌ モティベーション ┐    ┌ 心理的エネルギー ┐
                   │         │ ←→ │ のベース          │ ←→ │ の場としての組織 │
                   │         │    └                  ┘    └                  ┘
  ┌ 組織文化 ┐ ─→ │ パラダイム │ ←→ ┌ 判 断 の      ┐ ←→ ┌ 信条と決定の場と ┐
  └           ┘    │         │    │    ベース         │    │ しての組織       │
                   │         │    └                  ┘    └                  ┘
                   │         │    ┌ コミュニケーション ┐    ┌ 情報伝達の場とし ┐
                   └ 行動規範 ┘ ←→ │ のベース          │ ←→ │ ての組織         │
                                   └                  ┘    └                  ┘
```

（出所）　伊丹敬之＝加護野忠男［2003］356頁。

　多くのエクセレント・カンパニーでは，創業者やCEOの価値観を経営理念として明示している。一般的には，社是や社訓と呼ばれている。経営理念は，組織メンバーの行動規範の役割を果たし，トップ・マネジメントによるリーダーシップによって，組織文化の形成に大きく寄与することが多い。

　例えば，サウスウエスト航空における経営理念では，顧客と従業員の2つを特に重視している。また，サウスウエスト航空の企業文化では，部門間での協力や失敗の許容，さらに家族主義を通じて従業員同士の一体感を高めることによって，アイディアを共有するカルチャーが根づいており，社員の提案が採用された例は多い。そのため，組織は非常に「フラット」で，形式にとらわれず，上級マネジャーがあらゆるレベルの社員と会話をしている光景が日常的に見受けられる。創業者やCEOによる個人的な信念，仮定，価値観は，経営理念というフィルターを通じて，組織内に組織文化を浸透させていると考えられる。

4　組織文化の変革

❶　組織文化の変革メカニズム

第7章 組織文化

　組織メンバーの価値観，信念，行動規範などのソフトな側面，すなわち組織文化の変革によって，真の意味で組織変革が達成されるという見方をする研究者は数多い。同様の見方をする経営者も数多い。組織にとって普遍的で理想的な文化が存在するという主張は，「組織文化のマネジメント」に対する強い動機を生み出し，組織文化を重視すべき戦略的要因として捉えることになる。

　先述したように，組織文化には，機能と逆機能の両面がある。「強い組織文化」を獲得することによって，エクセレント・カンパニーに成長することもある半面，「強い文化」によって，「成功の罠」に陥るケースも多い。

　組織文化の機能（①判断基準の設定による意思決定と行動の迅速化，②組織の一体感と組織行動の整合性，③コミュニケーションの円滑化，④やる気や挑戦意欲の向上，⑤企業イメージの醸成，など）を実現し，逆機能（①組織の硬直化（価値観の均一化），②創造性の欠如，③自社の組織文化への過度の固執，④イノベーションの機能不全，など）を防止するためには，言い尽くされていることではあるものの，環境の変化に対して柔軟に適応することが必要不可欠である。

　すなわち，真に適応力のある組織は，絶え間なく破壊と創造を繰り返す。破壊と創造のためには，組織内の人々の末端にいたるまで，いかにして組織変革の意義を浸透させるかが重要なキーコンセプトとなる。ダーウィンの進化論で主張されているように，「生き残ることができるのは，最も強いものや賢いものではなく，変化に適応できるものである」という命題は，組織文化の変革においてもそのままいえるであろう。

　シャイン［1999］は，図表7-7に示されるように[34]，組織の成長段階（①誕生および初期成長，②組織の中年期，③組織の成熟期）ごとに，組織文化の機能と変革メカニズムを一覧化している。図表7-7には，約40年間の長きにわたって組織コンサルティング（プロセス・コンサルティング）に従事した熟練コンサルタントの目配りを感じることができる。

　第一に，誕生および初期成長段階（創業者の支配）では，組織文化は，組織のアイデンティティの源泉であり，組織を結束させる「鍵」である。また，保守派とリベラル派の闘争の場にもなる。この時期の変革プロセスは，自然な進化や，アウトサイダーによる管理された「革命」，などがあげられる。

図表7-7　成長段階別の文化の機能および変革メカニズム

成長段階	文化の機能／論点
Ⅰ　誕生および初期成長 　創業者の支配（同族による支配もありうる）	1　文化は特有の能力でありアイデンティティの源泉である 2　文化は組織を結束させる「糊」である 3　組織は一層の統一化，明確化を目指して進む 4　コミットメントを立証させるため，組織への同化を大いに重視する
後継局面	1　文化は保守派とリベラル派の闘争の場となる 2　後継者となるべき候補者は，文化要素を維持するか，変革するかにより判定を受ける
\<変革メカニズム\> 1　自然な進化 2　組織療法を通じての自律的進化 3　混成種による管理された進化 4　アウトサイダーによる管理された「革命」	
Ⅱ　組織の中年期 　1　製品／市場の拡大 　2　垂直的統合 　3　地理的拡大 　4　買収，合併	1　新たな下位文化の大量出現により文化的統一性が弱まる 2　中核的目標，価値観，仮定が失われ，アイデンティティの危機が生じる 3　文化変革の方向を管理する機会が提供される
\<変革メカニズム\> 5　計画された変革および組織開発 6　技術的誘導 7　スキャンダルによる変革，神話の爆発 8　漸進主義	
Ⅲ　組織の成熟時期 　1　市場の成熟または衰退 　2　社内的安定性の増加または（および）停滞 　3　変革への動機づけの不足	1　文化が革新への障害となる 2　文化は過去の栄光を保持し，その結果，自尊心や自己防衛の源泉として尊重される
変容的路線	1　文化の変革は必要かつ不可避である。しかし，すべての文化要素を変えることは不可能であるか，または行なうべきでない 2　文化の本質的要素は確認し，維持すべきである 3　文化の変革は管理可能であるか，または放置して進化するに委せることが可能
破壊的路線 　1　破産と再編 　2　乗取りと再編 　3　合併と同化	1　基本的パラダイム面での文化の変革 2　中枢的要因の大幅な更迭による文化の変革
\<変革メカニズム\> 　9　強制的説得 10　方向転換 11　再編，破壊，新生	

（出所）　Schein, E.H. [1999] 訳書347頁。

第二に，組織の中年期の段階（製品・市場の拡大，垂直的統合，地理的拡大，買収・合併）では，新たな下位文化の大量出現により，文化的統一性が弱まり，中核的目標，価値観，仮定が失われ，アイデンティティの危機が生じる。この時期の変革プロセスは，計画された組織変革や組織開発などがあげられる。

　第三に，組織の成熟期の段階（市場の成熟・衰退，社内的安定性の増加，変革への動機づけの不足）では，文化が革新への障害となる。文化は過去の栄光を保持し，その結果，自尊心や自己防衛の源泉として尊重されるなど，組織文化の逆機能が目立つ。この時期の変革プロセスは，強制的説得，方向転換，再編，破壊，新生などがあげられる。

❷ ビジョナリー・リーダーの役割

　今日における経営環境の中で，企業組織が存続・発展するためには，変化を重視する価値観と柔軟な行動規範を中核とする「適応的な文化」を創造する必要がある。このような「適応的な文化」を創造し，経営環境に応じて変化させていくことこそが「組織文化のマネジメント」の本質であるといえよう。

　特に，「組織文化のマネジメント」の担い手として，不断の創造的破壊を行うビジョナリー・リーダーの役割は非常に重要である。ビジョナリー・リーダーとは，組織の実現可能な将来像としてのビジョンを創造し，それを組織の価値観として共有化し，組織メンバーのモティベーションを高めることによって，経営戦略の実行を促し，ビジョンの実現に向かって組織を導く指導者のことを指す[35]。

　組織が文化の持つパワーに直面するのは，従来の基本的仮定・価値観・行動規範に反する新戦略や新プログラムを実行しようとする時である[36]。すなわち，パワーを持つ組織文化の変革を行うことは，決して容易なことではなく，組織の総力を注入しなければならない。何よりも，リーダーが組織変革に積極的にコミットメントすることが不可避である。具体的には，リーダーは何らかの形で組織メンバーに理想図（ビジョン）を提示し，継続的にその実行を行うことを，行動面や言語面など様々な局面において表明することが不可欠である。

　組織変革の核心は，組織文化の変革であるので，組織変革は，望ましい文化

を創造する「企業文化のマネジメント」によって実現する。企業文化は，組織メンバーの学習の結果であるので，組織メンバーの学習棄却（アンラーニング）をする不安や恐怖心を和らげることが組織変革の第一歩となる。

　先述したように，組織文化の変革プロセスにおいて，最も重要な要因がトップ・マネジメントの役割である。組織文化の変革は，自社の組織文化の特性を診断し，問題点を洗い出し，既存の基本的仮定・価値観・行動規範を否定して，新たなアイデンティティを確立することである。このような組織変革を推進するため，トップ・マネジメントは，まず環境に適応した将来ビジョンを提示し，組織変革の方向性や大枠を示すことが必要不可欠である。

❸ 変革型リーダーと企業文化の変革

　上でビジョンを創造し，それを組織の価値観として共有化し，組織メンバーのモティベーションを高めるビジョナリー・リーダーの重要性について述べた。論点を組織変革に絞ってみよう。組織変革には，変革を推進する能力をもった変革型リーダーが必要となる。変革型リーダーとは，経営環境の変革期において，組織全体にかかわる大規模な組織変革（organizational transformation）あるいはチェンジ・マネジメント（change management）を実行する役割を担う，経営者や変革チームを統率する責任者のことである[37]。

　変革型リーダーの代表的な事例として，GEのジャック・ウェルチ（Welch, J.），フォード／クライスラーのリー・アイアコッカ（Iacocca, L.），IBMのルイス・ガースナー（Gersner, L.V.），日産自動車のカルロス・ゴーン（Ghosn, C.），などがあげられる。

　コッター［1995］によれば，こうした変革型リーダーは，①組織構成員の危機意識の醸成，②変革推進チームの形成，③企業ビジョンの創造，④企業ビジョンの組織構成員への伝達・共有化，⑤エンパワーメント（権限委譲）による自発的な行動の促進，⑥短期的な成果の達成，⑦変革意欲の維持，⑧変革意識の企業文化への浸透，という8段階のプロセスによって企業変革を成し遂げているという[38]。

　これらはビジョン，戦略，組織，制度，システムなど全社的な企業変革プロ

第7章 組織文化

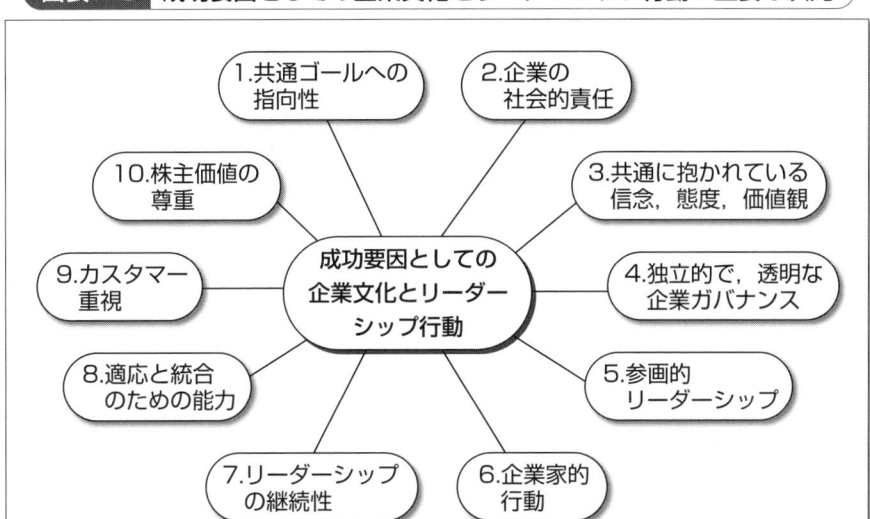

図表7-8 成功要因としての企業文化とリーダーシップ行動：主要な次元

中心：成功要因としての企業文化とリーダーシップ行動

1. 共通ゴールへの指向性
2. 企業の社会的責任
3. 共通に抱かれている信念，態度，価値観
4. 独立的で，透明な企業ガバナンス
5. 参画的リーダーシップ
6. 企業家的行動
7. リーダーシップの継続性
8. 適応と統合のための能力
9. カスタマー重視
10. 株主価値の尊重

（出所） Schein, E.H.［2010］訳書194頁。

セスのモデルであるが，同時に企業文化の変革を含むプロセスでもある。変革型リーダーの重要な機能は，的確な環境変化の予測のもとで組織の将来の姿をビジョンとして描き，そこに至る道筋としての事業戦略を構想することである。そして，新しいビジョンと戦略を組織メンバーの価値観と行動パターンのレベルに浸透させることである。

　Schein, E.H.［2010］も，図表7-8に示されるように[39]，企業文化の成功要因として，リーダーシップ行動の主要な次元を示している。上述したコッター［1995］の変革型リーダーと比較すると，やや具体性に欠けるものの，企業の社会的責任，コーポレート・ガバナンス，顧客重視（カスタマー重視），株主価値の重視など，組織変革の次元を高い次元からとらえていることが分かる。

5 組織シンボリズム

❶ 組織シンボリズムの概念

　近年，組織論や経営学の研究領域において，シンボリズムに関する議論が，地味ではあるものの，着実に増加している。シンボリズムとは，人間が意味をシンボルとして表現し，象徴する行為である。また，シンボルとは，意味が付与される行為，発話，制作物である。このように，シンボリズムは，シンボルを通じた意味の表現や象徴の行為であって，シンボリック行為とも呼ばれる[40]。

　従来，組織研究者は，様々なメタファー（「のようなもの＝比喩，陰喩」）を用いて組織を理解しようとしてきた。例えば，フォン・ベルタランフィ［1968］の「一般システム理論」，ボールディング［1956］の「システムのヒエラルキー論」によれば，システムは単純なものから複雑なものへと「階層構造」として分類され，上位システムは，下位レベルのシステム（サブシステム）の特性を内包していると同時に，そのシステムに固有の創発特性をもっているという。

　ちなみに，ボールディング（Boulding, K.）［1956］は，①フレームワーク，②クロックワーク，③コントロール（サイバネティクス），④オープン・システム，⑤植物，⑥動物，⑦人間，⑧社会組織，⑨超複雑システム，の9つの階層に分類している。

　モーガン［1980］などの社会学者によれば，今までの組織論の多くは，「機械」や「有機体」をメタファーにして，組織論や組織モデルを構築してきたと述べている。機械メタファーとは，上述したボールディングのシステムのヒエラルキーでいえば，②クロックワーク，③コントロール（サイバネティクス）をメタファーにしたものである。有機体メタファーは，④オープン・システム，⑤植物，⑥動物，⑦人間をメタファーにしたものである。

　組織論でいえば，古典的組織論（テイラー，ファヨール，ウェーバーなど）は，機械メタファーに該当し，新古典的組織論（人間関係論，新人間関係論）・近代的組織論（バーナード，サイモンなど）・適応的組織論（コンティンジェンシー理論）は，有機体メタファーに該当する。これから考察するシンボリズム論は，⑦人間，⑧社会組織の階層に該当するといえよう。

　組織シンボリズム論は，社会学の認識論的パラダイムに依拠しているので，

第7章 組織文化

図表7-9 社会学の認識論的パラダイム

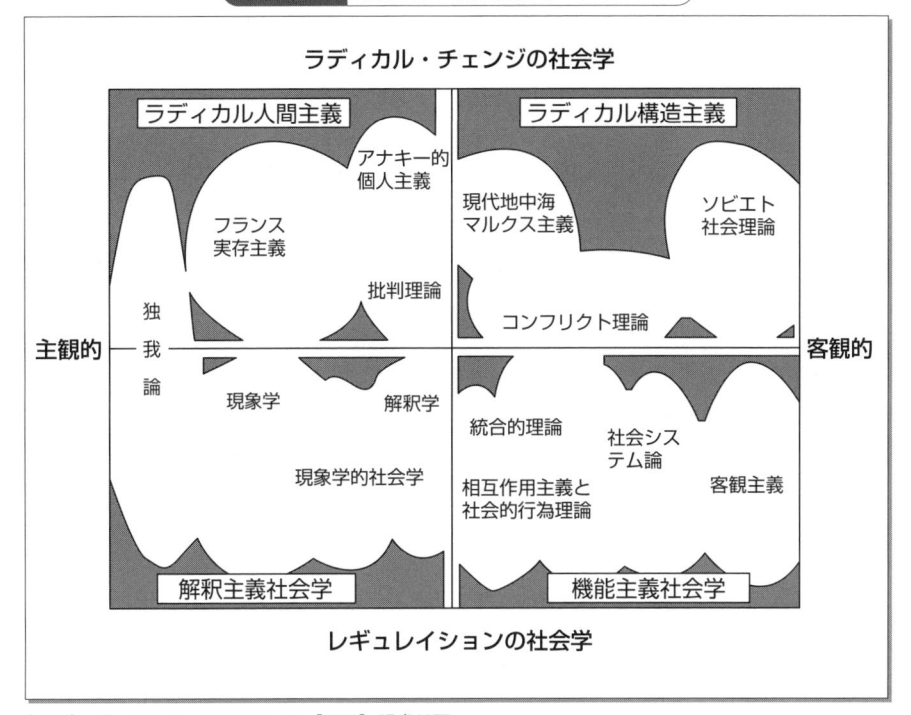

```
              ラディカル・チェンジの社会学

   ラディカル人間主義          ラディカル構造主義
              アナキー的
              個人主義
                       現代地中海        ソビエト
      フランス            マルクス主義      社会理論
      実存主義
                    批判理論
          独                コンフリクト理論
  主観的   我                                          客観的
          論
         現象学     解釈学
                       統合的理論  社会シス
                                テム論
         現象学的社会学  相互作用主義と         客観主義
                    社会的行為理論

     解釈主義社会学              機能主義社会学

              レギュレイションの社会学
```

(出所) Burrell, G.=Morgan, G. [1979] 訳書36頁。

　まず，社会学の認識論的パラダイムについて概観する。社会学の認識論的パラダイムは，図表7-9に示されるように[41]，①客観主義か主観主義か，②ラディカル・チェンジかレギュレイションか，の2つの軸によって，①ラディカル構造主義，②ラディカル人間主義，③機能主義社会学，④解釈主義社会学，の4つに大別される。この4つの中で，レギュレイションの社会学（③機能主義社会学，④解釈主義社会学）が主力であることはいうまでもない。

　機能主義社会学は，機能主義パラダイムに依拠する。機能主義は，認識対象（社会的世界）を社会的構成員の認識とは独立した客観的実在とみており，人間の存在や活動は，状況や環境によって決定されると仮定している。機能主義は，認識対象（社会的世界）の客観的な因果法則（原因−結果関連）を，「外部からの観察」を通じて，直接的に解明しようとする。サーベイ・リサーチや

統計分析によって，仮説を検証するという方法論を採る。

　解釈主義社会学は，解釈主義パラダイムに依拠する。解釈主義は，認識対象（社会的世界）を実在する構造ではなく，関係する諸個人の相互作用によって社会的に構成された「間主観的」な意味世界（社会的構成物）とみている。社会的事象の客観的な法則性（例えば，因果法則など）の存在を疑問視し，認識対象（社会的世界）は，その活動に直接関与している構成員の視点からのみ認識できると考えている。したがって，方法論的には，解釈主義は研究対象の内側に入り込み，その意味世界にまで踏み込んだ洞察に主眼をおく。

　組織シンボリズムは，すべての研究がシンボルの使用，行使，表現といった，構成員個人のシンボリック行為に焦点をあてるものの，シンボリック行為を外部からの観察を通じて，直接的に解明する機能主義を採るか，シンボリック行為の内側に入り込み，その意味社会にまで踏み込んだ洞察に主眼をおく解釈主義を採るかで，その理解は大きく異なることはいうまでもない。

❷ 機能主義的組織シンボリズム論

　機能主義的組織シンボリズム論は，先述した機能主義パラダイムに依拠した組織シンボリズム論である[42]。機能主義的組織シンボリズム論には，次の3つの論点が重要とされている。

　第一の論点は，機能主義的組織シンボリズム論では，組織構成員のシンボリック行為は，客観的存在物として捉えられるが，それがどんな機能を果たしているか，という問題である。

　組織構成員のシンボリック行為は，図表7-10に示されるように[43]，シンボルのタイプと，シンボルの機能，の2つの軸によって整理することができる。シンボルのタイプは，①言語的シンボル（神話，伝説，物語，スローガン，ジョークなど），②行為的シンボル（儀礼的行為，パーティー，通過儀式，ブレイクなど），③物質的シンボル（ステータス・シンボル，会社の製品，ロゴ，賞，社章，社旗など），の3つに分類することができる。一方，シンボルの機能は，①記述機能（シンボルが対象のリアリティをシンボリックに表現する機能），②エネルギー統制機能（シンボルが組織構成員のモティベーションを鼓舞した

図表7-10 シンボルの機能と分析枠組み

		シンボルのタイプ		
		言語的 神話, 伝説, 物語, スローガン, ジョークなど	行為的 儀礼的行為, パーティー, 通過儀礼, ブレイクなど	物質的 ステータス・シンボル, 会社の製品, ロゴ, 賞, 社章, 社旗など
シンボルの機能	記述機能			事例C
	エネルギー統制機能	←事例E 事例A	事例D	→
	システム維持機能		事例B	

(出所) Dandridge, T.C.＝Mitroff, I.I.＝Joyce, W.F. [1980] p.79.（坂下昭宣 [2002] 85頁, 所収）

り，逆に，緊張を緩和してリラックスさせたりすることによって，組織エネルギーを統制する機能），③システム維持機能（シンボルが調和や秩序や安定の根拠を呈示したり，起こりうる変化の受容可能なパターンを呈示したりすることによって，変化からシステムを防御し維持する機能），の3つに分類することができる。

　機能主義的組織シンボリズム論では，「外部からの観察」によって，シンボルの機能を分析し，その解明を目的とする。

　第二の論点は，特定の社会構造や社会秩序が維持・存続されるのと同様に，特定の組織文化が維持・存続するのはなぜか，という問題である。もともと，社会学における機能主義パラダイムは，社会的世界や社会的事象はなぜ存在するかを問題にするパラダイムであり，機能主義パラダイムのいわば本流でもある。換言すれば，機能主義的組織シンボリズム論の最重要な論点といえよう。

　機能主義的組織シンボリズム論の説明原理は，組織文化が一定の機能を果たすとき，自ら維持・存続をするというものである。先述したピーターズ＝ウォ

ーターマン［1982］や，ディール＝ケネディ［1982］の「強い文化」論は，組織文化と機能との対応関係に焦点をあてた研究であることは一目瞭然である。

第三の論点は，「組織文化のマネジメント」は可能か，という問題である。機能主義的組織シンボリズム論では，それが可能であるという主張が支配的である。もともと，「組織文化のマネジメント」の問題に関心を示したのは，機能主義的組織シンボリズム論であった。組織文化の隆盛が始まった1980年代の初頭，オオウチ［1981］，パスカル＝エイソス［1982］，ピーターズ＝ウォーターマン［1982］，ディール＝ケネディ［1982］，デイビス［1982］など，組織文化を経営管理の一手法とみなす「組織文化のマネジメント」論は，組織文化のもつ特定の機能に焦点をあわせた議論であった。

❸ 解釈主義的組織シンボリズム論

解釈主義パラダイムは，機能主義パラダイムのように強大ではない。解釈主義パラダイムは，アンチ機能主義パラダイムのミニ・パラダイムをいわば総称したものである。具体的には，①シュッツの「現象学的社会学」，②シュッツの思想的基盤の後継者であるガーフィンケルが創始した「エスノメソドロジー」，③ブルーマーに代表されるネオ・シカゴ派の「シンボリック相互作用論」などが含まれる[44]。

解釈主義的組織シンボリズム論は，先述した解釈主義パラダイムに依拠した組織シンボリズム論である。解釈主義的組織シンボリズム論には，次の3つの論点が重要とされている[45]。

第一の論点は，組織構成員のシンボリック行為，つまり，シンボリズムの意味構成局面において，シンボルがどのように意味解釈され，また意味の解釈図式としての意味体系がどう構成されるか，が問題となる。解釈主義的シンボリズム論において，「シンボルの意味解釈」や「意味体系の第一次構成」がどのようになされるのかを詳しく報告した研究はまだ存在しないとされている。

第二の論点は，特定の組織文化はどのように生成するのか，という問題である。この論点は，解釈主義的シンボリズム論において，極めて重要な論点である。もともと，社会学において，解釈主義パラダイムは，社会的世界や社会的

事象は，どのように生成するかを問題にするパラダイムであるので，この問題は，解釈主義的シンボリズム論の本流に該当する。解釈主義的シンボリズム論では，組織文化を「客観的実在物」とみるのではなく，「社会的構成物」とみる。つまり，組織文化とは，組織構成員が自らの行為によって創り出した意味世界（＝社会的構成物）であると見ている。

　第三の論点は，「組織文化のマネジメント」は可能か，という問題である。解釈主義的シンボリズム論は，もともと「組織文化のマネジメント」にあまり関心をもたない。文化をマネジメントの手段とはみなさないからである。仮に，組織構成員がシンボルを何らかの意識的な行動によって生み出しているとするならば，その意識的な行動を変革することによって生み出されるシンボルを変革することも可能である。

　しかし，解釈主義的シンボリズム論における最大の欠点は，シンボルの持つ「意味」は，受け手に依存するという点である。受け手がシンボルのどこに「意味」を置くかは，受け手の過去の経験に依存するため，行為者にはシンボルの「意味」を特定することができない。

---

1) 高橋正泰＝山口善昭＝磯山優＝文智彦［1998］186-187頁を筆者が抜粋し一部修正。
2) 桑田耕太郎＝田尾雅夫［1998］188頁。
3) Hatch, M.J.［1997］p.227.
4) Peters, T.J.＝Waterman, R.H.［1982］訳書51頁。
5) Schein, E.H.［1985］訳書12頁。
6) 加護野忠男［1988a］26頁。
7) Peters, T.J.＝Waterman, R.H.［1982］訳書56-58頁を筆者が一部修正。
8) O'Reilly, C.A.＝Chatman, J.＝Caldwell, D.F.［1991］pp.487-516.
9) Schein, E.H.［1985］訳書19頁。
10) 同上書19頁。
11) 野中郁次郎［2002］104頁。
12) 同上書104頁。
13) Kotter, J.P.＝Heskett, J.L.［1992］訳書24頁。
14) Peters, T.J.＝Waterman, R.H.［1982］訳書475頁。
15) Schein, E.H.［1985］訳書24頁。
16) 野中郁次郎［2002］102頁。
17) Schein, E.H.［1985］訳書4頁。
18) Collins, J.C.＝Porras, J.I.［1994］訳書112頁。

19) Deal, T.E. = Kennedy, A.A.［1982］訳書16-19頁。
20) 松崎和久編［2006］39頁を筆者が一部修正。
21) Deal, T.E. = Kennedy, A.A.［1982］訳書149-177頁を要約して筆者作成。
22) Schein, E.H.［1985］訳書69, 85頁。
23) 松崎和久編［2006］147頁。
24) 梅澤正［1990］48-49頁。
25) Drucker, P.F.［1967］訳書34頁。
26) Christensen, C.M.［1997］訳書229頁。
27) Kotter, J.P. = Heskett, J.L.［1992］は，訳書の書名が『企業文化が好業績を生む―競争を勝ち抜く「先見のリーダーシップ」207社の実証研究―』になっているが，実証研究の結果は，必ずしも書名と一致していない。
28) 咲川孝［1998］51-52頁。
29) Duncan, R.［1979］p.429を筆者が一部修正。
30) 伊丹敬之 = 加護野忠男［1989］366頁。
31) 松崎和久編［2006］150頁。
32) 野中郁次郎［2002］108頁。
33) 伊丹敬之 = 加護野忠男［2003］356頁。
34) Schein, E.H.［1999a］訳書347頁。
35) 松崎和久編［2006］56頁。
36) Daft, R.L.［2001］訳書190頁を筆者が一部修正。
37) 松崎和久編［2006］54頁。
38) Kotter, J.P. = Heskett, J.L.［1992］訳書19頁を筆者が一部修正。
39) Schein, E.H.［2010］訳書194頁。
40) 坂下昭宣［2002］4頁。
41) Burrell, G. = Morgan, G.［1979］訳書36頁。
42) 坂下昭宣［2002］83頁。
43) Dandridge, T.C. = Mitroff, I.I. = Joyce, W.F.［1980］p.79.（坂下昭宣［2002］85頁，所収）
44) 坂下昭宣［2002］62-63頁。
45) 同上書179頁。

第8章 組織変革

　本章では，組織変革について考察する。近年，技術革新，グローバル市場の拡大，など急激な環境変化に伴い，従来の環境適応パターンでは，組織の存続・発展が難しくなってきた。換言すれば，組織の存続・発展において，組織変革が不可欠である。そこで，以下の5つの視点から，組織変革について理解を深める。

　第一に，組織変革の意義について考察する。まず，組織変革の概念について理解を深める。次に，組織変革の類型について言及する。さらに，組織変革における様々な阻害要因について理解する。

　第二に，組織における構造変革について考察する。まず，組織の成長プロセスについて理解する。次に，組織活性化とイノベーションについて言及する。さらに，近視眼的変革が組織に与える影響について理解を深める。

　第三に，組織学習の意義について考察する。まず，組織学習の概念について理解する。次に，組織学習サイクルについて言及する。さらに，知識創造と組織学習の関連性について理解を深める。

　第四に，戦略的組織変革について考察する。まず，戦略的組織変革の概念について理解する。次に，戦略的組織変革の阻害要因について言及する。さらに，変革型リーダーシップについて理解を深める。

　第五に，組織開発の意義について考察する。まず，組織開発の概念について理解する。次に，組織開発の必要性について理解を深める。さらに，組織開発の様々な手法について言及する。

1 組織変革の意義

❶ 組織変革の概念

　近年，企業などの組織を取り巻く環境は，図表8-1に示されるように[1]，①技術革新，②経済の国際規模の交流，③先進国市場の成熟化，④共産主義・社会主義の崩壊，など様々な環境要因の変化によって激変している。コッター（Kotter, J.P.）［1996］は，図表8-1で明らかなように，環境変化の主原因をグローバル化とみている。

　企業などの組織は，環境変化に対応して，存続・発展を図るために，常に自ら変化しなければならない。むしろ，変化が常態であるとさえいえよう。組織が環境変化に対応するために，戦略，組織構造，組織プロセス，組織文化，従業員の意識などを，主体的・意図的に変革することを組織変革（organizational change）という。

　ナドラー＝ショー＝ウォルトン（Nadler, D.A.＝Shaw, R.B.＝Walton, A.E.）［1995］は，均衡状態を破る不連続的変革の直接の原因として，①産業構造または製品ライフサイクルの変化，②技術革新，③マクロ経済の傾向と危機，④規制および法律の変化，⑤市場と競争状況の圧力，⑥成長，の6つをあげている[2]。コッター［1996］とナドラー＝ショー＝ウォルトン［1995］を比較すると明らかなように，組織変革の原因は，研究者によって重点の置き方は異なるものの，組織はこれらの環境変化に的確に対応するため，組織変革が欠かせない。

　組織変革の対象は，ハード的な側面（戦略，技術，組織構造など）およびソフト的な側面（従業員の価値観，規範，組織文化など）に分類できる。従来，組織において，ハード的な側面の変革に重点が置かれ，ソフト的な側面についての変革は軽視されてきた。しかし，従業員の価値観，規範，組織文化などのソフト的な側面は，組織変革を成功に導く重要な鍵概念である[3]。1990年代以降，組織文化，コミュニケーション，パワーなどについての変革が注目され始

第8章 組織変革

図表8-1 企業における大規模変革を促す経済的・社会的な力

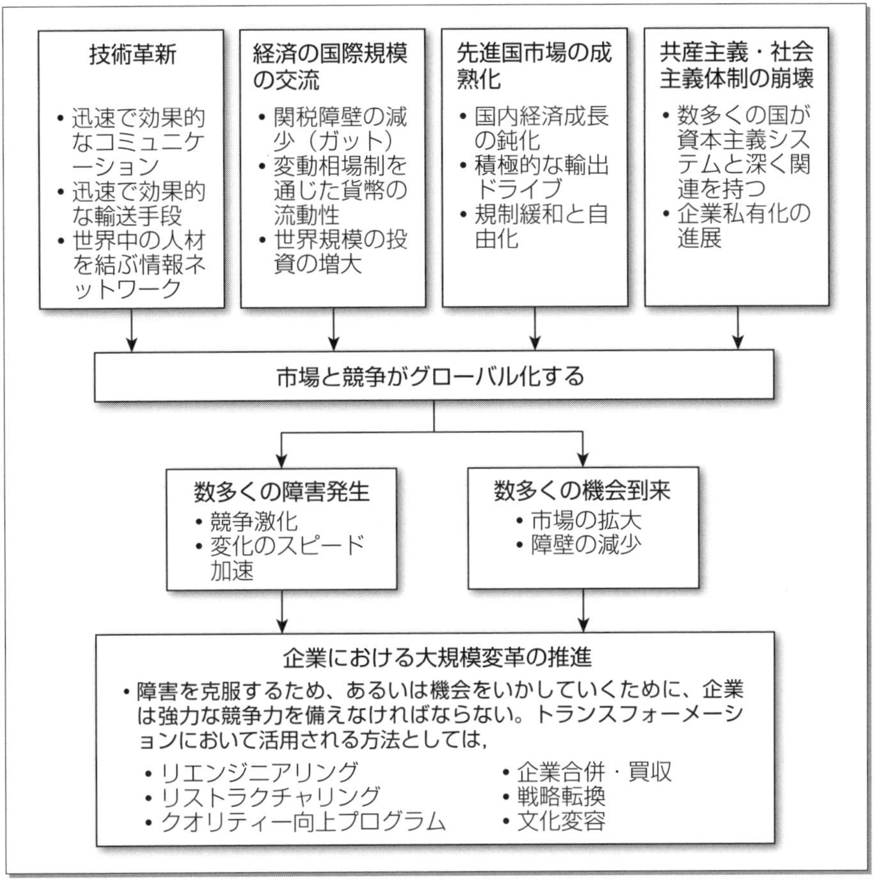

技術革新
- 迅速で効果的なコミュニケーション
- 迅速で効果的な輸送手段
- 世界中の人材を結ぶ情報ネットワーク

経済の国際規模の交流
- 関税障壁の減少（ガット）
- 変動相場制を通じた貨幣の流動性
- 世界規模の投資の増大

先進国市場の成熟化
- 国内経済成長の鈍化
- 積極的な輸出ドライブ
- 規制緩和と自由化

共産主義・社会主義体制の崩壊
- 数多くの国が資本主義システムと深く関連を持つ
- 企業私有化の進展

↓

市場と競争がグローバル化する

↓

数多くの障害発生
- 競争激化
- 変化のスピード加速

数多くの機会到来
- 市場の拡大
- 障壁の減少

↓

企業における大規模変革の推進
- 障害を克服するため、あるいは機会をいかしていくために、企業は強力な競争力を備えなければならない。トランスフォーメーションにおいて活用される方法としては,
  - リエンジニアリング
  - リストラクチャリング
  - クオリティー向上プログラム
  - 企業合併・買収
  - 戦略転換
  - 文化変容

(出所) Kotter, J.P. [1996] 訳書36頁。

めた[4]。現実に、組織文化の変革によって見事に立ち直った日産自動車のような事例も枚挙にいとまがない。組織は、永続的に存続・発展していくために、ハード的な側面の変革と、それに呼応したソフト的な側面の変革を同時に追求していく必要がある。

❷ 組織変革の類型

従来，組織変革の類型について，様々な研究がなされてきた。ナドラー＝シ

図表8-2　組織変革のタイプ

	漸進的	不連続的
予測型	調　整	再方向づけ
即応型	適　応	再　建

（出所）　Nadler, D.A.＝Shaw, R.B.＝Walton, A.E.［1995］訳書28頁。

ョー＝ウォルトン［1995］は，従来のタイプ分け（変化の連続性の度合いによる分類－漸進的変革・不連続的改革）に，時間軸（環境変化に対応するタイミング）を取り込み，組織変革を，①調整，②適応，③再方向づけ，④再建，の4つに分類した[5]。

① 調整：環境変化を予測し，変革をすべき積極的な要件がないとき，あるいは効率性の改善を求めて，漸進的な変革を起こすことを調整という。

② 適応：環境の外部要因によって引き起こされ，何らかの対応を迫られる漸進的な変革を適応という。抜本的な変革ではなく，即応的な変革である。

③ 再方向づけ：環境変化に先立って，あるいは変化の初期的な兆候を確認して，引き起こされる不連続的変革のことである。企業の基本的な事項（アイデンティティ，ビジョン，戦略，価値観など）の再定義に関わるが，まだ変革の必要性に迫られないうちに行われる。

④ 再建：環境変化によって，組織が危機的な状況に直面するときに引き起こされる組織変革のことである。組織の構成要素のすべてを迅速に変革させる必要がある。ただし，再建には本来的に高いリスクがつきまとう。

上述した漸進的な組織変革（具体的には，調整と適応）は，既存の枠組み内で実行される。一方，不連続的な組織変革（具体的には，再方向づけと再建）は，既存の組織の戦略，構造，人間，プロセスなど組織全体にまたがる変革である。

また，グイラート＝ケリー（Gouillart, F.J.＝Kelly, J.N.）［1995］は，企業の遺伝子という発想に基づいて，「4R」モデルを提示した。4Rとは，①再編（Re-

第8章 組織変革

frame）…企業のあり方と目標の見直し、②再構築（Restructure）…組織の能力を高める、③再活性（Revitalize）…企業と環境を結びつけ、成長のエンジンに

図表8-3　大規模な変革を推進するための8段階のプロセス

1. 危機意識を高める
   - 市場と競合の現状を吟味する
   - 危機、あるいは絶好の成長機会を見付けて、検討する

2. 変革推進のための連帯チームを築く
   - 変革をリードするために十分なパワーを備えたグループを生みだす
   - このグループにチームとしての活動を促す

3. ビジョンと戦略を生みだす
   - 変革の試みを導くためにビジョンを生む
   - このビジョン実現のために戦略を立てる

4. 変革のためのビジョンを広くコミュニケートする
   - あらゆる手段を活用して継続的に新しいビジョンと戦略をコミュニケートする
   - 連帯チームのメンバーが、従業員に期待される行動を自らがモデルとなって示す

5. 広範囲の人材をエンパワーする
   - 変革の行く手をはばむ障害を取り除く
   - 変革ビジョンを妨害するシステムや組織構造を変革する
   - リスクテイキング、いままで遂行されたことのないアイディア、活動、行動を促進する

6. 短期的成果を実現する
   - 業績上で眼に見える改善、すなわち短期的勝利を生む計画を立てる
   - 実際に短期的勝利を生みだす
   - これらの勝利実現に貢献した人たちをはっきり認知し、報いを与える

7. 成果を統合し、さらなる変革を推進する
   - トランスフォーメーションのビジョンに合致せず、全体的試みになじまないシステム、構造、制度を変革することに、築き上げられた信頼を活用する
   - 変革ビジョンを推進することに貢献する人材を採用し、昇進させ、開発する
   - 新しいプロジェクト、テーマ、変革推進者を通じて変革プロセスを強化する

8. 新しい方法を企業文化に定着させる
   - 顧客重視、生産性向上を目指す行動、すぐれたリーダーシップの発揮、さらにすぐれたマネジメント機能を通じて業績向上を実現する
   - 新しい方法と企業の成功の関係を明確に示す
   - リーダーの開発と後継者育成を促す手段を生みだす

（出所）　Kotter, J.P. [1996] 訳書39頁。

火をつける，④再生（Renew）…人の活性化による企業の再生，の4つの頭文字から命名されたものである。組織変革において，この4Rを統合的に変革させる必要がある。

さらに，ダフト（Daft, R.L.）[2001]は，組織変革を，経営管理に関する変革と技術に関する変革に分類した[6]。ダフト[2001]によれば，経営管理に関する変革は，機械的な組織構造が適しており，戦略や組織構造についての変革が重要なので，トップダウンによる変革が実行される。技術に関する変革は，有機的な構造が適しており，技術や製品に対する変革が重要である場合に利用される。技術に関する変革は，ボトムアップによる変革が多い。

上述したように，組織変革の類型について，様々な研究がなされてきた。変革の内容に応じてタイプ分けをすることは，変革の位置づけと変革のマネジメントの多様性を明らかにするために必要である。しかし，組織変革の類型を明らかにしても，変革のプロセスを解明できるとは限らない。

コッター[1996]によれば，図表8-3に示されるように[7]，組織変革を推進するためのプロセスとして，8段階のプロセスに区分することができる。

上で，組織変革の類型および変革プロセスについて考察した。組織変革の類型の理解にとどまるのではなく，上述した8段階の変革プロセスにしたがって，変革を進めることが成功を収める重要なポイントであることはいうまでもない。

組織論は，企業を中心とする組織を研究対象としており，経営学や経営管理論のいわば基礎科学の位置づけにあるが，組織論の中で組織変革論だけは，主体の意図や行為が含まれる数少ない研究分野といえよう。

❸ 組織変革の阻害要因

組織変革，特に不連続的変革を実現することは極めて難しい。組織変革は，様々な阻害要因の影響を受ける。組織変革の阻害要因は，個人的な阻害要因と組織的な阻害要因に大別できる。上田泰＝宮川公男[1995]によれば，個人的な阻害要因は，下記の5つに分類することができる[8]。

① 既得権の追求：変革が自分の経済利益を損なうような，不都合な結果につながると予想される場合抵抗する。

② 行動の習慣化：変革は，組織構成員に習慣を捨てる負担と新たな行動を身につける負担を強いるので，抵抗する傾向がある。
③ 未知への不安：変革は，不確実であり，何らかのリスクを伴うことが多い。人は，新しいタスクをマスターできるか，不安感が生まれるとき，変革に抵抗する傾向がある。
④ 選択的知覚：人は，自分にとって都合の悪い事象を無視あるいは軽視する傾向がある。変革の必要性はよく無視される。
⑤ 社会関係の維持：変革が，他者との良好な関係を損なう恐れがある場合，変革の必要性を認識していても抵抗する場合がある。

次に，組織的な阻害要因についてみてみよう。上田泰＝宮川公男［1995］によれば，組織的阻害要因は，①構造的慣性，②集団的慣性，③権力バランスへの脅威，④過去の失敗経験，の4つに区分できる[9]。

① 構造的慣性：組織構造は，組織の人間行動を安定させるメカニズムである。それゆえ，組織構造が定まると，集合的な人間行動は変革させにくい。
② 集団的慣性：集団において規範は，各メンバーの行動を安定させる大きな要因である。変革が，規範に反する場合，抵抗する可能性が高い。
③ 権力バランスへの脅威：変革が，組織の部門や個人の現在のバランスを変える恐れがある場合抵抗する。
④ 過去の失敗経験：変革に失敗した経験を持つ組織は，新しい変革に対する抵抗が生まれやすい。

上述したように，組織変革には，数多くの阻害要因が存在している。組織変革に取り組む前に，様々な切り口から現在の組織の状態を診断し，阻害要因を解消することによって，組織変革の成果をあげることができる。組織変革の成果は，個人の業績，集団の業績，組織全体の業績，の3つに区別できる。組織構造や制度が整備されたとしても，個人が行動しない限り，成果は達成できない。組織は，人によって構成されるからである。それゆえ，個人にモティベーションを与え，個人業績を向上させることは極めて重要である。さらに，個人業績を集団の業績および組織全体の業績につなげていくことが肝要である。

2 組織における構造変革

❶ 組織の成長プロセス

　組織は上述した環境変化に対応するだけでなく，その成長の局面に伴って，組織変革を必要とする。組織の成長は，図表8-4に示されるように[10]，①組織の生成期（第1局面），②指示による成長期（第2局面），③権限委譲による成長期（第3局面），④調整による成長期（第4局面），⑤協力による成長期（第5局面），の5つの局面があるとされている。

　第1局面では，創業者の創造力によって成長するが，ある程度組織が大きく

図表8-4　組織成長の5局面

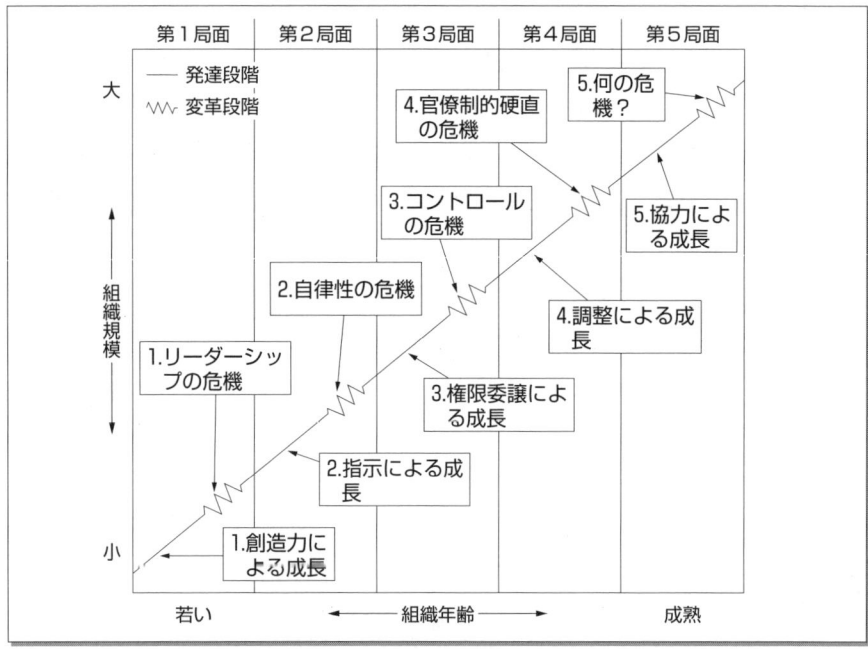

縦軸：組織規模（小～大）
横軸：組織年齢（若い～成熟）

- 発達段階
- 変革段階

第1局面：1.創造力による成長 → 1.リーダーシップの危機
第2局面：2.指示による成長 → 2.自律性の危機
第3局面：3.権限委譲による成長 → 3.コントロールの危機
第4局面：4.調整による成長 → 4.官僚制的硬直の危機
第5局面：5.協力による成長 → 5.何の危機？

（出所）　Greiner, L.E. [1972] p.41を筆者が一部修正。

なると，創業者のリーダーシップに関する危機が発生する。この場合，管理技術の導入などによる組織変革が必要である。

　第2局面は，指示による成長期である。職能別組織（機能別組織）が採用され，会計・予算制度，作業の標準化などが進展するが，ミドル・マネジメント層が自律性を求めて，創業者との間にコンフリクトが生ずる。すなわち，自律性の危機が発生する。この場合，大幅な権限委譲などの組織変革が必要である。

　第3局面は，権限委譲による成長期である。組織の分権化，経営者による例外管理が進展し，組織は順調に成長するが，分権化と総合経営管理との間に新たな緊張関係が発生する。この場合，調整システムの導入などの組織変革が必要である。

　第4局面は，調整による成長期である。経営者は本社スタッフの力を借りながら総合経営管理を担当し，業務遂行（実施）部門の管理者は日常業務を分担することによって成長するが，官僚制的硬直の危機が発生する。この場合，各機能間の協力が可能になる組織変革が必要である。

　第5局面は，協力による成長期である。この場合，チームワークや自己統制（自己管理）を重視した組織変革が必要である。

❷ 組織活性化とイノベーション

　組織の活性化は，組織構成員が，相互に意思を伝達しあいながら，組織と共有している目的・価値を，能動的に実現していく状態である[11]。組織活性化の手法として，①組織のシステムを望ましい方向に改善していくという組織設計的なアプローチ，②組織風土の改善を目的として，上司と部下の協調・協力によって，必要な改善を進めていくという組織開発的なアプローチ，の2つがあげられる[12]。

　組織開発については，第5節で考察するので，本項では，組織設計的アプローチによる組織構造変革に焦点を絞って考察する。なお，組織設計的アプローチは，一般的に，①制度，規定，手続きの効果性向上，②職務の効果的割り付け，③部門目標の部下への割り付け，④情報の流れの効率化，⑤組織構造の変革，の5つに区分できる[13]。

図表8-5　漸進的変革と不連続的変革

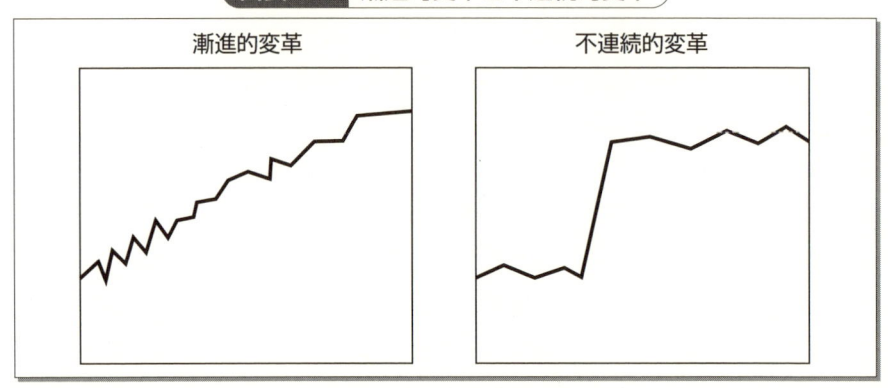

漸進的変革　　　　　　　　　不連続的変革

(出所)　Nadler, D.A.=Shaw, R.B.=Walton, A.E.［1995］訳書26頁。

　組織構造変革は，①漸進的変革，②不連続的変革，の2つに区別することができる。ナドラー＝ショー＝ウォルトン［1995］は，それぞれの意義について次のように述べている[14]。

① 　漸進的変革：漸進的変革とは，組織均衡を重視し，適合パラダイムに準拠して，各組織要素間の整合性，適合性を重視するアプローチである。漸進的変革は，安定期に起こる小さな変化であり継続性がある。組織は，絶え間ない改善・調整・修正を加えながら，より効率的な運営を図る。漸進的変革は，すでに実施されている仕事をもとにした改良であり，比較的小さな規模の中で，企業の機能の改善を積み重ねたものである。

② 　不連続的変革：不連続的変革とは，不連続な環境変化に対応するために，ゼロベースから組織を再構築するアプローチである。不連続的変革は，不安定期に起こる急激な変化であり断続的である。組織の目標は，新しい戦略，新しい仕事，新しい公式組織体制などを備えた新しい組織構造を築くことである。不連続的変革は，過去を切り離した，まったく新しい要素からなる組織を再構築する。

　図表8-5に示されるように，組織には，漸進的変革を経るなかで，不連続的な変革が起こる。優れた組織の長期的な発展プロセスを観察すると，長期に安定した漸進的変革過程の期間と，そうした均衡を破り組織全体を再構築するよ

第8章 組織変革

うな不連続な変革過程を経て，その後再び訪れる漸進的変革過程によって発展していることが多い[15]。

　上述した均衡と変革が定期的に起こるというパターンは，様々な産業にわたって見受けられる。ほとんどの企業（組織）は，均衡の破れた時期に大きな変革を遂げ，組織構成要素を変えることによって存続してきた。均衡の破れた時期に変革をしなかった企業（組織）は，落ちこぼれて市場から排除されるか，他の企業に統合されるか，買収されてしまう[16]。

❸ 近視眼的変革

　長期にわたり成功を収めている組織は，サクセス・シンドローム（成功の罠）に陥る可能性が大きい。サクセス・シンドロームは，図表8-6に示されるように[17]，過去の成功と結びついた慣行や活動が標準的な運用手順となり，条件が変わっても，旧態依然としたままである。成功を収めた企業は，成功の経験を組織運営に組み入れ，漸進的変革，すなわち，戦略，構造，人間，文化など組織構成要素の調和によって，組織目標を達成させようとする。組織が成長するにつれ，新しい構造，プロセスが開発され，計画的なコントロールが難しくな

図表8-6　サクセス・シンドローム（成功の罠）

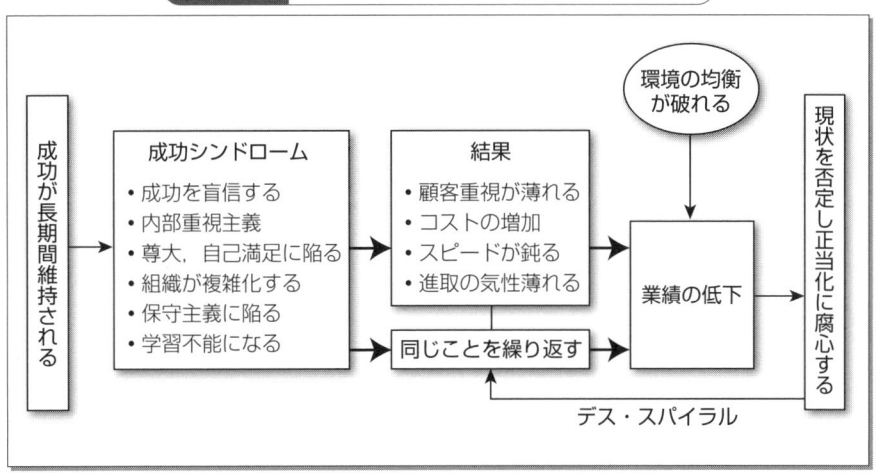

成功が長期間維持される	→	成功シンドローム ・成功を盲信する ・内部重視主義 ・尊大，自己満足に陥る ・組織が複雑化する ・保守主義に陥る ・学習不能になる	→	結果 ・顧客重視が薄れる ・コストの増加 ・スピードが鈍る ・進取の気性薄れる		
				↓	環境の均衡が破れる ↓	
				同じことを繰り返す	→ 業績の低下 ←	→ 現状を否定し正当化に腐心する
					← デス・スパイラル ←	

（出所）　Nadler, D.A.=Shaw, R.B.=Walton, A.E. [1995] 訳書12頁。

り，構造的惰性および文化的惰性が始まる。構造的惰性および文化的惰性は，組織を過去に縛りつけ，組織発展の障害になりうる。

センゲ（Senge, P.M.）[1990] は，組織の生き残りにとって中心的な脅威は，不意のできごとではなく，徐々にゆっくり進行するプロセスからくる，と興味深い指摘をした後で，有名な「ゆでられた蛙の寓話[18]」を紹介している。すなわち，熱湯の入った鍋に蛙を入れれば，蛙は慌てて外に飛び出そうとする。しかし，蛙を水の入った鍋に入れ，その鍋をゆっくりと温めると，水温が徐々に上がるにつれて，蛙はだんだん消耗し，鍋から出ることができなくなり，いつの間にか死んでしまう。

「ゆでられた蛙」と似たような現象は，米国の自動車産業など，多くの局面で観察される。1960年代，米国のビッグスリーは，北米自動車生産を支配し，日本（米国での日本車のシェアはわずか4％）を脅威と見なかった。その後，米国における日本車のシェアは，1967年10％未満，1974年に15％，1980年代初めには，21.3％へと徐々に拡大した。そのシェアは，1989年に30％にまで上昇しており，米国自動車産業は国内販売台数の約60％を占めるだけであった。

環境に緩やかな変化が起きたとき，組織は，漸進的な変革を通じて適応しようとする傾向がある。そのうち組織は，急速な環境変化に対応できなくなり，先に述べた蛙と同じ運命になる可能性がある。組織は，重大な危機が隠れている緩やかなプロセスにも目を向けることを学ばなければ，成長・発展はできないといっても過言ではない[19]。

3 組織学習の意義

❶ 組織学習の概念

すでに述べたように，学習とは，「主体の行動が永続的に変化する活動またはプロセス」のことである。組織学習（organizational learning）は，激しい環境変化の中で，企業が存続し発展するために必要不可欠な要素である。

第8章 組織変革

　組織学習は，アージリス＝ショーン（Argyris, C.＝Schone, D.H.）[1978] によれば，その性質および水準によって，①シングル・ループ学習（single-loop learning）[20]，②ダブル・ループ学習（double-loop learning）[21]，の2つに区分される。
① 　シングル・ループ学習：シングル・ループ学習は，既存の目標・価値基準・規範を遵守しつつ，エラーを修正し，より効率的な方法を発見する学習方法である。行動の結果，発見された問題点や課題が，行動の変化のみによって解決される一本のループの中で学習される。
② 　ダブル・ループ学習：ダブル・ループ学習は，既存の目標・価値基準・規範そのものに疑問を投げかけ，場合によってはそれを否定することによって，新しい目標・価値基準・規範を生み出す学習方法である。ダブル・ループ学習は，行動の結果に基づいて学習するだけでなく，目標・価値基準・規範などにも修正を加える，という2本のループを通じて問題解決が図られる。組織において，ダブル・ループ学習は極めて重要である。なぜならば，ダブル・ループ学習によって，組織に飛躍的な発展をもたらす可能性が高いからである。

　フィオル＝ライルズ（Fiol, C.M.＝Lyles, M.A.）[1985] は，組織学習を，低次学習と高次学習に区別した。それぞれの特徴についてみてみよう。低次学習の特徴としては，①繰り返して行われる行動，②ルーティン，③具体的職務，規則，構造のコントロールの範囲内，④よく理解されたコンテキスト，⑤組織の全レベルで起こる，の5つがあげられる。

　一方，高次学習の特徴としては，①ヒューリスティック・洞察による学習，②非ルーティン，③コントロールできない問題に対処するために新しい構造・規則などの開発，④曖昧なコンテキスト，⑤多くの場合組織の上位レベルで起こる，の5つがあげられる。

　激変する環境変化に伴い，組織は，存続・発展のために継続的な学習が不可欠である。1991年，マサチューセッツ工科大学（Massachusetts Institute of Technology：MIT）は，学習する組織やそのための能力の構築を目指して組織学習センター（Organizational Learning Center：OLC）を設立した。OLCには，MITの研究者，企業のトップが集まり，知識の共有を図っている。1995年には，

IBM，AT＆Tなど世界的な企業が参加するまでになった。

上述したように，組織学習の重要性は高まりつつある。学習効果の高い企業（組織）は，何か新しいこと，例えば，新しい技術や新しい製品，あるいは新しいマネジメント方法を試そうとすれば，何がうまくいき，何がうまくいかないか，それはなぜか，といった疑問を解くことができる[22]。また，このような企業（組織）は，自社戦略を既得の知識と関連付けることも，新しく学んだことを実践に組み入れることもできる。それゆえ，組織において，継続的な学習を行い，学習効果を高めると共に，組織のさらなる発展を図る必要がある。

❷ 組織学習サイクル

組織学習の原点は，個々の組織構成員の学習活動である。個々の学習活動が存在して初めて，組織学習も成立しうるからである。ただし，個人学習の足し算が組織学習とはいえない。例えば，技能，実績，自己管理能力など一流の選手を集めたプロチームがあるとする。これらの選手個々の高い能力を，チーム目標の実現に活かせないと，試合で負けてしまう。

組織内で学習するのは個人である。組織は，個人の頭脳に匹敵する器官は持ってはいないが，個人間での学習の成果を交換するシステムを持っている[23]。組織は，個人の知識や経験をメンバー間で伝達・共有する必要がある。効果的な学習をする組織は，時間や努力を惜しむことなく，会合を開いたり，学習期間を設けたり，学習プログラムを作成するなどを通じて，学習結果を組織全体に伝播させている[24]。

マーチ＝オルセン（March, J.G.＝Olsen, J.P.）［1976，1979］は，図表8-7に示されるように[25]，組織学習を，組織構成員である個人と組織が参加する「刺激－反応の連鎖」と捉え，具体的には，「個人の信念→個人の行動→組織の行動→環境の変化→個人の信念→…」というサイクルが想定されると述べている。これは完全な組織学習サイクルであり，連結で閉じたサイクルである。しかし，この完全な組織学習サイクルは，現実的には途中で切断されることが多い。

マーチ＝オルセン［1976，1979］は，図表8-7の下段に示されるように，不完全な学習サイクルとして，①役割制約学習，②迷信的学習，③傍観者的学習，

④曖昧さのもとでの学習，の４つを示している[26]。

① 　役割制約学習：個人の信念が個人の行動に結びつかないケースである。複

図表8-7　組織学習サイクル

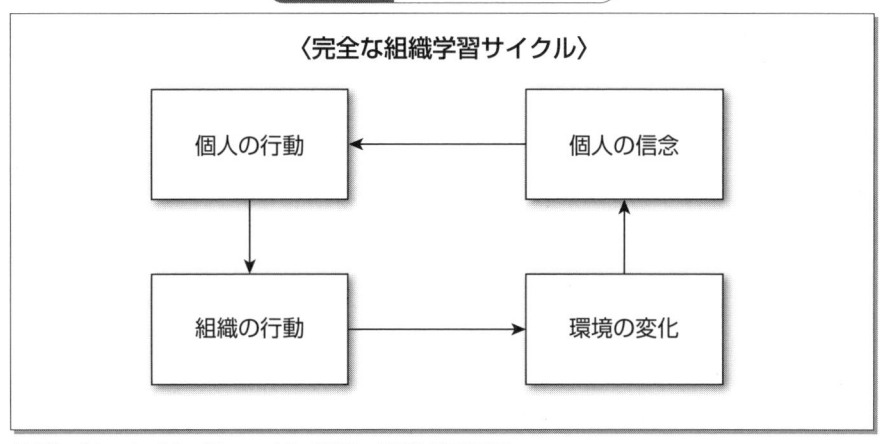

〈完全な組織学習サイクル〉

個人の行動 ← 個人の信念
↓ 　　　　　　　　↑
組織の行動 → 環境の変化

（出所）　March, J.G.=Olsen, J.P.［1976，1979］訳書86頁。

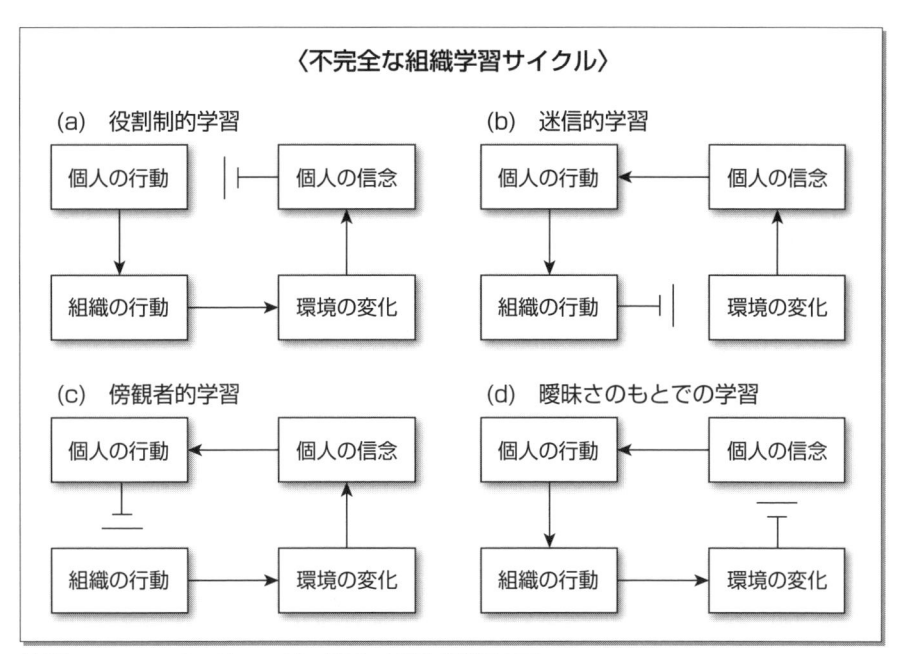

〈不完全な組織学習サイクル〉

(a)　役割制的学習

個人の行動 ⊣ 個人の信念
↓ 　　　　　　　　↑
組織の行動 → 環境の変化

(b)　迷信的学習

個人の行動 ← 個人の信念
↓ 　　　　　　　　↑
組織の行動 ⊣ 環境の変化

(c)　傍観者的学習

個人の行動 ← 個人の信念
⊣ 　　　　　　　　↑
組織の行動 → 環境の変化

(d)　曖昧さのもとでの学習

個人の行動 ← 個人の信念
↓ 　　　　　　　　⊣
組織の行動 → 環境の変化

（出所）　March, J.G.=Olsen, J.P.［1976，1979］訳書87-92頁。

雑な組織において，個人の自由を抑制する様々な制約が存在するからである。
② 迷信的学習：組織の行動と環境の反応との間が断絶しているケースである。組織の行動が環境の反応とは無関係に展開される。
③ 傍観者的学習：個人の行動と組織の行動が結びつかないケースである。個人は学習し，それに基づいて行動しているものの，組織行動に活かされない。
④ 曖昧さのもとでの学習：環境の反応と個人の信念が断絶されるケースである。個人は，曖昧な事象に直面すると主観的に解釈し，環境の客観的な姿が見えなくなる。

上述したように，組織学習は，不完全な組織学習サイクル，低次学習となる傾向が強いため，組織は漸進的変革に強い慣性を持つことになる。すなわち，組織学習は，低次学習あるいはシングル・ループ学習に留まる傾向が強い。

センゲ［1990］は，学習する組織の原動力として，①システム思考，②自己マスタリー，③メンタル・モデルの克服，④共有ビジョンの構築，⑤チーム学習，の5つをあげている。また，この5つの原動力を同時に獲得することよって，変化への自己対応力を備えることができると述べている[27]。

❸ 知識創造

近年，知識創造についての関心が高まりつつある。なぜならば，知識創造は，イノベーションを発生させ，競争優位を生み出すことができるからである。知識創造の特性は，組織的に行われるということである。野中郁次郎＝紺野登［1999］によれば，組織的知識創造とは，「組織が個人・集団・組織全体の各レベルで，企業の環境から知りうる以上の知識を，新たに創造(生産)することである[28]」。

野中郁次郎＝紺野登［1999］は，図表8-8に示されるように，知識創造のプロセスであるSECIプロセスを提示し，「暗黙知が形式化され，それが他者の行動を促進し，その暗黙知が豊かになる。さらに，それがフィードバックされ，新たな発見や概念につながる。暗黙知と形式知の組合せによって，4つの知識変換パターンが想定できる[29]」と述べている。

① 共同化（Socialization）：個人の中にある目に見えない暗黙知を，多数の個々人の目に見えない暗黙知へ転換するプロセスである。それは，個人の暗黙知

図表8-8　SECIモデル

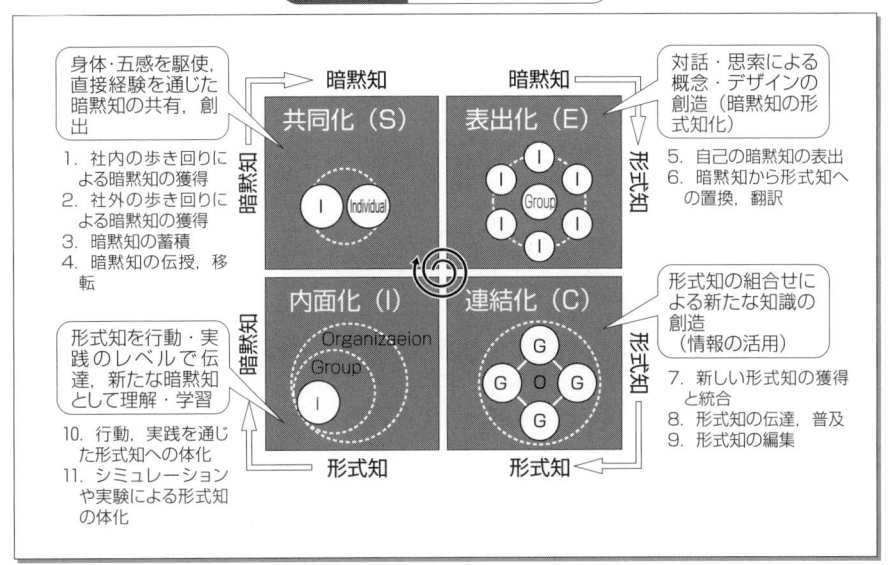

共同化（S）　暗黙知 → 暗黙知
身体・五感を駆使し，直接経験を通じた暗黙知の共有，創出
1. 社内の歩き回りによる暗黙知の獲得
2. 社外の歩き回りによる暗黙知の獲得
3. 暗黙知の蓄積
4. 暗黙知の伝授，移転

表出化（E）　暗黙知 → 形式知
対話・思索による概念・デザインの創造（暗黙知の形式知化）
5. 自己の暗黙知の表出
6. 暗黙知から形式知への置換，翻訳

内面化（I）　形式知 → 暗黙知
形式知を行動・実践のレベルで伝達，新たな暗黙知として理解・学習
10. 行動，実践を通じた形式知への体化
11. シミュレーションや実験による形式知の体化

連結化（C）　形式知 → 形式知
形式知の組合せによる新たな知識の創造（情報の活用）
7. 新しい形式知の獲得と統合
8. 形式知の伝達，普及
9. 形式知の編集

（出所）　野中郁次郎＝紺野登［1999］111頁。

を組織内の文化に転換させるプロセスともいえる。

② 表出化（Externalization）：個人の暗黙知を会話や聞き込みなどにより表面化させ，それを文章化，マニュアル化することによって，組織内のメンバーが共有可能な形式知に転換するプロセスである。

③ 連結化（Combination）：すでに文章化，マニュアル化されて形式知として共有されている組織のいくつかを結合したり，整理したり，または体系化することによって，新たな形式知を生み出すプロセスである。

④ 内面化（Internalization）：共有されている形式知が，深く理解されることによって，個人の経験や主観と相まって，新たな暗黙知が個人の中に形成されるプロセスである。

個人の持つ暗黙知が組織的知識創造の基礎であり，新しい知識の豊かな未開拓の源泉であるから，それに焦点を当てることによって知識創造プロセスが始まる[30]。すなわち，知識創造は共同化から始まるといえる。知識創造は，暗黙知の共有，暗黙知から形式知への転換，形式知から形式知への転換（異なった

形式知を組み合わせて新たな形式知を創造する），形式知から暗黙知への転換，のプロセスを通じて実現できる。このように，知識は，形式知と暗黙知の相互作用によって創造され，拡大される。組織において，上述した4つの変換プロセスを通じて，個人の暗黙知を組織的に増幅させることは重要な課題である。

野中郁次郎＝竹内宏高［1996］は，知識創造と組織学習の関連性について，次のように述べている[31]。すなわち，知識が創造されるとき，シングル・ループ学習とダブル・ループ学習が相互に作用しあい，ダイナミックなスパイラルを形成する。また，知識創造の組織は，ダブル・ループ学習の能力が組み込まれ，ものの見方，認知枠組みなどを日常的に創り変えながら，絶えず新しい知識を創造している。

4 戦略的組織変革

❶ 戦略的組織変革の概念

まず，レヴィン（Lewin, K.）［1951］の戦略的組織変革プロセスについてみてみよう。レヴィン［1951］は，戦略的組織変革プロセスを，①解凍（unfreezing），②移行（moving），③再凍結（refreezing），の3段階に分類した[32]。

① 解凍：解凍段階において，組織構成員に変革の必要性を認識させることが重要である。それは，組織内に推進力，抵抗力，という2つの不均衡を生み出すことによって実現できる。推進力が抵抗力を上回れば，変革は次の段階，すなわち移行に進み，下回れば変革は生じず，従来の状態が継続される。

② 移行：移行段階において，より望ましい状態や行動を生み出すために，計画的な試みが行われる。従来の行動は，長い期間にわたって行われたものであるのに対して，新しい行動は，初めて経験することが多い。それゆえ，移行段階において，組織構成員の従来の行動を変える取組みが欠かせない。

③ 再凍結：新しい状態や行動を長期にわたって定着する段階である。組織構成員の新しい行動を評価し，何らかのインセンティブを与え，継続させるこ

とが重要である。

このように，戦略的組織変革は，変革の必要性の認識⇒望ましい状態の創造の試み⇒新しい状態の定着，を通じて実現できる。戦略的組織変革において，最も重要なことは，経営者が変革の必要性を意識することである。従業員の注意は，既存の戦略，構造，文化，などに大きく制約されており，環境の変化および変革の必要性を認識する可能性は低い。

それゆえ，変革を行う際に，個人にとっても組織にとっても，その変革が魅力的であるという推進力を増加・伝達するためには，変革のリーダー的役割を行う変革型リーダーシップの力が必要となる。

❷ 戦略的組織変革の阻害要因

組織変革には，様々なコストがかかる。主なコストとして，①埋没コスト (sunk cost)，②既得権，③習熟，の3つがあげられる。これらのコストは，既存のプログラムの継続を促す傾向がある。

① 埋没コスト：埋没コストは，現在のプログラムを実行している限り発生しないコストでありながら，それを捨てて新しいプログラムを採用する場合に発生するコストである[33]。

② 既得権：既得権は，すでに所有している権利のことを指す。変革によって，企業が持っている既得権が失われる可能性がある。

③ 習熟：習熟は，同じプログラムを継続的に行動し，経験を積むことによって得た知識や能力のことである。変革によって，全く関連性のない環境に直面し，今まで習熟してきたものを喪失する可能性が高くなる。

上述したように，組織変革には，様々なコストが発生する。それゆえ，組織構成員は，既存戦略・構造にコミットする傾向がある。次に，外部環境へのロックイン，戦略的近視眼，の視点から組織変革の阻害要因について考察する[34]。

〈外部環境へのロックイン〉

利害関係者は，外部から企業の戦略に影響を与える手段を持っている。利害関係者にとって，組織均衡を打破するような変革は，既得権および収益の喪失を意味する。それゆえ，利害関係者は，自分の利益の低下をもたらす戦略に対

して，影響力を行使し変革に抵抗する。一方，利害関係者は，安定した状況では上で述べた影響力を行使しない傾向がある。

〈戦略的近視眼〉

戦略的近視眼としては，レビット＝マーチ（Levitt, B＝March, J.G.）[1988] による「有能さのわな」があげられる。すなわち，希求水準を超えるようなプログラムや知識は，ますます使用される。一方，現在のプログラムや戦略より優れたものを探求しようとする動機づけはなくなる。組織は，現在の能力で成果をもたらすことができれば学習しようとしない。

上述したように，組織変革には，様々な阻害要因が存在している。組織において，これらの阻害要因を正確に認識し，素早く対策を探索し，組織変革を促進する必要がある。

❸ 変革型リーダーシップ

組織変革を行う際に，個人にとっても組織にとっても，その変革が魅力的であるという推進力を増加・伝達するためには，変革のリーダー的役割を行う変革型リーダーシップの力が必要となる。開本浩矢 [2007] は，変革型リーダーシップを，「不確実な環境の中で，組織を繁栄させるために，変革の方法を身につけ，新たな可能性や方向性を見出さねばならない。また，変革を行うためには，組織内外の反発や変革から生じるストレスに耐えつつ，行動することが必要である」と述べている[35]。

金井壽宏 [1999] によれば，図表8-9に示されるように，変革型リーダーの行動特性として，①ビジョン，②変化への嗅覚，③奨励，④緊張感の醸成，⑤育成，⑥ネットワーク，⑦配慮，の7つをあげている[36]。

上述した7つの行動特性を備えた変革型リーダーは，変革において，極めて重要な役割を果たすことになる。変革の主体者としてのトップ・マネジメントは，変革を決断・推進し最終責任を負う。しかし，トップのリーダーシップだけでは限界があり，扱う問題が複雑化かつ高度化してくると対応できなくなる。トップ・マネジメント，媒介者としてのチェンジ・エージェント，変革を実行する組織構成員が，三位一体となって変革を推進することが必要不可欠である。

図表8-9 変革型リーダーシップの特性

項　目	内　　　容
ビジョン	変革のための大きなビジョンを持ち，自らの行動でそれを示し，メンバーがビジョンを理解し，注意を払うようにする。
変化への嗅覚	組織を取りまく環境を注意深く観察し，変化の動向を機敏に感じ取り，変化の理由や意味づけを行う。
奨　励	ビジョンを実現するための具体的なプロジェクトに対して，メンバーがチャレンジしていくことを奨励，促進する。
緊張感の醸成	変革を成し遂げるために，高い業績水準を設定し，それに対して努力を続ける。これにより，緊張感を作り出す。
育　成	変革の厳しさに耐えられるフォロワーを日ごろから育成し，ケアする。
ネットワーク	変革を成し遂げる上で，必要な情報を獲得するための人的ネットワークを構築する。
配　慮	メンバーのエモーション（情緒）に対して敏感に対処する。

（出所）　金井壽宏［1999］101-104頁に基づいて筆者が図表化。

5 組織開発の意義

❶ 組織開発の概念

　1960年頃，米国において，組織開発（Organizational Development）が誕生し，1970年代にかけて発展した。山倉健嗣＝岸田民樹＝田中政光［2001］によれば，組織開発は，「行動科学の知識を使って，組織過程に計画的に介入し，組織の有効性と健全性を増大させようとする，トップ・マネジメントによって管理された，計画的かつ全組織的な努力過程である」[37]。すなわち，組織開発は，組織内部の活力を引き出し，組織を改善・変革させることである。組織開発は，組織構造・制度の変革から，組織および個人の精神的カウンセリングセッションまでを含む，変革のテクニックや干渉方法の総称である[38]。

組織開発は，組織が時間の経過とともに変化するプロセスに介入して，ある望ましい状態に移行させる手法である[39]。換言すれば，組織開発は，従来の伝統的かつ官僚的な組織を活性化された組織へと変革させる方策である。上述したように，組織開発は，組織活性化のための組織変革の技法の１つであるといえよう。

　梅澤正［1977］によれば，組織開発の目的および狙いは，次の７つに区分できる[40]。

① 　ダイナミズム（dynamism）：組織内部の諸関係，特に，組織構成員間，部門間の相互作用を，より活発で変化に富んだものにする。
② 　フレキシビリティ（flexibility）：組織構成員が形式や慣行にとらわれず，思考と行動を柔軟化させることによって，組織全体としての動きを軽くする。
③ 　アダプタビリティ（Adaptability）：外部情報を的確にキャッチし，環境の変化に遅れず，迅速に対処していける適応力をつける。
④ 　フル・ファンクション（full function）：組織内部の各要素が，能力を十分に発揮し，機能を全開して総力をあげる。
⑤ 　エフェクティブネス（effectiveness）：目標を確実かつ完全に達成できるような，有効性の高い組織をつくる。
⑥ 　エフィシェンシー（efficiency）：効率性を追求できる組織をつくる。
⑦ 　ヘルシー（healthy）：組織構成員が，明るく力いっぱいに行動できる，精神的に健康な組織をつくる。

　すなわち，組織開発は，組織構成員のモティベーションを高め，環境変化に柔軟に対応しながら，組織目標を達成していくためのプロセスである。

　組織開発は，日本にも紹介・導入された。わが国において，組織開発は，米国のテクニックを摂取しながら，独自の展開をみせてきた。日本型組織開発の特徴は，①職場ぐるみ訓練ないし職場開発という性格，②問題解決のための職場ぐるみないしは組織ぐるみのムーブメントとしての性格，の２つがあげられる[41]。日本電気株式会社（以下，NEC）は，全社的な体質改善を志向するなかで，社内にコンサルタント・チームを編成し，組織開発の試験的導入を行った。その後，NECは，部門問題を抽出のための事業診断，KJ職場懇談会の活

用などを通じて，組織開発を全社に展開し，組織の改善を図った。

❷ 組織開発の必要性

すでに考察したように，組織変革において，様々な阻害要因が存在する。変革の抵抗に対処する方法は，①変革のエージェントが，組織構成員の抵抗を積極的に理解し，一緒に解決していくポジティブな方法（教育とコミュニケーション，参加と関与，促進と支援），②一方的にメンバーが抵抗することを押さえつける方法（交渉と契約，操作と報酬，強制），に大別される[42]。それぞれの方法におけるメリット・デメリットを理解した上で，どの方法を利用するかを決定する必要がある。

梅津祐良[1988]によれば，組織開発の進め方は，下記の4つに大別できる[43]。
① 現状分析：組織活性度調査を行い，組織の抱えている問題を分析することによって，組織の現状を把握する。
② 問題点の明確化：組織に存在している問題点を明確化し，その原因を究明する。
③ 問題解決プランの作成：問題を解決するために，組織としてどのように行動していくかを決める。
④ 結果の評価，新しいプランの作成：評価を行い，基準に達しなかったら新しい改善行動プランを作成する。

組織は，組織開発を通じて，個々人の活性化⇒組織構成員の相互作用の活発化⇒相乗効果の産出，をもたらすことができる。それゆえ，組織において，的確な組織開発手法を選び，上述した進め方によって推進することは極めて重要である。

❸ 組織開発の手法

次に，組織開発の手法について考察する。組織開発は，計画的変革を特徴としており，変革のエージェントが介入して，人間の態度および行動変容を通じて組織全体の変革を実現する[44]。図表8-10に示されるように，ロビンス（Robbins, S.P.）[1997]は，エージェント介入の方法によって，組織開発手法を，①組織

図表8-10　組織開発の手法

変革エージェント介入の方法	開発手法	特徴
構造的介入	組織構造の再構築	従来，組織にとって正しかった組織形態が，競争上不利な状態になる可能性もあるので，組織構造の再構築が欠かせない。組織構造は，よりフラットになり，分権化し，有機的になる傾向がある。
	新しい報酬システム	変革エージェントは，チームワークと協調を促進することが多いので，集団レベルと組織レベルの業績を重視するプランを支持する。
	組織文化を変える	組織において，より柔軟に，敏感に，そして顧客ニーズ，サービス，品質にもっと焦点を当てる文化が強調される傾向がある。
職務・技術にかかわる介入	職務の再設計	職務転換・拡大・充実，自律的ワークチームが含まれる。
	社会技術システム	職務の設計が成功するために，変革エージェントは，職務が求める社会的および技術的要求を統合して，最適化する必要がある。
	労働生活の質	労働生活の質は，労働生活を設計する決定に従業員を完全に参加させるメカニズムを開発し，職場における人間らしさを追求する。
人々に焦点を当てた介入	感受性訓練	感受性訓練は，構造化されていない集団の相互作用を通じて行動を変化させる。参加者は，自由でオープンな環境の下で，自分自身や相互作用のプロセスについて話し合う。個人と組織がよりよい形で統合される。
	調査のフィードバック	組織のメンバーの態度を評価し，メンバー間の相違を発見し，そのような相違を解決するときの1つのアンケート式調査の技法。
	プロセス・コンサルテーション	外部コンサルタントが，組織のマネジャーと一緒に，業務プロセスで発生する重要な点をどのように捉え，理解し，対応するかなどの診断を行う。
	チームビルディング	職場集団，委員会，機能横断的チームなどに関すること。典型的な活動は，ゴール設定，チームメンバーの対人関係の開発，役割分析，チームプロセス分析などがある。
	組織間開発	組織間の態度，形にはまった見方，認知の変革を追求する。

(出所)　Robbins, S.P.［1997］訳書404-414頁に基づいて筆者作成。

構造の再構築，②新しい報酬システム，③組織文化の再構築，④職務の再設計，⑤社会技術システム，⑥労働生活の質，⑦感受性訓練，⑧調査のフィードバック，⑨プロセス・コンサルテーション，⑩チームビルディング，⑪組織間開発，に分類した[45]。

　上述した組織開発手法において，それぞれの目的があるものの，共通しているのは，事前に特定された環境変化に適応することを目標に，現在の組織と理

想とされる組織のギャップを明らかにし，そのギャップを埋めるための計画的かつ体系的な取組みである[46]。

　組織マネジメントでは，組織全体の生産性と効果性を向上させる総合的・全体的なアプローチが求められる[47]。組織において，戦略，組織構造，組織文化などの構成要素の変革によって，組織全体の生産性と効果性を向上させることは極めて重要である。組織変革技法の1つである組織開発を通じて，問題解決を行う際，図表8-10に示される組織開発の各手法の特徴を明確に理解し，問題解決に適切かつ効果的な手法を選定する必要がある。

---

1) Kotter, J.P.［1996］訳書36頁。
2) Nadler, D.A.＝Shaw, R.B.＝Walton, A.E.［1995］訳書3-6頁。
3) 同上書190頁。
4) 日本労働研究機構編［1991］5頁。
5) Nadler, D.A.＝Shaw, R.B.＝Walton, A.E.［1995］訳書25-34頁。
6) Daft, R.L.［2001］訳書239-242頁。
7) Kotter, J.P.［1996］訳書37-43頁。
8) 上田泰＝宮川公男［1995］226-227頁。
9) 同上書227-228頁。
10) Greiner, L.E.［1972］p.41.を筆者が一部修正。
11) 塩次喜代明＝高橋伸夫＝小林敏男［1999］183-184頁。
12) 梅津裕良［1988］106頁。
13) 同上書106-115頁。
14) Nadler, D.A.＝Shaw, R.B.＝Walton, A.E.［1995］訳書127頁に基づいて筆者が一部加筆修正。
15) 桑田耕太郎＝田尾雅夫［2010］297頁。
16) 大月博司［1999］131頁。
17) Nadler, D.A.＝Shaw, R.B.＝Walton, A.E.［1995］訳書12頁。
18) Senge, P.M.［1990］訳書33頁。
19) 同上書33-34頁。
20) Argyris, C.＝Schöne, D.A.［1978］p.18.
21) 同上書p.24.
22) Nadler, D.A.＝Shaw, R.B.＝Walton, A.E.［1995］訳書143-144頁。
23) 日本労働研究機構編［1991］11-12頁。
24) Nadler, D.A.＝Shaw, R.B.＝Walton, A.E.［1995］訳書147頁。
25) March, J.G.＝Olsen, J.P.［1979］訳書86頁。
26) 同上書87-92頁。
27) Senge, P.M.［1990］訳書14-19頁。
28) 野中郁次郎＝紺野登［1999］110頁。

29) 同上書111-114頁。
30) 野中郁次郎＝竹内宏高［1996］126頁。
31) 同上書64-66頁。
32) Lewin, K.［1951］訳書223-224頁。上田泰＝宮川公男［1995］224-226頁を参照した。
33) 桑田耕太郎＝田尾雅夫［1998］308頁を筆者が一部修正。
34) 桑田耕太郎＝田尾雅夫［2010］309-310頁を筆者が一部修正。
35) 開本浩矢［2007］125頁を筆者が一部修正。
36) 金井壽宏［1999］101-104頁。
37) 山倉健嗣＝岸田民樹＝田中政光［2001］43頁。
38) Robbins, S.P.［1997］訳書403頁。
39) 山倉健嗣＝岸田民樹＝田中政光［2001］44頁。
40) 梅澤正［1977］74-75頁。
41) 同上書38-39頁。
42) 開本浩矢［2007］175頁。
43) 梅津裕良［1988］116-118頁。
44) 開本浩矢［2007］177頁。
45) Robbins, S.P.［1997］訳書404-414頁。
46) 開本浩矢［2007］177頁。
47) 梅津裕良［1988］137頁。

第9章 組織間関係

本章では，組織間関係について考察する。組織間関係論は，今後，マクロ組織論（組織論）の中核的位置づけを占めるかもしれない重要な課題であるので，学際的に考察する。

第一に，組織間関係の意義について考察する。まず，組織間関係論の生成と発展について言及する。次に，組織間関係論と経営組織論の関連性について理解を深める。さらに，組織間関係論と密接な関連のある経営戦略論との関連性について理解する。

第二に，組織間関係の理論的枠組みについて考察する。まず，組織間関係に関する5つのパースペクティブについて理解する。次いで，組織間関係論の主要な研究課題に言及する。さらに，組織間関係論の方法的特質について理解を深める。

第三に，組織間関係と経営戦略について考察する。まず，経営戦略の構成要素の内，ビジネス・システムの概要について理解する。次いで，経済性の概念とビジネス・システムの関連に言及する。さらに，ビジネス・システムの典型である供給連鎖について理解を深める。

第四に，組織間関係の革新について考察する。まず，垂直的統合と水平的統合について理解する。次いで，垂直的統合から水平的統合への変化に言及する。さらに，企業間関係の革新について理解を深める。

第五に，ネットワーク社会における組織間関係について考察する。まず，伝統的な組織間関係の中から企業系列について理解する。次いで，プラットフォーム・ビジネスについて言及する。さらに，「関係のマネジメント」について理解を深める。

1 組織間関係の意義

❶ 組織間関係論の生成と発展

　組織間関係（inter-organizational relations）とは，相互に自律的であり，組織間における直接的かつ間接的な依存関係をもつ組織の結びつきのことを指す。現代社会において，組織はほぼ例外なくクローズド・システムではなく，オープン・システムであり，他の組織との相互依存性を前提として成立している。具体的には，組織が存続・発展するためには，企業と企業，企業と銀行，企業と地域社会など，多種多様な利害関係者（ステークホルダー）と，ヒト・モノ・カネ・情報の相互依存関係を効果的に継続する必要がある。

　組織間関係論は，取引コスト経済学，新制度学派社会学など，多様な研究領域と密接な関係性を有しており，組織間関係がなぜ形成されるのか，どのように展開されていくのかについて，様々な視点から考察がなされている。

　昨今のグローバル化，企業の大規模化・複雑化に伴って，企業が影響を受ける範囲は拡大するとともに多様化している。今日の組織間関係は，従来の企業グループ，系列などに加えて，企業提携，M&A，製販同盟，アウトソーシングなど，様々な手法によって展開されることが一般的なものとなっている。そして，このような組織間関係のマネジメント（経営管理）が，企業経営において極めて重要な課題となりつつある。

　山倉健嗣［1993］は，この組織間関係が，なぜ形成されるのか，どのように展開されていくのかについて，体系的かつ簡潔にまとめている[1]。山倉健嗣［1993］に準拠して，組織間関係論について，①成立期（1960年代初頭），②展開期（1960年代後半），③確立期（1970年代），④新たな展開期（1980年代以降），の4つの時代区分ごとに概観する。

① 　成立期（1960年代初頭）：組織間関係論の成立時期は，1950年代の終わりから1960年代初期に求められる。「環境の発見」と連動して，ディル，トンプ

ソン，レヴィンらなど，主として社会学者によって発展の素地がつくられた。さらに，1960年代に入り，レヴィンらによって，資源の稀少性を踏まえつつ，組織間交換の概念が提示された。この頃，トンプソンは，組織の対環境戦略として，競争戦略と協調戦略に区分した。成立期において，組織間関係論が組織論の重要な分野になりうること，組織間交換，組織間調整メカニズムなど，組織間関係論の重要なテーマがすでに示されている。

② 展開期（1960年代後半）：エヴァンの「組織セット・パースペクティブ」が提示され，焦点組織（分析の対象となる組織），組織セット（焦点組織と相互に関連のある複数の組織），ネットワーク構造，対境責任者（対境管理者）などの概念が示された。この展開期には，エヴァンの他にも，組織間システム，組織間ネットワークに焦点をあてた研究成果が次々と提唱された。

③ 確立期（1970年代）：組織間関係論が，有名な組織論の教科書に独立した章として取り上げられるなど，組織間関係論の公認化が進展した。また，組織間関係論の支配的なパースペクティブとされているフェファー＝サランシックの「資源依存パースペクティブ」が提唱された。「資源依存パースペクティブ」は，なぜ組織間関係が形成されるのか，どのように組織間関係のマネジメントがなされるのか，など組織間関係の根本的な問いに答える学説といえる。この時期には，組織間関係の議論は，組織間システム，組織間ネットワークへと射程が広まり，組織間関係論は組織論の一分野として定着した。

④ 新たな展開期（1980年代以降）：1980年代に入り，組織間関係の分析単位が，「ミクロからマクロ」へと変化した。すなわち，組織間関係論は，組織と環境（他の組織を含む）という捉え方ではなく，組織間関係の全体的特性（組織間の構造特性，組織間の共同行動など）に焦点をあてた研究が増えた。また，アストレイ＝フォムブランによって提示された「協同戦略パースペクティブ」およびマイヤー＝スコットやディマジオ＝パウエルなどによって展開された「制度化パースペクティブ」が，フェファー＝サランシックの「資源依存パースペクティブ」のオールタナティブとして位置づけられた。新たな展開期（1980年代以降）における組織間関係論は，「組織の組織」に焦点をあわせており，組織間システムの組織化が主要な研究課題となっている。

❷ 組織間関係論と経営組織論の関連性

　第3章において，経営組織論は，①個人－集団レベルを対象領域とするミクロ組織論（組織行動論），②組織レベルを対象領域とするマクロ組織論（組織論）に大別されると述べた。

　本書では，ミクロ組織論（組織行動論）として，第6章において，パーソナリティ，モティベーション，学習，コミュニケーション，リーダーシップ，の5つのテーマを取り上げて考察した。ミクロ組織論は，組織行動論といわれるように，組織における人間行動を研究領域としている。すなわち，組織における人間行動を総合的に理解しようとする学問である。

　マクロ組織論（組織論）は，大半の研究者が合意しているテーマとして，組織構造，組織文化，組織変革などによって構成される。本書では，マクロ組織論（組織論）として，第4章および第5章において組織構造，第7章において組織文化，第8章において組織変革を取り上げた。

　本章の組織間関係は，マクロ組織論の拡大領域（メタ・マクロ組織論）として，近年，理論的にも実践的にも重要性を増している。組織間関係は，組織間システム，組織間ネットワークの増大をその背景としている。資源および情報を単独で保有することはほとんど不可能になりつつある現在，組織間関係論こそが今後のマクロ組織論（組織論）の中核的位置づけを占める日がくると思われる。

❸ 組織間関係論と経営戦略論の関連性

　組織間関係論と経営戦略論の関連性を考察するために，まず，経営戦略の定義を行う。経営戦略論の最初の本格的な研究者とされているアンゾフ［1965］は，戦略を「部分的無知の状態のもとでの意思決定のためのルール」と定義している[2]。また，これに関連して戦略的意思決定について，「企業と環境との間の関係に関する決定」と定義した[3]。戦略的意思決定とは，主としてどのような製品・市場分野を選択するかにかかわる決定である。

　ホッファー＝シェンデル（Hofer, C.W.＝ Shendel, D.E.）［1978］は，戦略を「組

織がその目的を達成する方法を示すような，現在ならびに予定した資源展開と環境との相互作用のパターン」と定義した[4]。

次に，わが国の研究者による経営戦略の定義についてみてみよう。石井淳蔵＝奥村昭博＝加護野忠男＝野中郁二郎［1996］は，戦略は「環境適応のパターン（企業と環境とのかかわり方）を将来志向的に示す構想であり，企業内の人々の意思決定の指針となるもの」と定義している[5]。

大滝精一＝金井一頼＝山田英夫＝岩田智［1997］は，「将来の構想とそれにもとづく企業と環境の相互作用の基本的なパターンであり，企業内の人々の意思決定の指針となるもの」と定義した[6]。

上述したように，経営戦略の定義には多種多様な概念が混在している。しかし，それらを整理すると，いくつかの共通項に集約することができる。

共通項の第一は，「経営戦略とは，環境対応パターン（企業と環境とのかかわり方）に関するものである」という点である。経営戦略は，環境変化のリスクを企業発展の「機会」と企業存続の「脅威」に選別し，環境変化に対して創発的に対応することにその意義がある。

共通項の第二は，「経営戦略とは，企業の将来の方向に一定の指針を与える構想である」という点である。ここで構想とは，軍事用語でいうグランド・デザインに相当する概念である。構想をパースペクティブ，世界観というカテゴリーに分類している研究者もいる。

共通項の第三は，「経営戦略とは，企業における様々な意思決定の指針の役割を果たす」という点である。これは経営戦略を戦略的計画ととらえようとする立場，あるいは経営戦略を意思決定ルールとしてとらえようとする研究者によって広く支持されている。

上でみたように，経営戦略には多種多様な概念が混在しているものの，これらの共通項を整理して，本書では，「経営戦略とは，企業と環境とのかかわり方を将来志向的に示す構想であり，組織構成員の意思決定の指針となるもの[7]」と定義して議論をすすめることにする。

次に，経営戦略の「構成要素」について考察する。考察の手順として，上述したアンゾフ［1965］，ホッファー＝シェンデル［1978］，石井淳蔵＝奥村昭博＝

加護野忠男=野中郁二郎[1996],大滝精一=金井一頼=山田英夫=岩田智[1997],の4つの先行研究を取り上げ,そのアウトプットを概括的にレビューする。

アンゾフ[1965]は,経営戦略の構成要素として,①製品・市場分野,②成長ベクトル,③競争優位性,④シナジー,の4つを取り上げている[8]。

ホッファー=シェンデル[1978]は,経営戦略の構成要素として,①ドメインの定義,②資源展開,③競争優位性の獲得,④シナジー,の4つをあげている[9]。

石井淳蔵=奥村昭博=加護野忠男=野中郁二郎[1996]は,上述したアンゾフ[1965]やホッファー=シェンデル[1978]などの先行研究を踏まえつつ,経営戦略の構成要素として,①ドメインの定義,②資源展開の決定,③競争戦略の決定,④事業システムの決定,の4つをあげている[10]。

大滝精一=金井一頼=山田英夫=岩田智[1997]は,伝統的な経営戦略論の構成要素(内容)として,主としてホッファー=シェンデル[1978]に準拠しつつ,①事業領域(ドメイン),②資源展開,③競争優位性,④シナジー,の4つを取り上げている[11]。さらに,大滝精一=金井一頼=山田英夫=岩田智[1997]は,この伝統的な4つの経営戦略の構成要素に加えて,「創造性」,「社会性」の2つを付加している。

上でみた主な先行研究を比較すると,図表9-1に示されるように[12],いくつかの異同点が見えてくる。なお,この経営戦略の構成要素に関する先行研究の異同点の抽出は,①先行研究の著者が意識的に経営戦略の構成要素として取り上げ,自ら明示的に指摘しているか,②当該戦略要素を章レベルの独立した項目として取り扱っているか,という2つの基準を設定し,それに基づいて先行研究の比較分析を行った。したがって,例えば,図表9-1に○印がない場合でも,著書全体をみた場合,当該戦略要素について,その著者が経営戦略の構成要素として全く記述をしていないという意味ではない。

上述した先行研究の異同点に関する考察を踏まえて,本書では,経営戦略の構成要素として,図表9-1の右側に併記したように,下記の5つの構成要素を選択する。

① ドメイン:自社の戦略空間は何か,自社の事業は何か,自社の事業領域・

第9章 組織間関係

図表9-1 経営戦略の構成要素

	アンゾフ [1965]	ホッファー＝ シェンデル [1978]	石井淳蔵他 [1996]	大滝精一他 [1997]	岸川善光 [2006]
①ドメイン	―	○	○	○	○
②製品・市場戦略	○	―	―	―	○
③資源展開	―	○	○	○	○
④競争戦略	○	○	○	○	○
⑤ビジネス・システム	―	―	○	―	○
⑥その他				創造性 社会性	創造性 革新性 社会性

(出所) 岸川善光［2006］69頁。

事業分野は何か，自社の事業の再構築をいかに行うか，など。
② 製品・市場戦略：どのような製品・市場分野を選択するか，どのようなセグメンテーション（具体的には，製品差別化と市場細分化）を行うか，新製品開発，新市場開拓をいかに行うか，など。
③ 経営資源の蓄積・配分：必要な経営資源をどのように蓄積するか，限られた経営資源を何にどのように配分するか，独自の資源展開によってどのようなコア・コンピタンスを形成するか，など。
④ 競争戦略：誰を競争相手とするか，何を競争力の源泉として戦うか，競争力をどのように利用するか，競争力をいかに効率的につくるか，など。
⑤ ビジネス・システム戦略：ビジネス・システムをいかに構築するか，企業間関係をどのように変革するか，など。

組織間関係が「環境の発見」からさらに組織間システム，組織間ネットワークへと対象領域の射程を広げると，経営戦略の構成要素（ドメイン，製品・市

場戦略, 経営資源, 競争戦略, ビジネス・システム戦略) とは, いずれも極めて密接な関係性があることが分かる。これらを踏まえて, 組織間関係と経営戦略の関係性については, 第3節において考察する。

2 組織間関係の理論的枠組み

❶ 組織間関係の視座（パースペクティブ）

山倉健嗣 [1993] によれば, 組織間関係は, ①資源依存パースペクティブ (resource dependence perspective), ②組織セット・パースペクティブ (organization set perspective), ③協同戦略パースペクティブ (collective strategyperspective), ④制度化パースペクティブ (institutional perspective), ⑤取引コスト・パースペクティブ (transaction cost perspective), の主として5つの視座（パースペクティブ）に基づいて分析が行われる[13]。

〈資源依存パースペクティブ〉

資源依存パースペクティブは, トンプソン (Thompson, J.D.) [1967] によって端緒が与えられ, 1970年代後半に, フェファー＝サランシック (Pfeffer, J. ＝ Salancik, G.R.) [1978] によって確立された。

資源依存パースペクティブの基本的な分析単位は, 個別組織であり, 個別組織の観点から組織間関係を捉えている。このパースペクティブでは, ①組織は, 資源の希少性のために, その存続・発展に必要な資源を外部の組織から獲得する必要があり, 他組織との組織間関係を必ず持たねばならない, ②組織は自らの自律性を保持しようとして, 他組織への依存をできるだけ回避しようとする, という2つの前提から出発する。

すなわち, 資源依存パースペクティブでは, 依存という概念が組織間関係を説明する重要な概念になっている。組織は決して自己充足的な存在ではなく, オープン・システムの中で, 資源や情報を他組織に依存しているので, 依存と

は，他組織が当該組織に対してパワーをもっていることに他ならない。依存は，他組織からみれば，自らにとって望ましいことを当該組織にさせる能力をもつことになる。このように資源依存パースペクティブでは，組織の存続・発展のために，資源交換の必要性から組織間関係が形成されるが，組織のパワーを制御する上でその経営管理（マネジメント）が重要であることを示している。

資源依存関係から提起される組織間関係戦略は，①他組織への依存を回避し吸収する自律化戦略(統合，合併，内製化など)，②外部依存を承認し，他組織との安定的関係を維持する協調戦略(業務提携，契約，合弁など)，③依存関係を当事者間で調整するのではなく，第三者機関の介入によって行う政治戦略（政府規制，立法に対するロビイングなど)，④外部依存を意図的に促進し，外部資源を積極的かつ計画的に利用するアウトソーシング戦略，などがあげられる。

〈組織セット・パースペクティブ〉

1980年代に入って，組織間関係の分析単位が，次第に個別組織から組織の合体や組織間システムに移行し始めた。エヴァン（Evan, W.M.）［1972］が提唱した組織セット・パースペクティブは，マートン（Merton, R.K.）［1949］が提示した役割セットの概念を援用したものである。図表9-2に示されるように[14]，分析単位である焦点組織，それに関連するインプット組織（供給業者，労働組合，監督官庁，金融機関など），さらに当該組織のアウトプット組織（顧客，流通業者，地域社会など）を組織セットと呼んでいる。

組織セット・パースペクティブでは，組織内および組織外の境界に位置する

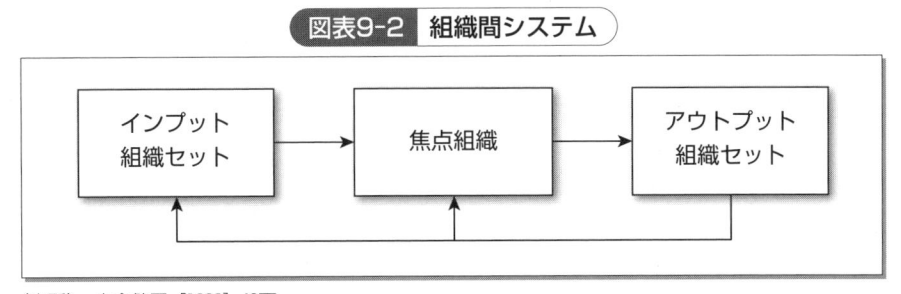

図表9-2　組織間システム

（出所）　山倉健嗣［1993］43頁。

対境管理者(企業グループ,系列,戦略的提携,バーチャル・コーポレーションなどの対境管理者)に着目し,資源や情報の流れを分析することを重視する。組織セット・パースペクティブでは,多数の利害関係者(ステークホルダー)との間で様々な組織間関係が形成されているため,良好な組織間関係を構築する条件として,対境担当者が利害関係者(ステークホルダー)と積極的なコミュニケーションを行う必要性がある。組織セット・パースペクティブは,資源依存パースペクティブと相互補完の関係にあるといえよう。

〈協同戦略パースペクティブ〉

1980年代に入ると,組織間関係論の分析単位が,個別組織から組織の集合体や組織間システムに着目されることになった。アストレイ=フォムブラン(Astley, W.G.=Fombrun, C.J.)[1983]による協同戦略パースペクティブは,組織の集合体を分析単位とし,組織協同体レベルにおける協同,共生,協力に焦点を当てている。このパースペクティブでは,相互依存,交渉,共生が強調され,異なる価値や利害を持つ組織がいかにして政治的かつ社会的に合意を形成するかが重視されている。

外部環境からの圧力に対して,組織集団は積極的に環境を操作するために共有された目標・戦略を持つ傾向にある。そして,組織間で相互依存しながら,交渉や妥協を通じて,共生し,合意形成を行う。

協同組織パースペクティブは,①組織間システムレベル(組織共同体そのもの)を研究対象としたこと,②マクロ・ボランタリズムの立場に立ったこと,③主たる分析単位の違い,によって資源依存パースペクティブと相互補完の関係にあり,組織間関係論の進展に寄与している。ただし,協同組織パースペクティブは,基本的には,資源依存パースペクティブとオールタナティブな関係にあるとみなされている。

〈制度化パースペクティブ〉

制度化パースペクティブは,1980年代に入って定着した新たなパースペクティブの1つであり,スコット(Scott, W.R.)[1987],ディマジオ=パウエル

(Dimaggio, P.J.=Powell, W.W.)［1991］などの論者によって提示された。

　このパースペクティブは，新制度学派組織論の範疇に入り，組織が社会文化的な存在であるとの観点に立ち，組織は文化環境との間における相互作用を通じて影響を受け，組織構造，行動様式，規則，目標などが類似したものになると考えられている。

　制度化パースペクティブにおける組織は，制度化された環境に内在する存在である。組織間ネットワークや組織間フィールドは，業界基準の設定などの制度化を通じて，組織に制約を課すとともに，正当性を付与する。この正当性は，組織が今後存続・発展するために，環境の制約を受け入れる妥当性のことを指す。すなわち，環境は，組織に制約（規範や価値）を課す存在であると同時に，持続的な組織行動に対して，環境は，他組織との協調関係と正当性を与える存在でもある。制度化パースペクティブでは，他組織や組織間システムなどの環境に対して，組織は，受動的に同調することによって，正当性を獲得することが強調されている。

〈取引コスト・パースペクティブ〉

　取引コスト・パースペクティブは，コース（Coase, R.H.）［1937］とウィリアムソン（Williamson, O.E.）［1975］という年度は異なるものの，2人のノーベル経済学賞受賞者によって提唱された組織間関係パースペクティブである。取引コスト・パースペクティブは，企業を取り巻く利害関係者（ステークホルダー）とのあらゆる関係を「取引」という概念で捉えようとした。取引コスト・パースペクティブは，経営組織論のみならず，産業組織論など他の研究領域にも多大なインパクトを及ぼしている。

　取引コスト・パースペクティブは，取引を分析単位とし，取引の不確実性・頻度・投資などによって，市場取引か内部組織のいずれかを選択するという考え方を基本としている。取引コスト・パースペクティブの創始者であるコース［1937］は，市場に対峙して，なぜ企業組織が発生するのか，そして，なぜ規模の拡大が実現されるのかを理論的に説明した。

　その後，ウィリアムソン［1975］は，市場と階層組織の分析，特に，取引コ

図表9-3　組織間関係論のパースペクティブ

	研究者	前提	論点	特色
資源依存パースペクティブ	トンプソン(Thompson, J.D.)フェファー＝サランシック(Pfeffer, J.＝Salancic, G.R.)	組織を基本的分析単位組織存続のために経営諸資源を獲得・処分他組織からの依存回避と自律性	なぜ組織間関係が形成されるのか組織間の非対象関係(パワー不均衡)組織間調整メカニズムオープン・システム	依存の操作資源の集合情報の集合
組織セット・パースペクティブ	エヴァン(Evan, W.H.)	他組織と投入・産出の交換を行うオープン・システムインプット・アウトプットのアプローチと組織セットの発想の組み合わせ	組織セットを規定する変数(規模,多様性,ネットワークの構造,資源の集中度,メンバーシップの重複性,目標・価値の重複性,対境担当者)	対境関係者に対する注目包括的な対象領域
協同戦略パースペクティブ	アストレイ＝フォムブラン(Astley, W.G.＝Fombrun, G.J.)	組織の集合体あるいはグループを基本的分析単位資源依存パースペクティブに対するオールタナティブ	共有された目標・戦略相互依存,交渉,妥協,共生協力,共生を重視共同戦略の分類(同盟型・集積型・有機型)	組織間システム・レベルを研究対象資源依存パースペクティブと相互補完関係
制度化パースペクティブ	スコット(Scott, W.R.)ディマジオ＝パウエル(Dimaggio, P.J.＝Powell, W.W.)	組織は制度化された環境に内在する存在他組織との同調や協調に努める	環境からの制約を受け入れる(規範,神話,価値など)正当性	現象学,社会学の影響環境決定論に立脚した組織間関係論
取引コスト・パースペクティブ	コース(Coase, R.H.)ウィリアムソン(Williamson, O.E.)	取引を分析単位取引コスト組織と市場	市場・中間形態・組織の取引様式の選択境界問題(市場,中間組織,組織)に焦点	取引コストの最小化に焦点を当てて組織間関係を分析

(出所)　山倉健嗣［1993］33-62頁に基づいて筆者作成。

ストの概念を垂直統合と組織デザインに適用した。すなわち，企業を取り巻く利害関係者（ステークホルダー）とのあらゆる関係を「取引」という概念で捉えようとしたのである。ウィリアムソン［1975］は，不確実性，合理性への制約，情報の偏在性などの条件下では，市場よりも組織の方が，取引コストが安価になると主張している。

取引コスト・パースペクティブの前提条件として，経済主体は「制約された合理性」や「機会主義」などの行動特性があるため，各経済主体は取引コストを払わざるを得なくなる。そのため，各経済主体は取引コストを最小化することを目的として，組織間関係を構築する。具体的には，企業間の共同開発や異業種間の情報交換など，企業間関係における共同活動の場合，経済的な交換関係のみならず，有利なポジショニングの獲得をめぐる活動が併行して行われることが多い。

図表9-3は，上述した5つのパースペクティブごとに，①主な研究者，②前提，③主な論点，④特色を一覧化したものである[15]。

❷ 組織間関係論の主要な研究課題

山倉健嗣［1993］は，組織間関係に関する主要な研究課題として，①組織間の資源・情報交換，②組織間のパワー関係，③組織間の調整メカニズム，④組織間構造，⑤組織間文化，の5つをあげている[16]。

① 組織間の資源・情報交換（資源依存とコミュニケーション）：組織は，他組織（環境）との相互関係の中で存続・発展をしなければならない。そこで，「なぜ，いかに，組織間関係が形成・展開されるのか」という問いに答えることは，理論面でも実践面でも，極めて重要な課題である。

組織間関係の形成理由として，1)互いに共同利益を追求するため（互酬性），2)他組織に対するパワーを形成・展開するため（パワー），3)他組織との取引コストを低減するため（取引コスト），4)自らの正当性を獲得するため（正当性），5)上位機関からの委任あるいは強制されたため（強制），などがあげられる。しかし，より本質的には，資源の稀少性に起因する資源依存の問題がある。もしも資源が無限に存在するのならば，組織間関係など無用の長物

であろう。資源の稀少性こそが組織間関係のすべての基盤といえる。

　組織間関係の形成および維持において，組織間コミュニケーションは不可欠である。組織間コミュニケーションの目的は，1)組織間の情報交換および意味形成，2)組織間における新たな意味の形成・共有，3)組織間の価値共有，などがあげられる。バーナード，サイモンに代表される近代的組織論において，意思決定とコミュニケーションがその中核概念であったように，組織間関係においても，組織間コミュニケーションは必須の課題である。

② 　組織間のパワー関係（非対称関係）：パワーとは，他の抵抗を排しても，自らの意思を貫き通す能力であり，また，自らの欲しないことを他からは課せられない能力のことである。パワーは，上述した資源依存と表裏の関係にある。組織間関係において，パワーを獲得・拡大するための方策を理論的に解明する必要がある。

③ 　組織間の調整メカニズム（2つ以上の組織間の協力の仕組み）：組織間調整メカニズムとして，1)合弁，2)業務提携，3)役員の派遣・受入れ，4)企業間情報ネットワーク，5)ロビイング，6)合併，など様々な施策があげられる。組織間の調整メカニズムは，組織間関係の協力の仕組みであるとともに，組織と組織の協力関係をつくりあげていくメカニズムである。先述した自律化戦略，協調戦略，政治戦略など，組織間の調整メカニズムを解明することは，組織間の意図的行動，戦略的要因を解明することにもつながるので，今後の体系的な取組みが望まれる。

④ 　組織間構造（組織間の分化と統合の枠組み）：組織間構造とは，組織間の協働の枠組みのことである。組織間構造は，「組織と組織との関係において，パターン化した安定した側面であり緩慢に変化する側面」であり，組織間の分化と統合の仕組みである。組織間構造は，「組織の組織」である組織の集合体そのものを研究対象とする。すなわち，複数組織からなる組織間システム，具体的には，組織間ネットワークの構造や行動を研究対象とする。例えば，組織間関係は，ヒト，モノ，カネ，情報といった資源ネットワークとしても捉えることができるので，ネットワークの形態（垂直型か対等型か），ネットワークの連結（強結合か弱結合か）など，組織論において組織構造が

重要な課題であるように,組織間関係論においても組織間構造は極めて重要な課題といえる。さらに,組織間構造の形態(組織間調整の原理,組織間調整の主体,組織間調整の公式化,組織間調整の範囲など)も組織間構造の重要な研究課題といえよう。

⑤ 組織間文化(組織間で暗黙のうちに了解されているものの考え方や見方):組織間文化とは「組織間システムにおいて,メンバーである組織によって共有化されている基本的仮定・価値・行動様式」のことである。ちなみに,組織論における組織文化は「組織構成員によって共有化されている基本的仮定・価値・規範・信念のセット(集合体)」であるので,組織間文化の定義と密接な関連がある。組織間文化は,組織と組織との相互作用を通じて,組織間システムにおいて共通の価値や行動様式が形成されるので,組織間文化の形成・維持・変革の解明が重要な課題となる。現実に,M&Aなどの局面において,組織間文化のコンフリクトによって,M&Aの失敗につながった事例も多いので,組織間文化の形成・維持・変革の解明は不可欠の課題である。

上で,組織間関係論の主要な研究課題(①組織間の資源・情報交換,②組織間のパワー関係,③組織間の調整メカニズム,④組織間構造,⑤組織間文化)について概観したが,組織間関係論が今後のマクロ組織論(組織論)の最重要課題になるとの見方は的を射ていると思われる。

❸ 組織間関係論の方法的特質

高柳暁=飯野春樹編[1992]は,経営学の方法的特質として,①総合性,②実践性,③デザイン性,の3つをあげている[17]。総合性とは,端的にいえば,学際的であることに他ならない。実践性とは,実際に役にたつということである。もちろん,実践性がそのままハウ・ツーを意味するものではない。デザイン性とは,経営学がデザイン,プロセス,手続きを重視するということである。

組織間関係論も,図表9-4に示されるように[18],方法的特質として,①総合性,②実践性,③デザイン性,の3つは,そのままあてはまるといえよう。組織間関係論の理論的枠組みの3つ目の論点として,方法的特質を選択して,①総合性,②実践性,③デザイン性,のそれぞれについてみてみよう。

図表9-4 組織間関係論の方法的特質

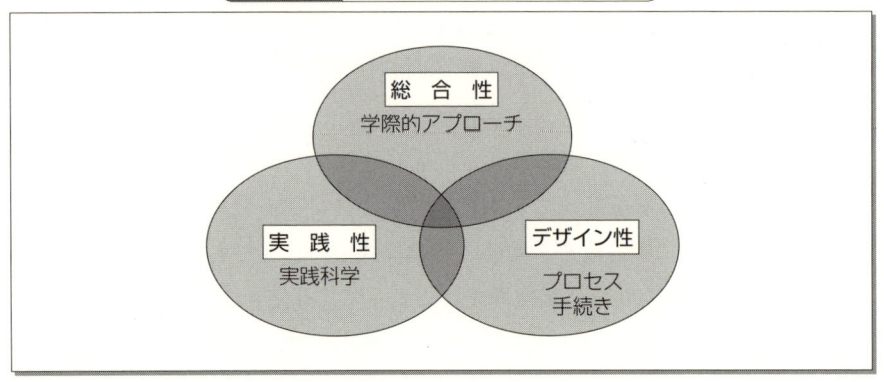

（図：「総合性（学際的アプローチ）」「実践性（実践科学）」「デザイン性（プロセス・手続き）」の3つの円からなるベン図）

（出所） 高柳暁＝飯野春樹編［1992］6-10頁に基づいて筆者作成。

① 総合性：組織間関係論は，複合的かつ多様性に富む課題を対象とするので，学際的アプローチをとらざるをえない。学際的アプローチは，共通の研究対象ないしは研究課題に対して，複数の学問領域ないし研究者が協力して問題解決にあたることをいう。例えば，組織間構造を解明しようとすれば，組織論はもちろんのこととして，ネットワーク論，情報通信技術，経営戦略論，経営管理論，社会学など，多くの学問領域の知見を総動員する必要がある。
② 実践性：組織間関係論の課題は，「理論と実践の融合」を目指して，役にたつものでなければならない。先述したように，実践性は単なるハウ・ツーを意味するものではない。例えば，組織間の調整メカニズムにおいて，複数の代替案の内，どの代替案が妥当か，適切な評価基準を提示する必要がある。
③ デザイン性：経営学において，デザイン，プロセス，手続きを重視するように，組織間関係論においても，デザイン，プロセス，手続きは極めて重要な概念である。例えば，組織間の調整メカニズムや組織間構造において，経営戦略論でいうビジネス・システムやビジネス・モデルの設計・構築は，組織間調整メカニズムや組織間構造の基盤（プラットフォーム）そのものになる。いわば組織間調整メカニズムや組織間構造の解明の生命線である。どのような組織間調整メカニズムや組織間構造が適切か，「理論と実践の融合」を目指す場合，両者のかけ橋の1つがデザイン性であるといえよう。

3 組織間関係と経営戦略

　組織間関係と経営戦略は，多種多様な面で極めて密接な関係性がある。上で，組織間関係論の主要研究課題として，①組織間の資源・情報交換，②組織間のパワー関係，③組織間の調整メカニズム，④組織間構造，⑤組織間文化，の5つを取り上げた。また，組織間関係論の方法的特質として，①総合性，②実践性，③デザイン性，の3つを取り上げた。これらを踏まえて，組織間関係と経営戦略との関係性について，ビジネス・システム戦略を取り上げて考察する。

❶ ビジネス・システムの概要

　従来,「どのような顧客に，どのような製品（サービスを含む）を提供するか」という製品・市場戦略が経営戦略の中核とされてきた。ところが近年では，顧客に価値を届けるための仕組み（ビジネス・システム）が，経営戦略において急激に重要性を増大しつつある。

　ビジネス・システム（business system）という概念は，比較的新しいので，まだ統一的な見解は存在していない。例えば，①ビジネス・システム，②ビジネス・モデル，③ビジネス・プロセス，④価値連鎖（バリュー・チェーン），⑤供給連鎖（サプライ・チェーン），⑥需要連鎖（ディマンド・チェーン），⑦ロジスティクスなど，多くの類似概念が存在し，概念間に相互に重複が見られ，混乱さえ生じている。

　類似概念の異同点分析は，経営戦略論の専門書に譲るとして[19]，本書では，「ビジネス・システムとは，顧客に価値を届けるための機能，経営資源を組織化し，それを調整・制御するシステムのことである」と定義して議論を進める。ちなみに，ビジネス・システム戦略は，このビジネス・システムを競争優位の源泉とする戦略のことである。

　各企業におけるビジネス・システムは，極めて多様性を帯びており，多種多様なビジネス・システムが存在する。このようなビジネス・システムの違いが，

企業の競争優位の源泉になる。近年，企業の競争優位の源泉は，製品だけでなく，ビジネス・システムにその比重が移りつつあるといわれるが，その背景について考察する。

加護野忠男＝井上達彦［2004］が指摘するように，ビジネス・システムの進化をもたらす主な要因として，①製品技術・生産技術の進化，②交通技術の進化，③情報伝達・情報処理技術の進化，④取引・組織技術の進化，⑤社会構造や生活習慣の進化，の５つがあげられる[20]。

この５つの要因と同時並行的かつ複合的に，①情報ネットワークの進化，②ロジスティクスの進化，の２点は，特にビジネス・システムの進化をもたらす根源的な要因としてあげられる[21]。

❷ 経済性の概念とビジネス・システム

最近，ビジネス・システムの進展の要因の１つとして，企業が追求している経済性そのものの変化を指摘する研究者が増えてきた。追求する経済性が変化することは，とりもなおさず経営戦略の変化の大きな要因となる。

経済性とは，インプット（コスト，投入資源）とアウトプット（成果・産出）の関数のことである。経営戦略において，経済性の概念は極めて重要である。また，経済性の概念は，時代とともにその重要性に変化がみられる。

宮澤健一［1988］によれば，経済性の概念は，図表9-5に示されるように，工業化時代に重要であった「規模の経済」（economies of scale）から，情報化時代では「範囲の経済」（economies of scope）にその重要性がシフトし，さらにネットワーク化の進展に伴って「連結の経済」（economies of linkage）が重要になりつつある[22]。

「規模の経済」とは，インプット（投入資源）に着眼した経済性の概念である。具体的には，活動規模の拡大に伴って，製品単位あたりの平均費用が低下する傾向のことである。

「規模の経済」が生ずる主な原因は，生産活動の「分割不可分性」にある。すなわち，生産要素がその機能を発揮するには，一定の大きさ（規模）を必要とするのである。この「分割不可分性」は，工場レベル，企業レベルなど，様々

図表9-5 経済性の概念のシフト

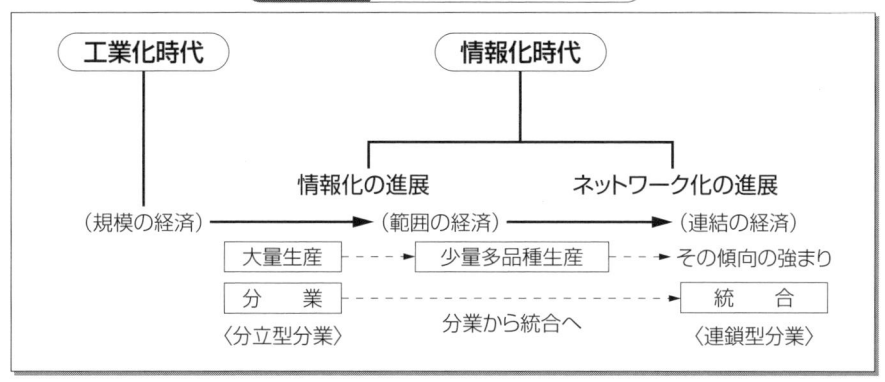

```
    工業化時代          情報化時代
                    ┌──────┴──────┐
                 情報化の進展      ネットワーク化の進展
  (規模の経済) ──→ (範囲の経済) ──────→ (連結の経済)
                ┌──────┐   ┌──────────┐
    大量生産 ---→│少量多品種生産│--→ その傾向の強まり
                └──────┘   └──────────┘
    分  業 ---------------------→  統  合
   〈分立型分業〉   分業から統合へ    〈連鎖型分業〉
```

(出所) 宮澤健一［1988］51頁に基づいて筆者が一部修正。

なレベルで存在する。例えば，工場レベルの「分割不可分性」は，機械・装置・生産方式・管理方式など，主として技術的な要因によって生ずる。また，企業レベルの「分割不可分性」は，管理能力，原材料・燃料などの大量購入などによって生ずる。

「範囲の経済」とは，インプット（投入資源）に着眼して，複数の事業活動を行った費用よりも，それらをまとめて行うときの費用が少ない場合，そこで生ずる費用節約効果のことである。「範囲の経済」は，このように複数財の生産や複数の組織活動による業務多角化・多様化によって得られる経済性であり，業務やノウハウなどの「共通生産要素」によってもたらされる。

「連結の経済」とは，複数の主体間のネットワークが生む経済性であり，組織結合による相乗効果がその典型的な事例としてあげられる。近年，ブレッサン（Bressand, A.）［1990］をはじめとして，様々な研究者によって「連結の経済」に関する研究が進められている。わが国では，旧経済企業庁に設置された流通問題研究会の座長であった宮澤健一［1986］［1988］が，その研究会において新造語として提示したものである。①アウトプット面に着目したこと，②外部資源の活用による「共有要素」の活用を重視していること，③複数主体の連結活動を極めて重視していることなど，ネットワーク社会における経済性の概念として，極めて魅力ある仮説であるといえよう。

上述したように,「連結の経済」は,複数の主体間のネットワークが生む経済性である。連合,提携,統合,事業基盤共有,合併など,組織結合による相乗効果をビジネス・システムとしていかに具現化するか,このことが経営戦略上重要な課題となりつつある。

　次に,「連結の経済」とビジネス・システムの相関関係について考察する。ビジネス・システムにおけるインプット（コスト・投入資源）面における「連結の経済」としては,複数の主体（企業）の連結による「コストの削減」をあげることができる。コストはいうまでもなく,投入資源を金額で測定し表示したものであるので,投入資源の削減と言い替えてもよい。

　アウトプット（成果・産出）面における「連結の経済」としては,広義の連結による「外部効果の内部化」をあげることができる。ここでいう連結とは,連合,提携,統合,事業基盤共有,合併などのことを指す。さらに,アウトソーシングやバーチャル・コーポレーションなども,広義の連結に含めることができる。すなわち,複数の企業が機能的に1つになることが広義の連結である。

　「外部効果の内部化」とは,外部性（外部経済,外部不経済）の内,市場の評価の外に漏れた効果（外部効果）を企業内部に取り込むことをいう。「外部効果の内部化」は,第一に,企業間の資源・情報交換の面で考えられる。いわゆる資源連結によるシナジー,情報連結によるシナジーがその典型である。資源や情報は,通常は,各経済主体に分散している。しかし,企業間で資源や情報が部分的に重複している場合も多い。広義の連結によって,これらの資源や情報が,複数の主体間において共通の目的のために共有されるならば,資源連結によるシナジー,情報連結によるシナジーが発生する。

　「外部効果の内部化」は,第二に,ビジネス・ノウハウの面で現実化する。具体的には,①企業間の機能連鎖や資源連鎖の組み替えによる新たなビジネス・ノウハウの修得,②情報連結による「新たな価値の創出」をもたらす新たな情報や新たな意味の創造,などがあげられる。

　このように,高度情報社会,ネットワーク社会では,完全に検証済みとはいえないものの,各企業が追求する経済性の概念が変わりつつある。各企業が「範囲の経済」や「連結の経済」を追求すればするほど,情報化および業際化の進

展が加速するであろう。ここで考察した「範囲の経済」および「連結の経済」は，ビジネス・システムの構築ひいては経営戦略の策定・実行において，大きな革新の原動力になりつつある。

❸ 供給連鎖

近年，競争環境は激変しており，企業レベルにおける競争だけでなく，提携，連合，統合，事業基盤共有，合併など，「企業間関係」の革新を伴う企業グループ間の競争も次第に熾烈さを増している。この熾烈な競争の背景には，供給連鎖（supply chain）をめぐる主導権争いがある。

供給連鎖（サプライ・チェーン）とは，「生産者起点による製品の流れ，機能連鎖，情報連鎖のこと」である。具体的には，製品の開発から消費に至る一連のプロセスのことである。製造業の場合，通常，図表9-6に示されるように[23]，①調達，②製造，③マーケティング，④物流，⑤顧客サービス，の5つの機能の連鎖によって構成されることが多い。これに研究開発を加えて，6つの機能の連鎖とすることもある。ビジネス・システムの典型例でもある。

⓪　研究開発：研究（基礎研究，応用研究），開発（製品開発，技術開発），製品化（設計，試作，生産技術支援）など。
①　調達：購買（原材料，部品），仕入，調達先の選定など。
②　製造：生産技術（固有技術，管理技術），製造（工程管理，作業管理，品質管理，原価管理），資材管理など。

図表9-6　供給連鎖

0	1	2	3	4	5
研究開発	調達	製造	マーケティング	物流	顧客サービス

（出所）　岸川善光［2006］203頁。

③ マーケティング：市場調査（需要動向，競合動向），販売（受注，契約，代金回収），販売促進（広告，宣伝，代理店支援）など。
④ 物流：輸送，配送，在庫管理，荷役，流通加工など。
⑤ 顧客サービス：アフターサービス，カスタマイズ，クレーム処理など。

供給連鎖は，その性格上複数の企業にまたがるので，供給連鎖の組み替えを図ると，必然的に連合，提携，事業基盤の共有，統合，合併など「企業間関係」の革新を伴うことになる。「企業間関係」の革新のプロセスは，具体的には，どの企業ないしは企業グループが供給連鎖の主導権を握るかということであり，この競争の優劣は各企業の経営に致命的な影響を及ぼす。

供給連鎖の概念は，図表9-7に示されるように[24]，①物流の時代（1980年代中頃以前），②ロジスティクスの時代（1980年代中頃から），③SCM（サプライチェーン・マネジメント）（1990年代後半から）の時代，という3つの段階

図表9-7　SCM（サプライチェーン・マネジメント）の発展過程

	物流	ロジスティクス	サプライチェーン・マネジメント
時期（日本）	1980年代中頃以前	1980年代中頃から	1990年代後半から
対象	輸送，保管，包装，荷役	生産，物流，販売	サプライヤー，メーカー，卸売業者，小売業者，顧客
管理の範囲	物流機能・コスト	価値連鎖の管理	サプライチェーン全体の管理
目的	物流部門内の効率化	社内の流通効率化	サプライチェーン全体の効率化
改善の視点	短期	短期・中期	中期・長期
手段・ツール	物流部門内システム機械化，自動化	企業内情報システム POS，VAN，EDIなど	パートナーシップ，ERP，SCMソフト，企業間情報システム
テーマ	効率化（専門化，分業化）	コスト＋サービス 多品種，少量，多頻度，定時物流	サプライチェーンの最適化 消費者の視点からの価値 情報技術の活用

（出所）　SCM研究会［1999］15頁を筆者が一部修正。

を経て普及しつつある。

　SCM（サプライチェーン・マネジメント）について，①時期，②対象，③管理の範囲，④目的，⑤改善の視点，⑥手段・ツール，⑦テーマ，の相関関係を理解することは，ビジネス・システムの発展過程を理解することでもある。すなわち，①供給連鎖の全体最適，②顧客満足の視点，③企業間関係の構築，④ICTの活用，というSCM（サプライチェーン・マネジメント）の目的は，ビジネス・システムとして極めて妥当なものであることが分かる。

4　組織間関係の革新（イノベーション）

　組織間関係は，組織間の資源・情報交換，組織間のパワー関係，組織間の調整メカニズム，組織構造，組織間文化，のいずれにおいても，意図的・戦略的に変革（変動・革新）が行われる。本節では，先述したビジネス・システム戦略を用いて，組織間関係の革新（イノベーション）について考察する。

❶　垂直的統合と水平的統合

　ビジネス・システムの形態は，通常，①垂直的統合（vertical integration），②水平的統合（horizontal integration），の2つに大別される。

① 垂直的統合：垂直的統合とは，原材料の調達から製品の販売，顧客サービスに至る機能（業務，活動）を垂直的な流れとみて，2つ以上の機能（業務，活動）を1つの企業内にまとめることをいう。すなわち，ある機能（業務，活動）を市場取引から企業内取引へと取り込んで，今まで外部に任せていた機能（業務，活動）を企業自らが行うようになることである。

　　垂直的統合には，2つの方向がある。原材料の調達から製品の販売に至る機能（業務，活動）の内，原材料調達に近いほうを川上，製品販売に近いほうを川下というが，この川下の方向に向かうものを前方統合（forward integration）といい，川上の方向にさかのぼるものを後方統合（backward integration）という。

図表9-8　垂直統合型バリュー・チェーンと水平統合型バリュー・チェーン

垂直統合型バリュー・チェーン

支援活動
- インフラストラクチャー
- 人事・労務管理
- 技術開発
- 調達活動

主活動
- 購買物流
- 製造
- 出荷物流
- 販売・マーケティング
- サービス

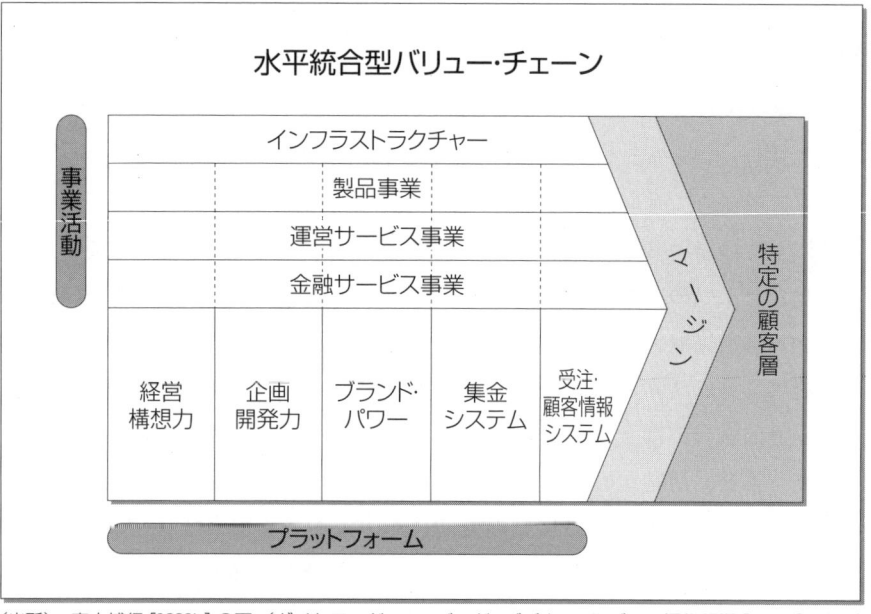

マージン

水平統合型バリュー・チェーン

事業活動
- インフラストラクチャー
- 製品事業
- 運営サービス事業
- 金融サービス事業

プラットフォーム
- 経営構想力
- 企画開発力
- ブランド・パワー
- 集金システム
- 受注・顧客情報システム

マージン　特定の顧客層

（出所）　森本博行［1998b］8頁。（ダイヤモンド・ハーバード・ビジネス・レビュー編集部編［1998b］, 所収）

素材メーカーが完成品の生産に進出したり、完成品メーカーが既存の流通チャネル（卸・小売）を回避して、直販を行うなどは前者の例であり、逆に、完成品メーカーが原材料の生産に乗り出したり、小売店が自社ブランドの製品を生産するなどは後者の例である。

② 水平的統合：同種の事業分野、製品・市場分野に進出し、事業範囲を拡大することを水平的統合という。企業同士を結合することによって達成されることが多く、同種の事業分野における企業の合併を意味して使われる場合が多い。水平的統合の目的は、主として、規模の経済の実現と競争優位の獲得である。国際競争力を高めるために大銀行同士が合併したり、類似製品を生産しているメーカー同士が合併するケースがこれにあたる。

水平的統合は、研究開発、生産、マーケティングなど機能（業務、活動）を結合することによって、規模の利益の実現が可能になる他に、生産拠点の再配置、設備投資の重複の排除、管理組織の削減などの利益が得られる。

供給連鎖は、ビジネス・システムの形態という視点から分類すると、垂直的統合の典型例であるといえる。ちなみに、ポーター［1980］の価値連鎖も、ビジネス・システムの形態としては、機能を垂直的に連結したビジネス・システムである。すなわち、ポーターの価値連鎖は、垂直統合型の「機能連鎖」であるので、その意味では、供給連鎖と呼んだほうがむしろ適当かもしれない。

森本博行［1998b］は、図表9-8に示されるように[25]、垂直統合型バリュー・チェーンと水平統合型バリュー・チェーンの事例を分かり易く図示している。森本博行の水平統合型バリュー・チェーンのことを、ポーター［1980］は、「相互支援戦略（crossunit collaboration）と呼び、垂直統合型バリュー・チェーンと区別している。

❷ 垂直的統合から水平的統合へ

上述したように、供給連鎖はビジネス・システムの典型例であり、かつ形態面から分類すると、垂直型統合による垂直型バリュー・チェーンである。

最強のビジネス・システムといわれてきた供給連鎖に、近年、変革（変動・革新）の動きがみられる。それは、垂直的統合から水平的統合へという動きで

ある。例えば，コンピュータ産業についてみてみよう。コンピュータ産業では，CPU，OS，アプリケーション・ソフト，外部記憶装置など，システム一式（製品およびサービス）を自社または自社の系列企業によって，顧客に供給する方式であった。これは「フルライン戦略」「自前主義」による顧客の「囲い込み戦略」に他ならない。当時，米国のIBMも日本のコンピュータ関連企業も，コンピュータ産業のすべての企業が垂直型統合による供給連鎖を構築していた。

ところが，今日のコンピュータ産業では，自社の製品が他社の製品と組み合わせて使われることを前提としている。例えば，インテルのCPUは，世界中で数多くのコンピュータ関連企業が使用している。この背景には「モジュール化」の進展があげられる。自社だけでなく他社も使用するとなると，モジュール化が不可欠の条件になる。このように，従来の「フルライン戦略」による「囲い込み戦略」から，モジュール化による得意分野への集中・特化が進展すると，供給連鎖の形態も変わらざるをえない。すなわち，垂直統合型バリュー・チェーンから水平統合型バリュー・チェーンへの変革（変動・革新）ということになる。水平統合型バリュー・チェーンでは，図表9-8に示されるように，特定の顧客に対して，製品事業だけでなく，各種サービス事業が併せて供給される。

水平統合型バリュー・チェーンへの変革（変動・革新）には，いくつかの必要条件がある。必要条件として，上述したモジュール化の他にも，インターフェースのオープン化，デファクト・スタンダード化などがあげられる。

水平統合型バリュー・チェーンがすべての産業に当てはまるか否かについては，議論が分かれると思われる。供給連鎖は，ビジネス・システムの形態という視点から分類すると，垂直的統合による垂直統合型バリュー・チェーンであるが，この供給連鎖が最も強力なビジネス・システムであるという産業も数多く残ると思われる。すなわち，すべての産業において，水平統合型バリュー・チェーンが一律に拡大するとは考えられない。

❸ 企業間関係の革新

上述した供給連鎖に見られるように，ビジネス・システムは，その特性上複数の企業にまたがる。したがって，ビジネス・システムを革新するためには，

必然的に企業間関係の革新が欠かせない。特に，垂直統合型バリュー・チェーンと水平統合型バリュー・チェーンの場合，企業間関係は全く異なるものにならざるを得ない。換言すれば，企業間関係の革新を実現するためには，企業レベルを超えた機能（業務，活動）について，調整・制御を行う仕組みを構築することが必要不可欠である。すなわち，企業間関係とビジネス・システムは，表裏の関係にあるといえる。

企業間関係は，様々な企業間のパターンを構築するプロセスとしてとらえることができる。すなわち，自由な意思を持つ2つ以上の企業同士が自主的に連結しながら，様々なパターンを有する企業間関係を構築する。

企業間関係は，組織論的に見れば，市場のもつ柔軟性を持ちつつ，内部組織の長所を取り入れた中間的な組織である。企業間関係の構築を通じて，企業間の共通目標を達成するとともに，各企業はそれぞれに固有の「新たな価値」を創造していくことが期待される。

5 ネットワーク社会における組織間関係

❶ 企業系列

わが国の企業間関係は，企業系列や下請け制にみられるように，大手企業を中心とした閉鎖的かつ固定的な取引関係がその典型とみられている。企業系列は，有力な企業を頂点として形成され，それに従属する諸企業の結合関係のことを指す。企業系列は，わが国特有の現象であり，クローズド型でかつ階層的なピラミッド構造を特徴とした親会社・子会社の緊密な企業間関係に基づいて，長期持続的に形成されている。

企業系列は，系列企業間の協調関係や，系列企業の競争力向上に貢献するサプライヤーや顧客などが組み込まれたネットワークとして捉えることもできる。企業系列では，親会社は，多数の子会社・孫会社を階層的に従え，これらの会社に対して資金提供・人的交流・技術支援など，様々な面で支援・育成する役

図表9-9　トヨタのネットワーク構造

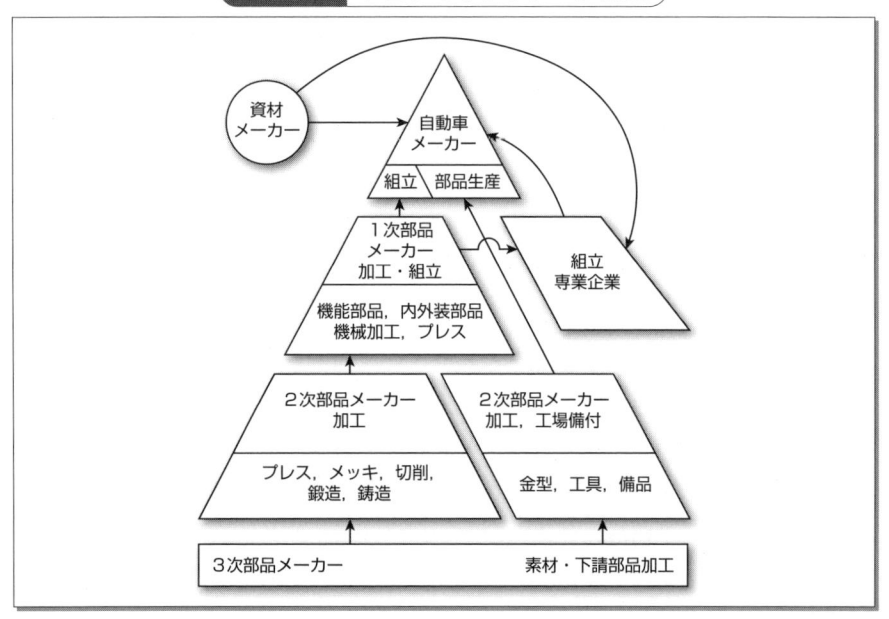

```
              資材        自動車
              メーカー →  メーカー
                        組立 | 部品生産
                      1次部品
                      メーカー         組立
                      加工・組立       専業企業
                    機能部品，内外装部品
                    機械加工，プレス
                2次部品メーカー    2次部品メーカー
                    加工            加工，工場備付
                プレス，メッキ，切削，  金型，工具，備品
                  鍛造，鋳造
              3次部品メーカー        素材・下請部品加工
```

(出所)　清家彰敏［1995］180頁。

割をもっている。

　特に，生産系列（完成品組立メーカーと部品メーカー），流通系列（製造企業と流通企業）は，双方とも日本独自に発達してきた取引慣行といえる。このような企業系列や企業グループなどの継続的な企業間関係は，取引コスト経済学の観点からみると，極めて効率的な仕組みであり，賃金コストの節約や景気変動に対する緩衝機能を持つ一種の搾取メカニズムでもある。

　トヨタの企業系列は，図表9-9に示されるように[26]，中核企業であるトヨタと，1次部品メーカー，2次部品メーカー，3次部品メーカーの下請け企業群との間の企業間関係を中心として形成されている。一般的に，企業系列は多面的（ヒト，モノ，カネ，情報）な企業間の信頼関係を基盤として構築されており，コミュニケーション・コストなどの「取引コスト」を削減するとともに，効率的かつ継続的な取引を行うことができる。

　トヨタの企業系列に入ることによって，安定した受注および技術供与などが

第9章　組織間関係

得られるという実利的な側面だけではなく，社会的認知や正当性の獲得などの目に見えないメリットも得ることが可能になる。

一方，トヨタの企業系列における企業間関係は，株式持ち合いや出向などの人的派遣関係などを基盤としており，非常に固定的であり，その取引は排他的かつ閉鎖的な特性を持っている。さらに，日本的取引慣行の1つとして継続的取引があげられる。これは原材料・部品などの企業間取引に見られる現象であり，購入企業は特定の少数企業から購入し，その相手企業が固定的になっている取引形態のことを指す。継続的取引は，取引企業間における相互信頼に基づいた協力関係であり，自動車，機械など，広範な産業において顕著に見られる。その効果としては，迅速な新製品開発や品質向上などがあげられるが，関係の固定化による閉鎖性，競争メカニズムの抑止などデメリットも数多く指摘されている。

今日では，日産自動車のグローバル・ネット調達にみられるように，企業系列による固定的な取引関係よりも，オープンで透明性のある取引にシフトして成果を上げている事例も増えてきた。また，戦略的提携，アウトソーシングなど，企業間で新たな協調関係を構築するという動きもある。このように，企業系列を中心とする企業間関係のあり方が徐々に変わりつつある。

❷ プラットフォーム・ビジネス

次に，組織間関係そのものを基盤として成立したプラットフォーム・ビジネスについて考察する。組織間関係の新たな側面が垣間見える事例である。

「オープン型経営」が発展する中，注目されるビジネス形態としてプラットフォーム・ビジネスがあげられる。プラットフォームという概念は，コンピュータの世界で使われてきた概念であるが，近年では，プラットフォーム・ビジネスが新たな事業形態として多くの市場において生まれ，それがその市場を活性化させ，ビジネスを広げ，新しい経営形態を生むなど，革新的な役割を持っていると考えられる[27]。

今井賢一＝國領二郎［1994］によれば，プラットフォーム・ビジネスとは，誰もが明確な条件で提供を受けられる商品やサービスの提供を通じて，第三者

間の取引を活性化させ，新しいビジネスを起こす基盤を提供する役割を，私的なビジネスとして行っている存在のことを指している[28]。

　もともと，プラットフォーム（platform）とは"土台"を意味する。つまり，プラットフォーム・ビジネスとは，自らを礎として，様々な知の結合，新たな価値の創造，というビジネスを行うための基盤となる，いわば「場のビジネス」のことである。

　図表9-10に示されるように[29]，道路・空港などの伝統的なインフラストラクチャー，新たな情報通信のインフラストラクチャーの上に，コンピュータ・プ

図表9-10　新しい産業組織の概念図

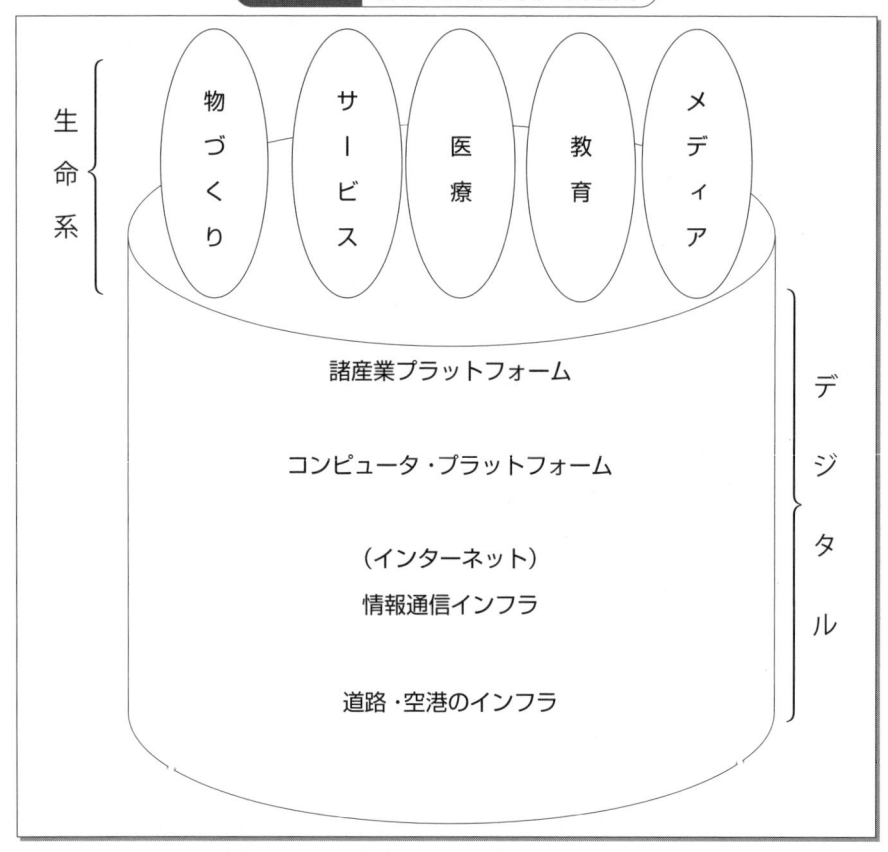

生命系 ｛ 物づくり ／ サービス ／ 医療 ／ 教育 ／ メディア

諸産業プラットフォーム

コンピュータ・プラットフォーム

（インターネット）
情報通信インフラ

道路・空港のインフラ

｝ デジタル

（出所）　今井賢一＝國領二郎 [1994] 7頁に基づいて筆者作成。

ラットフォームが位置し，諸産業のプラットフォームの基盤となる役割を果たしている。そして，諸産業プラットフォーム層は同時に，製造業，金融，サービス，医療，教育，メディアなど多くの企業のプラットフォームとして機能している。このように，プラットフォームは様々な機能の基盤となっている。

　実際に活用されるプラットフォーム・ビジネスには，どのような機能があるのか。國領二郎［1999］は，プラットフォーム・ビジネスの機能として，①取引相手の探索，②信用（情報）の提供，③経済価値評価，④標準取引手順，⑤物流など諸機能の統合，の5つをあげている[30]。

① 取引相手の探索：財の種類別やマーケット別など，様々な切り口で探索できるような情報の体系化を行うサービスが必要となる。
② 信用（情報）の提供：ネットワーク上で見つかった相手が納期，品質，支払いなどの面で信用できるか，取引にあたって決済をどうするかなど，取引に関する信用が提供されなければ取引は成立しない。
③ 経済価値評価：ネットワークを特殊な財やサービスの提供に活用するためには，価格形成メカニズムが必須である。
④ 標準取引手順：ネットワーク上で様々な相手と取引を行うとき，相手によって取引の段取りや様式，契約の条件などが異なっていては，取引に伴う手間がかかり，実際には取引が成立しない。そこで，標準の取引手順を提供する組織が必要となる。
⑤ 物流など諸機能の統合：財やサービスの取引が成立するためには，単に情報がやりとりされるだけではだめで，配送の手配，支払の手続き等，様々な機能が統合されなければならない。

　これらの機能に共通して最も重要となる条件が，「信頼の獲得」である。なぜなら，プラットフォーム・ビジネスにおける取引はface to faceではないため，販売者と消費者の信頼が形成されなければ成立しないからである。

　「囲い込み経営」を前提としてきた日本では，社会的に中立な経済評価や信用評価に基づいて，流動的な経営資源の移行が行われてきたとは言い難い。そのような機能を市場に提供するプラットフォーム・ビジネスの発展は，日本の市場のオープン化，事業のオープン化に直結していると言える

❸ 関係のマネジメント

　近年，わが国では，ミスミ，ブックサービスなど，独自に構築したビジネス・モデルをベースとして，ドメインの定義・再定義を自在に行っている新たなタイプの企業が増えてきた。米国においても同様で，デル，フェデラル・エクスプレスなど，独自に構築したビジネス・モデルをベースとして，従来とは異なるドメインの再定義を行う企業が増えている。

　ミスミの事例を用いて，具体的にみてみよう。従来，ミスミの事業ドメインは金型卸であった。ところが，独自に構築したビジネス・モデルをベースとして，金型用部品，FA用部品に加えて，医療用品，業務用食材など，事業ドメインは多面的かつ急速に拡大しつつある。

　ミスミのビジネスを概観すると，ビジネス・モデルが主役であり，製品・市場戦略など他の要因は脇役のようにも見える。それはなぜか，結論的にいえば，従来，ミスミのコア・コンピタンスは「金型部品の企画・設計」であるといわれてきたが，現在のコア・コンピタンスは，情報ネットワークを中心とする事業基盤を活用して，顧客と生産者との「関係の再構築」を含む「関係のマネジメント」にシフトしているからである。

　すなわち，「関係のマネジメント」によって，顧客と生産者との双方に便益（価値）を提供しており，事業基盤上で取り扱う製品・サービスは，極端にいえば何にでも適用することができる。ビジネス・モデルが主役であり，製品・市場戦略が脇役のようにも見えるのも不思議なことではない。

　我々はすでに，山倉健嗣［1993］に準拠して，組織間関係に関する主要な研究課題として，①組織間の資源・情報交換，②組織間のパワー関係，③組織間の調整メカニズム，④組織間構造，⑤組織間文化，の5つについて考察してきた。

　先述したプラットフォーム・ビジネスや，ここでの「関係のマネジメント」は，どのように位置づけることができるであろうか。組織間関係そのものを構築し，維持することによって，顧客に便益（価値）を提供するということがなぜ可能なのか，

「関係のマネジメント」とは，もともとフランスのブレッサン（Bressand, A.）［1990］が名著『ネットワールド』において創造した概念である。ブレッサンは，情報ネットワークにおいて，各主体が「共振」したとき，新たな意味が生まれるという。もちろん，新たな意味とは価値のことである。そして，情報は「関係」の中でのみ共有できる，と述べている[31]。

　「関係」を重視するということは，異なる考え，異なる情報源，異なる行動様式を持つ主体の多様性を重視するということである。そして，多様性を組み合わせて「連結のマネジメント」が必要という主張は，フランス人らしいエスプリに富んでおり，極めて興味深い。

1）山倉健嗣［1993］2-32頁を筆者が要約した。
2）Ansoff, H.I.［1965］訳書20頁。
3）同上書7頁。
4）Hofer, C.W.＝Shendel, D.E.［1978］訳書30頁。
5）石井淳蔵＝奥村昭博＝加護野忠男＝野中郁次郎［1996］7頁。
6）大滝精一＝金井一頼＝山田英夫＝岩田智［1997］12-13頁。
7）岸川善光［2006］10頁。
8）Ansoff, H.I.［1965］訳書135-140頁。
9）Hofer, C.W.＝Shendel, D.E.［1978］訳書30-33頁。
10）石井淳蔵＝奥村昭博＝加護野忠男＝野中郁次郎［1996］8-11頁。
11）大滝精一＝金井一頼＝山田英夫＝岩田智［1997］14-15頁。
12）岸川善光［2006］69頁。
13）山倉健嗣［1993］33-62頁を筆者が要約した。
14）同上書43頁。
15）同上書33-62頁に基づいて筆者作成。
16）同上書61-158頁を筆者が要約した。
17）高柳暁＝飯野春樹編［1992］6-10頁。
18）同上書6-10頁に基づいて筆者作成。
19）岸川善光［2006］190-193頁。
20）加護野忠男＝井上達彦［2004］48頁。
21）岸川善光［2006］193頁。
22）宮澤健一［1988］51頁。
23）岸川善光［2006］203頁。
24）SCM研究会［1999］15頁を筆者が一部修正。
25）森本博行［1998b］8頁。（ダイヤモンド・ハーバード・ビジネス・レビュー編集部編［1998b］，所収）
26）清家彰敏［1995］180頁。

27) 今井賢一＝國領二郎［1994］7頁。
28) 同上書4頁。
29) 同上書7頁に基づいて筆者作成。
30) 國領二郎［1999］147-149頁。
31) Bressand, A.［1990］は，関係，関係のマネジメント，連結の経済，連結のマネジメント，ネットワークのネットワーク，共振，統合優位など，斬新な概念を数多く生み出している。

第10章 経営組織論の今日的課題

本章では，経営組織論の今日的課題について考察する。紙幅の都合もあり，本書では独立した章として扱うことはできなかったものの，近い将来，テキストの独立した章として記述されるかも知れない重要なテーマを6つ選択した。

第一に，コーポレート・ガバナンスについて考察する。まず，日本・米国・ドイツにおけるコーポレート・ガバナンスの現状について理解する。次いで，内部統制システム，機関設計に絞って今後の課題について理解を深める。

第二に，企業倫理について考察する。まず，企業倫理が従来の「企業⇒社会」というアプローチではなく，「社会⇒企業」というアプローチであることを理解する。次いで，「経営経済性」と「経営公共性」の両立について言及する。

第三に，M＆Aについて考察する。まず，M＆Aの定義，背景，目的について理解する。次いで，M＆Aの課題に言及する。具体的には，戦略的提携など他の参入戦略と比較しつつ，M＆Aの利点・欠点を理解する。

第四に，多国籍企業の組織構造について考察する。まず，多国籍企業に至るまでのプロセスごとに，組織構造は大きく異なることを理解する。次いで，主としてトランスナショナル企業について理解を深める。

第五に，NPOについて考察する。まず，私的セクターでも公共セクターでもなく，共的セクターとして分類されるNPOの組織特性を理解する。次いで，NPOの組織研究が急務であることに言及する。

第六に，バーチャル・コーポレーションについて考察する。まず，バーチャル・コーポレーションの意義について理解する。次いで，情報倫理など今後の課題について理解を深める。

1 コーポレート・ガバナンス

❶ 現　状

　近年，不正や不法などの企業犯罪をはじめとする企業不祥事が，一流企業を含めて多発している。経営者に直接起因するこのような企業不祥事の原因を調査すると，コーポレート・ガバナンス（corporate governance）に関する構造的な要因によるものが多い。

　企業に対する信頼性を確保することを大きな目的として，2006年5月から，新会社法が施行された。新会社法の施行に伴って，コーポレート・ガバナンス，内部統制システム，コンプライアンス（法令遵守），情報開示など，いわゆる企業の法務管理に対する社会の関心も一気に高まりつつある。

　コーポレート・ガバナンスは，従来，長谷川俊明［2005］が指摘したように，「主権者である株主が，その利益をはかるための経営が行われているかどうかを監視する仕組み・体制」であると理解されてきた[1]。

　近年では，もう少し視野を拡大して，①利害関係者（株主か，株主・従業員か，すべての利害関係者か），②事業の存続・発展（株主利益の最大化か，株主・従業員の利益の最大化か，すべての利害関係者の利益の調和か），の2軸を用いたマトリックスを作成すると，その意義を体系的に把握することができる。

　本書では，企業の社会的責任（CSR）の遂行，戦略的社会性の追求が企業経営には不可欠であるという観点から，「企業経営が利害関係者によって監視され，望ましい発展を実現するための仕組み」と定義して議論を進める。まず，日本，米国，ドイツにおけるコーポレート・ガバナンス機構について概観する。

〈日本企業のガバナンス機構〉

　日本企業のガバナンス機構は，会社法が施行される前まで，三権分立の思想のもと，①意思決定機関としての株主総会，②執行機関としての取締役会および代表取締役，③監督機関としての監査役（会），の3つの機関によって構成

されてきた。

　日本企業における株主は，企業の最高機関である株主総会において，取締役の任免権を有することから，企業の主権者として位置づけられてきた。すなわち，株主が出資に基づいて，会社の業務に対する意思表明を行う最高意思決定機関としての機能が期待されてきた。株主の意思決定は，具体的には議決権の行使という形式がとられる。ところが，法の趣旨に反して，株主総会の形骸化が指摘されてすでに久しい。その形骸化の主な原因として，①株式の高度分散，②株式の相互持合い，の2点があげられる。

　取締役会は，株主総会で選任された取締役全員によって構成される。取締役会は，三権分立思想のもと，業務執行（経営管理）に関する最高意思決定機関として位置づけられてきた。取締役会は，代表取締役を選任して業務執行にあたらせるとともに，代表取締役の業務執行を監督する。取締役会の機能としては，①最高経営政策の決定，②最高経営執行責任者の選任，③業務執行の監督，などがあげられる。

　この取締役会も，上でみた株主総会と同様に，その形骸化が指摘されている。形骸化の主な原因として，①内部取締役による取締役会の構成，②常務会の存在，の2点があげられる。

　監査役（会）は，新会社法の施行の前まで，三権分立思想のもと，監督機関としてわが国の株式会社では必置の機関であった。監査役は株主総会において選任され，取締役の執行を監査する機能が期待されてきた。監査役には，取締役会への出席権，意見陳述権，子会社調査権などが与えられ，商法改正とともにその権限は拡大してきた。

　わが国の監査役の制度には，様々な特徴があるものの，監査役の機能については，その形骸化が従来から指摘されてきた。現実に，不正，不法などの企業犯罪，企業不祥事が多発しており，これらの諸問題に対して監査役の機能が効果的に作用しているとは言い難い。その原因として，監査役制度自体の不備，監査役の資質上の問題，監査の技法に関する不備などがあげられる。

〈米国企業のガバナンス機構〉

　米国の株式会社の機関は，株主総会および取締役会によって構成される。日

本やドイツと異なり，監査役（会）をもたない米国企業では，業務執行に関するコントロール権限を取締役会に委ねており，法的にみると，取締役会による一元的なコーポレート・ガバナンスの構造となっている。

米国企業の株主は，日本企業の株主と同様に，取締役の任免権を有するという意味で，コーポレート・ガバナンスの主権者として位置づけられている。米国では各州の会社法によって「会社事業の運営（企業経営）は取締役会により，または取締役会の指示の下になされるものとする」と定められており，日本の企業と同様に，取締役会に業務執行の権限が与えられている。しかし，特に大企業では，すべての日常業務を取締役会が執行することは困難である。

このため取締役会は，その専決事項を留保した上で，取締役会の内部に下部機関として，①業務執行委員会，②監査委員会，③取締役候補指名委員会，④役員報酬委員会，などの委員会組織を設置して，各委員会に取締役会の権限を委譲するのが一般的である。これらの委員会は，取締役会において人員構成上多数を占める社外取締役を中心に編成される。

〈ドイツ企業のガバナンス機構〉

ドイツの株式会社の機関は，株主総会，監査役会，取締役会によって構成される。この中で，監督機関である監査役会と業務執行機関である取締役会がガバナンス機構として位置づけられる。

ドイツ企業の株主総会は，監査役や会計監査人の選任，定款の変更，会社の解散などの権限を有するものの，日本企業や米国企業の株主総会と異なり，株式会社の最高機関として位置づけられていない。

ドイツ企業で最高機関として位置づけられているのは監査役会であり，監査役会は，取締役の任免，取締役会に対する監督，年次決算書の確定など，様々な権限を有しており，取締役をコントロールする機能が期待されている。

ドイツの監査役会には，「共同決定法」によって，労働者の経営参加が定められている。したがって，監査役会は，株主総会で選出される株主（資本）の代表および労働者によって選出される労働者の代表によって構成される。

このように，法的には取締役会は監査役会の下に位置づけられているものの，現実には，監査役会の業務執行に関する監査は，年2回程度しか実施されない

第10章 経営組織論の今日的課題

ために，監査役会のモニタリング機能が作動しないことが多い。近年，モニタリング機能の欠如による企業不祥事が増加しつつある。

❷ 今後の課題

上で概観したように，日本，米国，ドイツにおけるコーポレート・ガバナンス機構は，どの国も大きな問題点・課題を抱えている。これらの問題点・課題を踏まえて，わが国におけるコーポレート・ガバナンスの今後の課題として，①内部統制システム，②株式会社の機関設計についてみてみよう。

① 内部統制システム：会社法は，大会社に対して，内部統制システムの整備義務を課した。内部統制システムの目的は，図表10-1に示されるように[2]，

図表10-1　内部統制システムの概念図

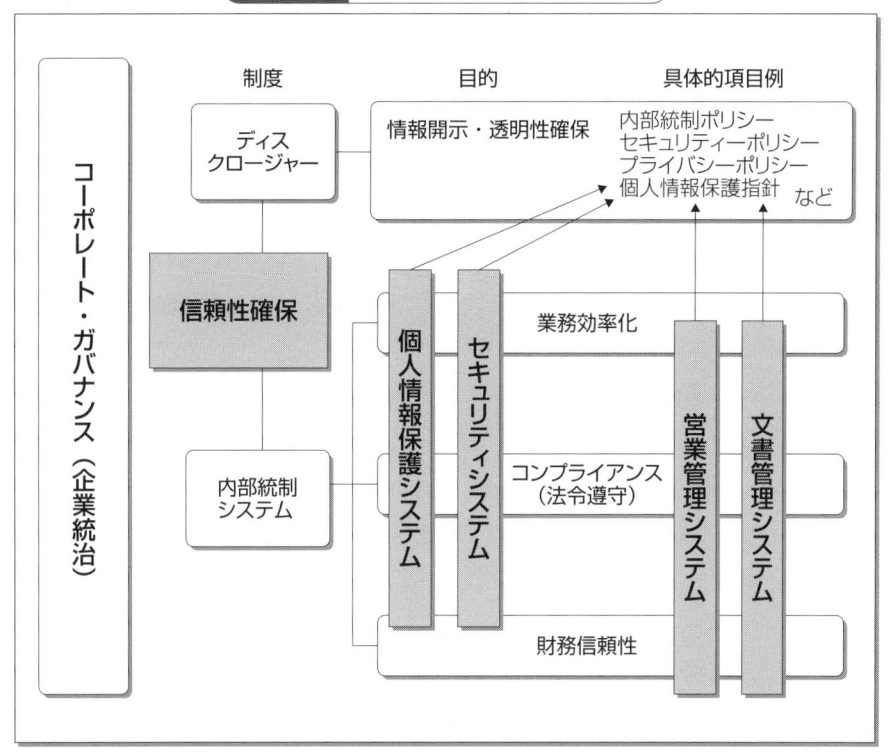

```
                  制度              目的                  具体的項目例

コ              ┌─────┐      ┌──────────┐     内部統制ポリシー
ー              │ディス  │      │情報開示・   │     セキュリティーポリシー
ポ              │クロー  ├──────┤透明性確保   │     プライバシーポリシー
レ              │ジャー  │      └──────────┘     個人情報保護指針  など
ー              └─────┘             ↑ ↑
ト                                      │ │
・              ┌─────┐       個  セ    業務効率化
ガ              │信頼性  │       人  キ
バ              │確保   │       情  ュ
ナ              └──┬──┘       報  リ
ン                  │           保  テ
ス                  │           護  ィ    コンプライアンス      営  文
（                 │           シ  シ    （法令遵守）          業  書
企              ┌─────┐       ス  ス                          管  管
業              │内部統制 │       テ  テ                          理  理
統              │システム │       ム  ム                          シ  シ
治              └─────┘                                         ス  ス
）                                                                テ  テ
                                                                  ム  ム
                                       財務信頼性
```

(出所)　牧野二郎＝亀松太郎［2006］126頁を筆者が一部修正。

図表10-2 株式会社における機関設計

譲渡制限の有無	大会社以外の会社		大会社
非公開会社	取締役会＋監査役	（会計監査権限のみ有する場合とそうでない場合がある）	取締役会＋監査役＋会計監査人
	取締役会＋監査役会		取締役会＋監査役会＋会計監査人
	取締役会＋監査役＋会計監査人		
	取締役会＋監査役会＋会計監査人		
	取締役会＋三委員会＋会計監査人		取締役会＋三委員会＋会計監査人
	取締役会＋会計参与※		
	取締役＋監査役	（会計監査権限のみ有する場合とそうでない場合がある）	取締役＋監査役＋会計監査人
公開会社	取締役会＋監査役		取締役会＋監査役会＋会計監査人
	取締役会＋監査役会		
	取締役会＋監査役＋会計監査人		
	取締役会＋監査役会＋会計監査人		取締役会＋三委員会＋会計監査人
	取締役会＋三委員会＋会計監査人		

（注）　すべての会計形態（※の場合を除く）において，会計参与が設置される場合とそうでない場合がある。
（出所）　岸田雅雄［2006］221頁。

1）コンプライアンス（法令遵守），2）財務報告の信頼性，3）業務の効率化の3つとされている。内部統制システムは，リスク管理体制を確立するという意味でも必要不可欠のシステムといえよう。大会社以外でも，効果的かつ効率的な内部統制システムの導入が望まれる。

② 　株式会社の機関設計：新会社法では，図表10-2に示されるように[3]，株式会社における機関設計における自由裁量の範囲が格段に広くなった。新会社法において，株式会社が必ず置かなければならない機関は，株主総会と取締役だけで，それ以外の取締役会，代表取締役，監査役（監査役会），会計参与，会計監査人，執行役（代表執行役）などは，いわばオプション仕様となった。

　公正で透明性の高い経営の透明性を確保するために，効果的なコーポレート・ガバナンスを推進するためには，このような機関設計に関する創意工夫が欠かせない。

第10章 経営組織論の今日的課題

2 企業倫理

❶ 現　状

　近年，不正や不法などの企業犯罪をはじめとする企業不祥事が，一流企業を含めて多発している。経営者に直接起因するこのような企業不祥事の原因を調査すると，先述したコーポレート・ガバナンスの不備と並んで，企業倫理（business ethics）の欠落・不全に関するものが多い。

　鈴木辰治＝角野信夫編［2000］が指摘するように[4]，企業倫理は，「企業と社会」の関わり方が，企業からの観点ではなく，社会からの観点にあり，従来の観点とは全く異なる。すなわち，「企業⇒社会」というアプローチではなく，「社会⇒企業」というアプローチが企業倫理ということになる。

　鈴木辰治＝角野信夫編［2000］によれば[5]，企業倫理の研究と教育の基盤をなすのは，企業の社会的責任（social responsibility）である。1960年代以降，米国の大学では，「企業と社会（business and society）」と呼ばれる学問的領域が生じ，企業の社会的責任問題を中心に研究と教育が開始された。

　ボーエン（Bowen, H.R.）などが当時の代表的な研究者であった。この「企業と社会」論は，企業の社会的責任問題を背景に論じられたが，その本質的な問題点は，会社権力の正当性とその根拠にあった。その後，企業の社会的責任論は，誰に対する責任かという観点から，ステークホルダー・アプローチをめぐる議論へと発展・展開された。

　バーリ（Berle, A.A.）の後継者の1人とされるエプスタイン（Epstein, E.M.）［1969］は，巨大株式会社が及ぼす会社権力の領域を，①経済権力，②社会・文化権力，③個人に対する権力，④技術的権力，⑤環境に対する権力，⑥政治的権力，の6つに区分し，会社権力の及ぼす対象と範囲の拡大に対応した現代企業の社会的責任問題の対象と内容がほぼ網羅的に示された。すなわち，企業の社会的責任問題に対するステークホルダー・アプローチの枠組みが用意され

たのである。

　エプスタインは，その後の社会的責任論の新たな展開を取り入れ，「社会的即応性」「企業倫理」といった概念を導入した。すなわち，1970年代から1980年代にかけて，社会的責任論は，企業行動を「結果責任」としてのみ論ずるのではなく，企業の意思決定過程をも含めた「過程責任」にも遡り分析すべきであると考えるようになった。具体的には，企業は事前的かつ計画的に社会に期待されているので，責任ある行動をとるべきであるとする企業の社会的即応性（social responsiveness）概念が受け入れられるようになり，社会会計，社会監査，会社の倫理的行動基準等を導入し，企業の意思決定過程を社会化する「価値志向的経営」が求められ始めた。

　エプスタインは，「社会的責任論」ではなく，「経営社会政策過程」という新しいアプローチを提唱している。すなわち，「経営社会政策過程＝企業倫理＋企業の社会的責任＋企業の社会即応性」と捉え，「企業と社会」の問題を分析しようとした。

　わが国においても，1980年代以降，「社会的即応性」「企業倫理」などの概念を取り入れた高田馨［1974］，森本三男［1994］といった研究者が「新しい社会的責任論」を展開した。

　高田馨［1974］は，今日の企業倫理研究の基盤は，企業の社会的責任論にあるとはいえ，今日の社会的責任論は，企業倫理に関する研究によって補足・再構築され，企業の社会的即応性（反応）という活動概念を含むものであると主張した。

　森本三男［1994］の研究も，基本的に高田馨［1974］と同じく企業の社会的責任論の発展・展開として論じられている。しかしその研究は，より実践的な企業の社会的責任論の遂行・成果の測定に向けられ，企業の社会業績・評価に関わる社会会計，社会監査に目を向ける社会的責任の実践論を指向している。

❷ 今後の課題

　第2章で社会的組織論について考察した際，水谷雅一［1995］は，図表2-9に示されるように[6]，今後の企業倫理のもつ基本的視点を，①経営経済性（「効

第10章 経営組織論の今日的課題

率性原理」「競争性原理」），②経営公共性（「人間性原理」「社会性原理」），の２つに求め，両者の対話的かつコミュニケーション的な「均衡」を図ることが企業倫理の実践であると指摘した。

　水谷雅一［1995］のいう経営経済性とは，効率と競争によって利益増大を図る経済合理性の追求思想であり，経営公共性とは，企業を社会的公器と見る考え方に近いコンセプトである。

　従来，図表2-9に示されている「効率性原理」と「人間性原理」の相反性と均衡化の問題は，主として企業内部の経営のあり方の問題として捉えられてきたが，他方，主として企業外部における「競争性原理」と「社会性原理」の相反性とその克服も重要な課題となってきた。

　ところが，例えば，地球環境問題に対応するための経営戦略を考える場合，

図表10-3　経営における人間性・社会性に関する主要項目

	人間性	社会性
反	・過労死，準過労死 ・超長時間労働 ・サービス残業 ・差別待遇 　人種差別 　年齢差別 　性差別 　身障者差別 ・不当労働行為	・独禁法違反（談合，取引制限） ・利益誘導型献金 ・外国人不法就労 ・総会屋（暴力）との癒着 ・武器輸出等不正取引 ・廃棄物投棄，PL責任回避 ・公害垂れ流しの被害者救済拒否 ・地球環境破壊
促	・労働時間短縮の推進 ・自己申告制 ・フレックスタイム制 ・介護休暇（有給） ・ボランティア休暇（有給） ・ゆとりと豊かさライフ ・職住接近 ・単身赴任の廃止	・監査役機能の強化 ・企業行動倫理委員会の設置と充実 ・企業行動憲章の制定と社員研修 ・公害防止・環境保護の積極化 ・社会貢献活動（メセナ，フィランソロピー） ・社外ボランティア活動への物心の支援 ・情報公開の推進 ・社会，地球との共生歓迎

（出所）　水谷雅一［1995］116頁。

環境=マクロにやさしい経営戦略が、結果として企業=ミクロにも有効な時代になりつつある。すなわち、「社会性原理」と「競争性原理」の「両立」が可能な時代になりつつある。このようなマクロとミクロの双方を考慮した「戦略的社会性」にもとづく経営戦略は、ある意味では企業のしたたかさを必要とする。「社会性原理」と「競争性原理」の「両立」を図るためには、人徳に該当する社徳、人格に該当する社格が、今後ますます重要性を増すであろう。

水谷雅一[1995]は、図表10-3に示されるように[7]、企業倫理で重要とされる人間性と社会性について、主要項目を例示している。具体的には、企業ないし企業人にとって、やってはならないこと=「反人間性と反社会性の項目」を自己規制によって禁止することが、企業倫理の実現にとって不可欠とされる。

企業活動（ビジネス）と企業倫理の両者は、そもそも水と油であるので相容れず、企業倫理は自己撞着的な概念だとする見方も一部にあるが、これは明らかに皮相的な考え方である。水谷雅一[1995]が指摘するように、これからの時代は、「効率性原理」「競争性原理」による利益追求だけを考え過ぎると、企業活動そのものが社会に受容されなくなる。「人間性原理」「社会性原理」による「社会生活中心主義」も併せて追求しなければならない。企業活動は、つまるところ、「世のため人のため」になる存在でなければならない。

3 M&A

❶ 現　状

近年、経営管理論・経営組織論において、M&A（Merger and Acquisition）の重要性が急激に増大している。M&Aとは、文字通り合併・買収のことである。従来、わが国におけるM&Aは、企業の乗っ取りというイメージが広く社会に浸透し、経営管理論・経営組織論の主流にはなり得なかった。ところが、現在では、経営資源の外部調達の方法の1つとして脚光を浴びている。

M&Aの内、合併は2つ以上の企業が法的・経済的・組織的に結合して1つ

第10章　経営組織論の今日的課題

の企業になることである。合併には，一方の企業が存続し他方が消滅する吸収合併と，双方が消滅し新会社を設立する新設合併がある。

　他方，買収は，他企業の全部またはその一部を取得することであり，営業譲渡によるものと，株式取得によるものがある。株式取得は他企業を支配する目的のために必要な株式を取得し，子会社とすることである。株式取得には，株式譲渡（相対取引，公開市場での株式買付），TOB（株式公開買付），新株引受け（株主割当増資，第三者割当増資，転換社債，ワラント債）がある。

　M＆Aの背景として，岸川善光［2006］によれば，世界的な潮流として，規制緩和や税制改革，独禁法改革・緩和，事業プラットフォームの革新に対する迅速な対応，投資機会の枯渇による資金過剰対策，事業の再編・再構築などがあげられる[8]。

　また，M＆Aの目的として，①新事業分野への進出，②製品力の向上，③市場支配力の拡大，④海外市場の獲得，⑤研究開発力の強化，⑥多角化によるシナジーの実現，⑦生産コストの削減，⑧管理費の削減，などが考えられる[9]。

　M＆Aのプロセスは，図表10-4に示されるように[10]，①ビジョン，企業戦略

図表10-4　M＆Aのプロセス

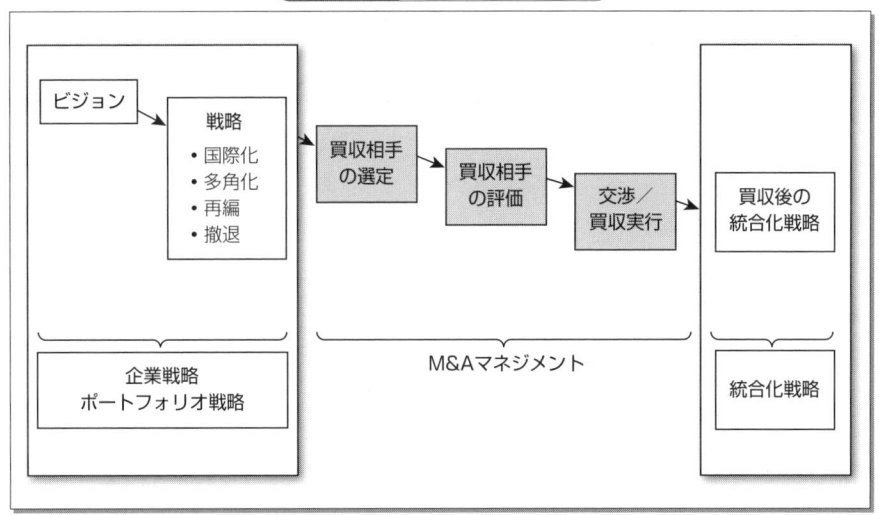

（出所）ボストン・コンサルティング・グループ（BCG）［1990］163頁。

に基づいて，②M＆Aの相手を選定し，③M＆Aの相手の評価を行い，④M＆Aの交渉をする，というプロセスを踏む。現実的に，M＆A後の統合化戦略に失敗している企業が数多く見受けられる。統合化戦略の失敗の要因として，企業文化の相違によるモラルの低下，人材の流出などがあげられる。

❷ 今後の課題

M＆Aの最大の利点は，製品・市場，ノウハウなどの経営資源を迅速に調達することによって，競合企業に対する競争優位を獲得することができることで

図表10-5　参入戦略

参入戦略	主な利点	主な欠点
内部開発	・既存資源を使用できる。 ・特に製品／市場に明るくない場合に買収コストを回避できる。	・時間がかかる。 ・見通しが不確か。
社内ベンチャー	・既存資源を利用できる。 ・有能な起業家を引き止めておく可能性がある。	・過去の例から，必ずしも成功するとは限らない。 ・社内的な緊張を作り出す可能性がある。
買収	・時間を節約できる。 ・参入障壁に打ち勝つ。	・高くつく。通常，不要な資産まで買収しなければならない。 ・2組織結合上の問題。
合弁または提携	・技術／マーケティングの組合せで，小企業／大企業のシナジーを利用できる。 ・リスク分散できる。	・企業間のオペレーションに摩擦を生じる可能性がある。 ・一方の会社の価値が時間が経つにつれて減少する可能性がある。
他社からのライセンス	・技術に即座にアクセスできる。 ・財務的リスクが少ない。	・特許技術や技術的スキルが育たない。 ・ライセンス元に依存する。
教育的買収	・新事業への窓口となり，初期スタッフを確保できる。	・買収先が起業家精神を無くしてしまうリスクがある。
ベンチャー・キャピタルと育成	・新技術，新市場への窓口となりうる。	・資金供給だけでは，会社の成長につながらないことが多い。
他社へのライセンシング	・市場へ即座にアクセスできる。 ・コスト，リスクともに低い。	・市場の知識，コントロールを失ってしまう。 ・ライセンス元に依存する。

（出所）　Aaker,D.A.［2001］訳書338頁を筆者が一部修正。

ある。競争優位を獲得することによって，上述したように，①新事業分野への進出，②製品力の向上，③市場支配力の拡大，④海外市場の獲得，⑤研究開発力の強化，⑥多角化によるシナジーの実現，⑦生産コストの削減，⑧管理費の削減，などの効果が現実化するのである。

しかし，M＆Aには，経営管理上・経営組織上多くの課題もまた存在する。第一に，被合併・買収企業の体質（企業文化）が買収企業と異なることが多いため，買収企業に対する理解や，合併・買収後の一体化・統合化に時間がかかることがある。その間，被合併・買収企業の役員，管理職，従業員のモラルが低下し，人材（人的資源）の流出など，大きな問題がしばしば発生する。M＆A後の統合化戦略において，企業文化の融合は極めて大きな課題である。

第二に，雇用の問題も多発している。一般に，M＆Aが行われる際に，従業員や労働組合にその情報が知らされるのは，M＆Aの方針と内容が実質的に固まった後である。その段階で従業員や労働組合の了解が得られず，計画が頓挫したケースも多数存在する。

上述したように，M＆Aにおける課題は山積しているので，安易にM＆Aを捉えるのではなく，図表10-5に示されるように[11]，他の参入戦略と多面的な観点から比較検討することが望ましい。企業文化の融合は，口でいうほど容易ではない。M＆Aは，経営管理上においても，経営組織上においても，極めて重要な課題ではあるものの，決して万能薬ではない。

4　多国籍企業の組織構造

❶ 現　状

グローバル経営のメイン・プレイヤーは，複数国で事業展開をする多国籍企業（multinational enterprise）である。多国籍企業という用語は，1960年に，米国のリリエンソール（Lilienthal, D.）によってはじめて用いられた。その後，多国籍企業という用語は全世界的に急速に普及した。

一方で，多国籍企業の他にも，世界企業，国際企業，地球企業，超国籍企業，無国籍企業など，様々な類似用語が併用されることがある。ちなみに，国連では，多面的な討議を踏まえて，多国籍企業という用語ではなく，超国籍企業という用語を正式に決定している。

　このように，多国籍企業という定義はまだ確立されたものとはいえないが，国際経済学や国際経営学の領域では，多国籍企業という用語がすでに定着しつつあるので，本書でも，多国籍企業という用語に統一して議論を進める。

　その上で，バーノン（Vernon, R.）［1971］の多国籍企業の概念についてみてみよう。バーノンは，多国籍企業の概念として，①大企業であること，②海外現地生産を行っていること，③自国以外に製造子会社および販売子会社を保有していること，④世界共通の経営戦略に基づいた企業活動を行っていること，の4点をあげた[12]。

　多国籍企業に至るまでには，一定のプロセスが存在する。ここでは，①バーノン［1971］，②経済企画庁編［1990］の2つを取り上げて，多国籍企業に至るまでのプロセスについて考察する。

　バーノン［1971］は，プロダクト・ライフサイクル・モデルに基づいて，多国籍企業に至るまでのプロセスを，①輸出，②現地生産，③発展途上国への輸出マーケティング，④発展途上国での生産，の4段階に区分した[13]。

　経済企画庁編［1990］によれば，わが国における多国籍企業に至るまでのプロセスは，一般的に，次の5つのプロセスに分けられる[14]。

① 輸出：主要な海外市場に対して輸出を始め，現地では販売代理店を使う。
② 海外販売拠点の設置：代理店では入手が困難な現地における顧客ニーズを把握するために直轄の販売会社を設立する。
③ 海外生産拠点の設置：現地市場における販売量の増加，比較優位構造の変化，現地市場ニーズに即応した製品設計などの理由により，生産拠点の海外への移転が始まる。海外生産拠点による販売会社のアフターサービスの充実などを伴うことが多い。
④ 現地法人の設置：現地市場での一層の市場開拓を進めるため，企業の主要機能の現地化を進める。つまり，生産・販売だけでなく，財務，人事，研究・

開発，購買などの諸機能を持つ現地法人を設置する。
⑤ グローバル企業化：グローバル化の進展とともに，子会社単独で決定すべきことと，グローバル企業全体で統一的に行ったほうが効率的なものとが明らかになり，現地に極力権限を委譲しつつも，財務・人事・基礎研究・CIなどについては企業全体で統一的に行う。

　一般論としては，多国籍企業化を視野に入れている企業は，上記の多国籍企業に至るプロセスを念頭におき，適切な時期に適当なプロセスを踏むことが求められる。ところが，多国籍企業の典型ともいえる韓国のサムスン電子（以下，サムスン）など，一定のプロセスを踏まずに，最初から多国籍企業化を目指す事例も増加しつつある。多国籍企業に至るまでのプロセスにおいて，必要とされる組織構造はそれぞれ異なることはいうまでもない。

❷ 今後の課題

　次に，多国籍企業の組織構造の今後の課題として，バートレット＝ゴシャール（Bartlett, C.A.＝Ghoshal, S.）［1989］の組織モデルについてみてみよう。

　バートレット＝ゴシャールは，図表10-6に示されるように[15]，多国籍企業を主として戦略能力の視点に基づいて，①マルチナショナル企業，②グローバル企業，③インターナショナル企業，④トランスナショナル企業，の4つに分類し，この4つの組織構造について，様々な考察を加えている。

① マルチナショナル企業：強力な現地子会社に戦略的姿勢や組織能力を発揮させて，各国の市場特性の違いに敏感に対応する企業。欧州の多国籍企業の大半がこれに該当する。海外市場の特性を踏まえた戦略アプローチに適した組織体制といえる。
② グローバル企業：経営戦略や経営管理上の決定を本国の本社に集中させ，グローバルな規模の経営によって，コスト優位性を追求する企業。日本の多国籍企業の大半がこれに該当する。世界共通の市場に通用する製品を生み出し，世界的規模の生産を目指す極めて効率性の高い組織体制といえる。
③ インターナショナル企業：知識や専門技術の世界的な利用をベースに考え，親会社が持つ知識や専門技術を，海外市場向けに移転したり適応させたりす

る企業。米国の多国籍企業の大半がこれに該当する。海外の生産拠点・販売拠点の役割は，本国の本社を助けることに主眼がおかれる。

図表10-6　バートレット＝ゴシャールの組織モデル

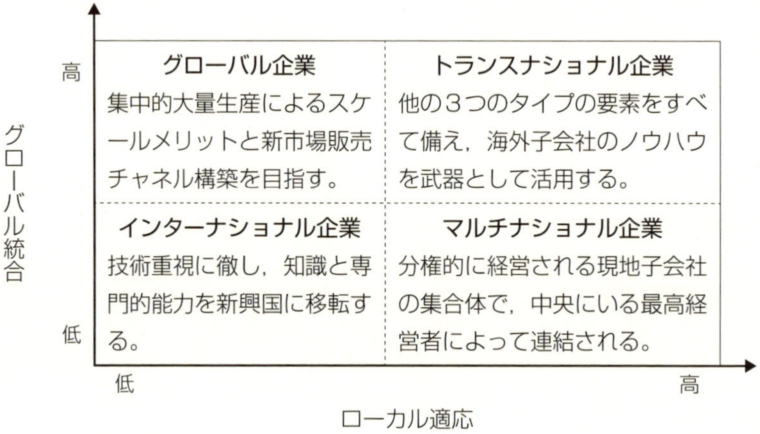

グローバル統合（縦軸：低→高）／ローカル適応（横軸：低→高）

- **グローバル企業**（統合：高，適応：低）：集中的大量生産によるスケールメリットと新市場販売チャネル構築を目指す。
- **トランスナショナル企業**（統合：高，適応：高）：他の3つのタイプの要素をすべて備え，海外子会社のノウハウを武器として活用する。
- **インターナショナル企業**（統合：低，適応：低）：技術重視に徹し，知識と専門的能力を新興国に移転する。
- **マルチナショナル企業**（統合：低，適応：高）：分権的に経営される現地子会社の集合体で，中央にいる最高経営者によって連結される。

	マルチナショナル	グローバル	インターナショナル	トランスナショナル
メリット	自国の経営環境に柔軟に対応できる	世界規模での効率性を実現可能	積極的に技術革新を推進し活用する	世界規模での効率性，現地適応，技術革新の追求
目的	各国ごとに差別化したアプローチ	コスト面で競争優位を確立する	本国の技術革新を海外子会社で活用する	海外子会社によるグローバル資源の有効活用
能力と組織力の配置	分散型，徹底した現地主義	中央集権型，自国中心主義	能力の中核部は中央集権型，他は分散型	分散と集中を最適な状態で統合
海外事業の果たす役割	現地化の徹底	親会社の戦略を実行	親会社の資源・能力を海外子会社に移転	海外の組織単位ごとに役割分担を行う
イノベーション戦略	現地市場向け開発を現地の経営資源を活用して行う	自国で開発した知識を海外に移転する	中央で知識開発を行い，海外の組織単位に移転する	各国の市場動向を考慮して共同で知識を開発し，世界中で共有を行う

（出所）　Bartlett,C.A.＝Ghoshal,S.［1989］訳書124頁に基づいて筆者が一部追加・修正。

④ トランスナショナル企業:従来,上述したグローバル企業(グローバルな効率性の追求),マルチナショナル企業(各国の市場特性への適応),インターナショナル企業(世界的なイノベーションの促進)は,それぞれトレード・オフの関係にあるとみなされてきた。

ところが,近年では,世界的な効率性を追求し,各国市場の特性にあわせ,世界的なイノベーションを促進することを,同時に求められるようになってきた。図表10-6に示されるように,トランスナショナル企業は,これらの要求を同時に満たすことを目的として,分散型組織の特徴を持ち,本社を含めた各国の海外子会社間のネットワークにおいて,経営資源や能力の蓄積・配分を相互依存的かつ最適に行う。また,知識の開発と普及においても,他の組織とは異なり,世界的規模でイノベーションが行われる。

上述したように,多国籍企業の組織特性として,トランスナショナル企業を構築することが望ましいとされるが,トランスナショナル企業の実現には,解決すべき多くの課題がある。一朝一夕にトランスナショナル企業が生まれるわけではない。

5　NPO

❶ 現　状

わが国において,1998年12月1日から施行された「特定非営利活動促進法」により,NPO(Non-Profit Organization:非営利法人)に対する社会的関心が高まってきた。図表10-7に示されるように[16],NPO法で認定されている事業分野は17分野である。その契機は,阪神淡路大震災をきっかけに形成された各種のNPO団体であるともいわれている。

NPOを構成要素とする共的セクターが,私的セクターや公的セクターと並ぶ第三のセクターとして成立するようになると,NPOの経営に関する知識体系を明らかにすることが重要になる。

図表10-7　NPO法で認定されている17の事業分野

① 保健，医療または福祉の増進を図る活動
② 社会教育の推進を図る活動
③ まちづくりの推進を図る活動
④ 学術，文化，芸術またはスポーツの振興を図る活動
⑤ 環境の保全を図る活動
⑥ 災害救援活動
⑦ 地域安全活動
⑧ 人権の擁護または平和の推進を図る活動
⑨ 国際協力の活動
⑩ 男女共同参画社会の形成を図る活動
⑪ 子供の健全育成を図る活動
⑫ 情報化社会の発展を図る活動
⑬ 科学技術の振興を図る活動
⑭ 経済活動の活性化を図る活動
⑮ 職業能力の開発または雇用機会の拡充を支援する活動
⑯ 消費者の保護を図る活動
⑰ ①から⑯までの活動を行う団体の運営または活動に関する連絡助言または援助の活動

（出所）　三宅隆之［2003］4頁。

❷ 今後の課題

　奥林康司＝稲葉元吉＝貫隆夫編［2002］は，図表10-8に示されるように[17]，私的セクター，公的セクター，共的セクターの3類型ごとに，組織特性の比較分析項目として，①組織形態，②組織化原理，③制御媒体，④社会関係，⑤基本的価値，⑥利益形態，⑦経済・経営主体，⑧経済形態，⑨合理性，⑩問題点，の10項目を取り上げて，項目ごとにその特性を示している。

　図表10-8で明らかなように，共的セクターに属するNPOは，企業を中心とする私的セクターとも，公共団体を中心とする公的セクターとも，かなり異なる組織特性を有していることが分かる。

第10章 経営組織論の今日的課題

図表10-8　経済社会セクターの3類型

セクター 組織特性	私的セクター	公的セクター	共的セクター
組織形態	企業官僚制	国家官僚制	アソシエーション
組織化原理	利害・競争	統制・集権	参加・分権
制御媒体	貨幣	法権力	対話（言葉）
社会関係	交換	贈与	互酬
基本的価値	自由	平等	連帯
利益形態	私益	公益	共益
経済・経営主体	私企業	公共団体	民間非営利協同組織
経済形態	市場経済	公共経済	社会経済
合理性	目的合理性	目的合理性	対話的合理性
問題点	市場の失敗	政府の失敗	ボランタリーの失敗

（出所）　奥林康司＝稲葉元吉＝貫隆夫編［2002］13頁。

　NPOに関する今後の課題は，具体的にいえば，図表10-8の中に，本書で取り上げた組織構造（第4章・第5章），組織における人間行動（第6章），組織文化（第7章），組織変革（第8章），組織間関係（第9章），の組織の5つの構成要素を，いかに整合性をもって組み込むかということになる。

　NPOも企業と同様に，環境とのかかわり方は，組織の存続・発展のために不可欠の要素である。環境－経営戦略－組織の適合の重要性は企業に劣るものではない。環境－経営戦略－組織の適合よりも，アソシエーション，参加・分権という組織原理が重要ということはありえない。

　NPOにおける人間行動もまた，参加や対話だけで，組織の存続・発展が保証されるのか，実証的な考察が必要であろう。パーソナリティ，モティベーション，学習，コミュニケーション，リーダーシップなどの人間行動において，参加と対話の果たす役割は認められるものの，それだけでは不足するのではないだろうか。

　組織文化についても，例えば，北欧を中心とした社会民主主義的な体制が，なぜゆらいでいるのか，対話と連帯だけで組織の存続・発展は可能なのか，国

の文化，組織文化を含めて検証が望まれる。

　組織変革については，すでに各地の生協組織で改革が行われているように，従来の組織原理だけでは組織の存続・発展は望めないと思われる。何を残し何を変革すべきなのか，これも実証的な検証が望まれる。

　NPOにおける組織間関係もまた，現実的には，多くの他組織とネットワーク化が進展しているように，他の組織との相互依存関係は避けては通れないであろう。オープン社会が進展するにつれ，参加や対話といった組織内部の原理・原則だけでは，組織の存続・発展は困難であろう。

　このように，NPOの経営組織を考えると，企業の経営組織に関する研究の蓄積が相当活用できると思われる。市場の失敗，政府の失敗を克服するために，また，私的セクター・公的セクター・共的セクターのバランスのとれた発展のためにも，NPOの組織に関する研究・実践双方の進化が欠かせない。

6　バーチャル・コーポレーション

❶ 現　状

　バーチャル・コーポレーションという用語は，ダビドゥ＝マローン（Davidow, W.H.＝Malone, M.S.）［1992］によって提唱された概念である。本書の編著者である岸川善光は，この概念が提唱された当時，シンクタンクの役員の傍ら，通商産業省機械情報局監修『情報サービス産業白書』の編集に従事していた。すなわち，1993年版白書は白書部会副部会長，1994年版白書および1995年版白書は，白書部会長として白書のとりまとめにあたった。

　バーチャル・コーポレーションという概念は，現在ではいわば当たり前の概念になってしまい，あまり使用されなくなったが，当時は，情報ネットワークを介在して，複数の自律的な企業が，対等な立場で緩やかに（ルースに）連結され，相互に資源や能力を補完しあう「新たな組織」の出現に胸を躍らせたものである。

　図表10-9に示されるように[18]，バーチャル・コーポレーションは，一般的な

図表10-9　ヒエラルキー企業とバーチャル・コーポレーションの異同点

	ヒエラルキー企業	バーチャル・コーポレーション
組織形態	ピラミッド型	ネットワーク型
組織間関係	支配―従属の関係	ボーダレスかつ柔軟な結合関係
取引形態	閉鎖的かつ排他的	開放的かつ自律的
組織の構成要素	生産者	生産者と消費者
情報の取り扱い	秘匿性	公開性
組織の中心	ひとつの中心	脱中心，あるいは多中心的
メンバーの行動特性	制限的，中央からの指示	自律的，自発的連帯
環境適合	同質的，高い安定性	異質的，高い不確実性
経済性	規模，効率	スピード，多様性，創造性
一般的概念	相互作用する諸要素の統一体	独立したものの水平的結合
原理	統合	自律
機能	自己調節	自己秩序化
境界	明確	ファジー
価値基準	最適	調和

（出所）　伊藤孝夫［1999］37頁および寺本義也［1990］159頁に基づいて筆者作成。

ヒエラルキー企業と比較すると，新規性・多様性・多義性・革新性に富み，かなりユニークな組織構造・組織過程を有している。

❷　今後の課題

　バーチャル・コーポレーションの概念は，上述したように，ダビドゥ＝マローン［1992］によって提唱されたが，次第に，eビジネスのメイン・プレーヤーの1つではあるものの，eビジネスの議論に吸収されるようになった。しかし，組織論としては明確な位置づけが必要不可欠である。

eビジネスは，ICTが進化して社会に浸透するにつれ，急速に進展してきた事業分野である。その用語の由来は，IBMが1997年10月に提唱したウェブなどのインターネット技術を取り込んだ新しいビジネス形態の名称である"e-business"に端を発すると言われている[19]。

　IBMコンサルティング・グループ［2000］の定義によれば，eビジネスとは，「ネットワーク技術の活用によりまったく新しいビジネス・モデルを創出し，顧客価値を最大化するとともに市場における企業価値を最大化し，競争優位を確立すること[20]」である。

　eビジネスは，当初，組織内の効率化を図る手段として取り入れられた。しかし，情報，物流に関するインフラストラクチャーが整備され，新たな情報空間における市場規模が拡大したため，企業はeビジネスを他社との差別化戦略の一環として利用し，また競争優位の源泉として，その形態を多様化させながら急激に事業分野が拡大しつつある。

　上述したように，eビジネスは，各種ステークホルダーとの協働の中で，新たな価値を提供するためのビジネス・モデルとして確立されつつある。具体的には，新たな価値の創造を競争優位の源泉として，ビジネス・モデルの中核に位置づけている。

　eビジネスにおいて，企業は電子商取引を基本的な要素として事業を推進する。ターバン＝リー＝キング＝チャン（Turban, E.＝Lee, J.＝King, D.＝Chung, M.H.）［2000］は，取引の性質により，eビジネスの形態を次の6つに分類している[21]。

① 　BtoB：Business to Business，すなわち，企業間取引のこと。企業と企業の取引が対象で，不特定多数の企業間で商談，見積り，受発注さらには請求書の発行や決済をネット上で行う。

② 　BtoC：Business to Consumer，すなわち，企業消費者間取引のこと。企業と消費者（個人）間との取引において，企業が消費者にインターネットを利用して商品やサービスを提供するもので，オンラインショッピングがその代表例である。

③ 　CtoC：Consumer to Consumer，すなわち，消費者間取引のこと。消費者（個人）と消費者との間における電子商取引で，個人同士が行うサービス

活動である。ウェブサイト上での個人的な売買やオークションなどが代表例であり、ネット上の個人売買型の取引を意味している。
④　CtoB：Consumer to Business, すなわち、消費者企業間取引のこと。売り手を求め、彼らと相互に話し合い取引を完了する個人と同時に、製品あるいはサービスを組織に売り込む個人を意味している。
⑤　ノンビジネスeコマース：研究機関、非営利組織、宗教組織、社会的な組織や政府エージェンシーのようなノンビジネス機関において、諸種のe-コマースを活用して経費を減少したり、利用度を改善したり、あるいはオペレーションやサービスを改善する事例が増えている。
⑥　イントラビジネス（組織内）eコマース：商品、サービス、あるいは情報の交換を含み、通常イントラネットで行われるすべての内部的な組織活動を含む。それらの活動は、当該企業の製品の社員への販売、オンラインによる教育訓練、費用節減活動などがあげられる。

　さらに、現在の電子商取引には、上記の6つの分類に加えて、政府と企業の取引であるG to B（Government to Business）や、政府と消費者の取引であるG to C（Government to Consumer）なども存在する。

　バーチャル・コーポレーションの発展にとって、図表10-10に示されるように[22]、インターネット・イントラネット・エクストラネットによって構成される「ネットワークのネットワーク」は、ビジネス・プラットフォームとして必要不可欠である。もともと、プラットフォームとは、"土台"を意味する。このビジネス・プラットフォームは、バーチャル・コーポレーションにとって、事業基盤そのものであり、生命線そのものである。

　図表10-10に示されるように、道路・空港などの伝統的なインフラストラクチャーに加えて、インターネット・イントラネット・エクストラネットが、「ネットワークのネットワーク」として、各種産業のビジネス・プラットフォームとなる役割を果たしている。そして、各種産業プラットフォームは同時に、製造業、金融、サービス、医療、教育、メディアなどの各企業のプラットフォームとして機能している。このように、インターネット・イントラネット・エクストラネットによるプラットフォームは様々な機能の基盤となっている。

図表10-10 インターネット・イントラネット・エクストラネット

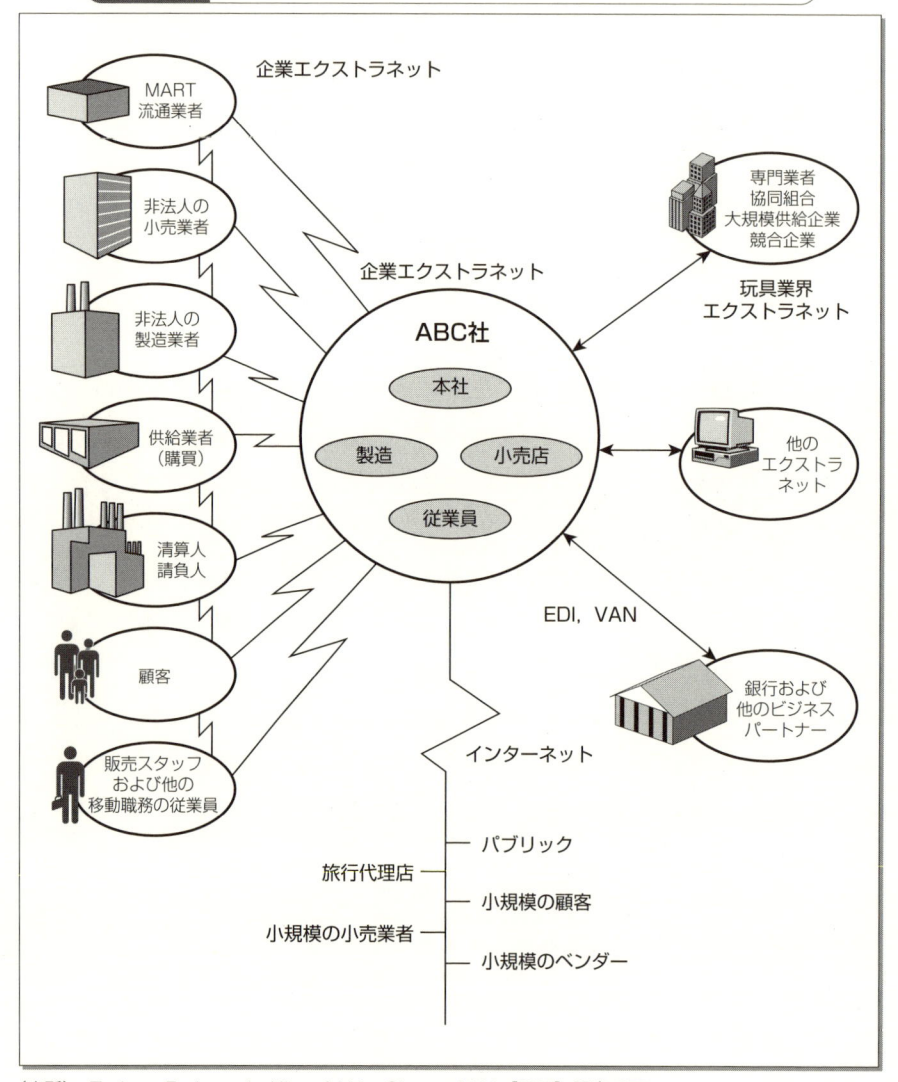

（出所）Turban, F.=Lee, J.=King, M.H.=Chung, M.H.[2000] 訳書43頁。

　eビジネスの進展に伴って，解決すべき課題も山積している。ここでは，様々な課題の中から，①電子決済，②個人情報保護，③情報倫理，の３つに絞って簡潔に考察する。

① 電子決済：電子決済とは，商取引によって発生する購入代金やサービス使用料等の決済を，ネットワークやICカードを利用して行うことである。eビジネスにおいて，財・サービスに関する情報の流れが電子上で行われるので，対価の流れも電子上で行われることが必然的に重要になった。いわゆる決済の電子化である。

電子決済において，電子マネーが進展したものの，セキュリティの観点からみると，多くの課題が残っている。ターバン＝リー＝キング＝チャン［2000］は，セキュリティ対策として，1）暗号化，2）電子署名と証明書，3）ファイア・ウォール，の3つをあげている[23]。

② 個人情報保護：eビジネスが社会に浸透するにつれ，企業はICTを活用して，顧客1人ひとり（個客）のニーズに合わせたビジネスを推進するようになった。ICTの進化に伴って，企業が顧客の個人情報を入手しやすくなったことが背景にあることはいうまでもない。

しかし，顧客情報の適切な管理を怠ったために，顧客情報が外部に流出するという事件が近年続発している。そのため，2005年4月から個人情報の保護に関する法が施行された。この個人情報保護法によって，企業に個人情報を保護する義務が課せられた。個人情報とは，「生存する個人に関する情報で，特定の個人を識別することができるもの」と法律では定義している。

ICTの進化に伴って，今後もeビジネスは，さらなる進展を遂げるであろう。顧客の個人情報を用いて顧客のカスタマイズ化はますます加速し，企業は，より多くの付加価値をつけた財・サービスを提供することが可能になる。一方，個人情報の悪用などに対する法や規制の遅れが目立つので，早急な対策が望まれる。対策の遅れは，eビジネスの健全な発展の阻害要因となる。

③ 情報倫理：近年，ディープ・パケット・インスペクション（以下，DPI）という技術が，上で述べた個人情報保護との関連で話題になった。DPIは，プロバイダーのサーバーに専用の機械を接続し，利用者がサーバーとの間でやり取りする情報を読み取る技術である。利用者がサーバーとの間でやりとりする情報を読み取り，分析することによって，例えば，利用者の趣味や志向に合致した広告を配信することができる。DPIは従来の技術に比べて，よ

り多くの利用者のデータを集めることができるので，ターゲティング戦略における活用が期待される。一方，行き過ぎた個人情報を知られる危険性も含んでいる。そのため，企業には，「情報を取り扱う際に個人や組織がとるべき行動律」すなわち，情報倫理を意識し，得られる情報を適切に使用する，また，得られた情報を守る姿勢が求められる。

1）長谷川俊明［2005］29頁。
2）牧野二郎＝亀松太郎［2006］126頁を筆者が一部修正。
3）岸田雅雄［2006］221頁。
4）鈴木辰治＝角野信夫編［2000］1頁。
5）同上書1-23頁。企業倫理の背景について，体系的かつ簡潔にまとめられているので参照されたい。
6）水谷雅一［1995］52頁。
7）同上書116頁。
8）岸川善光［2006］161頁。
9）同上書161頁。
10）ボストン・コンサルティング・グループ（BCG）［1990］163頁。
11）Aaker, D.A.［2001］訳書338頁を筆者が一部修正。
12）Vernon, R.［1971］訳書4-26頁を筆者が要約。
13）同上書71-85頁を筆者が要約。
14）経済企画庁調査局編［1990］257頁を筆者が一部修正。
15）Bartlet, C.A.＝Goshales, S.［1989］訳書124頁に基づいて筆者が一部追加修正。
16）三宅隆之［2003］4頁。
17）奥林康司＝稲葉元吉＝貫隆夫編［2002］13頁。
18）伊藤孝夫［1999］37頁，寺本義也［1990］159頁に基づいて筆者作成。
19）アーサーアンダーセン［2000］18頁。
20）IBMコンサルティング・グループ［2000］200頁。
21）Turban, E.＝Lee, J.＝King, D.＝Chung, M.H.［2000］訳書16頁。
22）同上書43頁。
23）同上書519-529頁。

〈参考文献〉

Aaker, D.A.［1991］, *Managing Brand Equity*, The Free Press.（陶山計介＝中田善啓＝尾崎久仁博＝小林哲訳［1994］『ブランド・エクイティ戦略』ダイヤモンド社）

Aaker, D.A.［1996］, *Building Strong Brands*, The Free Press.（陶山計介＝小林哲＝梅本春夫＝石垣智徳訳［1997］『ブランド優位の戦略』ダイヤモンド社）

Aaker, D.A.［2001］, *Developing Business Strategies*, 6th ed., John-Wiley&Sons.（今枝昌宏訳［2002］『戦略立案ハンドブック』東洋経済新報社）

Abegglen, J.C.［1954］, *The Japanese Factory:Aspect of Its Social Organization*, Free Press.（占部都美監訳［1958］『日本の経営』ダイヤモンド社）

Abegglen, J.C.［2004］, *21st Century Japanese Management:New Systems, Lasting Values*, Palgrave Macmillan.（山岡洋一訳［2004］『新・日本の経営』日本経済新聞社）

Abell, D.F.［1980］, *Defining the Business :The Starting Point of Strategic Planning*, Prentice-Hall.（石井淳蔵訳［1984］『事業の定義』千倉書房）

ＡＣＭＥ（Association of Consulting Management Engineers）［1976］, *Common Body of Knowledge for Management Consultants*, ACME.（日本能率協会コンサルティング事業本部訳［1979］『マネジメントの基礎知識』日本能率協会）

Adler, N.J.［1991］, *International Dimensions of Oeganizational Behavior*, 2nd ed., PWS-Kent.（江夏健一＝桑名義晴訳［1992］『異文化組織のマネジメント』マグロウヒル）

Allport, G.W.［1961］, *Personality: A Psychological Interpretation*, Rheinhart & Winston.（詫摩武俊＝青木孝悦＝近藤由紀子＝堀正訳［1982］『パーソナリティ－心理学的解釈－』新曜社）

Alderfer, C.P.［1972］, *Existence, Relatedness, and Growth*, Free Press.

Aldrich, H.E.［1999］, *Organizations Evolving*, Sage Publications.（若林直樹＝高瀬武典＝岸田民樹＝坂野友昭＝稲垣京輔訳［2007］『組織進化論──企業のライフサイクルを探る──』東洋経済新報社）

Anderson, J.W.Jr.［1989］, *Corporate Social Responsibility*, Greenwood Publishing Group.（百瀬恵夫監訳［1994］『企業の社会的責任』白桃書房）

Andrews, K.R.［1971］, *The Concept of Corporate Strategy*, Dow Jones Irwin.（山田一郎訳［1976］『経営戦略論』産能大出版部）

Ansoff, H.I.［1965］, *Corporate Strategy:An Analytic Approach to Business Policy for Growth and Expansion*, McGraw-Hill.（広田寿亮［1969］『企業戦略論』産能大出版部）

Ansoff, H.I.［1979］, *Strategic Management*, The Macmillan Press.（中村元一訳［1980］『戦略経営論』産能大学出版部）

Ansoff, H.I.［1988］, *The New Corporate Strategy*, John Wiley & Son.（中村元一＝黒田哲彦訳［1990］『最新・経営戦略』産能大出版部）

Argyris, C.［1957］, *Personality and Organizations:The Conflict between the System and Individual*, Harper.（伊吹山太郎＝中村実訳［1970］『組織とパーソナリティ』日本能率協会）

Argyris, C.＝Schön, D.A.［1974］, *Theory in Practice: Increasing Professional Effectiveness*, Jossey-Bass.

Argyris, C.＝Schön, D.A.［1978］, *Organizational Learning:A Theory of Action Perspective*, Addison-Wesley.

Arrow, K.J.［1974］, *The Limits of Organization*, W.W.Norton & Co.（村上泰亮訳［1999］『組織の限界』岩波書店）

Astley, W.G.＝Fombrum, C.J.［1983］, "Collective Strategy : Social Ecology of Organizational Environments", *Academy of Management Review*, 8.

Barnard, C.I.［1938］, *The Functions of the Executive*, Harvard University Press.（山本安二郎＝田杉競＝飯野春樹訳［1968］『新訳　経営者の役割』ダイヤモンド社）

Barnard, C.I.［1948］, *Organization and Management : Selected Papers*. Harvard University Press.（飯野春樹監訳［1990］『組織と管理』文眞堂）

Barney, J.B.［2002］, *Gaining and Sustaining Competitive Advantage*, 2nd.ed., Pearson Edcation.（岡田正太訳［2003］『企業戦略論　上・中・下』ダイヤモンド社）

Bartlett, C.A. ＝ Ghoshal, S.［1989］, *Managing Across Borders*, Harvard Business School Press.（吉原英樹監訳［1990］『地球市場時代の企業戦略』日本経済新聞社）

Bartlett, C.A. ＝ Ghoshal, S.［1992］, *Transnational Management*, Richard D.Irwin. Inc.（梅津祐良訳［1998］『ＭＢＡのグローバル経営』日本能率協会マネジメントセンター）

Bennis, W.G.［1966］, *Changing Organizations*, McGraw-Hill.（幸田一男訳［1968］『組織の変革』産業能率短期大学出版部）

Berle, A.A. ＝ Means, G.C.［1932］, *The Modern Corporation and Private Property*, Macmillan.（北島忠男訳［1958］『近代株式会社と私的財産』文雅堂書店）

Blake, R.R. ＝ Mouton, J.S.［1964］, *The New Management Grid*, Gulf Publishing Campany.（田中敏夫＝小宮山澄子訳［1969］『期待される管理者像』産業能率大学出版部）

Boulding, K.［1956］, "General Systems Theory:The Skelton of Seience", *Management Science*, Vol.2.pp.197-208.

Bowersox, D.J.［1996］, *Logistics Management:The Integrated Supply Chain Process*, McGraw-Hill.

Bratton, J.＝Gold, J.［2003］, *Human Resource Management:Theory and Practice*, 3rd ed., Palgrave Macmillan.（上林憲雄＝原口恭彦＝三崎秀央＝森田雅也訳［2009］『人的資源管理　理論と実践』文眞堂）

Bressand, A.［1990］, *Networld*, Promethee.（会津泉訳［1991］『ネットワールド』東洋経済新報社）

Burnham, J.［1941］, *The Managerial Revolution*, The John Day Company.（武山泰雄訳［1965］『経営者革命論』東洋経済新報社）

Burns, T. = Stalker, G.M. [1968], *The Management of Innovation*, 2nd ed. Tavistock.
Burrell, G. = Morgan, G. [1979], *Sociological Paradigms and Organizational Analysis : Elements Of the Sociology of Corporate Life*, Heinemann.（鎌田伸一＝金井一頼＝野中郁次郎訳［1986］『組織理論のパラダイム―機能主義の分析枠組』千倉書房）
Cartwright, S. = Cooper, C.L. [1996], *Managing Mergers, Acquision and Strategic Alliances*, 2nd ed., Butterworth-Heinemann.
Chandler, A.D.Jr. [1962], *Strategy and Structure*, The MIT Press.（有賀裕子訳［2004］『組織は戦略に従う』ダイヤモンド社）
Chandler, A.D.Jr. [1964], *Giant Enterprise*, Brace & World Inc.（内田忠夫＝風間禎三郎訳［1970］『競争の戦略』ダイヤモンド社）
Chandler, A.D.Jr. [1977], *The Visible Hand:The Managerial Revolution*, The Belknap Press of Harvard University Press.（鳥羽欣一郎＝小林袈裟治訳［1979］『経営者の時代』東洋経済新報社）
Christensen, C.M. [1997], *The Innovator's Dilemma*, The President and Fellows of Harvard College.（伊豆原弓訳［2000］『イノベーションのジレンマ』翔泳社）
Coase, R.H. [1937], "The Nature of the Firm", *Econometria*, n.s.Vol.4（November）, pp.386-405.
Coase, R.H. [1988], *The Firm, The Market, The Law*, The University of Chicago Press.（宮沢健一＝後藤晃＝藤垣芳彦訳［1992］『企業・市場・法』東洋経済新報社）
Collins, J.C. = Porras, J.I. [1994], *Built to Last*, Curtis Brown Ltd.（山岡洋一訳［1995］『ビジョナリーカンパニー』日経ＢＰ出版センター）
Collis, D.J. = Montgomery, C.A. [1998], *Corporate Strategy : A Resource-Based Approach*, McGraw-Hill.（根来龍之＝蛭田啓＝久保恭一訳［2004］）『資源ベースの経営戦略論』東洋経済新報社）
Commons, J.R. [1951], *The Economics of Collective Action*, Macmillan.（春日井馨＝春日井敬訳［1958］『集合行動の経済学』文雅堂書店）
Crainer, S. [2000], *The Management Century*, Booz-Allen & Hamilton Inc.（嶋口充輝監訳［2000］『マネジメントの世紀1991～2000』東洋経済新報社）
Cyert, R.M. = March, J.G. [1963], *A Behavioral Theory of the Firm*, Prentice-Hall.（松田武彦＝井上恒夫訳［1967］『企業の行動理論』ダイヤモンド社）
Daft, R.L. [2001], *Essentials of Organization Theory and Design*, 2nd ed., South Western College Publishing.（高木晴夫訳［2002］『組織の経営学』ダイヤモンド社）
Davenport, T.H. [1993], *Process Innovation : Reengineering Work through Information Technology*, Harvard Business School Press.（卜部正夫＝杉野周＝松島桂樹訳［1994］『プロセス・イノベーション』日経ＢＰ出版センター）
Davidow, W.H. = Malone, M.S. [1992], *The Virtual Corporation*, Harper Collins Publishers.（牧野昇監訳［1993］『バーチャル・コーポレーション』徳間書房）

Davis, J.H. [1969], *Group Performance*, Addison-Wesley（永田良昭 [1982]『現代社会心理学の動向　第8巻』誠信書房）

Davis, S.M.＝Lawrence, P.R. [1977], *Matrix*, Addison-Wesley.（津田達男＝梅津裕良訳 [1980]『マトリックス組織―柔構造組織の設計と運用―』ダイヤモンド社）

Davis, S.M. [1984], *Managing Corporate Culture*, Harper&Row.（河野豊弘＝浜田幸雄訳 [1985]『企業文化の変革』ダイヤモンド社）

Day, G.S.＝Reibstein, D.J. [1997], *Wharton on Dynamic Competitive Strategy*, John Wiley & Sons, Inc.（小林陽一郎監訳 [1999]『ウォートン・スクールのダイナミック競争戦略』東洋経済新報社）。

Deal, T.E.＝Kennedy, A.A. [1982], *Corporate Cultures*, Addison-Wesley.（城山三郎訳 [1983]『シンボリック・マネジャー』新潮社）

Donovan, J.＝Tully, R.＝Wortman, R. [1998], *The Value Enterprise*, McGraw-Hill.（デロイト・トーマツ・コンサルティング戦略事業本部訳 [1999]『価値創造企業』日本経済新聞社）

Dos, Y.L.＝Hamel, G. [1998], *Alliance Advantage*, Harvard Business School Press.（志太勤一＝柳孝一監訳，和田正春訳 [2001]『競争優位のアライアンス戦略』ダイヤモンド社）

Drucker, P.F. [1954], *The Practice of Management*, Harper & Brothers.（野田一夫監修 [1965]『現代の経営　上・下』ダイヤモンド社）

Drucker, P.F. [1966], *The Age of Discontinuity*, Harper & Row.（上田惇生訳 [2007]『断絶の時代』ダイヤモンド社）

Drucker, P.F. [1967], *The Effective Executive*, Harper & Row.（上田惇生訳 [2006]『経営者の条件』ダイヤモンド社）

Drucker, P.F. [1974], *Management*, Harper & Row.（野田一夫＝村上恒夫監訳 [1974]『マネジメント　上・下』ダイヤモンド社）

Drucker, P.F. [1990], *Managing The Nonprofit Organization*, Harper Collins Publishers.（上田惇生＝田代正美訳 [1991]『非営利組織の経営』ダイヤモンド社）

Drucker, P.F. [1992], *Managing for the Future*, Truman Tally Books Dutton.（上田惇夫＝佐々木実智男＝田代正美訳 [1992]『未来企業』ダイヤモンド社）

Drucker, P.F. [1996], *Peter Drucker on the Profession of Management*, Harvard Business School Press.（上田惇生訳 [1998]『P.F.ドラッカー経営論集』ダイヤモンド社）

Duncan, R. [1979], "What is Right Organization Structure? Decision Tree Analysis the Answer", *Organizational Dynamics*.

Epstain, M.E. [1989], "Business Ethics, Corporate Good Citizenship and the Corporate Social Policy Process", *Journal of Business Ethics*, August.（中村瑞穂＝風間信隆＝角野信夫＝出見世信之＝梅津光弘訳 [1996]『企業倫理と経営社会政策過程』文眞堂）

Evan, W.M. [1972], "An Organization-Set Model of Interganiztional Relations", in Tuide, M.ed., *Interorganizational Decision* Making, Aldine.

Evans, P.＝Wurster, T.S.［1999］, *Blown to Bits*, Harvard Business School Press.（ボストン・コンサルティング・グループ訳［1999］『ネット資本主義の企業戦略』ダイヤモンド社）

Fayol, H.［1916］, *Administration Industrielle et Générale*, Paris.（山本安二郎訳［1985］『産業ならびに一般の管理』ダイヤモンド社）

Fiedler, F.E.［1967］, *A Theory of Leadership Effectiveness*, McGraw-Hill.（山田雄一訳［1970］『新しい管理者像の探究』産業能率大学出版部）

Fiol, C.M.＝Lyles, M.A.［1985］, "Organizational Learning", *Academy of Management Review*, Vol.10, No.4.

Follett, M.P.［1973］, *Dynamic Administration*, Pitman.（米田清貴＝水戸公訳［1997］『組織行動の原理―動態的管理』未来社）

Ford, H.［1926］, *Today and Tomorrow*, William Heinemann.（稲葉襄監訳［1968］『フォード経営』東洋経済新報社）

Galbraith, J.R.［1973］, *Designing Complex Organizations*, Addison-Wesley.（梅津裕良訳［1980］『横断組織の設計』ダイヤモンド社）

Galbraith, J.R.［1977］, *The Age of Uncertainty*, British Broadcasting Corporation.（津留重人監訳［1978］『不確実性の時代』ＴＢＳブリタニカ）

Galbraith, J.R.［1995］, *Designing Organizations:An Executive Briefing on Strategy, Structure, and Process*, Jossey-Bass.（梅津裕良訳［2002］『組織設計のマネジメント―競争優位の組織づくり―』生産性出版）

Galbraith, J.R.［2000］, *Designing the Global Corporation*, Jossey-Bass.（斉藤彰吾＝平野和子訳［2002］『グローバル企業の組織設計』春秋社）

Galbraith, J.R.＝Nathanson, D.A.［1978］, *Strategy Implementation : The Role of Structure and Process*, West Publishing.（岸田民樹訳［1989］『経営戦略と組織デザイン』白桃書房）

Galbraith, J.R.＝Lawler, E.E.Ⅲ.［1993］, *Organizing for the Future:The New Logic for Managing Comlex Organizations*, Jossey-Bass.（柴田高＝竹田昌弘＝柴田道子＝中條尚子訳［1996］『21世紀企業の組織デザイン―マルチメディア時代に対応する』産業能率大学出版部）

Glaser, B.G.＝Strauss, A.L.［1967］, *The Discovery of Grounded Theory: Strategies for Qualitative Research*, Alidine Publishing Company.（後藤隆＝大出春江＝水野節夫訳［1996］『データ対話型理論の発見―調査からいかに理論をうみだすか』新曜社）

Gouillart, F.J.＝Kelly, J.N.［1995］, *Transforming the Organization*, McGraw-Hill.

Grainer, L.E.［1972］, "Evolution and Revolution as Organization Grow", *Harvard Business Review*, July-August.

Greenberg, J.＝Baron, R.A.［2000］, *Behavior in Organizations*, 7th ed., Prentice-Hall.

Greenwood, J. ed. [1995], *European Casebook on Business Alliances*, Prentice-Hall.

Grochla, E. [1977], *Unternehmungs-organisation*, Rowohlt Taschenbuch VerlagGmbH. (清水敏允訳 [1977]『総合的組織論』建帛社）

Hall, D.T.＝Kahn, W.A. [2002], "Developmental Relationships at Work : A Learning Perspective, "in C.L.Cooper and R.J.Burke eds., *The New World of Work : Challenges and Opportunities*, Blackwell.

Hamel, P.＝Prahalad, C.K. [1994], *Competing for the Future*, Harvard Business School Press.（一條和生訳 [1995]『コア・コンピタンス経営』日本経済新聞社）

Hammer, M.＝Champy, J. [1993], *Reengineering the Corporation : A Manifest for Business Revolution,* Harper Business.（野中郁次郎監訳 [1993]『リエンジニアリング革命』日本経済新聞社）

Harsey, P.＝Blanchard, K.H. [1969], *Management of Organizational Behavior*, Prentice-Hall, Inc.（山本成二＝水野基＝成田攻 [1978]『行動科学の展開―人的資源の活用』日本生産性本部）

Harsey, P.＝Blanchard, K.H.＝Johnson, D.E. [1996], *Management of Organizational Behavior*, Prentice Hall, Inc.（山本成二＝山本あづさ訳 [2000]『行動科学の展開（新版）』生産性出版）

Hatch, M.J. [1997], *Organization Theory :Modern, Symbolic, and Postmodern Perspectves*, Oxford University Press.

Hedberg, H. [1981], *"How Organezations Learn and Unlearn,"* in P.C. Nystrom and W.H. Starbuck(eds), Handbook of Organizational Design, Oxford University Press.

Hedberg, B. et al. [1997], *Virtual Organization and Beyond*, John-Wiley & Sons.

Herzberg, F. [1966], *Work and the Nature of Man*, The World Publishing Co.（北野利信訳 [1968]『仕事と人間性』東洋経済新報社）

Herzberg, F. [1976], *The Managerial Choice, To Be Efficient and To Be Human*, Dow Jones-Irwin.（北野利信訳 [1978]『能率と人間性―絶望の時代における経営』東洋経済新報社）

Herzberg, F. [1987], "One More Time : How Do You Motivate Employees?", *Harvard Business Review*, Sep.-Oct., 109-120.

Hickson, P.＝Pheysey, D. [1969], "Operations Technology and Organization Structure: An Empirical Reappraisal", *Administrative Science Quarterly*, vol.14, no.3.

Hofer, C.W.＝Shendel, D.E. [1978], *Strategy Formulation : Analytical Concept*, West Publishing.（奥村昭博＝榊原清則＝野中郁次郎訳 [1981]『戦略策定』千倉書房）

Hofsted, G.H. [1980], *Culture's Consequences;International Differences in Work-Related Values*. SAGE Publishing.（萬成博＝安藤文四郎訳 [1984]『経営文化の国際比較』産業能率大学出版部）

Hofsted, G.H. [1991], *Cultures and Organizations*, McGraw-Hill.（岩井紀子＝岩井八郎

訳［1995］『多文化世界：違いを学び共存への道を探る』有斐閣）

Holland, J.L.［1985］, *Making Vocational Choices*, 2nd., Prentice-Hall.（渡辺三枝子＝松本純平＝舘暁夫［1990］『職業選択の理論』雇用問題研究会）

Jackson, R.＝Wang, P.［1994］, *Strategic Database Marketing*, NTC Contemporary Publishing Group.（日紫喜一史訳［1999］『戦略的データベース・マーケティング―顧客リレーションシップの実践技法―』ダイヤモンド社）

Jones, G.［2005］, *Multinationals and Global Capitalism*, Oxford University Press.（安室憲一＝梅野巨利訳［2007］『国際経営講義：多国籍企業とグローバル資本主義』有斐閣）

Kauffman, S.［1995］, *At Home in the Universe: The Search for Law of Self-Organization and Complexity*, Oxford University Press, Inc.（米沢富美子監訳［1999］『自己組織化と進化の論理』日本経済新聞社）

Katz, R.L.［1955］, "Skills of an Effective Administrator", *Harvard Business Review*, Jan.-Feb., pp.33-42.

Kim, W.C.＝Mauborgne, R.［1997］, *How to Create Uncontested Market Space and Make the Competition Irrelevant*, Harvard Business School Press.（有賀裕子訳［2005］『ブルー・オーシャン戦略』ランダムハウス講談社）

Kline, P.＝Saunders, B.［1998］, *Ten Steps to A Learning Organization*. Great Ocean Publishers.（今泉敦子［2002］『こうすれば組織は変えられる！』フォレスト出版株式会社）

Knoke, D.［2001］, *Changing Organizations: Business Networks in the New Political Economy*, Westview Press.

Koonts, H.［1961］, "Management Theory Jungle", *Journal of the Academy of Management*, Vol.3.

Koonts, H.［1964］, *Toward a Unified Theory of Management*, McGraw-Hill.（鈴木英寿訳［1968］『管理の統一理論』ダイヤモンド社）

Kotler, P.［1984］, *Marketing Management Analysis, Planning, and Control*, 5th ed., Prentice-Hall.

Kotler, P.［1989a］, *Social Marketing*, Free Press.（井関利明［1995］『ソーシャル・マーケティング』ダイヤモンド社）

Kotler, P.［1989b］, *Principles of Marketing*, 4th ed., Prentice-Hall.（和田充夫＝青井倫一訳［1995］『新版マーケティング原理』ダイヤモンド社）

Kotler, P.＝Armstrong, G.［2001］, *Principles of Marketing*, 9th, ed., Prentice-Hall.（和田充夫監訳［2003］『マーケティング原理　第9版』ダイヤモンド社）

Kotler, P.＝Hayes, T.＝Bloom, P.N.［2002］, *Marketing Professional Services*, 2nd ed., Pearson Education.（平林祥訳［2002］『コトラーのプロフェッショナル・サービス・マーケティング』ピアソン・エデュケーション）

Kotler, P.＝Keller, K.L.［2006］, *Marketing Management*, 12th ed., Prentice-Hall.（恩蔵直人監修［2008］『コトラー＆ケラーのマーケティング・マネジメント（第12版）』ピアソン・エデュケーション）

Kotter, J.P.［1996］, *Leading Change*, Harvard Business School Press.（梅津祐良訳［2002］『企業変革力』日経ＢＰ出版センター）

Kotter, J.P.＝Heskett, J.L.［1992］, *Corporate Culture and Performance*, Free Press.（梅津裕良訳［1994］『企業文化が好業績を生む──競争を勝ち抜く「先見のリーダーシップ」207社の実証研究──』ダイヤモンド社）

Kuhn, T.S.［1962］, *The Structure of Scientific Revolution*, The University of Chicago Press.（中山茂訳［1971］『科学革命の構造』みすず書房）

Lawrence, P.R.＝Lorsch, J.W.［1967］, *Organization and Environment : Managing Differentiation and Integuration*, Harvard University Press.（吉田博訳［1977］『組織の条件適応理論』産能大出版部）

Leavitt, H.J.,［1951］, "Some Effects of Certain Patterns on Group Performance", *Journal of Abnormal and Social Psychology*.

Leavitt, H.J.［1962］, "Unhuman Organizations", *Harvard Business Review*.

Lewin, K.［1951］, *Field Theory in Social Science*, Harper & Row.（猪俣佐登留訳［1979］『社会科学における場の理論』誠信書房）

Levitt, B.＝March, J.G.［1988］ "Organizational learning", *Annual Review of Sociology*, 14, pp.319-340.

Levitt, T.［1960］, "Marketing Myopia" *Harvard Business Review*, July-Aug.

Likert, R.［1961］, *New Patterns of Management*, McGraw-Hill.（三隅二不二訳［1964］『経営の行動科学──新しいマネジメントの探求──』ダイヤモンド社）

Likert, R.［1967］, *The Human Organization*, McGraw-Hill.（三隅二不二訳［1971］『組織の行動科学』ダイヤモンド社）

Lincoln, Y.S.［1985］, *Organizational Theory and Inquiry:The Paradigm Evolution*, Sage Publications, Inc.（寺本義也＝神田良＝小林一＝岸眞理子訳［1990］『組織理論のパラダイム革命』白桃書房）

Looy, B.V.＝Gemmel, P.＝Dierdonck, R.V.［1998］, *Service Management:An Integrated Approach*, 2nd ed., Finantial Times Management.（平林祥訳［2004］『サービス・マネジメント──統合的アプローチ　上・中・下』ピアソン・エデュケーション）

Lovelock, C.H.＝Weinberg, C.B.［1989］, *Public & Nonprofit Marketing*, 2nd ed., Scientific Press.（渡辺好章＝梅沢昌太郎監訳［1991］『公共・非営利組織のマーケティング』白桃書房）

Lovelock, C.H.＝Wright, L.K.［1999］, *Principles of Service and Management*, Prentice-Hall.（小宮路雅博監訳［2002］『サービス・マーケティング原理』白桃書房）

Lovelock, C.H.＝Wirtz,［2007］, *Service Marketing: People, Technology, Strategy*, 6th ed., Prentice Hall.（武田玲子訳［2008］『ラブロック&ウィルツのサービス・マーケティング』ピアソン・エデュケーション）

Lykken, D.K.＝Bouchard, T.J.［1993］, "McGue, M., and Tellegen, A., A Heritability of Interests:A Twin Study", *Journal of Applied Psychology*, 78, pp.649-661.

March, J.G.＝Simon, H.A.［1958］, *Organizations*, John Wiley & Sons.（土屋守章訳［1977］『オーガニゼーションズ』ダイヤモンド社）

March, J.G.＝Olsen, J.P.［1976, 1979］, *Ambiguity and Choice in Organization*, Universitesforlaget.（遠田雄志訳［1986］『組織におけるあいまいさと決定』有斐閣）

Maslow, A.H.［1954］, *Motivation and Personality*, Harper&Row, Publishers, Inc.（小口忠彦監訳［1987］『人間性の心理学 新版』産業能率大学出版部）

Maslow, A.H.［1965］, *Eupsychian Management*, Richard D.Irwin Inc.（原年 寅訳［1967］『自己実現の経営』産業能率短期大学出版部）

Maslow, A.H.［1970］, *Motivation and Personality*, 2nd ed., Harper&Row Publishers, Inc.（小口忠彦監訳［1981］『人間性の心理学』産業能率大学出版部）

Mayo, E.［1933］, *The Human Problems of an Industrial Civilization*, The Macmillan Company.（村本栄一訳［1967］『産業文明における人間問題』日本能率協会）

McGregor, D.［1960］, *The Human Side of Enterprise*, McGraw-Hill.（高橋達男訳［1971］『新版・企業の人間的側面』産業能率大学出版部）

Merrill, H.F.［1966］, *Classics in Management*, AMA Press.（上野一郎監訳［1968］『経営思想変遷史』産業能率大学出版部）

Merton, R.K.［1949］, *Social Theory and Social Structure:Toward the Codification of Theory and Research*, Free Press.（森東吾＝森好夫＝金沢実＝中島竜太郎訳［1961］『社会理論と社会構造』みすず書房）

Miles, R.E.＝Snow, C.C.［1978］, *Organizational Strategy, Structure, and Process*, McGraw-Hill.（土屋守章他訳［1983］『戦略型経営』ダイヤモンド社）

Milgram, P.＝Roberts, J.［1992］, *Economics, Organization & Management*, Prentice-Haii.（奥野正寛＝伊藤秀史＝今井晴雄＝西村理＝八木甫訳［1997］『組織の経済学』ＮＴＴ出版）

Mintzberg, H.［1972］, "Research on Strategy Making", *Academy of Management*.

Mintzberg, H.［1973］, *The Nature of Managerial Work*, Prentice Hall.（奥村哲史＝須貝栄訳［1993］『マネジャーの仕事』白桃書房）

Mintzberg, H.［1989］, *Mintzberg on Management*, The Free Press.（北野利信訳［1991］『人間感覚のマネジメント―行き過ぎた合理性への抗議―』ダイヤモンド社）

Mintzberg, H.＝Ahlstrand, B.＝Lampel, J.［1998］, *Strategy Safari: A Guided Tour Through the Wilds of Strategic Management*, The Free Press.（斎藤嘉則監訳［1999］『戦略サファリ―戦略マネジメント・ガイドブック―』東洋経済新報社）

Mouton, J.S.＝Blake, R.R.［1978］, *The New Management Grid*, Gulf Publishing Campany.（田中敏夫＝小宮山澄子訳［1979］『新・期待される管理者像』産業能率大学出版部）

Nadler, D.A.＝Shaw, R.B.＝Walton, A.E.［1995］, *Discontinuous Change*, Jossey-Bass.（斉藤彰吾監訳［1997］『不連続の組織変革―ゼロベースから競争優位を創造するノウハウ』ダイヤモンド社）

Normann, R.［1984］, *Service Management:Strategy and Leadership in Service Business*, Wiley.（近藤隆雄訳［1993］『サービス・マネジメント』ＮＴＴ出版）。

ＯＥＣＤ（経済協力開発機構）・労働省訳［1972］『ＯＥＣＤ対日労働報告書』日本労働協会。

Outsourcing Working Group［1995］, *Outsorcing*, ＫＰＭＧ.

O'Reilly, C.A.＝Chatman, J.＝Caldwell, D.F.［1991］, "People and Organizational Culture: A Profile Comparison Approach to Assessing Person-Organizational Fit", *Academy of Management Journal*, Sept., pp487-516.

Penrose, E.T.［1959, 1980］, *The Theory of the Growth of the Firm*, Basil Glackwell.（末松玄六訳［1980］『企業成長の理論　第2版』ダイヤモンド社）

Peppers, D.＝Rogers, M.［1993］, *The One to One Future*, Doubleyday.（井関利明監訳［1995］『One to One マーケティング―顧客リレーションシップ戦略―』ダイヤモンド社）

Peppers, D.＝Rogers, M.［1997］, *Enterprise One to One*, Doubleyday.（井関利明監訳［1997］『One to One 企業戦略』ダイヤモンド社）

Peters, T.J.＝Waterman, R.H.［1982］, *In Search of Excellence*, Harper & Row.（大前研一訳［1983］『エクセレント・カンパニー』講談社）

Pfeffer, J.＝Salancik, G.R.［1978］, *The External Control of Organizations*, Harper & Row.

Porter, L.W.＝Lawler, E.E.Ⅲ［1968］, *Managerial Attitudes and Performance*, Richard D.Irwin.

Polanyi, M.［1966］, *The Tacit Dimension*, Routledge & Kogan Paul.（佐藤敬三訳［1980］『暗黙知の次元』紀伊国屋書店）

Porter, M.E.［1980］, *Competitive Strategy*, The Free Press.（土岐坤＝中辻萬治＝服部照夫訳［1982］『競争の戦略』ダイヤモンド社）

Porter, M.E.［1985］, *Competitive Advantage*, The Free Press.（土岐坤＝中辻萬治＝小野寺武夫訳［1985］『競争優位の戦略』ダイヤモンド社）

Porter, M.E.［1990］, *The Competitive Advantage of Nations*, The Free Press.（土岐坤＝中辻萬治＝小野寺武夫＝戸成富美子訳［1992］『国の競争優位』ダイヤモンド社）

Porter, M.E.［1998a］, *On Competition*, Harvard Business School Press.（竹内弘高訳［1999］『競争戦略論　Ⅰ』ダイヤモンド社）

Porter, M.E.［1998b］, *On Competition*, Harvard Business School Press.（竹内弘高訳

[1999]『競争戦略論 II』ダイヤモンド社）

Powell, W.W. = Dimaggio, P.J. [1991], *The New Institutionalism in Organizational Analysis*, University of Chicago Press.

Prahalad, C.K. [2004], *The Fortune at the Bottom of the Pyramid: Eradicating Poverty Through Profit*, Warton School Publishing. （スカイライトコンサルティング訳 [2005]『ネクスト・マーケット――「貧困層」を「顧客」に変える次世代ビジネス戦略』英治出版）

Price Waterhouse Financial & Cost Management Team [1997], *CFO*, Barlow Lyde & Gilbert. （中沢恵監訳 [1998]『事業価値創造のマネジメント――企業の未来を設計する――』ダイヤモンド社）

Pugh, D.S. = Hickson, D.J. [2002], *Great Writers on Organizations*, 2nd ed., Ashgate Publications （北野利信訳 [2003]『現代組織学説の偉人たち――組織パラダイムの生成と発展の軌跡』有斐閣）

Robbins, S.P. [1997], *Essentials of Organizational Behavior*, 5th ed., Prentice-Hall. （高木晴夫監訳 [1997]『組織行動のマネジメント』ダイヤモンド社）

Robbins, S.P. [2005], *Essentials of Organizational Behavior*, Pearson Education. （高木晴夫訳 [2009]『新版 組織行動のマネジメント』ダイヤモンド社）

Roethlisberger, F.J. [1952], *Management and Morale*, Harvard University Press. （野田一夫＝川村欣也訳 [1954]『経営と勤労意欲』ダイヤモンド社）。

Rogers, E.M. [1982], *Diffusion of Innovations*, 3rd ed., The Free Press. （青池慎一＝宇野善康監訳 [1990]『イノベーション普及学』産能大出版部）

Rumelt, R.P. [1974], *Strategy, Structure, and Economic Performance*, Harvard University Press. （鳥羽欣一郎＝山田正喜子＝川辺信雄＝熊沢孝訳 [1977]『多角化戦略と経済成果』東洋経済新報社）

Salamon, L.M. = Anheier, H.K. [1996], *The Emerging Sector*, The Johns Hopkins University. （今田忠監訳 [1996]『台頭する非営利セクター』ダイヤモンド社）

Saloner, G. = Shepard, A. = Podolny, J. [2001], *Strategic Management*, John Wiley & Sons. （石倉洋子訳 [2002]『戦略経営論』東洋経済新報社）

Schein, E.H. [1978], *Career Dynamics Matching Individual and Organizational Needs*, Addison-Wesley Publishing. （二村敏子＝三善勝代訳 [1991]『キャリア・ダイナミクス』白桃書房）

Schein, E.H. [1985], *Organizational Culture and Leadership*, Jossey-Bass. （清水紀彦訳 [1989]『組織文化とリーダーシップ』ダイヤモンド社）

Schein, E.H. [1999a], *The Corporate Culture Survival Guide*, Jossey-Bass. （金井壽宏監訳 [2004]『企業文化――生き残りの指針』白桃書房）

Schein, E.H. [1999b], *Process Consultation Revisited: Building the Helping Relationship*, Addison-Wesley Publishing Company, Inc. （稲葉元吉＝尾川丈一訳 [2002]『プ

ロセス・コンサルテーション―援助関係を築くこと―』白桃書房）
Schein, E.H. [2010], *Organizational Culture and Leadership*, 4th.ed., John Willey&Sons. （梅津裕良＝横浜哲夫［2012］『組織文化とリーダーシップ』白桃書房）
Schumpeter, J.A. [1926], *Theories Der Wirtschaftlichen Entwicklung*, （塩野谷祐一＝中山伊知郎＝東畑精一郎訳［1977］『経済成長の理論　上・下』岩波書店）
Scott, W.R. [1987], "The Adolescense of Institutional Theory", *Administrative Science Quarterly*, pp.435-511.
Scott, W.R. [1995], *Institutions and Organizations*, Sage Publications. （河野昭三＝板橋慶明訳［1998］『制度と組織』税務経理協会）
Selznick, P. [1957], *Leadership in Administration*, Harper & Row. （北野利信訳［1963］『組織とリーダーシップ』ダイヤモンド社）
Senge, P.M. [1990], *The Fifth Disciplin*, Doubleday/Currency. （守部信之訳［1995］『最強組織の法則―新時代のチーロワークとは何か―』徳間書店）
Simon, H.A. [1947], *Administrative Behavior*, The Free Press. （松田武彦＝高柳暁＝二村敏子訳［1989］『経営行動』ダイヤモンド社）
Simon, H.A. [1969], *The Sciences of the Artificial*, MIT Press. （倉井武夫＝稲葉元吉＝矢矧晴一郎訳［1969］『システムの科学』ダイヤモンド社）
Simon, H.A. [1976], *Administrative Behavior : A Study of Decision-Making Processes in Administrative Organization*, 3rd ed., Macmillan. （松田武彦＝高柳暁＝二村敏子訳［1989］『経営行動』ダイヤモンド社）
Simon, H.A. [1977], *The New Science of Management Decision*, Revised ed., Prentice-Hall. （稲葉元吉＝倉井武夫訳［1979］『意思決定の科学』産能大出版部）
Simon, H.A. [1981], *The Science of the Artificial* (2nd ed.), MIT Press. （稲葉元吉＝吉原英樹訳［1887］『新版　システムの科学』パーソナルメディア）
Simon, H.A. [1997], *Administrative Behavior: A Study of Decision-Making Processes in Administrative Organizations*, 4th ed., Macmillan. （二村敏子＝桑田耕太郎＝高尾義明＝西脇暢子＝高柳美香訳［2009］『経営行動』ダイヤモンド社）
Smith, A. [1776/1950], *An Inquiry into the Nature and Causes of the Wealth of Nations*, (ed.) Edwin Cannan. （大内兵衛＝松川七郎訳［1969］『諸国民の富Ⅰ・Ⅱ』岩波書店）
Steiner, G.A. [1969], *Top Management Planning*, Macmillan.
Steiner, G.A. [1977], *Strategic Managerial Planning*, The Planning Executives Institute. （河野豊弘訳［1978］『戦略経営計画』ダイヤモンド社）
Steiner, G.A. [1979], *Strategic Planning*, The Free Press.
Steiner, G.A.＝Miner, J.B. [1977], *Management Policy and Strategy:Text, Readings, and Cases*, Macmillan Publishing Co., Inc.
Stopford, J.M.＝Wells Jr., L.T. [1972], *Managing and Multinational Enterprise*, Basic

Books.（山崎清訳［1976］『多国籍企業の組織と所有政策』ダイヤモンド社）

Stuart, C.［2000］, *The Management Century: A Critical Review of* 20*th Century Thought and Practice*, Jossey-Bass.（嶋口充輝監訳［2000］『マネジメントの世紀』東洋経済新報社）

Taylor, D.H.［1997］, *Global Cases in Logistics and Supply Chain Management*, International Thompson Business Press.

Taylor, F.W.［1895］, *A Piece Rate System*, Harper&Brothers.（上野陽一訳編［1984］『差別出来高給制』（『科学的管理法』所収）産業能率大学出版部）

Taylor, F.W.［1903］, *Shop Management*, Harper&Brothers.（上野陽一訳編［1984］『工場管理』（『科学的管理法』所収）産業能率大学出版部）

Taylor, F.W.［1911］, *Principles of Scientific Management*, Harper&Brothers.（上野陽一訳編［1984］『科学的管理法』産業能率大学出版部）

Terry, G.R.＝Franclin, S.G.［1982］, *Principles of Management*, 8th ed., Richard Irwin.

Thompson, J.D.［1967］, *Organizations in Action*, McGraw-Hill.（大月博司＝廣田俊郎訳［2012］『行為する組織』同文舘出版）

Timmons, J.A.［1994］, *New Venture Creation*, 4th ed., Richard D.Irwin,（千本倖生＝金井信次訳［1997］『ベンチャー創造の理論と戦略』ダイヤモンド社）

Tracy, L.［1989］, *The Living Organization:Ststem of Behavior*, Greenwood Publishing.（廣井孝訳［1991］『組織行動論―生きている組織を理解するために』同文舘出版）

Trompenaars, F.＝Hampden-Turner, C.［1997］, *Riding The Waves of Cultere*（2nd ed.）, Nicholas Brealey.（須貝栄訳［2001］『異文化の波』白桃書房）

Trompenaars, F.＝Woolliams, P.［2003］, *Business Across Cultures*, Capstone Publishing.（古屋紀人監訳［2005］『異文化のビジネス戦略―多様性のビジネス・マネジメント―』白桃書房）

Turban, E.＝Lee, J.＝King, D.＝Chung, M.H.［2000］, *Electronic Commerce : A Managerial Perspective*, Prentice-Hall.（阿保栄司＝木下敏＝浪平博人＝麻田孝治＝牧田行雄＝島津誠＝秋川卓也訳［2000］『e-コマース―電子商取引のすべて』ピアソン・エデュケーション）

U.N.［1974］, *The Impact of Multinational Corporations on Development and International Relations*, U.N.

U.N.［1978］, *Transnational Corporations in World Development : A Re-Examination*, U.N.

Utterback, J.M.［1994］, *Mastering the Dynamics of Innovation*, The President and Fellows of Harvard College.（大津正和＝小川進監訳［1998］『イノベーション・ダイナミクス』有斐閣）

Vernon, R.［1966］, "International Investment and International Trade" *Quarterly Journal of Economics*, May.

Vernon, R.［1971］, *Sovereignty at Bay*, Basic Books.（霍見芳浩訳［1973］『多国籍企業の新展開』ダイヤモンド社）

Vogel, E.F.［1979］, *Japan as Number One*, Harvard University Press.（広中和歌子＝木本彰子訳［1979］『ジャパン アズ ナンバーワン』ＴＢＳブリタニカ）

Von Bertalanffy, L.［1968］, *General Systems Theory:Foundations, Development, Applications*, George Braziller.（長野敬＝太田邦昌訳［1973］『一般システム理論―その基礎・発展・応用―』みすず書房）

Vroom, V.H.［1964］, *Work and Mitivation*, John Wiley.（坂下昭宣＝小松陽一＝城戸康彰＝榊原清則訳［1982］『仕事とモチベーション』千倉書房）

Watkins, K.＝Marsick, V.［1993］, *Sculpting the Learning Organization*, Jossey-Bass Inc., Publishers.（神田良＝岩崎尚人［1995］『学習する組織をつくる』日本能率協会マネジメントセンター）

Wayland, R.E.＝Cole, P.M.［1997］, *Customer Connections:New Strategies for Growth*, Harvard Business School Press.（入江仁之監訳［1999］『ディマンドチエーン・マネジメント』ダイヤモンド社）

Weber, M.［1920］, *Die Protestantische Ethik Und Der Geist Des Kapitalismus*.（梶山力＝大塚久雄訳［1955, 1962］『プロテスタンティズムの倫理と資本主義の精神（上・下巻）』岩波書店）

Weber, M.［1922］, *Soziologie der Herrschaft*, Mohr.（世良晃志郎訳［1960］『支配の社会学Ｉ』創文社）

Weick, K.E.［1979］, *The Social Psychology of Organizing*, 2nd ed., Addison-Wesley.（遠田雄志訳［1997］『組織化の社会心理学』文眞堂）

Weick, K.E.［1991］, *Sensemaking in Organizations*, Sage Publications.（遠田雄志・西本直人訳［2001］『センスメイキング・イン・オーガニゼーションズ』文眞堂）

Weizer, N., et. al.［1991］, *The Arther D. Little Forecast on Information Technology & Productivity Making the Integrated Enterprise Work*, John Wiley & Sons.（梅田望夫訳［1992］『情報技術の進化とその生産性』ダイヤモンド社）

Welch, J.［2001］, *Jack:Straight from the Gut*, Warner Business Books.

Williamson, O.E.［1975］, *Market and Hierarchies*, The Free Press.（浅沼萬里＝岩崎晃訳［1980］『市場と企業組織』日本評論社）

Wiseman, C.［1988］, *Strategic Information Systems*, Richard D. Irwin. Inc.（土屋守章＝辻新六訳［1989］『戦略的情報システム』ダイヤモンド社）

Woodward, J.［1965］, *Industrial Organization:Theory and Practice*, Oxford University Press.（矢島鈞次＝中村嘉壽訳［1970］『新しい企業組織』日本能率協会）

Woodward, J.［1970］, *Industrial Organization:Behavior and Control*（ed.）, Oxford University Press.（都築栄＝風間禎三郎＝宮城弘裕訳［1971］『技術と組織行動』日本能率協会）

Wren, D.A. [1994], *The Evolution of Management Thought*, 4th ed., John Wiley&Sons. (佐々木恒男監訳 [2003]『マネジメントの進化(第4版)』文眞堂)

Yoshino, M.Y.=Rangan, U.S. [1995], *Strategic Alliance:A Entrepreneurial Approach to Globalization*, Harvard Business School Press.

ＩＢＭコンサルティング・グループ [2000]『最適融合のＩＴマネジメント』ダイヤモンド社。
青木昌彦 [1989]『日本企業の組織と情報』東洋経済新報社。
青木昌彦＝ロナルド・ドーア編 [1995]『国際・学際研究システムとしての日本企業』ＮＴＴ出版。
青木昌彦＝安藤晴彦編 [2002]『モジュール化』東洋経済新報社。
秋山義継 [2006]『経営組織論』創成社。
アクセンチュア調達戦略グループ [2007]『強い調達』東洋経済新報社。
浅川和宏 [2003]『グローバル経営入門』日本経済新聞社。
浅羽茂 [1995]『競争と協力の戦略』有斐閣。
アーサー・アンダーセン [2000]『図解ｅビジネス』東洋経済新報社。
アーサーアンダーセンビジネスコンサルティング [1999]『ナレッジマネジメント』東洋経済新報社。
アーサーアンダーセンビジネスコンサルティング [2000]『持株会社─戦略と導入ステップ─』東洋経済新報社。
アーサー・Ｄ・リトル社環境ビジネス・プラクティス [1997]『環境ビジネスの成長戦略』ダイヤモンド社。
アジア経済研究所編 [2009]『アジ研ワールド・トレンドNo.171』アジア経済研究所。
あずさ監査法人＝ＫＰＭＧ [2009]『内部統制ガイドブック』東洋経済新報社。
アベグレン＝ボストン・コンサルティング・グループ編 [1977]『ポートフォリオ戦略』プレジデント社。
安藤史江 [2001]『組織学習と組織内地図』白桃書房。
飯野春樹編 [1979]『バーナード：経営社の役割』有斐閣。
井熊均編 [2003]『図解　企業のための環境問題(第2版)』東洋経済新報社。
池田理知子編 [2010]『よくわかる異文化コミュニケーション』ミネルヴァ書房。
伊佐田文彦 [2007]『組織間関係のダイナミズムと競争優位─バーチャル・プロジェクト・カンパニーのビジネスモデル』中央経済社。
石井敏＝久米昭元＝遠山淳＝平井一弘＝松本茂＝御堂岡潔編 [1997]『異文化コミュニケーション・ハンドブック』有斐閣。
石井淳蔵＝奥村昭博＝加護野忠男＝野中郁次郎 [1996]『経営戦略論』有斐閣。
石井真一 [2003]『企業間提携の戦略と組織』中央経済社。
石井逸郎編 [2006]『図解　会社法のしくみと実務知識』同文舘出版。

石倉洋子＝藤田昌久＝前田昇＝金井一頼＝山崎朗［2003］『日本の産業クラスター戦略　—地域における競争優位の確立—』有斐閣。
石名坂邦昭［1994］『リスク・マネジメントの理論』白桃書房。
磯辺剛彦＝牧野成史＝クリスティーヌ・チャン［2010］『国境と企業—制度とグローバル戦略の実証分析』東洋経済新報社。
伊丹敬之［1984］『新・経営戦略の論理』日本経済新聞社。
伊丹敬之［1999］『場のマネジメント』ＮＴＴ出版。
伊丹敬之［2003］『経営戦略の論理　第3版』日本経済新聞社。
伊丹敬之＝加護野忠男［1989］『ゼミナール経営学入門』日本経済新聞社。
伊丹敬之＝加護野忠男［1993］『ゼミナール経営学入門　第2版』日本経済新聞社。
伊丹敬之＝加護野忠男［2003］『ゼミナール経営学入門　第3版』日本経済新聞社。
伊丹敬之＝加護野忠男＝伊藤元重編［1993a］『日本の企業システム2　組織と戦略』有斐閣。
伊丹敬之＝加護野忠男＝伊藤元重編［1993b］『日本の企業システム4　企業と市場』有斐閣。
伊丹敬之＝西口敏弘＝野中郁次郎編［2000］『場のダイナミズムと企業』東洋経済新報社。
伊藤孝夫［1999］『ネットワーク組織と情報』白桃書房。
伊藤秀史＝林田修［1997］『分社化と権限委譲—不完全契約アプローチ』日本経済研究 No.34
伊藤元重［2005］『ゼミナール国際経済入門』日本経済新聞社。
稲村毅＝百田義治編［2005］『経営組織の論理と変革』ミネルヴァ書房。
稲垣保弘［2002］『組織の解釈学』白桃書房。
稲葉元吉＝貫隆夫＝奥村康治編［2004］『情報技術革新と経営学』中央経済社。
稲葉元吉＝山倉健嗣編［2007］『現代経営行動論』白桃書房。
井原智人＝柴田英寿［2000］『ビジネスモデル特許戦略』東洋経済新報社。
今井賢一編［1986］『イノベーションと組織』東洋経済新報社。
今井賢一［1992］『資本主義のシステム間競争』筑摩書房。
今井賢一［2008］『創造的破壊とは何か—日本産業の再挑戦』東洋経済新報社。
今井賢一＝伊丹敬之＝小池和夫［1983］『内部組織の経済学』東洋経済新報社。
今井賢一＝金子郁容［1988］『ネットワーク組織論』岩波書店。
今井賢一＝小宮隆太郎編［1989］『日本の企業』東京大学出版会。
今井賢一＝國領二郎［1994］『プラットフォーム・ビジネス—オープン・アーキテクチャ時代のストラテジック・ビジョン』情報通信総合研究所。
今井一考［1989］『現代の経営組織—構造と形成』中央経済社。
今田高俊［1986］『自己組織性—社会理論の復活—』創文社。
植草益［2000］『産業融合—産業組織の新たな方向』岩波書店。
上田泰［2003］『組織行動研究の展開』白桃書房。

参考文献

上田泰＝宮川公男［1995］『組織の人間行動』中央経済社。
植田和弘［1996］『環境経済学』岩波書店。
植竹晃久＝仲田正機編［1999］『現代企業の所有・支配・管理―コーポレート・ガバナンスと企業管理システム―』ミネルヴァ書房。
植之原道行［2004］『戦略的技術経営のすすめ』日刊工業新聞社。
鵜野好文＝井上正［2006］『組織行動論―マクロ・アプローチ』中央経済社。
海野素央［2002］『異文化ビジネスハンドブック』学文社。
梅澤正編［1977］『日本型組織開発　その展開と事例』ダイヤモンド社。
梅澤正［1990］『企業文化の革新と創造』有斐閣。
梅澤正［2003］『組織文化　経営文化　企業文化』同文舘。
梅津裕良［1988］『変革型リーダーシップ：目標を完遂する実践的管理者読本』ダイヤモンド社。
梅津裕良［2003］『ＭＢＡ　人材・組織マネジメント』生産性出版。
占部都美＝小松陽一［1971］『現代経営組織論』白桃書房。
占部都美［1981］『近代組織論』白桃書房。
ＳＣＭ研究会［1999］『サプライチェーン・マネジメント』日本実業出版社。
江夏健一＝桑名義晴編［2006］『新版　理論とケースで学ぶ国際ビジネス』同文舘出版。
江夏健一＝太田正孝＝藤井健［2008］『国際ビジネス入門』中央経済社。
江夏健一＝桑名義晴＝岸本寿生編［2008］『国際ビジネス研究の新潮流』中央経済社。
江夏健一＝長谷川信次＝長谷川礼［2008］『国際ビジネス理論』中央経済社。
海老澤栄一［1992］『組織進化論』白桃書房。
大滝精一＝金井一頼＝山田英夫＝岩田智［1997］『経営戦略―創造性と社会性の追求』有斐閣。
大月博司［1999］『組織変革とパラドックス』同文舘出版。
大月博司＝高橋正泰編［2003］『経営組織』学文社。
大月博司＝山口善昭＝高橋正泰［2008］『経営学―理論と体系』同文舘出版。
大坪稔［2005］『日本企業のリストラクチャリング』中央経済社。
大野耐一［1978］『トヨタ生産方式―脱規模の経営をめざして』ダイヤモンド社
大前研一編［1979］『マッキンゼー　現代の経営戦略』プレジデント社。
大前研一［1984］『ストラテジック・マインド』プレジデント社。
奥林康司＝稲葉元吉＝貫隆夫編［2002］『ＮＰＯと経営学』中央経済社。
小川進［2000］『ディマンド・チェーン経営―流通業の新ビジネスモデル』日本経済新聞社。
小河光生［2001］『分社経営―最高組織はカンパニー制か持ち株会社か―』ダイヤモンド社。
奥村昭博［1989］『経営戦略』日本経済新聞社。
奥村皓一＝夏目啓二＝上田慧［2006］『テキスト多国籍企業』ミネルヴァ書房。

小椋康宏編［2001］『経営環境論』学文社。
飫冨順久他［2006］『コーポレート・ガバナンスとＣＳＲ』中央経済社。
折橋靖介［2003］『多国籍企業の意思決定と行動原理』白桃書房。
角瀬保雄＝川口清史編［1999］『非営利・協同組織の経営』ミネルヴァ書房。
加護野忠男［1988a］『組織認識論』千倉書房。
加護野忠男［1988b］『企業のパラダイム革命』講談社。
加護野忠男［1999］『〈競争優位〉のシステム』ＰＨＰ研究所。
加護野忠男＝野中郁次郎＝榊原清則＝奥村昭博［1983］『日米企業の経営比較―戦略的環境適応の理論―』日本経済新聞社。
加護野忠男＝井上達彦［2004］『事業システム戦略』有斐閣。
片山脩［2011］『サムスンの戦略的マネジメント』ＰＨＰ研究所。
金井壽宏［1991］『変革型ミドルの探究』白桃書房。
金井壽宏［1999］『経営組織』日本経済新聞社。
金井壽宏＝高橋潔［2004］『組織行動の考え方』東洋経済新報社。
蟹江章［2008］『会社法におけるコーポレート・ガバナンスと監査』同文舘出版。
河合忠彦［1996］『戦略的組織革新』有斐閣。
河合忠彦［2004］『ダイナミック戦略論―ポジショニング論と資源論を超えて―』有斐閣。
川端久夫［1995］『組織論の現代的主張』中央経済社。
上林憲雄＝厨子直之＝森田雅也［2010］『経験から学ぶ人的資源管理』有斐閣。
企業倫理研究グループ［2007］『日本の企業倫理―企業倫理の研究と実践―』白桃書房。
岸川善光［1990］『ロジスティクス戦略と情報システム』産能大学。
岸川善光［1999］『経営管理入門』同文舘出版。
岸川善光［2000］「ビジネス・ロジスティクスの現状およびその企業業績に及ぼす効果に関する研究―SCM（Supply Chain Management）の進展を踏まえて―」東京大学。
岸川善光［2002］『図説経営学演習』同文舘出版。
岸川善光他［2003］『環境問題と経営診断』同友館。
岸川善光編［2004a］『イノベーション要論』同文舘出版。
岸川善光［2004b］「バリュー・チェーンの再構築」『ビジネス研究のニューフロンティア』五絃舎。
岸川善光［2006］『経営戦略要論』同文舘出版。
岸川善光編［2007a］『ケースブック経営診断要論』同文舘出版。
岸川善光［2007b］『経営診断要論』同文舘出版。
岸川善光編［2008］『ベンチャー・ビジネス・改訂版』同文舘出版。
岸川善光編［2009a］『ケースブック経営管理要論』同文舘出版。
岸川善光［2009b］『図説経営学演習・改訂版』同文舘出版。
岸川善光編［2010a］『エコビジネス特論』学文社。
岸川善光編［2010b］『アグリビジネス特論』学文社。

岸川善光編［2010c］『コンテンツビジネス特論』学文社。
岸川善光編［2011］『サービス・ビジネス特論』学文社。
岸川善光編［2012a］『スポーツビジネス特論』学文社。
岸川善光編［2012b］『経営環境要論』同文舘出版。
岸川善光編［2015］『経営管理要論』同文舘出版。
岸田民樹［1985］『経営組織と環境適応』三嶺書房。
岸田民樹編［2005］『現代経営組織論』有斐閣。
岸田民樹［2006］『経営組織と環境適応』白桃書房。
岸田民樹＝田中正光［2009］『経営学説史』有斐閣。
岸田雅雄［2006］『ゼミナール会社法入門 第6版』日本経済新聞社。
岸本陽一編［2010］『現代心理学シリーズ8 パーソナリティ』培風館。
北野利信編［1977］『経営学説史入門』有斐閣。
清成忠男＝中村秀一郎＝港徹雄［1996］『中小企業論』有斐閣。
公文俊平［1994］『情報文明論』ＮＴＴ出版。
車戸實編［1987］『新版 経営管理の思想家たち』早稲田大学出版部。
黒須誠治［1997］『次世代生産システム』白桃書房。
株式会社グロービス［1995］『ＭＢＡマネジメント・ブック』ダイヤモンド社。
株式会社グロービス［1996］『ＭＢＡアカウンティング』ダイヤモンド社。
株式会社グロービス［1997］『ＭＢＡマーケティング』ダイヤモンド社。
株式会社グロービス［1998］『ＭＢＡビジネスプラン』ダイヤモンド社。
グロービス・マネジメント・インスティテュート編［1999a］『ＭＢＡ経営戦略』ダイヤモンド社。
グロービス・マネジメント・インスティテュート編［1999b］『ＭＢＡファイナンス』ダイヤモンド社。
グロービス・マネジメント・インスティテュート編［1999c］『ＭＢＡゲーム理論』ダイヤモンド社。
グロービス・マネジメント・インスティテュート編［2002］『ＭＢＡ人材マネジメント』ダイヤモンド社。
桑田耕太郎＝田尾雅夫［1998］『組織論』有斐閣。
桑田耕太郎＝田尾雅夫［2010］『組織論（補訂版）』有斐閣。
桑田秀夫［1998］『生産管理概論（第2版）』日刊工業新聞社。
慶應義塾大学ビジネススクール編［組織マネジメント戦略］有斐閣。
経済企画庁調査局編［1990］『平成2年度版 日本経済の現状』大蔵省印刷局。
経済産業省［2002］『産業競争力と知的財産を考える研究会 報告書』経済産業省。
経済産業省企業行動課編［2007］『コーポレート・ガバナンスと内部統制―信頼される経営のために』経済産業調査会。
経済産業省貿易協力局通商金融・経済協力課［2010］『グローバル金融メカニズム分科

会最終報告書』経済産業調査会。
経済産業省＝厚生労働省＝文部科学省編［2009］『ものづくり白書　2009年版』佐伯印刷。
㈳経済同友会［1985］『1990年代の企業経営のあり方に関する提言』㈳経済同友会。
小池和夫［1994］『日本の雇用システム』東洋経済新報社。
小池澄男［1995］『新・情報社会論』学文社。
河野豊弘［1985］『現代の経営戦略―企業文化と戦略の統合』ダイヤモンド社。
神戸大学大学院経営学研究室編［1999］『経営学大辞典　第2版』中央経済社。
小久保厚郎［2001］『研究開発のマネジメント』東洋経済新報社。
木暮至［2004］『現代経営の管理と組織』同文舘出版。
國領二郎［1995］『オープン・ネットワーク経営』日本経済新聞社。
國領二郎［1999］『オープン・アーキテクチャ戦略―ネットワーク時代の協働モデル―』ダイヤモンド社。
國領二郎＝野中郁次郎＝片岡雅憲［2003］『ネットワーク社会の知識経営』ＮＴＴ出版。
児玉文雄［2007］『技術経営戦略』オーム社。
後藤晃［1993］『日本の技術革新と産業組織』東京大学出版会。
小林慎和＝高田広太郎＝山下達郎＝伊部和晃［2011］『超巨大市場をどう攻略するか』野村総合研究所／日本経済新聞出版社。
小林末男監修［2006］『現代経営組織辞典』創世社。
小林秀之編［2006］『新会社法とコーポレート・ガバナンス　第2版』中央経済社。
近藤修司［1985］『新版　技術マトリクスによる新製品・新事業探索法』日本能率協会。
近藤文雄＝陶山計介＝青木俊明編［2001］『21世紀のマーケティング戦略』ミネルヴァ書房。
榊原清則［1992］『企業ドメインの戦略論』中央公論社。
榊原清則＝大滝精一＝沼上幹［1989］『事業創造のダイナミクス』白桃書房。
坂下昭宣［1985］『組織行動研究』白桃書房。
坂下昭宣［2002］『組織シンボリズム論―論点と方法―』白桃書房。
咲川孝［1998］『組織文化とイノベーション』千倉書房。
佐久間信夫［2003］『企業支配と企業統治』白桃書房。
佐久間信夫＝坪井順一編［2005］『現代の経営組織論―リーディングスリニューアル経営学―』学文社。
佐久間信夫＝水尾順一＝水谷内徹也編［2007］『ＣＳＲとコーポレート・ガバナンスがわかる事典』創成社。
佐々木紀行［2001］『eMPから見る最新ＥＣ動向』株式会社アスキー。
産業能率大学総合研究所バリューイノベーション研究プロジェクト編［2007］『バリューイノベーション：顧客価値・事業価値創造の考え方と方法』産業能率大学出版部。
塩次喜代明＝高橋信夫＝小林敏男［1999］『経営管理』有斐閣。
柴川林也編［1997］『企業行動の国際比較』中央経済社。

柴田英寿＝伊原智人［2000］『ビジネスモデル特許戦略』東洋経済新報社。
嶋口充輝［1997］『柔らかいマーケティングの論理』ダイヤモンド社。
嶋口充輝他編［1998］『マーケティング革新の時代 (1) 顧客創造』有斐閣。
嶋口充輝他編［1999a］『マーケティング革新の時代 (2) 製品開発革新』有斐閣。
嶋口充輝他編［1999b］『マーケティング革新の時代 (3) ブランド構築』有斐閣。
島田達巳＝海老澤栄一編［1989］『戦略的情報システム』日科技連出版社。
島田達巳［1991］『情報技術と経営組織』日科技連出版社。
島田達巳＝高原康彦［1993］『経営情報システム』日科技連出版社。
下川浩一［1972］『フォード』東洋経済新報社。
ジョージ・フィールズ［1996］『超日本型経営』東洋経済新報社。
新宅純二郎［1994］『日本企業の競争戦略』有斐閣。
新宅純二郎＝浅羽茂編［2001］『競争戦略のダイナミズム』日本経済新聞社。
須加基嗣＝久保田晃＝山崎敏夫［1979］『プロジェクトエンジニアリング ハンドブック』日刊工業新聞社。
鈴木喬［1987］『経営組織の成立過程』同文舘。
鈴木辰治＝角野信夫編［2000］『企業倫理の経営学』ミネルヴァ書房。
鈴木秀一［2001］『入門　経営組織』新世社。
清家彰敏［1995］『日本型組織間関係のマネジメント』白桃書房。
十川廣國［2002］『新戦略経営・変わるミドルの役割』文眞堂。
十川廣國［2006］『経営組織論』中央経済社。
ダイヤモンド・ハーバード・ビジネス・レビュー編集部編［1997］『複雑系の経済学』ダイヤモンド社。
ダイヤモンド・ハーバード・ビジネス・レビュー編集部編［1998a］『顧客サービスの競争優位戦略―個客価値創造のマーケティング―』ダイヤモンド社。
ダイヤモンド・ハーバード・ビジネス・レビュー編集部編［1998b］『バリューチェーン解体と再構築』ダイヤモンド社。
ダイヤモンド・ハーバード・ビジネス・レビュー編集部編［2000］『ナレッジ・マネジメント』ダイヤモンド社。
ダイヤモンド・ハーバード・ビジネス・レビュー編集部編［2002a］『コミュニケーション戦略スキル』ダイヤモンド社。
ダイヤモンド・ハーバード・ビジネス・レビュー編集部編［2002b］『リーダーシップ』ダイヤモンド社。
ダイヤモンド・ハーバード・ビジネス・レビュー編集部編［2006］『サプライチェーンの経営学』ダイヤモンド社。
田尾雅夫［1999］『組織の心理学　新版』有斐閣。
高巌＝Donaldson, T.［2003］『新版・ビジネス・エシックス』文眞堂。
高田馨［1974］『経営者の社会的責任』千倉書房。

高田馨［1989］『経営の倫理と責任』千倉書房。
高橋伸夫［1997］『組織文化の経営学』中央経済社。
高橋伸夫編［2000］『超企業・組織論―企業を超える組織のダイナミズム』有斐閣。
高橋伸夫［2004］『虚妄の成果主義―日本型年功制復活のススメ―』日経ＢＰ社。
高橋伸夫［2006］『経営の再生―戦略の時代・組織の時代―』有斐閣。
高橋輝男＝ネオ・ロジスティクス共同研究会［1997］『ロジスティクス　理論と実践』白糖書房。
高橋俊夫編［1995］『コーポレート・ガバナンス―日本とドイツの企業システム―』中央経済社。
高橋正泰＝山口善昭＝磯山優＝文智彦［1998］『経営組織論の基礎』中央経済社。
高柳曉＝飯野春樹編［1991］『新版経営学(2)』有斐閣。
高柳曉＝飯野春樹編［1992］『新版経営学(1)』有斐閣。
田尾雅夫［1999］『組織の心理学　新版』有斐閣。
武井勲［1987］『リスク・マネジメント総論』中央経済社。
武井勲［1998］『リスク・マネジメントと危機管理』中央経済社。
竹村健一監修［2006］『サムスンはいかにして最強の社員をつくったか　日本企業が追い抜かれる理由』祥伝社。
田坂広志［1997］『複雑系の経営』東洋経済新報社。
田中照純［1998］『経営学の方法と歴史』ミネルヴァ書房。
田中義久編［1996］『関係の社会学』弘文堂。
多田富雄［1997］『生命の意味論』新曜社。
田村俊夫［2005］『ＭＢＡのためのＭ＆Ａ』有斐閣。
丹下博文［1992］『検証日米ビジネススクール』同文舘出版。
丹下博文［2003］『新版・国際経営とマーケティング　グローバル化への新たなパラダイム』同文舘出版。
中国国務院発展研究センター編［1993］『中国経済』中国社会科学院。（小島麗逸他訳［1996］『中国経済』総合法令）
津田眞澄［1977］『日本的経営の論理』中央経済社。
土田義憲［2006］『会社法の内部統制システム』中央経済社。
土屋茂久［1996］『柔らかい組織の経営』同文舘出版。
土屋守章［1978］『日本的経営の神話』日本経済新聞社。
土屋守章＝岡本久吉［2003］『コーポレート・ガバナンス論―基礎理論と実際』有斐閣。
角野信夫［2001］『基礎コース経営組織』サイエンス社。
角野信夫［2006］『経営組織』新世社。
出川通［2004］『技術経営の考え方：ＭＯＴと開発ベンチャーの現場から』光文社。
出川通［2009］『最新　ＭＯＴ（技術経営）の基本と実践がよ～く分かる本：技術者と企業のための即戦力マニュアル』秀和システム。

寺本義也［1990］『ネットワークパワー』ＮＴＴ出版。
寺本義也［1993］『学習する組織―近未来型組織戦略―』同文舘出版。
寺本義也編［1997］『日本企業のコーポレート・ガバナンス』生産性出版。
寺本義也［1999］「知創経営とイノベーション」（日本経営協会編『OMUNI-MANAGEMENT　平成11年7月号』所収）
寺本義也＝岩崎尚人［2000］『ビジネスモデル革命　競争優位のドメイン転換』生産性出版。
寺本義也＝山本尚利［2004］『ＭＯＴアドバンスト新事業戦略』日本能率協会マネジメントセンター。
遠山暁［1998］『現代経営情報システムの研究』日科技連出版社。
遠山暁＝村田清＝岸眞理子［2003］『経営情報論』有斐閣。
德重昌志＝日高克平編［2003］『グローバリゼーションと多国籍企業』中央大学出版部。
トーマツ編［1994］『ビジネス・プロセス・リエンジニアリング』中央経済社。
中田信哉［2004］『ロジスティクス入門』日本経済新聞社。
中村瑞穂編［2003］『企業倫理と企業統治―国際比較―』文眞堂。
西澤脩［2000］『分社経営の管理会計―持ち株会社・カンパニー制等の経営・会計指針』中央経済社。
日通総合研究所［1991］『最新物流ハンドブック』白桃書房。
日本コーポレート・ガバナンス・フォーラム　パフォーマンス研究会編［2001］『コーポレート・ガバナンスと企業パフォーマンス―変わりつつある日本企業のガバナンス―』白桃書房。
日本経営診断学会編［1994］『現代経営診断事典』同友館。
日本経済研究センター編［2005］『日本企業競争優位の条件 ―「強い会社」を創る制度改革』日本経済新聞社。
日本労働研究機構編［1991］『組織変革に関する研究の動向 1991年7月』日本労働研究機構。
日本情報開発処理協会電子取引推進センター［2003］『企業間電子商取引の拡大とオープン化に関する調査研究』日本情報開発処理協会。
日本生産管理学会編［1999］『生産管理ハンドブック』日刊工業新聞社。
日本総合研究所編［1993］『生命論パラダイムの時代』ダイヤモンド社。
日本総合研究所ＳＣＭ研究グループ［1999］『図解サプライチェーン・マネジメント早わかり』中経出版。
日本ブーズ・アレン・アンド・ハミルトン編［1999］『戦略経営コンセプトブック2000』東洋経済新報社。
丹羽清＝山田肇編［1999］『技術経営戦略』生産性出版。
庭本佳和［2006］『バーナード経営学の展開』文眞堂。
沼上幹［2000］『行為の経営学―経営学における意図せざる結果の探求―』白桃書房。

沼上幹［2004］『組織デザイン』日本経済新聞社。
野中郁次郎［1983］『経営管理』日本経済新聞社。
野中郁次郎［2002］『企業進化論』日本経済新聞社。
野中郁次郎＝寺本義也編［1987］『経営管理』中央経済社。
野中郁次郎＝永田晃［1995］『日本型イノベーション・システム—成長の軌跡と変革への朝鮮』白桃書房。
野中郁次郎＝竹内弘高［1996］『知識創造企業』東洋経済新報社。
野中郁次郎＝紺野登［1999］『知識経営のすすめ』筑摩書房。
野中郁次郎＝紺野登［2003］『知識創造の方法論』東洋経済新報社。
野村清［1983］『サービス産業の発想と戦略』電通。
長谷川俊明［2005］『新会社法が求める内部統制とその開示』中央経済社。
八田信二＝橋本尚共訳［2000］『英国のコーポレート・ガバナンス—キャドベリー委員会報告書，グリーンベリー委員会報告書，ハンペル委員会報告書—』白桃書房。
八田信二＝橋本尚＝町田祥弘共訳［2001］『コーポレート・ガバナンス—南アフリカキング委員会報告書—』白桃書房。
八田進二＝町田祥弘［2007］『内部統制基準を考える』同文舘出版。
バッツァー＝ラウマー＝鈴木武［1992］『現代流通の構造・競争・政策』東洋経済新報社。
花岡菖［1989］『経営戦略のネットワーク』日刊工業新聞社。
浜口恵俊編［1993］『日本型モデルと何か』新曜社。
原田實＝安井恒則＝黒田兼一編［2000］『新・日本的経営と労務管理』ミネルヴァ書房。
林紘一郎［1989］『ネットワーキングの経済学』ＮＴＴ出版。
林伸二［2000］『組織心理学』白桃書房。
林正樹＝井上照幸＝小阪隆秀編［2001］『情報ネットワーク経営』ミネルヴァ書房。
二神恭一編［2006］『新版 ビジネス・経営学辞典』中央経済社。
二村敏子他［1982］『組織の中の人間行動』有斐閣。
二村敏子［2004］『現代ミクロ組織論』有斐閣。
一橋大学イノベーション研究センター編［2001a］『知識とイノベーション』東洋経済新報社。
一橋大学イノベーション研究センター編［2001b］『イノベーション・マネジメント入門』日本経済新聞社。
開本浩矢編［2007］『入門　組織行動論』中央経済社。
藤田恒夫［1994］『プロジェクトによる組織—人間能力の解放と創造性の発揮』ダイヤモンド社。
福永文美夫［2007］『経営学の進化—進化論的経営学の提唱—』文眞堂。
藤本隆弘［1997］『生産システムの進化論』有斐閣。
藤本隆弘＝武石彰＝青島矢一編［2001］『ビジネス・アーキテクチャ』有斐閣。
ヘンリー幸田［2000］『ビジネスモデル特許』日刊工業新聞社。

参考文献

ボストン・コンサルティング・グループ（ＢＣＧ）［1990］『タイムベース競争—90年代の必勝戦略』プレジデント社。
牧野二郎＝亀松太郎［2006］『内部統制システムのしくみと実務対策』日本実業出版社。
馬越恵美子［2000］『異文化経営論の展開』学文社。
松崎和久編［2006］『経営組織—組織デザインと組織変革』学文社。
松田陽一［2000］『企業の組織革新行動』千倉書房。
松原敏浩＝渡辺直登＝城戸康彰編［2008］『経営組織心理学』株式会社ナカニシヤ出版。
松村洋平編［2006］『企業文化（コーポレートカルチャー）』学文社。
松本芳男［2006］『現代企業経営学の基礎』同文舘出版。
丸山啓輔［2007］『新・経営管理論（第二訂版）』同友館。
丸山裕一［2006］『バーナードの組織理論と方法』日本経済評論社。
水尾順一編［2003］『ビジョナリー・コーポレートブランド』白桃書房。
水谷雅一［1995］『経営倫理学の実践と課題』白桃書房。
水谷雅一［2003］『経営倫理』同文舘出版。
三隅二不二［1966］『新しいリーダーシップ：集団指導の行動科学』ダイヤモンド社。
三隅二不二［1984］『リーダーシップ行動の科学［改定版］』有斐閣。
三隅二不二編［1994］『リーダーシップの行動科学—「働く日本人」の変貌』朝倉書店。
宮川公男［2004］『経営情報システム第3版』中央経済社。
三宅隆之［2003］『非営利組織のマーケティング』白桃書房。
宮澤健一［1986］『高度情報社会の流通機構』東洋経済新報社。
宮澤健一［1987］『産業の経済学』東洋経済新報社。
宮澤健一［1988］『業際化と情報化』有斐閣。
宮島英昭編［2007］『日本のＭ＆Ａ—企業統治・組織効率・企業価値へのインパクト』東洋経済新報社。
宮田矢八郎［2001］『経営学１００年の思想—マネジメントの本質を読む』ダイヤモンド社。
三輪芳朗［1990］『日本の企業と産業組織』東京大学出版会。
百瀬恵夫＝梶原豊［2002］『ネットワーク社会の経営学』白桃書房。
森田哲［1989］『戦略的情報システム』講談社。
森本三男［1994］『企業社会責任の経営学的研究』白桃書房。
森本三男［1995］『経営学入門（三訂版）』同文舘出版。
森本三男［2003］『現代経営組織論（第二版）』学文社。
森本三男［2006］『現代経営組織論（第三版）』学文社。
文部科学省編［2011］『平成23年度科学技術白書』文部科学省国立印刷局。
安田洋史［2010］『アライアンス戦略論』ＮＴＴ出版。
柳孝一［2004］『ベンチャー経営論』日本経済新聞社。
柳孝一＝長谷川博和［2005］『ベンチャー企業論』日本放送出版協会。

山倉健嗣［1993］『組織間関係―企業間ネットワークの変革に向けて』有斐閣。
山倉健嗣＝岸田民樹＝田中政光［2001］『現代経営キーワード』有斐閣。
山倉健嗣［2007］『新しい戦略マネジメント ―戦略・組織・組織間関係―』同文舘出版。
山田英夫［1993］『競争優位の規格戦略』ダイヤモンド社。
山内直人［1999］『ＮＰＯ入門』日本経済新聞社。
山下洋史＝諸上茂人＝村上潔［2003］『グローバルＳＣＭ サプライチェーン・マネジメントの新しい潮流』有斐閣。
山本孝＝井上秀次郎［2007］『生産マネジメント その機能と発展』世界思想社。
山本寛［2005］『転職とキャリアの研究』創成社。
横山恵子［2003］『日本の社会戦略とＮＰＯ』白桃書房。
吉田民人［1990a］『情報と自己組織性の理論』東京大学出版会。
吉田民人［1990b］『自己組織性の情報科学』新曜社。
吉田民人［1991］『主体性と所有構造の理論』東京大学出版会。
吉田民人＝鈴木正仁［1995］『自己組織性とは何か』書房。
吉原英樹編［2002］『国際経営論への招待』有斐閣。
吉原英樹＝佐久間昭光＝伊丹敬之＝加護野忠男［1981］『日本企業の多角化戦略』日本経済新聞社。
若林直樹［2009］『ネットワーク組織―社会ネットワーク論からの新たな組織像』有斐閣。
早稲田大学ビジネススクール松田修一研究室［2004］『ＭＯＴアドバンスト技術ベンチャー』日本能率協会マネジメントセンター
渡邊俊輔編［2002］『知的財産―戦略・評価・会計―』東洋経済新報社。

〈論文等〉
伊藤秀史＝菊谷達弥＝林田修［1997］『日本企業の分社化戦略と権限委譲:アンケート調査による分析』通産研究レビュー，第10号 。
大友立也［1972］「アージリス研究：行動科学による組織原論」ダイヤモンド社。
小沼靖［2003］「カンパニー組織の限界」NRI NEWS Nomura Research Institute, Ltd.
玉村博巳［2001］「会社分割と持ち株会社―企業組織再編の現状とそれをめぐる議論」2001年7月　第40巻　第2号。
岸田民樹［1999］「組織学説史分析序説」『経済科学』第47巻第3号，1-20頁。

▼索引▲

あ行

- ROI ……………………………… 127
- アウトソーシング ………………… 244, 253
- アストン研究 ……………………… 68, 90
- アンゾフ …………………………… 54
- アンラーニング …………………… 156
- e ビジネス ………………………… 279
- 意思決定
  - ――のシステム ………………… 44, 48
  - ――の種類 ……………………… 76
  - ――の前提 ……………………… 46
  - ――の特性 ……………………… 78
- 意思決定のプロセス ……………… 46, 48, 74
- 遺伝的要因 ………………………… 143
- インターナショナル企業 ………… 273
- インフォーマル組織 ……………… 38
- ウィリアムソン …………………… 16
- ウェーバー ………………………… 34
- ウッドワード ……………………… 25, 51
- 衛生要因 …………………………… 42
- 『エクセレント・カンパニー』 …… 174, 179
- X理論－Y理論 …………………… 39
- NPO ……………………………… 275
- M&A ……………………………… 268
  - ――のプロセス ………………… 268
- オープン型経営 …………………… 253
- オープンシステム・アプローチ … 68
- オハイオ研究 ……………………… 164

か行

- 解釈主義的組織シンボリズム論 … 196
- 解釈主義パラダイム ……………… 194
- 階層分化 …………………………… 81
- 外部化 ……………………………… 18
- 外部効果の内部化 ………………… 244
- 科学的管理 ………………………… 31
- 課業 ………………………………… 31
- 課業管理 …………………………… 31
- 学際的アプローチ ………………… 68, 240
- 学習 ………………………………… 154
  - ――する組織 …………………… 155, 158
  - ――の概念 ……………………… 154
- 囲い込み経営 ……………………… 255
- 価値 ………………………………… 176
- 価値システム ……………………… 57
- 価値連鎖 …………………………… 57, 249
  - ――の基本形 …………………… 56
- ガルブレイス＝ネサンソン ……… 100
- 環境－経営戦略－組織の適合 …… 20
- 環境対応パターン ………………… 229
- 環境的要因 ………………………… 143
- 環境の変化 ………………………… 20
- 環境要因 …………………………… 20
- 関係のマネジメント ……………… 256
- 感情の論理 ………………………… 38
- 完全な組織学習サイクル ………… 213
- カンパニー制 ……………………… 125
  - ――の概念 ……………………… 125
  - ――の特性 ……………………… 127
- 管理機能 …………………………… 34
- 管理原則 …………………………… 34
- 管理的意思決定 …………………… 54, 77
- 機械的システム …………………… 25, 50

311

機械メタファー	192	経営理念	185
企業間関係の革新	250	経済環境	21
企業系列	251	経済社会セクター	277
企業の社会的責任（CSR）	260	経済人	38
企業の社会的即応性	266	欠乏欲求	43
企業文化	177	権限・責任一致の原則	94
企業倫理	59, 265	権限の移譲	98
擬似分社化	125	検討活動	76
技術が組織構造を規定する	51	コア・コンピタンス	256
技術環境	22	貢献	9
機能主義的組織シンボリズム論	194	高次欲求	43
機能主義パラダイム	193, 194	公的セクター	277
規模の経済	242	行動理論	164
基本的仮定	177	コース	16
キャッシュフロー	127	コーポレート・ガバナンス	260
キャリア形成	146	コーポレート・スタッフ	127
供給連鎖	245	個人−集団レベル	66
競争環境	22	コスト・リーダーシップ戦略	57
競争戦略	231	古典組織論の特性	36
共通目的	12, 45	古典的組織論	5, 30
協働意欲	13, 45	コミュニケーション	14, 45, 159
協働システム	4, 45	──・ネットワーク	162
──の必要性	2	──・プロセス	160
協同戦略パースペクティブ	234	──の概念	159
業務的意思決定	54, 77	──の方向性	161
近代的組織論	6, 44	コンセプチュアル・スキル	73
──の概要	44	コンティンジェンシー理論	24
──の特性	48		

━━━━ さ 行 ━━━━

クローズド・システム	226	サイアート=マーチ	47
グローバル企業	273	最適化基準	79
「経営経済性」と「経営公共性」	60	サイモン	46
経営資源の蓄積・配分	231	サウス・エセックス研究	25
経営戦略の構成要素	231	作業研究	33
経営組織の階層	71	サクセス・シンドローム（成功の罠）	209
経営組織の概念	5		

索　引

差別化戦略 …………………………………… 57
参入戦略 …………………………………… 270
時間研究 ……………………………………… 33
事業部制組織 ……………………………… 108
　――の概念 ……………………………… 108
　――の特性 ……………………………… 110
事業持株会社 ……………………………… 130
資金責任 …………………………………… 126
資源依存パースペクティブ ……………… 232
自己組織化 ………………………………… 136
市場開発戦略 ………………………………… 54
市場環境 ……………………………………… 21
市場浸透戦略 ………………………………… 54
市場と組織 …………………………………… 15
システム性の追求 …………………………… 49
自然環境 ……………………………………… 21
下請け制 …………………………………… 251
実践性 ……………………………………… 240
私的セクター ……………………………… 277
シナジー ……………………………………… 55
社会環境 ……………………………………… 21
社会人 ………………………………………… 38
社会戦略 ……………………………………… 61
社会的組織論 ………………………… 7, 58, 62
　――の概要 ……………………………… 58
　――の特性 ……………………………… 62
社内資本金制度 …………………………… 126
社内分社化 ………………………………… 125
集　権 ………………………………………… 97
　――と分権 ……………………………… 97
集権型組織 …………………………… 106, 109
集成（コングロマリット）型多角化 …… 56
集中戦略 ……………………………………… 57
集中型多角化 ………………………………… 56
純粋持株会社 ……………………………… 130

条件適応性 …………………………………… 49
条件適合的アプローチ ……………………… 68
情報活動 ……………………………………… 75
職能部門制組織 ……………………………… 95
職能分化 ……………………………………… 81
職能別職長制度 ……………………………… 96
職能別職長組織 ……………………………… 32
職能別組織（機能的組織）……………… 104
　――の概念 ……………………………… 104
　――の特性 ……………………………… 105
シングル・ループ学習 ……………… 155, 211
新古典的組織論 ……………………………… 5, 37
　――の概要 ……………………………… 37
　――の特性 ……………………………… 43
『シンボリック・マネジャー』 ………… 179
シンボルの機能 ……………………… 194, 195
シンボルのタイプ …………………… 194, 195
垂直型多角化 ………………………………… 56
垂直的統合 ………………………………… 247
　――と水平的統合 …………………… 247
垂直的分業 …………………………………… 81
水平型多角化 ………………………………… 56
水平的統合 ………………………………… 249
水平的分業 …………………………………… 81
スタッフ ……………………………………… 96
スタッフ職能 ………………………………… 96
スタッフ部門 ………………………………… 96
スペシャル・スタッフ ……………………… 97
ステークホルダー …………………… 10, 226
スミス ………………………………… 15, 80
スラック資源 ………………………………… 83
成功の罠 ……………………………… 185, 187, 209
政治環境 ……………………………………… 21
成長ベクトル ………………………………… 54
成長欲求 ……………………………………… 43

313

制度化パースペクティブ	234	——の概念	210
製品・市場戦略	231	組織過程	68, 90
製品開発戦略	54	組織観	8
制約された合理性	79	組織間関係	226
制約の克服	2	組織間関係論	226
設計活動	75	組織間構造	237, 238
設計原則	92	組織間システム	228
ゼネラル・スタッフ	97	組織間ネットワーク	228
漸進的変革	208	組織間の資源・情報交換	237
選択活動	75	組織間の調整メカニズム	237, 238
専門化の原則	93, 105	組織間のパワー関係	237, 238
戦略性の追求	58	組織間文化	237, 239
戦略的意思決定	54, 77	組織均衡	9, 11, 46
戦略的社会性	62, 260, 268	組織形態	90
戦略的組織変革	216	組織構造	68, 90
——の概念	216	組織行動論	66, 142
戦略的組織論	6, 52	組織シンボリズム	191
——の概要	53	——の概念	192
——の特性	58	組織図	90
戦略的提携	253	組織成長の5局面	206
総合性	240	組織セット・パースペクティブ	233
相互浸透モデル	23	組織的知識創造	214, 215
相対性	49	組織デザイン	92
組　織	2	組織文化	172
——の3要素	11	——の概念	172
——の時代	3	——の機能	182
——の生産性	18	——の逆機能	184
——の組織	238	——の形成	177
——は戦略に従う	23	——の特性	174
組織開発	219	——の変革	186
——の概念	219	——のマネジメント	172, 187
——の手法	221	——の類型	180
——の必要性	221	——のレベル	175
組織学習	155, 210	組織変革	200
——サイクル	213	——の概念	200

――の阻害要因 …………………… 204
――のタイプ …………………… 202
――の類型 ……………………… 201
組織レベル ……………………… 66
組織論的管理論 ………………… 14

━━━━━ た 行 ━━━━━

多角化戦略 ……………………… 55
多角化のタイプ ………………… 55
タスク・フォース ……………… 116
ダブル・ループ学習 ……… 155, 211
単位組織 ………………………… 45
チェンジ・マネジメント ……… 190
地球環境問題 …………………… 58
知識創造 ………………………… 214
チャンドラー ………………… 18, 53
ツーボス・システム（二人上司） … 121
強い組織文化 …………………… 187
強い文化 ………………………… 187
ディール=ケネディ …………… 180
定型的意思決定 ………………… 78
低次欲求 ………………………… 43
テイラー ………………………… 31
適応的組織論 ………………… 6, 49
――の概要 ……………………… 49
――の特性 ……………………… 52
適　合 …………………………… 22
――パラダイム ………………… 22
テクニカル・スキル …………… 73
デザイン性 ……………………… 240
ドイツ企業のガバナンス機構 … 262
動機づけ（モチィベーション） … 40
動機づけ－衛生理論 …………… 151
動機づけ要因 …………………… 41
統合理論 ………………………… 7

統制範囲の原則 ………………… 94
特性理論 ………………………… 164
独立採算制 ……………………… 127
トップ・マネジメント ………… 72
ドメイン ………………………… 230
共的セクター …………………… 277
トランスナショナル企業 ……… 275
取引コスト ………………… 16, 252
――・パースペクティブ ……… 235

━━━━━ な 行 ━━━━━

内部化 …………………………… 18
内部組織 ………………………… 251
内容理論 ………………………… 149
7Sモデル ………………… 23, 180
日本企業のガバナンス機構 …… 260
人間観 ……………………… 8, 46
人間性の追求 …………………… 43
ネットワーク型組織 …………… 134
――の概念 ……………………… 134
――の特性 ……………………… 136
ネットワークのネットワーク … 281
能率の論理 ……………………… 38

━━━━━ は 行 ━━━━━

ハーズバーグ ………………… 40, 151
パースペクティブ ……………… 232
パーソナリティ ………………… 142
――の特性 ……………………… 144
バーチャル・コーポレーション … 244, 278
バーナード ……………… 2, 44, 80
――革命 ………………………… 7
バーンズ=ストーカー ……… 25, 49
ヒエラルキー（階層制） ……… 82
ビジネス・システム …………… 241

――戦略 …………………………………… 231, 241
ビジネス・プラットフォーム ………… 281
ビジネス・モデル ……………………… 256
『ビジョナリー・カンパニー』 ………… 179
ビジョナリー・リーダー ……………… 189
非定型的意思決定 ……………………… 78
ヒューマン・スキル …………………… 73
標準化 …………………………………… 82
ファヨール ………………………… 33, 80
　　――の「架け橋」 …………………… 107
不完全な組織学習サイクル …………… 213
複合組織 ………………………………… 45
普遍性 …………………………………… 49
プラットフォーム ……………………… 254
　　――・ビジネス …………………… 253
ブルーム ………………………………… 152
フルライン戦略 …………………… 110, 250
不連続的変革 ……………………… 201, 208
プロジェクト・チーム ………………… 116
プロジェクト組織 ………………… 116, 121
　　――の概念 ………………………… 116
　　――の特性 ………………………… 118
プロセス理論 ……………………… 149, 152
プロダクト・ライフサイクル・モデル 272
プロフィット・センター（利益責任単位）
　………………………………………… 109, 110
分化と統合 …………………………… 27, 51
文化の定義 ……………………………… 172
分業システム …………………………… 79
　　――の意義 ………………………… 79
分　権 …………………………………… 97
分権型組織 ………………………… 98, 109
分社化 …………………………………… 130
　　――の概念 ………………………… 130
　　――の特性 ………………………… 132

米国企業のガバナンス機構 …………… 261
変革型リーダーシップ …………… 168, 218
ホーソン実験 …………………………… 37
ポーター ………………………………… 56

━━━━ ま 行 ━━━━

マグレガー ………………………… 39, 151
マクロ組織論 …………………………… 228
マクロとミクロのジレンマ …………… 62
マクロとミクロの両立 ………………… 61
マズロー …………………………… 42, 150
　　――の欲求5段階説 ……………… 42
マトリックス組織 ………………… 95, 121
　　――の概念 ………………………… 121
　　――の特性 ………………………… 121
マネジメント・サイクル ……………… 82
マネジリアル・グリッド ……………… 167
マルチナショナル企業 ………………… 273
満足化基準 ……………………………… 79
満足要因と不満要因 …………………… 41
見えざる手 ……………………………… 15
ミクロ組織論 ……………… 66, 142, 228
ミシガン研究 …………………………… 164
ミドル・マネジメント ………………… 72
メイヨー＝レスリスバーガー ………… 37
命令一元化の原則 ………………… 94, 100
メタファー ……………………………… 192
目に見える手 …………………………… 19
目標による管理 ………………………… 40
モジュール化 …………………………… 251
モティベーション ……………………… 148
　　――の概念 ………………………… 148

━━━━ や 行 ━━━━

誘　因 …………………………………… 9

──と貢献	9	リーダーシップ	164
有機体メタファー	192	──の概念	164
有機的システム	25, 50	リーダーシップ・スタイル	166
「有効性」と「能率」	8	リーダーシップ論	38
ゆでられた蛙	210	利益責任	126
欲求5段階説	150	利益責任単位(プロフィット・センター)	109, 110
欲求レベル	42	利害関係者(ステークホルダー)	10, 226, 260

ら 行

ライン	96	リッカート	38
ライン・アンド・スタッフ組織	95, 102	リラーニング	157
ライン職能	96	理論と実践の融合	240
ライン組織	100	ルース・カップリング	136
──の概念	100	連結の経済	242
──の特性	101	ローレンス=ローシュ	26, 51
ライン部門	96	ロワー・マネジメント	72

〈編著者略歴〉
岸川善光（KISHIKAWA, Zenko）：第1章～第3章，第10章
- ・学歴：東京大学大学院工学系研究科博士課程（先端学際工学専攻）修了。博士（学術）。
- ・職歴：産業能率大学経営コンサルティングセンター主幹研究員，日本総合研究所経営システム研究部長，同理事，東亜大学大学院教授，久留米大学教授（商学部・大学院ビジネス研究科），横浜市立大学教授（国際総合科学部・大学院国際マネジメント研究科），同副学長を経て，現在，横浜市立大学名誉教授。その間，通商産業省（現経済産業省）監修『情報サービス産業白書』白書部会長を歴任。1981年，経営コンサルタント・オブ・ザ・イヤーとして「通商産業大臣賞」受賞。
- ・主要著書：『ロジスティクス戦略と情報システム』産業能率大学，『ゼロベース計画と予算編成（共訳）』産能大学出版部，『経営管理入門』同文舘出版，『図説経営学演習（改訂版）』同文舘出版，『環境問題と経営診断』（共著）同友館（日本経営診断学会・学会賞受賞），『ベンチャー・ビジネス要論（改訂版）』（編著）同文舘出版，『イノベーション要論』（編著）同文舘出版，『ビジネス研究のニューフロンティア』（共著）五弦社，『経営戦略要論』同文舘出版，『経営診断要論』同文舘出版（日本経営診断学会・学会賞（優秀賞）受賞），『ケースブック経営診断要論』（編著）同文舘出版，『ケースブック経営管理要論』（編著）同文舘出版，『エコビジネス特論』（編著）学文社，『アグリビジネス特論』（編著）学文社，『コンテンツビジネス特論』（編著）学文社，『サービス・ビジネス特論』（編著）学文社，『スポーツビジネス特論』（編著）学文社，『経営環境要論』（編著）同文舘出版，『経営管理要論』（編著）同文舘出版，など多数。

〈共著者略歴〉
朴慶心（PARK, Kyeong Sim）：第4章～第9章
- ・学歴：横浜市立大学大学院国際マネジメント研究科博士後期課程単位取得。博士（経営学）
- ・職歴：横浜市立大学共同研究員，日本経済大学大学院経営学研究科講師，中小企業大学校講師，ナレッジバンクディレクターなどを歴任。
- ・主要著書：『エコビジネス特論』（共編著）学文社，『アグリビジネス特論』（共編著）学文社，『サービス・ビジネス特論』（共編著）学文社，『コンテンツビジネス特論』（分担執筆）学文社，『経営管理要論』（共著）同文舘出版，「米国・日本・韓国における半導体企業の競争戦略に関する研究―経済システム・産業システム・経営システムの関係性分析を踏まえて―」横浜市立大学大学院国際マネジメント研究科。

（検印省略）

平成27年9月1日　初版発行　　　　　　　略称：経営組織要論

経営組織要論

|編著者|岸　川　善　光|
|発行者|中　島　治　久|

発行所　**同文舘出版株式会社**
東京都千代田区神田神保町1-41　〒101-0051
営業（03）3294-1801　　編集（03）3294-1803
振替 00100-8-42935　　http://www.dobunkan.co.jp

© Z. KISHIKAWA　　　　　　　　　　　　　製版　一企画
Printed in Japan 2015　　　　　　　　　印刷・製本　三美印刷

ISBN978-4-495-38601-6

〈出版者著作権管理機構 委託出版物〉
本書の無断複製は著作権法上での例外を除き禁じられています。複製される場合は，そのつど事前に，出版者著作権管理機構（電話 03-3513-6969，FAX 03-3513-6979，e-mail : info@jcopy.or.jp）の許諾を得てください。

経営学要論シリーズ

●岸川善光 (編)著

1. 経営学要論*
2. 経営管理要論
    ケースブック　経営管理要論
3. 経営戦略要論
4. 経営組織要論
5. 経営情報要論*
6. イノベーション要論
7. グローバル経営要論*
8. 経営診断要論
    ケースブック　経営診断要論
9. 経営環境要論
10. ベンチャー・ビジネス要論

＊は未刊